Johannes Lehmann
Das Geheimnis des Rabbi Jesus

Johannes Lehmann

Das Geheimnis des Rabbi Jesus

Die Wahrheit von Qumran und was Urchristen und Kirche daraus machten

Fourier Verlag . Wiesbaden

Das vorliegende Buch ist die aktualisierte und erweiterte Neuausgabe der 1985 im Rasch und Röhring Verlag publizierten Ausgabe *Das Geheimnis des Rabbi J.*

Die Deutsche Bibliothek – CIP-Einheitsaufnahme

Lehmann, Johannes:
Das Geheimnis des Rabbi Jesus: die Wahrheit von Qumran – und was Urchristen und Kirche daraus machten/Johannes Lehmann. – Wiesbaden : Fourier 1996
ISBN 3-925037-87-X

2. Auflage 1998
Fourier Verlag GmbH, Wiesbaden
Lizenzausgabe mit freundlicher Genehmigung des Verlages
Rasch und Röhring, Hamburg

Einbandgestaltung: Peter Albers, unter Verwendung eines Bildes von Jean Jacques Henner »Jesus im Grabe«, 1879
Satzherstellung: Alphabeta, Hamburg
Druck und Bindearbeiten: Ebner Ulm
Printed in Germany

INHALT

EINLEITUNG

»Das Geheimnis des Rabbi Jesus« ist nunmehr die dritte auf den aktuellsten Stand gebrachte Ausgabe eines Buches, das 1970 zum erstenmal unter dem Titel »Jesus-Report« erschien und damals in kirchlichen Kreisen eine ungeheure Empörung auslöste. Kirchenleitungen, Ordinariate und Pfarrer sahen die Kirche bedroht und den Glauben wanken: Seit der Entdeckung der berühmten Schriftrollen vom Toten Meer bei Qumran stand es schlecht um die Originalität Jesu und die Einmaligkeit seiner Lehre.
In den Schriftrollen der 1947 entdeckten Bibliothek der Essenermönche fanden sich Gedanken, Worte und ganze Sätze aus dem Neuen Testament wieder, obwohl sie lange vor der Geburt des Jesus von Nazaret niedergeschrieben waren. War Jesus also gar nicht der Schöpfer einer eigenen, neuen Lehre? Noch mehr: Bis in Details hinein ließen sich plötzlich in den Evangelien Handlungen und Tatsachen erklären, die bisher unerklärlich oder umstritten waren.
Es ist ein eigenartiger Zufall, daß fast gleichzeitig mit den Rollen vom Roten Meer rund tausend Kilometer entfernt in Ägypten eine ganz andere, spätantike, gnostische Bibliothek entdeckt wurde, die aber erst in den späten siebziger Jahren vollständig übersetzt vorlag. Auch sie berichtet von einem ganz anderen Jesus, als ihn die Evangelien und Paulus kennen.
Warum aber haben die Evangelisten und der Apostel Paulus die Existenz der Essener und deren Verbindung zu Jesus verschwiegen, und warum hat die junge Kirche den damals im östlichen Mittelmeerraum weitverbrei-

teten Gnostizismus als verabscheuungswürdige Ketzerei bekämpft?
Ich habe die Gründe dafür in diesem Buch beschrieben. Dabei zeigt sich, daß das Leben Jesu durch zwei Filter hindurchgegangen ist: Der eine hat die historische Gestalt zurückgedrängt, der andere hat sie entscheidend verändert. Hinter beiden liegt das Geheimnis des Rabbi J. verborgen.
Wenn Kirche und Theologie wirklich den historischen Jesus meinten, dann müßten sie von einem Mann sprechen, der radikale Besitzlosigkeit forderte, um dadurch um so strenger das Gesetz des Moses halten zu können. Sie müßten von einem Mann sprechen, der ganz Jude war und unter dem Kommen des Reiches Gottes kein geistiges Ereignis verstand, sondern den Aufstand gegen die römische Besatzung. Statt dessen verkündigen sie einen durch Geschichte und Tradition entstandenen »Christus« und Erlöser von Sünden, der als Sohn Gottes von einer Jungfrau geboren wurde, auferstand und gen Himmel fuhr – und nicht bei einem einzigen Wort würde sich der historische Jesus wiedererkennen und sagen: Ja, das bin ich.

Wenn Kirche und Theologie wirklich den historischen Jesus meinten, dann müßten sie mehr von Gott und weniger von Jesus reden. Dann würden sie nicht *an* Jesus glauben, sondern *wie* Jesus. Dann müßten sie erst lernen, jüdisch zu denken und zu empfinden, bevor sie christlich predigen.
In diesem Buch, das in seiner Ausgabe von 1985 in Teilen auf den »Jesus-Report« von 1970 und »Die Jesus G.m.b.H« aus dem Jahre 1972 fußt, gehe ich auch auf die erst jetzt wieder in Gang gekommene Diskussion zum Thema Qumran ein, die die enge Verbindung von Jesus und Qumran und damit die Thesen des Jesus-Reports bestätigt.
Der Mann aus Nazaret sieht anders aus, als wir ihn bisher kannten. Das ist der Grund – wenn auch nicht der einzige –, warum ich jenen Mann aus Galiläa in diesem Buch »Rabbi J.« nenne.

DIE VERLORENE SPUR

Der blinde Fleck

Keiner von uns hat jenen Rabbi J. gekannt. Alles, was man über ihn und sein seltsames Leben erfahren konnte, wissen wir von Mittelsmännern, denn Rabbi J. ist tot. Aber auch die Mittelsmänner haben ihn nicht gekannt. Was sie berichten, wissen sie nicht aus eigener Anschauung, und eine Zeitlang konnte man glauben, das sei der Grund für die Verworrenheit und das seltsame Dunkel, das über dem Leben des Rabbi J. liegt. Denn je mehr man sich auf die verschiedenen und oft widersprüchlichen Berichte verließ, desto mehr wich Rabbi J. Schritt um Schritt zurück.

Mit Rabbi J. ging es vielen wie mit einem Stern am Himmel, der immer gerade dann unsichtbar wird, wenn man ihn fixiert, und der wieder funkelt, wenn man genau an ihm vorbeisieht, weil die Natur in einer merkwürdigen Laune den blinden Fleck im Auge genauso eingerichtet hat, daß das angestrengt Fixierte im Dunkel bleibt.

Wenn man also beginnt, an Rabbi J. vorbeizusehen, und seine Gestalt nicht mehr in den Mittelpunkt rückt, dann erfährt man mehr über ihn. Je weniger man ihn ansieht, desto besser kann man ihn erkennen; je unschärfer die Gestalt des Rabbi wird, desto deutlicher wird sein Leben. Er unterscheidet sich in seinen Absichten, Wünschen und Träumen immer klarer von dem, was seine Verehrer aus ihm gemacht hatten.

Beide hatten, wie man dann bald merkt, gar nicht die Geschichte des Rabbi J. erzählt, sondern ihr eigenes

Schicksal nur in seinem Leben gespiegelt. Sie hatten Rabbi J. gesagt und sich selbst gemeint; sie hatten ihre Schwierigkeiten auf ihn projiziert und ihre Hoffnungen auf ihn übertragen. Sie haben aus Rabbi J. eine Legende gemacht, weil sie ihn nicht verstanden haben, nicht verstehen konnten und – nicht verstehen wollten.

Zum Beispiel war Rabbi J. ein Jude – der Titel »Rabbi« macht das jedem deutlich –, aber kaum einer, der etwas von ihm weiß, macht sich das klar; unwillkürlich hat man das Gefühl, er könnte so aussehen wie der Nachbar, nur etwas vornehmer. Legenden passen sich an, vor allem, wenn es nicht als Vorzug gilt, ein Jude zu sein. Wir kennen zum Beispiel kein Bild von ihm, das ihn wie einen Israeli zeigt, mit dunkler Hautfarbe und prägnanter Nase, mit Kopfumhang und Burnus, wie es zu seiner Zeit üblich war, als diese Gegend noch Palästina hießt: Rabbi J. hat sogar sein Gesicht verloren, obwohl es eine Beschreibung von ihm gibt. Der römische Beamte Lentulus sieht ihn ».... mit nußbraunen Haaren, die bis zu den Ohren glatt sind und von den Ohren abwärts sich zu sanften Locken formen und in fülligen Locken auf die Schultern herabwellen, mit einem Scheitel auf der Mitte des Hauptes nach der Art der Nazoräer, mit einer ebenen und klaren Stirn, mit einem Angesicht ohne Flecken und Runzeln, das mäßige Röte ziert. Nase und Mund sind ohne Tadel, er trägt einen üppigen und vollen Bart mit Haaren von gleicher Farbe, der in der Mitte zweigeteilt ist, er hat blaugraue Augen mit ungemein mannigfaltiger Ausdrucksfähigkeit...«[1]

Diese Gestalten mit Mosesbart, ehrwürdige Patriarchen im Kaftan, sieht man heute noch an der Klagemauer in Jerusalem, solchen Jingeles mit braunen Schläfenlocken begegnet man in Hebron, wie sie am Grabe Abrahams stehen und in ständiger Verbeugung Gebete murmeln, betende Perpendikel – und warum sollte Rabbi J. anders ausgesehen haben als seine Nachfahren...

Die Historiker bezweifeln, daß diese Beschreibung echt ist, denn warum sollte ein Römer einen Juden so freundlich beschrieben haben. Man weiß ja bekanntlich, wie Juden aussehen. Aber warum hat dann jener Lentulus gewußt, daß er von »... mittlerer Größe, fünfzehneinhalb Fäuste hoch war«. Wer erfindet solche Details, die mit weniger als 1,50 Meter wahrhaftig keine »Größe« widerspiegeln – auch für damalige Zeit nicht –, und wer beschreibt entgegen allen Berichten: »... er ist fröhlich im Ernst, manchmal weint er, aber niemals hat man ihn lachen sehen.«

Wer war jener Rabbi J.? Fest steht: Er war ein palästinensischer Jude. Er hat eine Sprache gesprochen, die heute kein Mensch mehr spricht, das Aramäisch; er hat in einer kargen Wüstenlandschaft gelebt, in der eine bescheidene Plantage rund um eine Quelle nach dem uralten Wort für Paradies noch heute »Pardesch« heißt, er hat in einer Welt gelebt, in der Wasser so kostbar war, daß man es in der Taufe zum Symbol der Umkehr vom bisherigen Leben zum wahrhaftigen Leben machte, er hat in der Einsamkeit einer unendlichen Landschaft die flirrenden Sterne einer heißen Wüstennacht gesehen, er hat zu einem unsichtbaren, nie abgebildeten Gott gebetet, dessen Name bis heute kein Jude vor Ehrfurcht ausspricht, er hat in einer anderen Landschaft und in einer anderen Welt gelebt als wir, und für ihn war anderes selbstverständlich als für uns. Und wenn man nicht in der judäischen Wüste gewesen ist und am Toten Meer, wenn man nicht seine Sprache spricht und nicht in der gleichen Tradition und Denkwelt lebt wie er – und das kann eigentlich nur ein Jude –, dann wird man wohl Rabbi J. nie ganz verstehen.

Mein Versuch, aus seinem Leben zu erzählen, ist also schwierig. Ich bin kein Jude, und ich bin im christlichen Abendland aufgewachsen. Ich habe die besten Voraussetzungen, ihn mißzuverstehen, auch wenn ich über Pharisäer, Sadduzäer, den Tempel von Jerusalem, das Babylonische Exil und die großen und kleinen Propheten Bescheid weiß; denn ich meine, daß so ziemlich alle, die sich im christlichen Abendland mit dem Juden J. beschäftigt haben, ihn zwangsläufig mißdeuten und mißverstehen mußten.

Das liegt daran, daß das Leben des Rabbi J. durch zwei Filter gegangen ist. Der eine Filter bewirkte, daß man aus bestimmten Gründen das Leben des Rabbi J. von Anfang an verdunkelt hat, weil man die wahren Beweggründe seines Lebens nicht mitteilen durfte. Ein Teil der Schwierigkeiten liegt also offensichtlich im Leben jenes Mannes selbst.

Sein tatsächliches Leben stand seiner Biographie entgegen, und nur die Tatsache, daß die Verdunkelung nicht vollständig gelang, macht es möglich, mit ein wenig Detektivarbeit und Logik die wahren Motive herauszufinden und so ein neues Bild von ihm zu zeichnen.

Der zweite Filter verdunkelte nicht, sondern verzerrte. Er bewirkte, daß das ohnehin schon ungenaue Bild fast alle individuellen Züge verlor. Der Rabbi wurde seine eigene Legende, einfach, weil man nach einer gewissen Zeit manche Einzelheiten seines Lebens nicht mehr verstand oder verstehen wollte und damit zu einer eigenen, neuen Deutung kam, gegen die er sich nicht mehr wehren konnte.

Es gibt im Leben des Rabbi J. ein verblüffend einfaches Beispiel, wie man aus lauter Tiefsinn und angestrengtem Bemühen den einfachsten Wortsinn falsch verstehen kann, nur weil man selbst kein Jude ist. Eine der Erzählungen über Rabbi J. beginnt mit einer Zeitangabe, ohne daß man erfährt, worauf sie sich bezieht. Die Stelle heißt: »Und am dritten Tag war eine Hochzeit zu Kana in Galiläa, und die Mutter des J. war da. J. aber und seine Jünger wurden auch auf die Hochzeit geladen.«[2]

Nirgendwo wird im Johannesevangelium etwas von einem ersten und zweiten Tag berichtet, wohl aber werden die vorhergehenden mehr oder weniger zusammenhängenden Erzählungen dreimal mit der Floskel »am nächsten Tag« eingeleitet. Wie man auch rechnet, der »dritte Tag« ist entweder unverständlich oder unnötig. So haben denn auch viele Übersetzer mit dieser Stelle Schwierigkeiten gehabt. Einer ließ das anscheinend Unverständliche aus und schrieb: »Es war eine Hochzeit zu Kana in Galiäa.« Eine moderne Übersetzung schreibt: »Drei Tage später fand ein Hochzeitsfest in Kana, einem Ort in Galiläa statt.«[3] Während wieder eine andere moderne Übersetzung mit der Formulierung »Zwei Tage später fand in Kana in Galiläa eine Hochzeit statt«[4] vor lauter Verlegenheit baren Unsinn übersetzt, denn wenn Rabbi J. eben noch am Toten Meer war, so müßte er die 120 Kilometer zwischen Jericho und Kana in einem Tag hinaufgerannt sein, wenn er am übernächsten Tag schon auf der Hochzeit war.

Manche Theologen faßten den »dritten Tag« symbolisch auf; da die Verwandlung von Wasser in Wein auf der Hochzeit zu Kana das erste Wunder des Rabbi J. war und an einem dritten Tag geschah, so fanden sie daran einen heimlichen Hinweis auf die Auferstehung, deren wunderbares Ereignis auch an einem dritten Tag geschehen war: Die Hochzeit zu Kana wies dann sogar noch auf das Bild des »himmlischen Bräutigams« hin.

In jedem Falle ist die Stelle einem Christen zumindest dunkel, wenn nicht unverständlich; nicht so einem Juden. Er kann das Griechisch des Neuen Testaments ins Hebräische zurückübersetzen und dann sehen, wie wohl das aramäische Original geheißen haben könnte; denn schließlich sind uns alle Berichte über Rabbi J. nur in einer Fremdsprache, dem Griechischen, überliefert. Und so schreibt der jüdische Religionswissenschaftler Schalom Ben-Chorin in seinem Buch »J. – der Nazarener in jüdischer Sicht«[5] zu dieser Stelle: »Übersetzen wir aber den Text ins Hebräische zurück, in die Atmosphäre, das Milieu, in das er gehört, so lesen wir: ›U-bajom Haschlischi‹ ... ›Jom-Haschlischi‹, der dritte Tag, das ist ganz einfach der Dienstag, da die jüdische Woche mit dem Sonntag beginnt und mit dem siebenten Tag, dem Schabbath, endet. Die einzelnen Tage haben keine Namen, mit Ausnahme des Sabbats, der eben Ruhetag = Schabbath, genannt wird; sie werden nur numeriert: erster, zweiter, dritter Tag usw., und der dritte Tag, der Dienstag, war und

blieb der klassische jüdische Hochzeitstag, denn es ist der ›Kephel ki tow‹, der Tag des zweimaligen ›es war gut‹ im Schöpfungsbericht der Genesis (Genesis I, 10 und 12).
Obwohl der Talmud den Mittwoch als Tag der Eheschließung für Jungfrauen bestimmt ... wurde doch – und wird bis heute – vom schlichten Landvolk ... und damit haben wir ja in Galiläa zu tun, der Dienstag, der dritte Tag, als Hochzeitstag bevorzugt.
Zweimal steht hier ›Ki Tow‹, denn es war gut, so daß nun ein ›Ki Tow‹ für den Bräutigam und ein ›Ki Tow‹ für die Braut bestimmt ist und sie sich des Doppelglücks der Ehe erfreuen mögen.
So einfach löst sich die rätselhafte Notiz in dem Datumsbericht der Hochzeit zu Kana. Wieviel wurde in diesen dritten Tag hineingeheimnist, aber man sah nicht die schlichte Wirklichkeit dieser jüdischen Bauernhochzeit im Galil.«
Nahezu 2000 Jahre lang hat man mühsam nach Geheimnissen gesucht, die keine waren, und man kann fragen, warum kein Alttestamentler den Fachkollegen vom Neuen Testament auf die jüdische Wochentagszählung aufmerksam gemacht hat. Selbst der Neutestamentler hätte es merken können, wenn er auf der Akropolis zu Athen das Museum besucht. Das Museum ist dienstags geschlossen. Und so steht auf Griechisch die simple Mitteilung: »Am dritten Tag geschlossen« – denn die Griechen zählen die Woche genauso, heute wie damals.
So gibt es in den Erzählungen über Rabbi J. noch eine ganze Reihe von Begriffen, die um so unsinniger werden, je genauer und wörtlicher man sie übersetzt, weil man nicht mehr danach fragt, was sie in ihrer heimischen Umgebung bedeuten. Wir werden sehen, daß allein die Übersetzung von Begriffen in eine andere Sprach- und Denkwelt tiefgreifende Mißverständnisse mit sich bringen kann, die die eigentliche Lehre des Rabbi J. und seine Selbsteinschätzung vollkommen verzerren und verfälschen. Die Mystifizierung eines simplen Wochentages ist dabei noch das harmloseste Beispiel. Es gibt Fälle, wo

durch eine wörtliche und damit gegenüber dem Gemeinten sinnentleerte Übersetzung ganze Dogmen entstanden sind, die das Unverstandene mit neuen Inhalten ihres Kulturlebens füllten und damit Ursprung und Absicht der Lehre des Rabbi J. widersprechen.

Wer Ohren hat zu hören . . .

Aber ich möchte zunächst die geschichtliche Reihenfolge einhalten und von dem ersten Filter berichten, der das Leben des Rabbi J. von vornherein verdunkelte und der aus seinem Leben ein Geheimnis gemacht hat.
Es sieht so aus, als wenn Rabbi J. das Pech gehabt hätte, immer nur völlig begriffsstutzige Gefährten auszusuchen. Wenn er ein Gleichnis erzählt – die Jünger verstehen es nicht und fragen nach der Deutung. Das könnte ein Stilmittel der Evangelisten sein, um Rabbi J. Gelegenheit zur Erklärung zu geben. Aber so dumm sind die Jünger nicht. Offenbar sind die Gleichnisse absichtlich so angelegt, daß sie gar nicht ohne weiteres verstanden werden können. Offenbar enthalten sie neben dem Wortsinn des Ausgesprochenen noch einen zweiten, verborgenen Sinn, den nur Eingeweihte verstehen. Ein Gespräch macht das deutlich: »Da kamen seine Schüler zu J. und sagten: Warum gebrauchst du Vergleiche, wenn du zu den Leuten sprichst? – Euch läßt Gott die Geheimnisse seines Reiches erkennen, antwortete J., aber sie nicht. Denn wer schon etwas hat, der wird noch mehr bekommen, so daß er mehr als genug haben wird. Wer aber nichts hat, dem wird auch noch das Letzte weggenommen. Aus diesem Grund benutze ich derartige Vergleiche. Sie sollen sehen, aber nicht erkennen; sie sollen hören, aber nicht verstehen . . . ihr dagegen dürft euch glücklich schätzen: eure Augen sehen und eure Ohren hören.«[6]
Mittelpunkt und Sinn der Vergleiche ist immer wieder und wieder das Kommen der Gottesherrschaft, das Geheimnis des Reiches, das Reich Gottes und wie die Bezeichnungen heißen: »Hört also zu, was die Geschichte vom Sämann

bedeutet. Es gibt Menschen, die die Botschaft vom Gottesreich hören, sie aber nicht vestehen.«[7]
Nun ist daran nichts zu verstehen. Die Erwartung des Weltendes oder zumindest des Endes der römischen Besatzung und einer von Gott eingesetzten Herrschaft war damals allgemeines Gedankengut. Was Rabbi J. sagte, lag ja ganz auf der Linie mosaisch-jüdischen Denkens, der Täufer Johannes hatte nichts anderes verkündet, und das Alte Testament ist voll von diesen Erwartungen. Wo aber lag dann das Geheimnis, warum durfte nicht jeder wissen und verstehen, was er sagte? Der Gedanke liegt also nahe, daß Rabbi J. innerhalb der Worte noch ein Geheimnis versteckt hielt, das er nicht aussprach, daß, wie bei einem Mysterienkult, Worte einen doppelten Sinn hatten. Das empfanden offensichtlich auch die Zuhörer: »Als J. geredet hatte, waren alle über seine Lehre erstaunt. Er hatte etwas zu sagen. Er lehrte ganz anders als die Gesetzeslehrer.«
Was aber war das andere, was er lehrte? Weil wir nach den Berichten der Evangelisten keine besseren Unterschiede kennen, haben wir uns daran gewöhnt, von der Lehre der Liebe im Gegensatz zum Gesetz zu reden. Aber wenn das der Kern seiner Lehre gewesen wäre, was wäre da zu verheimlichen gewesen? Wer im Talmud auch nur blättert, findet überall Gedanken der Liebe und der Nächstenliebe. Es muß also etwas anderes gewesen sein, das nur Eingeweihten zugänglich war und das wie das Messiasgeheimnis gehütet werden mußte. Ein Geheimnis, das nur der verstand, dem Gott die notwendige Einsicht gab. Oder, wie es am Schluß mancher Gleichnisse heißt, die dem Volk ohne Erklärung gegeben werden: »Wer Ohren hat zu hören, der höre.«

Das Geheimnis

Trotz der ungeheuren Wirkung, die das Leben und das Denken des Rabbi J. auf die Welt gehabt hat – seine Geburt ist bis heute die Zäsur, nach der wir die Jahre rech-

nen –, gibt es nicht eine einzige zeitgenössische Beschreibung seines Lebens. Nicht einmal der jüdische Historiker Flavius Josephus, der wenige Jahrzehnte nach dem Tod des Rabbi J. die Geschichte des jüdischen Volkes um die Zeitenwende bis ins Detail beschreibt, kennt ihn. Die paar Sätze bei Josephus[8], die sich auf Rabbi J. beziehen, stammen nicht von ihm, sondern sind spätere Zusätze, und der römische Historiker Tacitus, der als einzige profane Quelle den Juden J. auch nur erwähnt, schreibt zur Erklärung des Namens »Christiani« nichts weiter als: »Christus, von dem sich ihr Name ableitet, wurde zur Zeit des Kaisers Tiberius durch den Prokurator Pontius Pilatus zum Tode verurteilt.«[9]
Rabbi J. hat selbst keine einzige Zeile hinterlassen. Was wir von ihm wissen, beruht also einzig und allein – von apokryphen, also nicht kanonischen Texten, zunächst einmal abgesehen – auf den drei Informationsquellen, die im Neuen Testament zu Wort kommen: Die eine Quelle sind die Briefe des Apostels Paulus, der den Rabbi J. selbst nie gesehen oder gehört hat. Die zweite besteht aus den drei sogenannten synoptischen, d. h. miteinander vergleichbaren, Evangelien des Matthäus, Markus und Lukas, und die dritte Quelle ist das Johannesevangelium, das völlig aus der Art schlägt.
Alle vier Evangelien sind mehr als eine Generation nach dem Tod des Rabbi J. entstanden und in ihrer uns bekannten Fassung von Leuten geschrieben und redigiert worden, die nachweislich keine Augenzeugen, sondern Berichterstatter aus zweiter Hand waren.
Wie man weiß, widersprechen sich die vier Berichte häufig. Das kann daran liegen, daß jeder der »Augenzeugen« die Sache anders gesehen, erinnert oder gehört hat. Es kann aber auch daran liegen, daß die Endredaktoren die Berichte nach dem jeweiligen Stand aktualisiert und »verbessert« haben. Zum Beispiel ist es unmöglich, daß der Rabbi J. drei verschiedene letzte Worte gesprochen haben kann. Wenn man nicht annimmt, daß er während der Zeit am Kreuz alle drei Worte nacheinander gesagt

und jeder Zeuge nur eines berichtet habe (warum eigentlich?), dann bleibt nur die Möglichkeit übrig, daß mindestens zwei der Aussprüche erfunden sind.
Das zeitlich am frühesten geschriebene Evangelium des Markus beendet dieses Leben mit dem Verzweiflungsschrei: »Mein Gott, mein Gott, warum hast du mich verlassen!« Ebenso steht es bei Matthäus, dem zweitältesten Bericht. Bei Lukas, der in seiner Apostelgeschichte schon ausführlich über die Ausbreitung der Sekte berichtet, spiegelt sich in größerem Abstand zum historischen Ereignis die Verwandlung ins Ideal wider – so, wie eben die jungentstandene Gemeinde die Sache im Rückblick deutete. Bei ihm heißt das letzte Wort: »Vater, ich befehle meinen Geist in deine Hände.« Aus dem mißglückten Leben und der Verzweiflung ist hier bereits Zustimmung geworden. Und bei Johannes, dem am spätesten fertiggestellten Bericht, finden wir Triumph und Sieg: »Es ist vollbracht!« Ein Plan wurde verwirklicht, von einem Mißlingen und von dem Entsetzen der Jünger, die nach seinem Tod auseinanderliefen, ist nichts mehr übrig, weil nicht sein kann, was nicht sein darf. Die peinliche Erinnerung wurde überdeckt, die Wahrheit korrigiert.
Wenn wir einmal davon ausgehen, daß eine bestimmte Tatsache im Leben des Rabbi J. nicht ausgesprochen werden und nicht an die Öffentlichkeit dringen durfte, dann allerdings gäbe es noch eine dritte Erklärung für die Entstehung der Widersprüche in den Evangelien: Alle diejenigen Stellen, die an das Geheimnis rührten oder durch ihre Formulierung unter den damaligen Lesern entsprechende Assoziationen wecken konnten, mußten unkenntlich gemacht werden. Das konnte durch Weglassen, Umstellen oder zusätzliche Erklärungen geschehen. Da bei dieser Aufgabe jeder der Evangelisten anders vorging, kam es zu den widersprüchlichen Berichten, die wir kennen.
Wir nehmen es zum Beispiel als ein rührendes Detail realistischer Schilderung, daß der allzeit unwirsche Petrus dem römischen Soldaten Malchus sofort ein Ohr ab-

haut, als man kommt, um Rabbi J. zu verhaften. Wie aber kommt Petrus, der Jünger, überhaupt zu einem Schwert? Und wie kann es sein, daß genau derselbe, der die Botschaft der Liebe und der Versöhnung verkündet, auch sagt: »Glaubt nicht, daß ich gekommen bin, um Frieden in die Welt zu bringen, sondern das Schwert«[10]?
Wie kommt es, daß ein Mann, der sich als Messias, als Erlöser, bezeichnen läßt, seinen Jüngern verbietet, anderen davon zu erzählen? Wie kann es sein, daß ein Mann, der nichts weiter tat, als zu einem gottgefälligen Leben aufzurufen, mit der römischen Besatzungsmacht in Konflikt geraten konnte, die ihn als politischen Verbrecher hinrichtete, und wie ist es zu erklären, daß die ersten Christen in Jerusalem, die sich als fromme Juden fühlten und jeden Tag ohne sektiererische Absicht im Tempel beteten, von Paulus verfolgt werden, als seien sie Verschwörer?
Irgend etwas stimmt hier nicht, das Bild des Rabbi J. ist zwielichtig gezeichnet; man hat daher schon mehrfach versucht, dem harmlos-einfältigen Bild eines Wanderpredigers, das sich die Mehrzahl von Rabbi J. macht, den Revolutionär und politischen Aufrührer J. entgegenzusetzen, weil man hier den wahren Grund der Vertuschung vermutete.

Rebell gegen Römer?

So hat zum Beispiel Joel Carmichael in seinem Buch *Leben und Tod des Jesus von Nazareth*[11] nachzuweisen versucht, daß Rabbi J. nichts weiter war als ein politischer Aufrührer gegen die römische Besatzungsmacht. Am Anfang habe Rabbi J. einen Aufstand mit friedlichen Mitteln versucht, sei dann aber doch zu der Überzeugung gekommen, daß man ohne Schwert nichts ausrichten könne. So sei die vereinzelte Stelle bei Lukas zu verstehen, wo J. fragt: »Als ich euch ohne Geldbeutel, Bettelsack oder Schuhe losgeschickt habe, habt ihr da etwas vermißt? Überhaupt nicht, sagten sie. Jesus erwiderte:

Nun ist es anders. Wer einen Geldbeutel oder Bettelsack hat, soll ihn mitnehmen. Wer kein Schwert hat, soll sich eins besorgen und den Mantel dafür verkaufen.«[12]
Mit einer kleinen Heeresmacht, so meint Carmichael, sei er dann in Jerusalem eingezogen und als Messias, als Befreier des Volkes, begrüßt worden, wie sogar ganz unverhüllt in der Bibel steht: »Gepriesen das Reich unseres Vaters David, das da kommt«, rief die Menge und: »Hosianna!«, was nicht, wie gern falsch übersetzt wird, »Gepriesen sei Gott« heißt, sondern ein Hilferuf ist: »So hilf doch!«[13]
Was die Evangelisten als Tempelreinigung verniedlicht hätten, sei in Wirklichkeit die Besetzung des Tempels durch den Aufrührer J. gewesen. Danach habe er fliehen und außerhalb der Mauern Jerusalems übernachten müssen. Soviel ist immerhin wahr, daß sich Rabbi J. in engem zeitlichen Zusammenhang mit seinem Einzug in Jerusalem und der Tempelreinigung außerhalb der Stadtmauern versteckt hielt (sonst hätte Judas nicht das Versteck verraten müssen) und daß er von der römischen Besatzungsmacht unter der politischen Anklage hingerichtet wurde, er gebe sich als König der Juden aus. Carmichael faßt es so zusammen: »Um es mit heutigen Worten zu sagen: Jesus war ein nationaler Führer, einer unter vielen Juden, die sich, wie wir gesehen haben, während der langen Zeitspanne ihrer Unterwerfung durch Rom erhoben haben.«[14]
Das Mißlingen erkläre dann auch den Verzweiflungsschrei: »Mein Gott, mein Gott, warum hast du mich verlassen!« Später hätten dann die Evangelisten alles getan, »daß dieses Bild fromm retuschiert wurde, um jene Aspekte an der Unternehmung Jesu zu übermalen, die sich für die spätere christliche Dogmatik als unverdaulich erwiesen – die Gewalttätigkeit, die Jesu Bewegung begleitete, ihre romfeindlichen politischen Handlungen und ihr materielles Scheitern –, das alles wurde entweder vergessen oder verdrängt durch die neue Perspektive der kultischen Erhöhung Jesu«[15].

Diese These von Carmichael ist insofern bestechend, als sie tatsächlich den Widerspruch erklärt, wie ein so harmlos erscheinender frommer Mann mit der Besatzungsmacht in Konflikt geraten und mit Barabbas, einem Aufrührer, auf die gleiche Stufe gestellt werden kann.
Wenn der Jude J. von Römern verurteilt worden ist – und das ist er –, dann muß ein politisches Verbrechen vorgelegen haben. Jede andere Interpretation ist und bleibt unmöglich. So ist es aber nun auch verständlich, warum die Evangelisten ein einseitig frommes Bild von Rabbi J. zeichnen und den politischen Aspekt möglichst verstecken und vertuschen: Wenn die wachsende Anhängerschaft jenes Rabbi im Machtbereich des Imperium Romanum bestehen wollte, dann mußte den Autoren des Neuen Testaments daran gelegen sein, jeden Widerstand gegen die Staatsgewalt herunterzuspielen und zu verstecken.
Darin liegt nach Carmichael das eigentliche Geheimnis der Person des Rabbi J., das er legitim mit dem Begriff des Messias verbindet, der bei den Juden als nationaler Befreier im Auftrage Gottes gesehen wurde. Da die Befreiung durch diesen Messias mißlang, haben – nach Carmichael – die späteren Christen den Typ des leidenden Messias eingeführt, für den es in der jüdischen Geschichte kein Vorbild gibt. Sie hätten also den Messias »umfunktioniert«.
Die Theorie Carmichaels erklärt sicherlich einen politischen Aspekt im Leben des Rabbi J., der zweifellos vorhanden war, den wir aber in der Retusche von fast zweitausend Jahren nicht mehr unmittelbar erkennen. Ich glaube aber nicht, daß diese Erklärung das eigentliche Geheimnis des Rabbi J. aufgedeckt hat – höchstens den Teil, der dann zu seinem Ende führte.
Was Carmichael nämlich aus Bequemlichkeit ausläßt, weil es seiner Theorie nicht weiterhilft, sind alle diejenigen Stellen, wo Rabbi J. wegen seiner ethischen und religiösen Lehre angefeindet wird. Quer durch die Evangelien zieht sich eine niemals erklärte oder begründete

Feindschaft zu den Pharisäern und Schriftgelehrten. Wir haben uns zwar daran gewöhnt (obwohl das nicht ganz stimmt), unter Pharisäern Formalisten und Heuchler zu verstehen, deren toter Gesetzesglaube im Gegensatz stand zur Botschaft des Rabbi J., den wir als einen Erneuerer verstehen, dem es ernst war mit dem wahren Gesetz Gottes. Wo aber kann der Grund liegen, in diesem »Narren aus Galiläa« einen so gefährlichen Gegner zu sehen, daß man alles tun muß, um ihn auszuschalten? Wenn er eine neue Lehre verkündete, über die sich die Leute wunderten, dann wird sie kaum in der Mitteilung bestanden haben, daß er einen Aufstand plane und mithin so etwas wie ein Messias, ein Erlöser von der Knechtschaft sei. Wer auch nur etwas über die jüdische Geschichte jener Zeit gelesen hat, der weiß, daß es von Aufrührern und Aufständen nur so gewimmelt hat. Die neue Lehre muß also einen anderen Akzent gehabt haben – einen Akzent, der auch den Kampf gegen die Pharisäer begründete.

Gegner der Pharisäer?

Pharisäer und Sadduzäer waren etwa zweihundert Jahre vor und nach der Zeitenwende die beiden herrschenden großen religiösen Strömungen im jüdischen Leben, die sich in ihrer Einstellung zur jüdischen Gesetzessammlung, der Tora, unterschieden. Joel Carmichael schreibt dazu:
»Seit Esra – 444 vor Christus – war die jüdische Thora die unumstrittene Quelle religiöser Autorität für das gesamte jüdische Volk. Seit sie jedoch schriftlich niedergelegt war, vermochte sie offenbar nicht jedes spezifische Problem zu behandeln, das im Laufe der Zeiten auftrat.
Die Sadduzäer waren als die aristokratische, priesterliche Gruppe der Ansicht, daß die aufgezeichnete Thora durch priesterliche Entscheidungen ergänzt werden müsse, wenn es notwendig sei. Auf diese Weise verlor die Thora nach und nach an Geltung.

Andererseits hielten die Pharisäer die Thora für verbindlich, nicht nur wegen des kollektiven Eides, den die Vertreter des Volkes zur Zeit des Esra geleistet hatten, sondern auch deshalb, weil sie den Willen Gottes unmittelbar ausdrücke. Sie erweiterten den Rahmen der Thora und rechtfertigten dies damit, daß sie den Begriff eines ›mündlich überlieferten Gesetzes‹ schufen. Dieses war ebenso alt wie die überlieferte Thora und ebenso verbindlich.«[16]

Die Sadduzäer waren konservativ, während die Pharisäer – hervorgegangen aus einer, wie wir heute sagen würden, »pietistischen« Bewegung der »Chassidim«, der »Frommen« – wohl dadurch in den Ruf der Heuchelei gerieten, weil sie immer noch eine Auslegung parat hatten, auch wenn sie nicht durch die Tora gedeckt war. Aber man kann es mit Carmichael auch anders sehen: »Die Sadduzäer waren konservative Hüter eines überlieferten Textes; sie sahen in den Pharisäern Neuerer, die die öffentliche Ordnung störten, und ganz allgemein Unruhestifter ... Zur Zeit Jesu waren die Pharisäer, ohne politisch zu sein, im wesentlichen oppositionell; sie fanden viel Wohlwollen unter denen, die der Herrschaft der Sadduzäer überdrüssig waren.«[17]

Die Frage ist, warum unser Rabbi eigentlich die Pharisäer bekämpfte und nicht die Sadduzäer. Denn gerade die Pharisäer mit ihrer anpassungsfähigen Variationsbreite hätten an Rabbi J. weniger Anstoß nehmen dürfen als die orthodoxen Sadduzäer. Wenn Rabbi J. ein Erneuerer war, hätte er eher bei den Pharisäern als bei den Sadduzäern Verständnis finden müssen, zumal die Sadduzäer eng mit der Regierung und dem Tempel verbunden waren, also schon deswegen an jeder revolutionären Absicht aus ihrer politischen und religiösen Sicht hätten Anstoß nehmen müssen.

Das Neue Testament vermittelt ein anderes Bild: Da gerät Rabbi J. immer nur mit den Pharisäern zusammen, und die Sadduzäer bekommen nur dann etwas ab, wenn es um die Wiedergeburt und die Erwartung des Welt-

endes geht. Denn die Sadduzäer glaubten nicht an eine Wiedergeburt und hatten kein Verständnis für apokalyptische Ideen, wie sie uns als Lehre des Rabbi J. überliefert sind.
Man sieht nun Rabbi J. richtig vor sich, wie er – einer gegen alle – die frohe Botschaft vom Kommen des Reiches Gottes verkündet und als Einzelgänger zu Tode gehetzt wird, weil das religiöse Establishment die Macht und damit das Recht hat.

Prophet einer Geheimlehre?

Aber war Rabbi J. ein einsamer Prophet? Nach dem Neuen Testament sieht es so aus. Dort gibt es nur zwei Richtungen: die Pharisäer und die Sadduzäer. Von beiden unterschied sich Rabbi J. (und auch der Täufer Johannes). Wir wissen nun aber aus einer profanen Quelle außerhalb der Bibel, daß es damals eine dritte religiöse Gruppe gab. Sie wird im Neuen Testament mit keinem einzigen Wort erwähnt, weder lobend noch tadelnd, obwohl sie ebenfalls aus der Bewegung der Chassidim hervorgegangen war und daher im Ursprung mit den Pharisäern verwandt ist.
Es war eine religiöse Richtung – zahlenmäßig etwa gleich stark wie die Pharisäer –, die das baldige Ende der Welt erwartete und daher zu Buße und Umkehr aufrief, weil das Reich Gottes nahe sei. Diese dritte Gruppe, die aus der Erneuerung des Glaubens heraus um so strenger am Gesetz festhielt, weil sie den Tempeldienst in Jerusalem für verdorben hielt, hatte ein eigenartiges Gepräge, das es in der ganzen Geschichte des jüdischen Glaubens bis dahin nicht gegeben hatte: Es waren Mönche.
Wir haben uns in der abendländischen Geschichte daran gewöhnt, daß Mönche zum religiösen Leben gehören. Aber auch das Selbstverständliche war einmal revolutionär, und an der Wirkung des Täufers Johannes können wir ablesen, wie ein Einsiedler in härenem Gewand auf die Leute von Jerusalem gewirkt hat: Sie pilgerten

zu ihm in die Einöde und ließen sich taufen, auch jener Rabbi J.
Diese dritte religiöse Erneuerungsbewegung, die Rabbi J. weder erwähnt noch bekämpft, war im Gegensatz zu den Pharisäern und Sadduzäern ein Geheimkult innerhalb des Judentums. Strenge Gesetze – bis zum Verhungernlassen der Mönche – verboten die Preisgabe der Geheimnisse des inneren Zirkels, zu dem man nur durch Aufnahmeriten und Wartezeiten aufsteigen konnte.
Nehmen wir nun einmal an, Rabbi J. habe dieser Sekte nahegestanden oder ihr gar angehört – würde der Zwang zur Geheimhaltung der Mysterien und das gleichzeitige öffentliche Auftreten des Rabbi nicht jene Stellen erklären können, die wir als dunkel, unverständlich oder widersprüchlich empfinden, weil sie nicht klar aussprechen, was auszusprechen verboten ist?
Besteht also das Geheimnis des Rabbi J. darin, daß er als stenggläubiger Jude, der das Nahen des Reiches Gottes ebenso erwartete wie der Täufer Johannes, eine Lehre verkündete, die nur für Eingeweihte war und die er nur in verschlüsselten Gleichnissen äußern durfte: Wer Ohren hat zu hören, der höre?
Flavius Josephus, der jüdische Historiker, verliert im Gegensatz zum Neuen Testament kaum ein Wort über Pharisäer und Sadduzäer, aber er beschrieb vor 1900 Jahren in erstaunlicher Ausführlichkeit die im Neuen Testament verschwiegene Geheimsekte, die er ausdrücklich als »dritte Kraft« des jüdischen Glaubens bezeichnet.
Gesetzt den Fall, Rabbi J. habe etwas mit dieser »dritten Kraft« zu tun gehabt – warum wird sie dann im Neuen Testament nicht erwähnt, obwohl selbst solchen Skeptikern wie Voltaire und Friedrich dem Großen die geradezu verblüffende Ähnlichkeit zwischen der Lehre des Rabbi J. und jener Sekte aufgefallen war? War die Geheimsekte eine Erfindung des Josephus?

Der Bericht des Flavius Josephus

»Es gibt nämlich«, schrieb der jüdische Historiker Flavius Josephus vor 1900 Jahren in seiner *Geschichte des Jüdischen Krieges*, »bei den Juden drei Arten von philosophischen Schulen; die eine bilden die Pharisäer, die andere die Sadduzäer, die dritte, welche nach besonders strengen Regeln lebt, die sogenannten Essener [Betonung auf der zweiten Silbe]. Die letzteren sind ebenfalls geborene Juden, aber untereinander noch mehr als die anderen durch Liebe verbunden ...

Was nun die beiden zuerst genannten Sekten betrifft, so ist die der Pharisäer die älteste unter allen dreien. Sie gelten für besonders kundige Erklärer des Gesetzes, machen alles von Gott und dem Schicksal abhängig und lehren, daß Recht- und Unrechttun zwar größtenteils den Menschen freistehe, daß aber bei jeder Handlung auch eine Mitwirkung des Schicksals stattfinde. Die Seelen sind nach ihrer Ansicht alle unsterblich, aber nur die Guten gehen nach dem Tode in einen anderen Leib über, während die der Bösen ewiger Strafe anheimfallen.

Die Sadduzäer hingegen, die zweite der obengenannten Sekten, leugnen das Schicksal völlig und behaupten, Gott habe mit dem Tun und Lassen der Menschen gar nichts zu schaffen ... weiterhin leugnen sie auch die Fortdauer der Seele sowie die Strafen und Belohnungen in der Unterwelt.«[18]

Nach dieser Beschreibung müßten die eigentlichen Gegner des Rabbi die Sadduzäer gewesen sein, die das leugneten, was wir als christlich empfinden. Da Rabbi J. aber vor allem die Pharisäer bekämpfte, müßten sich Unterschiede zwischen Pharisäern und Essenern finden lassen – wenn wir zunächst an der Voraussetzung festhalten, der Rabbi habe etwas mit den Essenern zu tun. Josephus zählt denn auch drei auf: die strenge Ethik, das mönchische Leben und die auf außerjüdische Einflüsse zurückgehende Lehre von der Unsterblichkeit der Seele, die die Essener vertraten.

»Sie hegen nämlich den festen Glauben, daß der Körper zwar der Verwesung anheimfalle und vergänglich sei, die Seele dagegen in Ewigkeit fortlebe und daß sie, aus dem feinsten Äther stammend, durch einen natürlichen Zauberreiz herabgezogen und in den Körper gleich wie in ein Gefängnis eingeschlossen werde. Sobald die Seele aber von den Banden des Fleisches befreit sei, entschwebe sie, wie aus langer Knechtschaft erlöst, in seliger Wonne zur Höhe. In Übereinstimmung mit den jüngeren Hellenen« – den Griechen also – »lehren sie, den Guten sei ein Leben jenseits des Ozeans beschieden ... den Bösen dagegen weisen sie eine finstere kalte Höhle von ewiger Qual an ... Damit wollen sie zunächst die Unsterblichkeit der Seele feststellen, dann aber auch zur Tugend antreiben und vom Laster abschrecken, indem sie darauf rechnen, daß die Guten während ihres irdischen Lebens durch die Hoffnung auf Belohnung nach dem Tode noch besser, die Anschläge des Bösen dagegen durch Furcht zunichte werden, da die letzteren sich darauf gefaßt machen müssen, selbst wenn bei Lebzeiten ihre Schlechtigkeit verborgen bleiben sollte, doch noch im Jenseits ewiger Strafe zu verfallen.
Diese Lehre der Essener über die Seele ist das Zauberband, durch welches sie diejenigen, die einmal ihre Weisheit gekostet haben, dauernd an sich fesseln.«
Seit fast zweitausend Jahren sind diese Gedanken, die Josephus den Essenern zuschreibt, gleichzeitig auch die christliche Lehre von der Unsterblichkeit der Seele, verbunden mit der keineswegs alttestamentarischen Vorstellung, daß das irdische Leben eine Bewährungsprobe und ein Durchgang zur erstrebten ewigen Seligkeit sei: Das Alte Testament kennt weder die Unsterblichkeit der Seele in dieser Form noch irgendwelche Gefilde der ewigen Seligkeit. Was wir üblicherweise als spätere hellenistische Zutat zum Christentum bezeichnen, beschrieb Josephus hier als Gedankengut einer jüdischen Sekte, die schon vor Rabbi J. existierte. Bei den Essenern taucht nach Josephus auch die im Alten Testament nicht be-

kannte Vorstellung auf, der Leib sei nur das Gefängnis der Seele – eine Vorstellung, der wir dann später beim Gnostizismus wiederbegegnen werden.
Entsprechend leibfeindlich und weltabgewandt sind auch die Regeln der Essener: »Die sinnlichen Freuden meiden sie wie die Sünde, und ihre Tugend erblicken sie in der Enthaltsamkeit und Beherrschung der Leidenschaften. Über die Ehe denken sie gering ... den Reichtum verachten sie, und bewundernswert ist bei ihnen die Gemeinschaft der Güter, so daß man niemand unter ihnen findet, der mehr besäße als die anderen ... Zorn äußern die Essener nur, wo er berechtigt ist, Gemütserregungen wissen sie zu meistern; Treu und Glauben halten sie hoch, den Frieden pflegen sie angelegentlich. Das gegebene Wort gilt bei ihnen wie ein Eid; ja, sie unterlassen das Schwören, weil sie es für schlimmer als den Meineid halten ..., des weiteren verpflichten sie sich, stets die Wahrheit zu lieben und die Lüge zuschanden zu machen, ihre Hände von Diebstahl und ihre Seele von dem Makel unrechten Gewinnes reinzuhalten ..., peinlicher als alle übrigen Juden vermeiden sie es, am Sabbat sich mit Arbeit zu befassen ..., sie wagen am Ruhetage nicht einmal, ein Gefäß von der Stelle zu rücken oder ihre Notdurft zu verrichten.«
Als eine ihrer Hauptbeschäftigungen gibt Josephus an: »Mit Vorliebe widmen sie sich dem Studium von Schriften der Alten, besonders um zu ergründen, was für Leib und Seele heilsam ist. Aus diesen Schriften suchen sie Wurzeln zur Bannung von Krankheiten ... kennenzulernen.«
Das Wort »Heiland« gerät hier auf seltsame Weise ganz in die Nähe der Essener: Der Name »Essener« oder auch »Essäer« erinnert an das aramäisch-assyrische Wort »Assya«, was »Arzt« bedeutet; zu heilen und zu helfen war auch die Absicht des Rabbi J. und sein Auftrag an die Jünger.
Ob das die richtige Deutung des Namens »Essener« ist, ist allerdings nicht sicher. Für sie spräche, daß die Esse-

ner oft in einem Atemzug mit den sogenannten »Therapeuten« genannt werden, die zur gleichen Zeit in Ägypten lebten.
Aber im Laufe der Jahrhunderte ist eine ganze Anzahl von Erklärungen vorgeschlagen worden, die mehr oder weniger einleuchtend sind. So dachten die einen an einen Stifter, der der Sekte diesen merkwürdigen Namen verliehen haben könnte; andere leiten die Bezeichnung von dem Wort für Fromme, »Chassidim«, ab. In Blackwoods *Edinburgh Magazine* aus dem Jahre 1840 schlug jemand vor, den Namen von dem Schmuckstück abzuleiten, das der jüdische Hohepriester im Tempel trug und das auf hebräisch »Choschén« heißt. Damit soll eine enge Bindung an die zwölf Stämme Israels ausgedrückt worden sein. Möglich wäre auch, daß sich die Essener vom hebräischen Wort »Chassai« für »heimlich, verborgen« ableiten, da sie ja in der Tat eine Art Geheimsekte waren. Und ebenso logisch ist vom Gedanken, wenn auch nicht so sehr vom Klang her die Ableitung von »Zanuim«, die »Bescheidenen, Verborgenen, Stillen«, was wieder auf die Wüstenmönche zutreffen würde.
Und schließlich, um die Auswahl abzuschließen, meinte 1933 ein Gelehrter, das Wort bedeute »heilig« und käme vom persischen »Avesta Asharam«, da ja auch Philo, ein christlich-jüdischer Philosoph aus Alexandria in Ägypten, den Namen »Essener« mit »heilig« übersetzt habe.[19]

Laien und Mönche

Die Gemeinschaft der Essener – nach Angaben von Philo und Josephus etwa viertausend Anhänger – gab es nach dem Bericht des Josephus in zwei Formen. Die asketische Richtung lebte als klösterliche Gemeinschaft nach strengen Regeln, während die anderen Essener, wie normale Bürger verheiratet, in Städten und Dörfern Judäas wohnten und dort nach Philos Angaben »große und volkreiche Gemeinschaften«[20] bildeten. Das bestätigt auch Josephus: »Sie haben keine eigene Stadt, sondern in jeder wohnen ihrer viele. Ordensangehörigen, die anderswoher kommen, steht alles, was sie bei ihren Genossen finden, wie ihr eigener Besitz zur Verfügung, und bei Leuten, die sie nie zuvor gesehen, treten sie ein, als wären es vertraute Freunde von ihnen. Deshalb nehmen sie auch auf die Reise durchweg nichts anderes mit als Waffen zum Schutz gegen die Räuber.«[21]

Und so könnte auch diese Anweisung in den Regeln der Essener stehen: »Ihr sollt nichts mit euch nehmen auf den Weg, weder Stab noch Tasche noch Brot noch Geld ... und wenn ihr in ein Haus gehet, da bleibet, bis ihr von dannen weiterziehet. Und wenn sie euch nicht aufnehmen, so geht aus derselben Stadt und schüttelt den Staub von den Füßen zu einem Zeugnis wider sie. Und sie gingen hinaus und durchzogen die Dörfer, predigten das Evangelium und machten gesund allenthalben.«[22]

Aber dieses Zitat stammt nicht von den Essenern, sondern steht als Anweisung des Rabbi J. an seine Jünger im Lukasevangelium, um nur eine Parallele von vielen anzuführen.

Strenge Regeln

Für die Klostergemeinschaft der Essener galten noch besondere Regeln. Ähnlich dem christlichen Klosterwesen gab es auch hier verschiedene Stufen der Zugehörigkeit, die nach dem Wesen der Mysterienkulte den verschiedenen Graden der Erleuchtung entsprachen. Wer in das Kloster eintrat, gab seinen Besitz an das Kloster ab: »Alle verfügen wie Brüder über das aus dem Besitztum der einzelnen Ordensmitglieder gebildete Gesamtvermögen ..., die Verwalter des gemeinsamen Vermögens werden durch Stimmenmehrheit gewählt.«

Bei den Anhängern des Rabbi J. war es vermutlich ähnlich, und den Verwalter des gemeinsamen Geldes kennen wir: Es ist Judas, denn er »hatte den Beutel und nahm an sich, was gegeben ward«[23].

Der Tagesablauf ist fest zwischen Arbeit, rituellen Waschungen und Mahlzeiten eingeteilt, die nach besonderem Brauch mit einem Gebet begonnen und beendet werden. »Auf eine eigentümliche Art verehren sie die Gottheit. Bevor nämlich die Sonne aufgeht, sprechen sie kein unheiliges Wort, sondern sie richten an das Gestirn gewisse altherkömmliche Gebete, als wollten sie seinen Aufgang erflehen. Hierauf werden sie von den Vorstehern zu dem Tagewerk entlassen, auf das ein jeder von ihnen sich versteht. Wenn sie sodann bis zur fünften Stunde« – also elf Uhr vormittags – »fleißig gearbeitet haben, kommen sie wieder an einem bestimmten Ort zusammen, schürzen ein linnenes Tuch um und waschen sich den Leib in kaltem Wasser. Nach dieser Reinigung begeben sie sich in ein besonderes Gebäude, das kein Angehöriger einer anderen Sekte betreten darf, und versammeln sich hier, gereinigt, als ginge es in ein Heiligtum, im Speisesaal ... Ehe das Mahl beginnt, spricht der Priester ein Gebet, und vor dem Gebet darf niemand etwas verzehren. Nach dem Mahl betet er wiederum, so daß zu Anfang und zu Ende desselben Gott als der Spender der Nahrung geehrt wird.
Nachdem sie sodann ihre gleichsam heiligen Kleider abgelegt, begeben sie sich wieder an ihre Arbeit bis zur Abenddämmerung. Hierauf kehren sie zurück und speisen auf dieselbe Weise; sind zufällig Fremde da, so nehmen sie an diesem Mahle teil. Weder Geschrei noch sonstiger Lärm entweiht je das Haus, sondern ein jeder läßt den anderen reden, wie ihn die Reihe trifft ...«
Es waren strenge Regeln, und entsprechend streng war auch der Aufnahmeritus: »Wer in die Sekte aufgenommen sein will, erhält nicht sogleich Zutritt, sondern er muß sich zunächst außerhalb des Ordens ein Jahr lang derselben Lebensweise wie die Mitglieder unterziehen ... Hat er in diesem Zeitraum die Mäßigkeitsprobe bestanden, so tritt er der Genossenschaft um einen Schritt näher: Er nimmt an der reinigenden Wasserweihe teil, wird jedoch zu den gemeinsamen Mahlzeiten noch

nicht zugelassen. Nachdem er nämlich seine Standhaftigkeit dargetan hat, wird nun in zwei weiteren Jahren auch sein Charakter geprüft, und erst wenn er in dieser Beziehung gleichfalls würdig erscheint, wird er förmlich in den Orden aufgenommen. Bevor er indes bei dem gemeinsamen Mahl erscheinen darf, muß er den Ordensangehörigen einen furchtbaren Eid schwören..., stets die Ungerechten zu hassen und den Gerechten beizustehen..., den Ordensbrüdern nichts zu verheimlichen, anderen dagegen keines ihrer Geheimnisse zu offenbaren, und sollte man ihn auch bis zum Tode martern; endlich, die Lehrsätze des Ordens niemand auf anderem Wege mitzuteilen, als er sie selbst kennengelernt..., die Bücher der Sekte und die Namen der Engel« – der Boten – »geheimzuhalten. Durch solche Eidschwüre versichern sich die Essener der neu Aufzunehmenden.«
Soweit der – gekürzte – Bericht des Flavius Josephus, und man fragt sich, woher er das alles weiß, wenn die Essener doch eine solche Geheimsekte waren. Das Rätsel löst sich duch eine biographische Notiz des Josephus: Als 19jähriger gehörte er – das war im Jahre 56 n. Chr. – für drei Jahre zu den Essenern, bevor er später von den Römern beim jüdischen Aufstand (66–70) festgenommen wurde, in deren Dienst er daraufhin die Geschichte des jüdischen Krieges schrieb. Genaugenommen hat Josephus auch nichts verraten, was nicht auch ein Außenstehender erfahren dürfte: kein Wort über die Bücher der Sekte und ihre »Engel« – vom griechischen Wort für »Bote« –, kein Wort darüber, wo sich das Kloster der Essener befand.

Nur Vermutungen

Was wir erfahren, hat aber doch viele überraschende Parallelen zum Neuen Testament – die Gütergemeinschaft der Jünger und später der Jerusalemer Urgemeinde und die Besitzlosigkeit der Essener; die gemeinsamen Mahlzeiten und eine besondere Art Tischgebet, an der auch die Jünger von Emmaus einzig und allein den Auferstandenen wiedererkennen; die rituellen Reinigungsgebote der Sekte und die Taufe des Johannes, die an manchen Stellen der Bibel ebenfalls ganz einfach »Reinigung« genannt wird;[24] die Abneigung gegen das Schwören – »Eure Rede aber sei ja, ja, nein, nein. Was darüber ist, das ist von Übel«[25] – und schließlich unter anderem noch die Ethik der Nächstenliebe, verbunden mit den Lohn- und Strafgedanken eines himmlischen Gerichts für die unsterbliche Seele, die Philo von Alexandrien noch deutlicher beschreibt als Josephus: »Die Essener sind durch ihren Tugendeifer und durch die Leidenschaftlichkeit ihrer Menschenliebe zusammengeführt worden.«[26]

Es ist daher nicht erstaunlich, daß es durch die Jahrhunderte hindurch immer wieder Theologen gab, die Rabbi J. für einen Essener hielten. Schon 1792 schrieb der Theologe Karl Friedrich Bahrdt[27] in *Briefen an Wahrheit suchende Leser,* J. sei durch Nikodemus (im dritten Kapitel des Johannesevangeliums) und durch Joseph von Arimatäa mit den Essenern verbunden gewesen. Auch Bahrdt war aufgefallen, daß sich Rabbi J. »zweierlei Art des Vortrags bediente«, um der Geheimhaltung gerecht zu werden.

Die Aufklärung benutzte die Essener, um einige Wunder zu erklären. Für die einen war Kreuzigung und Auferstehung nur eine Inszenierung der Essener, und folgerichtig war für sie der weißgekleidete Jüngling, der den Frauen im leeren Grab die Auferstehung mitteilt, nichts weiter als ein Essener, die ja bekanntlich weiße Gewänder trugen.[28] Das weiße Essenergewand inspirierte vor hundert Jahren einen anderen zu der Erklärung, Rabbi J. sei der Sohn eines Essenerjünglings, dem sich Maria in religiöser Ekstase hingegeben habe, weil sie ihn in seinem weißen Gewand für einen Engel gehalten habe.[29] Das Kind sei dem Orden übergeben worden, was nach dem Bericht des Josephus sogar üblich war.

August Friedrich Gförer, Repetent am Tübinger Stift und Stadtvikar zu Stuttgart, schrieb 1831: »Die christliche

Kirche ging aus der essenischen Gemeinschaft hervor, deren Gedanken sie fortbildete und ohne deren Regeln ihre Organisation unerklärlich wäre.«[30]
Theologie und Kirche haben diese Gedanken liberaler Theologen nicht aufgegriffen, da sie hier den Versuch sahen, die Einmaligkeit der Lehre und des Lebens des J. zu unterhöhlen. Mehr als eine vage Ähnlichkeit zwischen den Berichten des Josephus, des Philo und dem Neuen Testament war niemand bereit zuzugeben, und mit einem gewissen Recht: Nicht ein einziges Mal waren die Essener im Neuen Testament erwähnt, nicht eine einzige Schrift der Essener war überliefert, und niemand wußte, wo sich das Kloster der Essener befunden haben könnte, wenn es überhaupt existiert hatte.
Lediglich Plinius der Ältere, der im Jahre 79 beim Ausbruch des Vesuvs umkam, hat in seiner *Naturgeschichte* als einziger einen knappen Hinweis gegeben: »An der Westküste des Asphaltsees« – also des Toten Meeres – »wohnen die Essener in einiger Entfernung von den schädlichen Gerüchen, die man am Ufer selbst erlebt. Sie sind ein einsames Volk, das außergewöhnlichste der Welt, das ohne Frau, ohne Liebe, ohne Geld lebt, nur mit den Palmbäumen als ihren Gefährten... Weiter unterhalb von den Essenern war die Stadt Engada« – heute Ain Gedi –, »dann kommt die Festung Masada in dem Gebirge, auch in einiger Entfernung vom Asphaltsee.«[31]
Man hat dort nie ein Kloster der Essener gefunden, und man kann skeptisch sein, ob es der Römer Plinius mit der Geographie so ernst genommen hat: Ain Gedi liegt so nah in den steilen Felshang eingebettet, daß darüber gar kein Kloster sein kann. Und Palmen gab es am Toten Meer nicht nur bei Ain Gedi, sondern auch rund dreißig Kilometer weiter nördlich bei Ain Feschkha, nicht weit von der Jordanmündung bei Jericho, wo mitten in einer toten Steinwüste unmittelbar am Toten Meer noch heute die Frösche quakend in den Rinnsalen einer klaren Süßwasserquelle sitzen.
Wenn also der poetische Hinweis des Plinius, die Palmen

seien die einzigen Gefährten gewesen, richtig ist, dann kommen am Westufer des Toten Meeres nur diejenigen Stellen als Siedlungsplatz in Frage, wo, vierhundert Meter unter dem Meeresspiegel, eine Quelle aus dem rissigen Gestein tritt.
Doch niemand hat, wie einst Schliemann, der den Homer ernst nahm und Troja entdeckte, niemand hat die Angaben des Plinius ernst genommen und das Kloster der Essener gesucht und entdeckt. 1900 Jahre lang standen Josephus, Philo und Plinius unter dem milden Verdacht orientalischer Märchenerzähler, bis durch Zufall nicht weit von Ain Feschkha in den Höhlen von Qumran die geheimen Bücher der Essener entdeckt wurden: die berühmten Schriftrollen vom Toten Meer.

Später Beweis

Nicht die Entdeckung der Schriftrollen vom Toten Meer gehört zu den abenteuerlichsten Kapiteln der modernen Archäologie, wohl aber der Versuch der Wissenschaftler, die unersetzlichen Dokumente durch Feilscherei, Bestechung, Tricks und oft unter Lebensgefahr den arabischen Wüstennomaden und ihren Zwischenhändlern abzukaufen, bevor sie durch Kriegshandlungen oder durch Unverstand und enttäuschte Geldgier vernichtet worden wären.

Mohammed der Ziegenhirt

Es begann damit, daß der fünfzehnjährige Mohammed ad Dhib vom Stamme der Taamirah[32] im Frühjahr 1947 beim Ziegenhüten aus Langeweile mit Steinen in die schmalen Höhlenlöcher warf, die es an den Steilhängen des Toten Meeres zu Tausenden gibt. Nach anderen Berichten suchte er ein verlorenes Schaf und fand die Höhle. Wie dem auch sei: Mohammed hörte nicht Stein auf Stein schlagen, sondern er hörte etwas klirren, und in panischer Angst vor bösen Geistern riß er aus.

Am nächsten Morgen hatte er sich beruhigt und wollte nun, zusammen mit einem Freund, den Goldschatz heben, den er dort vermutete. Die Enttäuschung war groß, als sie nur eine Anzahl Tonkrüge und alte Lederrollen entdeckten. Sie nahmen eine mit ins Lager und rollten sie auf, bis sie, wie sie später verwundert berichteten, von einer Zeltwand bis zur anderen reichte. Es war eine der Rollen, deren Ankauf später eine viertel Million Dollar kostete und die heute in Jerusalem im »Schrein des Buches« ausgestellt sind.

Damals wußten die Beduinen damit nichts anzufangen und nahmen eines Tages ein paar Rollen mit nach Betlehem zu Chalil Iskandar Schahin, einem syrischen Christen, der einen Gemischtwarenladen und eine Schuhflikkerei betrieb und unter dem Namen Kando bekannt war. Kando zeigte sich nicht interessiert, aber da man mit dem alten Zeug vielleicht noch Schuhe ausbessern konnte, behielt er die Lederrollen. (Der bloße Gedanke, daß die älteste erhaltene Handschrift der Bibel fast stückchenweise zum Besohlen verwendet worden wäre, kann heute noch jedem Wissenschaftler das Herz stillstehen lassen.)

Als Kando sich die Rollen später genauer ansah, hatte er den Eindruck, sie seien möglicherweise mehr als die üblichen auf alt frisierten Fälschungen von »Antiquities«, und nahm eine Rolle mit nach Jerusalem ins syrische St.-Markus-Kloster, das in der Altstadt lag. Vielleicht war der Metropolit an Antiquitäten interessiert. Aber auch der Metropolit wußte die Rollen nicht einzuschätzen, und so begann er, verschiedenen Instituten Fragmente zur Prüfung vorzulegen, nachdem er von Kando einen Rollenvorrat für ein paar Mark in Kommission genommen hatte.

Bis hierhin ist die Geschichte der Entdeckung noch einigermaßen verläßlich zu rekonstruieren. Aber die Kriegswirren vor der Gründung des Staates Israel im Jahre

1948, der Zwang zur völligen Geheimhaltung der Funde, die als archäologisches Material nach dem Gesetz Eigentum der Regierung sind und nicht gehandelt werden dürfen, und die Spaltung des Landes in einen arabischen und einen jüdischen Teil sind die Ursache dafür, daß es keine zwei Berichte gibt, die übereinstimmen.

Der Händler

Es gibt zwei Geschichten derselben Entdeckung.[33] Die eine gibt wieder, wie die Hebräische Universität im israelischen Teil von Jerusalem an die Schriftrollen herankam, und die andere, wie einerseits im arabischen Teil der Stadt das Amerikanische Institut für Orientalistik und das Archäologisch-Theologische Institut der Dominikaner und andererseits das jordanische Regierungsamt für Archäologie in Amman allesamt mehr oder weniger legal versuchten, mit den mißtrauischen Beduinen ins Geschäft zu kommen.

In beiden Versionen sind Kando aus Betlehem und der syrische Metropolit vom St.-Markus-Kloster in Jerusalem die undurchsichtigen Schlüsselfiguren. Sie besaßen sieben Rollen, deren Wert sie nicht im entferntesten abschätzen konnten und die sie reihum anboten. Und jeder dachte, er sei der erste, der von dem Fund gehört habe.

So berichtete der israelische Archäologe Professor Sukenik von der Hebräischen Universität, daß ihm erstmals am 23. November 1947 ein unbekannter Armenier ein Stück einer Schriftrolle gezeigt habe. Es war eine merkwürdige Situation: Sukenik stand auf der einen Seite des Stacheldrahtes, den die britische Militärverwaltung zum Schutz gegen die Araber um die Hebräische Univerität gezogen hatte, der Armenier auf der anderen. Über den Stacheldraht hinweg erfuhr Sukenik von den Funden am Toten Meer. Er prüfte das Lederstück und die Schriftzeichen: Sie waren wirklich uralt! Inzwischen kam der 28. November. An diesem Tage sollte in New York die UNO über die Zukunft Palästinas entscheiden. Es war vorauszusehen, daß es zu einem Krieg zwischen Arabern und Juden kommen würde, wenn die UNO die Gründung eines Staates Israel beschließen würde. Als Sukenik im Radio hörte, die UNO habe ihren Entschluß um einen Tag verschoben, nahm er die letzte Gelegenheit wahr, um mit dem Armenier in der gespannten Atmosphäre wenige Stunden vor Kriegsausbruch in das benachbarte Betlehem zu reisen.

Während Stunde um Stunde verging, saß Professor Sukenik mit dem Armenier und einigen arabischen Händlern in einem alten Gemäuer Betlehems und feilschte in orientalischer Breite. Allmählich verloren die Araber ihr Mißtrauen und ließen Sukenik wenigstens zwei Rollen und einen Tonkrug sehen. Wieder vergingen kostbare Minuten. Endlich war er soweit: Er durfte die Rollen zur Prüfung mit nach Jerusalem nehmen. Während er atemlos die Rollen mit anderen verglich, um Alter und Inhalt festzustellen, hörte er im Radio die Nachricht von der Teilung Palästinas. Der Staat Israel war beschlossen, der Krieg begann, die anderen Schriftrollen waren für ihn verloren, Betlehem wurde jordanisch.

Ein Metropolit im Zwielicht

Inzwischen bot der syrische Metropolit seine Rollen dem Amerikanischen Institut für Orientalistik im jordanischen Teil Jerusalems an. Telefonisch teilte er dem Institut im Februar 1948 mit, er habe in seiner Klosterbibliothek ein paar alte Rollen gefunden. Dr. Trever, der als Assistent zeitweilig das Institut leitete, zeigte sich interessiert, und schon am nächsten Tag brachte man in einem alten Koffer die Rollen. Ein erster, schneller Vergleich mit anderen alten hebräischen Handschriften elektrisierte Trever: Die Schrift auf den Lederrollen war älter. Vor ihm lag offenbar die älteste Abschrift des Buches Jesaja, Jahrhunderte älter als die bisher gekannten Texte. Trever bekam die Erlaubnis, die Rollen zu fotografieren – und erst jetzt gestand der Metropolit, daß die Rollen nicht aus seinem

Kloster stammten, sondern etwa vor einem Jahr irgendwo in einer Höhle gefunden worden seien. Wo die Höhle lag, war noch immer das Geheimnis der Beduinen.
Der Metropolit nahm die Schriftrollen wieder mit und schmuggelte sie nach Amerika, angeblich, um sie aus den Kriegswirren zu retten, vermutlich aber, um sie dort für teures Geld zu verkaufen. Möglicherweise war sogar das Amerikanische Institut für Orientalistik in irgendeiner Weise an der Sache beteiligt. Als Sukenik davon erfuhr, schrieb er in sein Tagebuch: »Das jüdische Volk hat ein kostbares Erbe verloren.«
Aber es war nicht verloren: Der Metropolit fand keinen Käufer. Die von Trever gemachten Fotokopien waren veröffentlicht worden, so daß der Erwerb der Originale nicht unbedingt notwendig war. Sieben Jahre später, im Jahre 1954, war Sukeniks Sohn Yigael Yadin – berühmt geworden durch seine Ausgrabung der Bergfestung Masada – auf einer Vortragsreise in den USA. Eines Tages erhielt er den Anruf eines Journalisten, er solle am nächsten Tag das *Wallstreet Journal* lesen. In der Ausgabe fand er eine kleine, unauffällige Anzeige, es seien vier Schriftrollen vom Toten Meer zu verkaufen. Über Mittelsmänner nahm Yigael Yadin sofort den Kontakt mit dem Kommissionär des Metropoliten auf. Keiner kannte den anderen. Man einigte sich auf eine viertel Million Dollar, die Yigael Yadin durch Freunde und durch eine Garantie der israelischen Regierung in kurzer Zeit aufbrachte.
Am 1. Juli 1954 war es dann soweit: In einem großen schwarzen Koffer wurden die vier Schriftrollen vom Waldorf-Astoria-Hotel in New York in die israelische Botschaft gebracht. Sieben Jahre nach ihrer Entdeckung waren die Schriftrollen wieder in Israel. Professor Sukenik hat es nicht mehr erlebt, er war ein Jahr zuvor gestorben, und der Metropolit erfuhr erst ein Jahr später, an wen er die Rollen verkauft hatte.
Zurück ins Jahr 1948. Weder Sukenik noch das Amerikanische Institut für Orientalistik hatten sich anmerken lassen, daß sie von den Schriftrollen auch nur die ge-

ringste Kenntnis hatten und daß sie verzweifelt nach der Höhle suchten, um die Echtheit der Rollen zu überprüfen. Nun besaß das Institut die Fotokopien einiger Rollen und beschloß die Veröffentlichung. Am 11. April 1948 – ein volles Jahr nach dem Fund – teilte Millar Burrows, der Direktor des Institutes, der Weltöffentlichkeit mit, man habe eine Handschrift der Bibel gefunden, die tausend Jahre älter sei als jede bisher bekannte Abschrift der Bibel. Die Sensation war da.

Durch ein redaktionelles Versehen hieß es aber in der Meldung, die Rollen seien im St.-Markus-Kloster in Jerusalem gefunden worden. Das wiederum wußte Sukenik besser, und so schrieb er eine Leserzuschrift an das Blatt, die Rollen seien am Toten Meer gefunden worden. Burrows las diese Korrektur zufällig auf der Heimreise nach den USA am 28. April im *Rome Daily American*, als das Schiff gerade in Genua anlegte, und erfuhr damit zum erstenmal, daß nicht nur sein Institut, sondern auch die Hebräische Universität, keine drei Kilometer voneinander entfernt, Teile der Schriftrollen besaß. Ihm ging es damit immer noch besser als dem Leiter des jordanischen Regierungsamtes für Archäologie in Amman, Lancaster Harding, der erst im November 1948 in einer wissenschaftlichen Zeitschrift die Neuigkeit erfuhr, daß 18 Monate zuvor in seinem Land eine der überraschendsten archäologischen Entdeckungen gemacht worden war.

Die UNO sucht die Höhlen

Mit der Geheimhaltung war es vorbei, die Schriftrollen vom Toten Meer machten Schlagzeilen, aber noch immer wußte man nicht, wo die Höhle war.

Lancaster Harding machte sich auf zum St.-Markus-Kloster, in der Hoffnung, dort die Lage der Höhle zu erfahren. Unter den Schüssen israelischer Scharfschützen erreichte er das Kloster in den winkligen Gassen der Jerusalemer Altstadt. Zwar kannte der Metropolit inzwischen durch Kando den genauen Ort und hatte selbst heimlich eine illegale Durchsuchung der Höhle vorgenommen, aber er verriet nichts. Durch Zufall traf Harding im Kloster auf einen alten Mönch, den er darauf ansprach und der ihm, ehe man es verhindern konnte, sozusagen versehentlich den ungefähren Fundort beschrieb: Irgendwo südlich der Stelle, wo sich die Straße von Jerusalem in der Jordansenke nach Jericho und zum Toten Meer gabelt, mußte die Höhle sein.

In dem porösen Gestein dieser Gegend gab es Hunderte von Höhlen, und es schien aussichtslos, daß ein Mensch eine bestimmte Höhle wiederfinden könnte, die der Ziegenhirte Mohammed nach zweitausend Jahren nur durch Zufall entdeckt hatte. Lancaster Harding versuchte, Beduinen für die Suche zu gewinnen, aber sie lehnten ab aus Angst, sie könnten mit der Polizei in Konflikt geraten.

Und so war es ein belgischer Beobachter der Vereinten Nationen, der mit ein paar Soldaten der Arabischen Legion und einem jordanischen Hauptmann im Januar 1949 auf die aussichtslose Suche nach der Höhle ging. Nach drei Tagen war die Höhle zum zweitenmal innerhalb von zwei Jahren entdeckt.

Sie lag zwischen Jordanmündung und der Quelle von Ain Feschkha nicht weit von der Ruine Qumran, einer seit Jahrhunderten verlassenen Siedlung am Ufer des Toten Meeres. Man fand Reste und Fragmente der Schriftrollen und konnte an anderen Funden feststellen, daß die Rollen und die Tonkrüge aus der Zeit um das Jahr Null stammten und nicht, wie manche vermutet hatten, aus einem mittelalterlichen Versteck.

Die Bibliothek der Essener

Wer aber hatte die Schriftrollen versteckt? Nur zwei Rollen gaben einen alttestamentarischen Text wieder. Es sind zwei verschieden gut erhaltene Abschriften des Propheten Jesaja, die eine von Sukenik, die andere von Burrows herausgegeben. Da beide Rollen mit dem uns

bekannten Jesajatext bis auf wenige und unwichtige Varianten übereinstimmen, stellten die Theologen befriedigt eine Bestätigung der christlichen Tradition fest und sahen keine Notwendigkeit einer etwaigen Revision christlich-theologischer Grundsätze oder Dogmen.
Die anderen Rollen gingen die Theologen nichts an: Es waren keine Bibeltexte, sondern Schriften, die man bisher aus keiner anderen Übersetzung oder Handschrift kannte. Da waren Kommentare zu den Propheten Habakuk, Micha, Zephanja und eine Hymnenrolle, in der bekannte Zitate im Sinne einer Erwartung des Weltendes gedeutet wurden. Da war die Rede von einem »Lehrer der Gerechtigkeit« und von »Söhnen des Lichts«, die sich in die Wüste zurückgezogen hatten, und von »Söhnen der Finsternis«, die vom »Frevelpriester« verführt waren, apokalyptische Schriften im ganzen, aus denen man nicht mit Sicherheit auf die Schreiber rückschließen konnte. Allerdings, es war auffällig, daß manche Worte, Begriffe und Gedanken aus diesen unbekannten Rollen fast wörtlich im Neuen Testament wiederkehrten.
Das entscheidende Dokument, das die Identifizierung erlaubte, war der sogenannte »Sektenkanon«, manchmal von den Wissenschaftlern auch »Regelbuch« genannt. Alles, was man bisher nur aus den Beschreibungen des Josephus kannte, stand hier noch einmal, wenn auch nicht wörtlich und manchmal auch in den Details verschieden: Die Bibliothek der Essener war gefunden, von einem Kloster der Essener aber keine Spur.

Noch mehr Höhlen

Nach der Wiederentdeckung der Höhle wurde es wieder ruhig am Toten Meer. Allenfalls die Taamirah-Beduinen zogen im Frühjahr mit ihren Herden durch diese Gegend, wenn die Bergwüste einen Schimmer von Grün zeigte. Und wieder waren es diese Beduinen, die im Jahre 1952 die zweite Höhle mit Texten entdeckten.
Das Gefeilsche um jeden Quadratzentimeter Schriftrolle

begann von neuem, man könnte Romane darüber schreiben. Dann fanden Archäologen eine dritte Höhle.
Systematisch und unter Lebensgefahr wurden daraufhin zweihundert Höhlen in der Umgebung von Qumran untersucht. Man fand im Umkreis von einigen Kilometern noch ein Dutzend Verstecke mit Schriftrollen, Hausrat und Münzen. Die Texte waren zum Teil in Geheimschrift gechrieben, andere waren Zusammenstellungen von Hinweisen auf den Messias und seinen »Neuen Bund« – ein Begriff, den Luther in der Bibel mit »Neuem Testament« übersetzt hat.
Doch niemand weiß, ob damit alle noch erhaltenen Schriftrollen ans Tageslicht gekommen sind. So tauchte 1960, Jahre nach der großen Suchaktion, eine neue, neun Meter lange Rolle auf, die der unermüdliche Kando aus Betlehem im Ausland anbieten ließ. Die Verhandlungen zogen sich sieben Jahre hin, ohne daß es zu einem Ergebnis kam. Als dann die israelischen Truppen im Sechstagekrieg die Stadt Betlehem am 7. Juni 1967 besetzten, war Yigael Yadin sofort zur Stelle, spürte mit Hilfe des Militärs die kostbare Rolle im Haus des Antiquitätenhändlers Kando auf und beschlagnahmte sie, was nach jordanischem Gesetz sogar rechtens war. Sie ging gegen eine Entschädigung von 105 000 Dollar in den rechtlichen Besitz Israels über, doch nun dauerte es noch einmal zehn Jahre, bis Yadin Ende 1977 die sogenannte »Tempelrolle« nach unendlichen Mühen entziffert, übersetzt und veröffentlicht hatte.
Ein Teil der Essenerbibliothek dürfte aber für immer verloren sein, denn die Funde der fünfziger Jahre waren offenbar nicht die ersten. So berichtet Origines Anfang des 3. Jahrhunderts, er habe eine Übersetzung der Psalmen und andere griechische und hebräische Bücher in einem Tonkrug bei Jericho – also ganz in der Nähe – gefunden. Und fast sechshundert Jahre später berichtet der Patriarch von Seleukia, er kenne Bücher des Alten Testaments und andere Schriften, »die in einer Höhle in der Nähe von Jericho gefunden wurden«[34].

Qumran, in dessen Umgebung die Textrollen gefunden wurden, ist übrigens eine Stelle, die schon im vergangenen Jahrhundert die Archäologen interessiert hatte. Da das Wort »Qumran« von den Arabern ähnlich wie »Gomorra« ausgesprochen wird und beide Wörter aus dem gleichen Konsonantenstamm »gmr« (bzw. »qu-m-r-n«) bestehen, der allein für die semitischen Sprachen wichtig ist, kam man auf die Idee, hier das biblische Gomorra zu suchen (das im Feuer untergegangene Gomorra liegt nach heutiger Ansicht am anderen Ende des Toten Meeres bei Sodom).
Anlaß zu diesen ersten Forschungen war ein Ruinenfeld – die Bezeichnung »Kirbeth Qumran« bedeutet nichts anderes als »Ruine Qumran« –, in dem man bald wegen des festen Burgfrieds ein römisches Kastell erkannte, das an strategisch günstiger Stelle den Beginn der Straße am Westufer des Toten Meeres unter Kontrolle hatte; eine ähnliche Anlage also wie auf dem gegenüberliegenden Ufer die Burg Machärus, in der der Täufer Johannes von Herodes gefangengehalten worden war.
Als man 1949 die erste Höhle entdeckte, untersuchte man auch oberflächlich das Ruinenfeld, fand aber nichts Besonderes. Erst zwei Jahre später, Ende 1951, beschlossen Lancaster Harding vom jordanischen Regierungsamt für Archäologie und Pater de Vaux, der Direktor des Archäologisch-Theologischen Institus der Dominikaner in Jerusalem, noch einmal in Qumran nachzugraben.
Fünf Jahre lang gruben sie in den vergleichsweise kühlen Wintermonaten in einer Landschaft von beängstigender Einsamkeit Kirbeth Qumran aus. Sie fanden einen Friedhof mit über tausend Gräbern, auf dem nur Männer beerdigt waren. Sie fanden einen Raum mit über tausend Bechern, Tellern, Schüsseln und Platten und daneben einen großen Speiseraum, auf dem der Platz des Vorsitzenden mit Steinfliesen gekennzeichnet war, sie fanden Hand-

werksgebäude, Zisternen und rituelle Reinigungsbäder. Sie fanden einen Schreibraum mit einem riesigen Holztisch und zwei Tintenfässern: das Scriptorium, in dem wahrscheinlich ein großer Teil der gefundenen Texte aus den benachbarten Höhlen geschrieben worden war. Münzen und Scherbenfunde in den Höhlen und in Qumran bewiesen den Zusammenhang: Das Kloster der Essener war gefunden worden.
Und jetzt verstand man auch den Pliniustext: Das »weiter unterhalb von den Essenern« meinte keine Siedlung an einem Berghang, sondern nach dem Wortgebrauch des Plinius »stromabwärts«. Nicht weit von Qumran mündet der Jordan ins Tote Meer, das sich Plinius offenbar auch als fließend vorstellte. Daß Ain Gedi »weiter unterhalb« lag, hieß also, es lag südlich von Qumran. Die Angabe des Plinius war korrekt, nur hatte man sie falsch interpretiert.
Nicht weit von jener Stelle, an der der Täufer Johannes als Rufer in der Wüste die Menschen zur Umkehr aufgerufen und wo sich Rabbi J. hatte taufen lassen, nicht weit von jener Stelle, zu der er sich nach der Überlieferung vierzig Tage lang in die Wüste zurückgezogen hatte und versucht worden war, nicht weit von Jericho, der ältesten Stadt der Welt und der ersten Stadt, zu der die Kinder Israel nach vierzigjähriger Wüstenwanderung im Gelobten Land gekommen waren, nicht weit von der Stelle, wo Erzvater Moses begraben liegt – mitten in einer Einöde von erschreckender Schönheit liegt also Qumran, das Kloster der Essenermönche, in dem schon vor der Geburt des Rabbi J. Gedanken niedergeschrieben wurden, die später in seiner Lehre auftauchten und die eine Welt revolutionieren sollten. Ist Qumran die »Wiege des Christentums«?

Die »Söhne des Lichts«

Auch Gedanken und Ideen haben ihre Geschichte. Als der Täufer Johannes in der Wüste zur Umkehr aufrief, weil das Reich Gottes nahe sei, war das nicht seine eigene Lehre. Schon zweihundert Jahre vor ihm hatten besonders fromme Juden (das hebräische Wort dafür ist »Chassidim«, Betonung auf der letzten Silbe) geglaubt, das Ende der Welt und das Reich Gottes seien nahe, denn »zu dieser Zeit waren in Israel böse Leute«, heißt es im Makkabäerbuch, »die überredeten das Volk und sprachen: Laßt uns einen Bund machen mit den Heiden umher und ihre Gottesdienste annehmen: denn wir haben viel leiden müssen seit der Zeit, da wir uns von den Heiden abgesondert haben«[35].

Mit den Heiden, das heißt mit denen, die keine Juden waren, hatten die Kinder Israel ständig Pech: Sie lernten sie als Besatzungsmächte kennen. Nach dem Babylonischen Exil kam das Reich der Perser, nach den Persern, die Alexander der Große 333 v. Chr. schlug, kamen die Griechen, nach dem Tode Alexanders wurde sein Reich nach langen Kämpfen unter die »Diadochen« aufgeteilt. Zuerst waren es die Ptolemäer in Ägypten, die das jüdische Gebiet in ihren Herrschaftsbereich einbezogen. Zweihundert Jahre vor der Zeitenwende gelang des dann dem syrischen Diadochengeschlecht der Seleukiden, in Judäa die Macht zu übernehmen.

Als der Seleukidenherrscher Antiochus IV. im Jahr 175 v. Chr. den Thron bestieg und im Tempel von Jerusalem einen griechischen Kult einrichten ließ, kam es zum Aufstand der Juden. Unter Judas Makkabäus kämpften sie gegen die Heiden und ihre griechisch beeinflußten Kulte, während andere, nach jahrhundertelanger Fremdherrschaft resigniert, aus politischem Opportunismus für eine Annahme der fremden Kulte eintraten.

Gegen diese Sündhaftigkeit ihrer Zeit protestierten die Chassidim, und weil sie verfolgt wurden, verließen sie die Dörfer und Städte und zogen in die Wüste Juda zwi-

schen Jerusalem und dem Toten Meer, wo sie sich in den Höhlen versteckten.[36] Sie sind die Vorfahren der Essener. Hier erwarteten sie das Kommen des Reiches Gottes, indem sie ein extrem gesetzestreues Leben führten.
Wann sich nun die Essener unter ihrem »Lehrer der Gerechtigkeit« zu der Mönchsgemeinde zusammenschlossen, die Josephus beschreibt, ist noch ein Streitpunkt der Gelehrten. Aufgrund der Ausgrabungen in Qumran und verschiedener Anhaltspunkte in den Schriftrollen neigt die Mehrheit dazu, das Ereignis in die Regierungszeit des Alexander Jannai, also in die Jahre 103–76 v. Chr., zu verlegen.[37]
Aber während die eine Gruppe der Chassidim an der Erwartung des Endes trotz aller Enttäuschungen festhielt, waren andere Chassidim skeptisch geworden und trennten sich von dieser Bewegung. Das gab ihnen den Namen, denn das Wort »Pharisäer« heißt nichts anderes als »Getrennte«. Und noch in den Berichten des Neuen Testaments spürt man die Skepsis der Pharisäer, wenn vom Kommen des Reiches die Rede ist – und das ist der Grund, warum der Täufer Johannes sie so grob als Otterngezücht beschimpft.
Kurt Schubert schreibt dazu: »Das wichtigste Element der Kontroverse zwischen dem neu entstehenden Pharisäismus und den priesterlichen Radikalisten von Qumran war die endzeitliche Verkündigung. Die Pharisäer lehnten es ab, die verschiedenen apokalyptischen Enunziationen als inspiriert anzuerkennen.«[38]
Und so kommt es, daß es im Alten Testament Bücher gibt, »so der Heiligen Schrift nicht gleich gehalten, und doch nützlich und gut zu lesen sind«, wie Luther die sogenannten Apokryphen definiert, jene Bücher des Alten Testaments also, die nicht in den Kanon, das anerkannte Verzeichnis echter Schriften, aufgenommen wurden. Es sind vor allem jene Bücher und Propheten, die das Ende verkünden – genau jene Bücher und Propheten, die in den Schriftrollen der Essener ständig zitiert werden.
Neben den kanonischen Schriften hatten die Essener

also noch eine eigene Tradition, ihr Kanon war größer als der pharisäische, bereichert um jene Propheten der Hoffnung, denen die anderen aus Resignation nicht glauben mochten. Auf der einen Seite waren die chassidischen Essener streng orthodox und damit »jüdischer« als alle Juden. Auch sie führen sich, wie die Sadduzäer, auf Zadok, den Hohepriester, zurück, und ihr Klosterleben war streng priesterlich ausgerichtet. Auf der anderen Seite wurden diese Auserwählten des auserwählten Volkes durch Fixieren einer vergangenen historischen Situation – des Frevels im Tempel zur Zeit des Antiochus – im Laufe der Jahrhunderte von der Entwicklung und Tradition des Judentums abgeschnitten. Sie waren konservative Traditionalisten ihrer eigenen geschichtlichen Vergangenheit, nicht der des jüdischen Volkes.
Für die Essener war der Tempel zu Jerusalem noch immer vom Frevel verdorben. Sie beteten nicht einmal in Richtung zum Tempel, sondern nach Sonnenaufgang, denn im Tempel herrschten die »Söhne der Finsternis«. Und so bezeichneten sich die Essener mit einem Begriff, den das Judentum sonst nicht kennt. Sie bezeichneten sich als die »Söhne des Lichts«, die gegen den »Frevelpriester« und die »Söhne der Finsternis« kämpften.
Die sogenannte »Kriegsrolle«, die in der ersten Höhle gefunden wurde, beschreibt ausführlich den endzeitlichen Kampf der »Söhne des Lichts«: »Für den Verständigen: die Ordnung des Krieges. Der Anfang, da die Söhne des Lichts Hand anlegen, um anzufangen gegen das Los der Söhne der Finsternis . . ., wenn die Emigration der Söhne des Lichts zurückkehrt aus der ›Wüste der Völker‹, um zu lagern in der Wüste von Jerusalem.«[39] Oder wie es im Sektenkanon, den Regeln der Essenermönche, als Pflicht genannt wird:

»Alle Söhne des Lichts zu lieben,
jeden nach seinem Los, in Gottes Gemeinde
und alle Finsternissöhne zu hassen,
jeden nach seiner Verschuldung, in Gottes Rache.«[40]

Immer wieder tauchen »Licht« und »Finsternis« als antithetische Begriffe für »Wahrheit« und »Gottlosigkeit« auf: »An der Stätte des Lichts ist der Ursprung der Wahrheit und aus der Quelle der Finsternis der Ursprung des Unrechts.«[41]

Und wer auch nur eine schwache Erinnerung an Bibelverse hat, der glaubt die Bibel zu lesen, wenn es im Sektenkanon heißt: »... durch seine Erkenntnis wurde alles, und was ist, richtet er nach seinem Plan. Außer durch ihn geschieht nichts.«[42] Dieser Vers im Sektenkanon steht unmittelbar vor der Stelle, in der das Licht als die Wahrheit beschrieben wird. Und genau in der gleichen Reihenfolge und bis in die Worte hinein gleich heißt es zu Beginn des Johannesevangeliums in dem berühmten und geheimnisvoll-mystischen Prolog: »Im Anfang war das Wort, und das Wort war bei Gott, und Gott war das Wort. Dasselbe war im Anfang bei Gott. Alle Dinge sind durch dasselbe gemacht und ohne dasselbe ist nichts gemacht, was gemacht ist. In ihm war das Leben, und das Leben war das Licht der Menschen. Und das Licht scheint in der Fisternis, und die Finsternis hat's nicht begriffen.«[43]

Hier berühren sich Neues Testament und die Geheimlehre der Essener, der Glaube einer jüdischen orthodoxen Sekte und jener Jude, der seine Anhänger nach den Worten des Johannes »Kinder des Lichts« nannte und sich selbst als »das Licht der Welt« bezeichnete.

Was lehrte Rabbi J.?

Ist Qumran die »Wiege des Christentums«, und ist das Christentum nichts weiter als die historisch gewachsene Fortsetzung chassidischer Einsiedler, die, über einen Seleukidenkönig verärgert, in der Wüste vergeblich das Ende der Welt und das Kommen des Messias erwarteten? Hat Rabbi J., um es theologisch zu formulieren, eine eigene Offenbarung gehabt, oder war Rabbi J. nur ein geschickter Propagandist einer längst etablierten Sekte und ihrer Lehre? Bis zum Jahre 1948, als die Schriftrollen vom Toten Meer veröffentlicht wurden, gab es darüber nur Vermutungen. Man kannte die Schriften des Neuen Testaments und die Berichte des Philo und des Josephus. Sie legten eine Verbindung nahe, aber sie bewiesen sie nicht.

Seit man Texte der Essenergemeinde vom Toten Meer kennt, ist dies anders: Wir können jetzt das Neue Testament neben die Texte der Essener legen und Vergleiche anstellen.

Wir wissen, daß die Essenertexte älter sind als die Schriften des Neuen Testaments: Das beweisen Schriftzeichenvergleiche, das mit wissenschaftlichen Methoden feststellbare Alter der Rollen und vor allem die Tatsache, daß Qumran mit dem Jerusalemer Tempel im Jahr 70 zerstört wurde – das zeigen die gefundenen Münzen – und daß die Berichte des Neuen Testaments erst nach dem Jahr 70 fertiggestellt wurden.

Zeigt nun ein Vergleich von Neuem Testament und Qumranhandschriften, daß nicht nur eine Ähnlichkeit, sondern eine direkte Abhängigkeit in einzelnen Worten, in Gedanken und in der Lehre besteht – dann nützt kein Widerspruch und kein frommer Glaube etwas: Dann ist und bleibt wahr, daß Rabbi J. bestenfalls die Lehre von Qumran auf sich bezog, veränderte und auf sich konzentrierte, aber daß er nicht der Schöpfer dieser Lehre ist, die wir ihm zuschreiben.

Der gedankliche Ausweg, es seien nur die Evangelisten und der Apostel Paulus gewesen, die nachträglich Gedanken von Qumran verwendet und Rabbi J. in den Mund gelegt hätten, macht die Sache nicht besser. Wenn eine Abhängigkeit des Christentums und seiner Lehre, wie wir sie in der Bibel vorfinden, festgestellt werden kann, kommt es auf das gleiche heraus, nur daß sich das Christentum nicht auf Rabbi J., sondern auf die späteren Interpreten beziehen und damit genausogut die Abhängigkeit des christlichen Glaubens von den Mönchen von Qumran zugeben müßte, wenn man nicht sämtliche Me-

thoden sonst gültiger wissenschaftlicher Arbeit auf den Kopf stellen will.
Ich habe bisher nur ein – vielleicht zufälliges – Beispiel verblüffender Übereinstimmung genannt, und ich weiß, ich bin noch eine Reihe anderer Beispiele schuldig, bevor man sich ein Urteil bilden kann. Aber ich meine, es ist nur ein erstes Beispiel von vielen, die ich noch aufzeigen will.

Kannte Rabbi J. das Kloster?

Zunächst muß man sich fragen, ob die Evangelisten – aus welchen Gründen auch immer – von sich aus einen Hinweis darauf geben, daß Rabbi J. rein räumlich-geographisch die Möglichkeit gehabt haben könnte, mit den Leuten von Qumran zusammenzukommen.
Man kann bei Matthäus und Markus nachlesen, daß der Täufer Johannes in der Judäischen Wüste auftrat und im Jordan taufte, und »alle Leute aus dem Gebiet von Judäa und die ganze Einwohnerschaft von Jerusalem wanderten hinaus und hörten ihm zu«[44]. Der Evangelist Johannes gibt die Stelle noch genauer an, nämlich östlich des Jordan bei Betanien.[45]
Genau an dieser Stelle steht heute zum Gedächtnis eine Kirche im Niemandsland zwischen Jordanien und Israel, sieben Kilometer östlich von Jericho und ebenfalls kaum sieben Kilometer von der Stelle entfernt, an der der Jordan ins Tote Meer mündet. Es ist die nächste Stelle, von der aus man den Jordan von Jerusalem aus erreichen kann: Von Jerusalem aus kann man das Tote Meer tief unten liegen sehen.
Steht man nun auf dem Hügel, unter dem Jericho, die älteste Stadt der Welt, mit ihren legendären Mauern begraben ist – und an einer Stelle kann man in einem Schacht an den Mauern vorbei bis in die Steinzeit zurücksehen –, dann sieht man über die Dattelpalmen der Oase Jericho hinweg auf den Jordan und die Taufstelle. Keine zwei Stunden zu Fuß über totes Geröll, und man ist an der Stelle

des »Predigers in der Wüste«, wo noch heute die Straße von Jerusalem durch eine Furt nach Betanien geht.
Sieht man von Jericho aus nach der entgegengesetzten Seite, so erklärt einem der Reiseführer, daß dort oben auf dem Berg nach der Tradition die Stelle ist, wo Rabbi J. nach seiner Taufe in der Einsamkeit vom Teufel versucht wurde. Das würde bedeuten, daß er nach der Taufe nach Jericho gelaufen und jenseits der Stadt in die Bergwüste gegangen sein müßte.
Sieht man aber von Jericho aus weder nach links zum Jordan noch nach rechts zum »Berg der Versuchung«, sondern geradeaus, dann hat man das stumpfe Glitzern des Toten Meeres vor sich, gerahmt von den graubraunen Bergen der Judäischen Wüste. Und genau dort, hinter dem ersten Bergvorsprung am Toten Meer, fern von aller Welt in einer toten Wüste an einem toten Meer und doch kaum 15 Kilometer entfernt, liegt das Essenerkloster von Qumran. Von Qumran aus wiederum sieht man die Taufstelle und Machärus, die Festung, in der der Täufer enthauptet wurde. Dazwischen ist nichts als Einöde, damals wie heute, weil es dort keine Quellen gibt. Betanien am Jordan, die Oase Jericho und Qumran mit der Wasserstelle Ain Feschkha bilden ein gleichseitiges Dreieck und sind, nahe dem tiefsten Punkt der Erdoberfläche, die einzig bewohnbaren Stellen dieser Gegend.
Warum soll der Ort, an den er sich vierzig Tage lang zurückzog, nicht bei Qumran gewesen sein, wenn der Einsiedler Johannes wohl kaum in einer Stadt wie Jericho oder Betanien, möglicherweise aber wohl in den Höhlen um Qumram gelebt hat, denn auch ein Einsiedler braucht gelegentlich Wasser.
Wir setzen in unserer Vorstellung seltsamerweise voraus, Rabbi J. sei gerade nur zur Taufe an den Jordan gekommen, angezogen von dem Bußruf des Täufers, und dann sofort nach Galiläa zurückgewandert, wie die falsche Übersetzung von dem »dritten« Tag suggeriert, an dem er bereits wieder in Kana gewesen sein soll.
Nun gibt es aber eine Stelle, die üblicherweise nicht be-

achtet wird, weil sie innerhalb einer wichtigeren Geschichte nur eine Nebensächlichkeit zu sein scheint. Der Evangelist Johannes berichtet im Gegensatz zu den anderen Evangelien, Rabbi J. habe schon am Tag nach der Taufe in Judäa die ersten Jünger berufen. In dieser Geschichte kommt eine Stelle vor, die ebensogut auch wegbleiben könnte, wenn man voraussetzt, daß es nur um die Anwerbung der ersten Anhänger geht. Die Stelle heißt: »Am nächsten Tag war Johannes mit zwei seiner Anhänger an derselben Stelle. Da sah er Jesus vorbeigehen und sagte: Er ist das Lamm, das Gott opfern wird. Die beiden hörten das und gingen Jesus nach... Jesus drehte sich um, sah, daß sie ihm folgten, und sagte: Sucht ihr etwas? Sie antworteten: Wo wohnst du, Rabbi (dieses Wort bedeutet Lehrer)? Kommt selbst und schaut, antwortete er. Sie gingen mit ihm, sahen, wo er lebte, und verbrachten den Rest des Tages mit ihm. Es war ungefähr vier Uhr nachmittags.«[46]

Im nachhinein mag man das für eine liebenswerte Arabeske halten – aber es ist doch die Frage, was zwei Männer angesichts der Mitteilung, daß hier das Lamm Gottes vorbeigeht, bewegen kann, zuerst nach dem Logis des Messias zu fragen. Oder, wenn man von der Theorie ausgeht, die Evangelisten hätten später Beziehungen hergestellt, die nicht existierten: Was hätte den Evangelisten Johannes bewegen können, ein derartig unnötiges Detail zu erwähnen (aber nicht aufzulösen), wenn es nicht eine bestimmte Bedeutung hatte? Hätte man nicht eine Bemerkung erwarten können, wie »und sie wandelten selbdritt gen Jericho«? Aber die Frage wird nicht beantwortet, sondern eher noch durch die Zeitangabe der »zehnten Stunde« (vier Uhr nachmittags) verdunkelt. Für Eingeweihte mag diese Zeitangabe eine Bedeutung gehabt haben. Beispielsweise, daß Fremde in Qumran auch zur Abendmahlzeit zugelassen waren, zur Mittagsmahlzeit aber nicht, wie Josephus berichtet. Für einen Besuch bei Rabbi J. in einer profanen Umgebung wie Jericho hätte diese Zeitangabe wenig Sinn gehabt. Was spräche

– außer der Tradition – dagegen, daß Rabbi J. in oder um Qumran in einer der Höhlen gelebt hat?
Markus berichtet, der Rabbi habe unter wilden Tieren gelebt, als er in der Einöde war. Was spräche dagegen, daß Rabbi J. sein »Noviziat« in einer Höhle außerhalb Qumrans verbrachte, wie es Josephus schildert?
Wir wissen nichts aus dem Leben des Rabbi zwischen seiner Kindheit und seinem öffentlichen Auftreten, wir wissen nicht einmal, welchen Beruf er hatte. Der Hinweis bei Matthäus: »Ist er nicht eines Zimmermanns Sohn?« hat zu der Vermutung geführt, auch er habe dieses Handwerk erlernt. Tatsache ist, daß die Spanne zwischen Beginn und Ende dieses Lebens im dunkeln liegt.
Über die entscheidenden Reifejahre schweigen die Quellen, wir wissen nicht, warum. Könnte es nicht sein, daß er in diesen Jahren mit Essenern in Berührung kam, die in den Städten und Dörfern wohnten, und daß er so nach Qumran fand? Oder wie soll man sich erklären, daß ein Mann aus dem fernen Galiläa dem Ruf irgendeines Täufers am Toten Meer folgt?
Ich gebe zu, daß man das enge räumliche Beieinander in der erschreckenden Weite der Bergwüste vielleicht mit eigenen Augen gesehen haben muß, um Taufstelle und Qumran mit einer inneren Logik verbinden zu können, die über das rein Geographische hinausgeht, trotzdem: Warum gerade Qumran, warum nicht Jericho, Betanien oder eine Stelle am Ufer des Jordan?
Die Antwort ist wieder geographisch, aber diesmal mit einer »theologischen« Begründung. Sie hängt davon ab, wie man einen ganz bestimmten Satz betont.

Der Täufer Johannes

Der Täufer und die Taufe des Rabbi gehören zu den ganz wenigen Stellen des Neuen Testaments, über die die vier Evangelisten gemeinsam, wenn auch sehr unterschiedlich, berichten. (Taufe, Wahl der Anhänger und die Leidensgeschichte – aber nicht das Abendmahl! –, die Speisung der Tausende als einziges »Wunder« und die psychologisch interessante Notiz, daß der Rabbi in seiner Heimatstadt kein Wunder tun konnte – das und mehr nicht ist der karge gemeinsame Bestand der vier Evangelien.)

Der Täufer Johannes nimmt in der Biographie des Rabbi eine beherrschende Stellung ein. Bei der Taufe durch Johannes empfängt er seinen Auftrag, es ist der Täufer, der ihn nach dem einen Bericht als Messias bezeichnet und nach dem anderen in ihm den Messias vermutet und durch seine Jünger anfragen läßt. Erst nach der Verhaftung des Täufers beginnt Rabbi J. seine Tätigkeit.

Von seinen Zeitgenossen wurde der Täufer als der wiederverkörperte Elia angesehen, denn beim Propheten Maleachi[47] fand sich der Satz: »Siehe, ich sende euch den Propheten Elia, bevor der furchtbare und große Tag des Herrn anbricht.« Diesen Tag des Herrn verkündete der Täufer Johannes, den wir auch als »Rufer in der Wüste« kennen, wie ihn zum Beispiel Matthäus beschreibt: »Damals kam der Täufer Johannes in die Wüste von Judäa und verkündete: ›Ändert euch, denn die Gottesherrschaft kommt.‹ Von diesem Johannes hatte schon der Prophet Jesaja gesagt:

> Da ist einer, der in der Wüste ruft:
> Richtet den Weg, damit Gott einziehen kann!
> Baut ihm eine gute Straße!«[48]

Eine falsche Übersetzung

Der Zusammenhang ist einleuchtend: Wer in der Wüste zur Buße aufruft, ist ein Rufer in der Wüste. Und da der Täufer als Vorläufer des Rabbi galt, ist es durchaus logisch, da er dazu auffordert, alles für das Kommen der Gottesherrschaft vorzubereiten. Wir verbinden diese Vorbereitung normalerweise mit der Taufe, sie ist der

Weg der Vorbereitung. Man kann die Bibelstelle vom Prediger in der Wüste aber auch anders verstehen, wie Schalom Ben-Chorin schreibt:
»Wenn er in diesem Zusammenhang allerdings als die Stimme eines Predigers in der Wüste bezeichnet wird (Matth. 3, 2; Lukas 3, 4), so liegt hier ein Übersetzungsfehler vor, der auf die Septuaginta« – die griechische Übersetzung des Alten Testaments – »zurückgeht. Johannes soll hier als die Erfüllung von Jesaja 40, 3 erscheinen, dem ersten Kapitel aus der Trostschrift aus dem Babylonischen Exil.
Diesen Text müssen wir aber sinngemäß (und entsprechend der Interpunktion der Kantilenen des masoretischen Textes[49]) folgendermaßen lesen:

Stimme eines Rufers:
In der Wüste bahnt
dem Herrn einen Weg.
Ebnet in der Steppe
eine Straße für unseren Gott!«[50]

Mit den gleichen Worten entsteht also plötzlich ein völlig neuer Sinn. Die allgemeine Aufforderung, den Weg des Herrn zu bereiten, ist auf einmal präzisiert: Nicht irgendwo, sondern in der Wüste ist dieser Weg zu schaffen. Das verkündet die Stimme, so wie es im Alten Testament üblich ist. Überall im Alten Testament werden Prophezeiungen und Anweisungen Gottes mit der knappen Einleitung »Die Stimme sagt« angekündigt, bevor der eigentliche Text kommt.
Sieht man nun, einmal neugierig geworden, bei Jesaja im Alten Testament nach, so findet man in älteren Ausgaben durchgehend, von Luther angefangen, »die Stimme eines Rufers in der Wüste«. Erst die neueste revidierte amtliche Lutherbibel vom Jahre 1964 bringt die Stelle bei Jesaja 40, 3 korrekt:

»Es ruft eine Stimme:
In der Wüste bereitet dem Herrn den Weg...«

Obwohl nun im Neuen Testament die entsprechende Stelle wörtlich zitiert wird, steht in derselben revidierten Lutherbibel im Text der Evangelien noch immer die falsche Übersetzung:

> »Es ist eine Stimme eines Predigers in der Wüste:
> Bereitet dem Herrn den Weg...«[51]

Auch die 1982 erschienene *Bibel im heutigen Deutsch,* eine überkonfessionelle, gemeinsame Übersetzung der deutschsprachigen Länder, gibt das Zitat bei Jesaja korrekt wieder, ohne die Stelle im Neuen Testament entsprechend zu ändern. Auch hier heißt es noch:

> »In der Wüste ruft einer:
> Macht den Weg bereit...«[52]

Nach der korrekten Übersetzung im Alten Testament wird der Weg des Herrn definiert (er soll in der Wüste gebaut werden), nach der falschen neutestamentlichen Übersetzung der Täufer (er ruft in der Wüste). Das ist kein Zufall und kommt nicht von ungefähr.

Die vergessene Realität

Als 250 Jahre vor diesen Ereignissen auf Befehl eines ägyptischen Königs das Alte Testament angeblich von siebzig Übersetzern ins Griechische übertragen wurde – das lateinische Wort für »siebzig«, »septuaginta«, gab dieser Ausgabe den Namen –, da trat bereits jener zweite Filter in Funktion, der das Gedankengut zwischen den Kulturkreisen notwendigerweise verändert und häufig auch verzerrt, weil jede Übersetzung ein Übertragen in eine andere Denk- und Erfahrungswelt bedeutet.
Und die Schriften des Neuen Testaments, mehr als eine Generation nach dem Tode des Rabbi J. fertiggestellt, lebten nicht mehr in der unmittelbaren Messiaserwartung. Für sie war der Messias bereits gekommen, er war auf einem Esel demütig in Jerusalem eingezogen. Die

Vorstellung, der Weg des Herrn müsse partout in der Wüste bereitet werden, sagte ihnen nichts mehr. Er war zu ihnen ja auch nicht in der Wildnis gekommen. Die Wüstenreligion des Moses war als Christentum aus Palästina ausgewandert in Länder, die nicht vom Wüstencharakter geprägt waren; Moses mochte den Gott des Alten Bundes in der Wüste gefunden haben, der Neue Bund war in Jerusalem besiegelt worden.

So wurde aus der zeit- und ortsbezogenen Botschaft des Rufers die zeitlos wahre Botschaft vom Kommen des Herrn. Weil die historische Realität vergessen wurde, begann der Idealisierungsprozeß der Botschaft und die Symbolisierung unverstandener Bezüge.

In der Rückschau wurde alles auf den Christus bezogen, weil andere Beziehungen sich nicht anzubieten schienen. Folgerichtig verschob man – da der hebräische Text keine Satzzeichen kennt – die Betonung vom Kommen des Herrn in der Wüste auf den Rufer, der in der Wüste lebte. Das Christentum begann, von einer jüdischen Sekte in Palästina zu einer Weltreligion zu werden. Die Gottesherrschaft konnte überall einsetzen, nicht nur in der Wüste der verhaßten »Gottesmörder«. Die Übersetzer übersetzten falsch, weil sie aus ihrer Zeit und ihrer Welt, aber nicht aus der Zeit und der Welt des Rabbi J. heraus dachten.

Messias aus der Wüste

In der Welt des Rabbi J. war es nichts Neues oder Besonderes, wenn sich politisch Unzufriedene und religiöse Asketen – oft in den Motiven untrennbar – in die Wüste zurückzogen.

Das auserwählte Volk hat nicht erst seit den Zeiten der Chassidim eine Tradition des Wüstenaufenthaltes: Das Volk Israel war ja nach dem Auszug aus Ägypten eben in der Wüste zum Volk Gottes geworden. Und wer nicht selbst einmal allein in der Steinwüste von Juda oder im Negev gestanden hat, kann nur schwer begreifen, was die

bestürzende Einsamkeit und Stille einer solchen Landschaft für irrationale Kräfte wecken kann. Nicht ohne Grund haben die ersten christlichen Mönche Gott in der Einsameit der Wüste gesucht.
Und nun liegen Qumran und Taufstelle nicht an irgendeiner Stelle der Judäischen Wüste; von Qumran aus kann man den Berg Nebo sehen, jenen Berg, von dem aus Moses nach dem Bericht der Bibel ins Gelobte Land sah, das er selbst nie betreten sollte. Dicht bei Qumran auf dem Wege nach Jericho liegt, nach der Legende, das Grab des Moses, mit dem Gott gesprochen und einen Bund geschlossen hatte, von dem das Volk Israel immer wieder abfiel wie in der Zeit der Makkabäer, als durch das Diadochenreich nach König Alexander von Mazedonien wieder fremde Einflüsse und fremde Kulte ins Land kamen.
Als die orthodoxen Chassidim in die Judäische Wüste zogen, um dort besonders streng das Gesetz des Moses zu befolgen, suchten sie sich in der weiten Wüstenlandschaft zwischen Beerseba und Jericho genau die Stelle aus, die durch die Tradition mit Moses, dem Stifter ihres Glaubens, doppelt verbunden war. An der Grenze zum Gelobten Land, das Moses sah, und bei Jericho, der ersten Stadt, die die Kinder Israel eroberten, gründeten sie das Kloster Qumran, um dort, wie es im Sektenkanon der Essener heißt, auf den Neuen Bund mit dem Gott der Väter zu warten. Es ist der gleiche Neue Bund, den Rabbi J. beim Abendmahl verkündet und den Luther mit »Neues Testament« übersetzt.
Wir Nachgeborenen einer anderen, fremden Kultur vergessen allzuleicht, und Theologen und Pfarrer helfen eifrig dabei, daß der Neue Bund keine neue Religion meinte: Die ersten Christen in Jerusalem beteten weiter im Tempel und verlangten, daß sich die Anhänger des Rabbi J. beschneiden lassen und das mosaische Gesetz befolgen müßten.
Unter dem Neuen Bund verstanden die Juden, daß sich Gott aufs neue zu seinem auserwählten Volk bekennt

und es aus der Knechtschaft der Besatzungsmächte zur Selbständigkeit führt, denn das auserwählte Volk verstand sich nicht nur als religiöse, sondern gleichermaßen auch als politische und nationale Gemeinschaft. Immer, wenn es dem jüdischen Volk schlecht ging, wie in der Babylonischen Gefangenschaft, verkündeten Propheten wie Jesaja den Erlöser aus der Knechtschaft, den Messias, den Verheißenen Gottes, der der »König der Juden« und »Friedefürst« sein sollte.

Für die Juden kam der Erlöser nicht, um von Sünden zu befreien, sondern um das Volk frei zu machen von fremden Mächten und Völkern. Wenn der Gott Abrahams, Isaaks und Jakobs seinem Volk half, dann hatte er bereits die Sünden des Abfalls vergeben.

Auch die Leute vom Qumran glaubten an den Messias, den Erlöser aus der Knechtschaft der Römer, und manche Wissenschaftler glauben, daß der so oft in den Schriftrollen vom Toten Meer zitierte »Lehrer der Gerechtigkeit« ein erster, gescheiterter Messias dieser Bewegung war.

Nach Ansicht der Essener war der Tempelkult verdorben. Nicht von Jerusalem erwarteten sie den Messias und den neuen Bund mit Jahwe, sondern von den »Söhnen des Lichts«, von denen, die sich seit den Zeiten der Makkabäer auf das Kommen des Herrn vorbereiteten durch ein klösterliches Leben. Hier, an der Stelle, wo Moses das Gelobte Land gesehen hatte, würde er einen neuen Bund schließen.[53]

Genau das steht auch wörtlich im Sektenkanon der Essener. Um das Gottesreich herbeizuführen, »sollen sie sich absondern von dem Wohnsitz der Männer des Frevels, um in die Wüste zu gehen, dort den Weg des Herrn zu bahnen, wie es geschrieben steht: ›In der Wüste bahnt den Weg . . ., machet gerade in der Steppe eine Straße unserem Gott.‹«[54]

Nichts anderes tat und sagte der Täufer Johannes, nur daß wir jetzt verstehen, was er meinte: Nicht von den »Frevelpriestern« und den »Kindern der Finsternis« war

der Messias zu erwarten, sondern von denen, die dem Herrn in der Wüste dienten, von den »Kindern des Lichts«. Das ist die eigentliche Botschaft des Täufers: Wenn Jahwe seinem Volk helfen würde, dann nur, weil Männer wie die Essener, abgesondert von den »Leuten des Frevels«, das wahre Gesetz des Moses befolgen. Nur aus ihnen, die den Alten Bund hielten, konnte der erneuerte Bund und damit der Erlöser und verheißene Retter kommen. Nicht in Jerusalem, sondern in der Wüste bereitete Gott das Reich Gottes vor.
War der Täufer also ein Essener?

Versteckte Beweise

Millar Burrows, der entscheidend an der Herausgabe der Schriftrollen beteiligt war, dem es aber geradezu peinlich ist, auch nur Ähnlichkeiten der Qumranleute mit dem Christentum feststellen zu müssen, muß zugeben, daß es gewiß »viele Punkte gibt, in denen die Gedanken des Johannes denen ähneln, die in den Schriftrollen vom Toten Meer stehen; wie die Sektierer widmet er sich in der Wildnis der Aufgabe, den Weg des Herrn vorzubereiten. Seine Bußtaufe könnte in einem geschichtlichen Zusammenhang mit den rituellen Bädern der Qumransekte gestanden haben; er betonte, wie das Handbuch der Unterweisung« – der Sektenkanon –, »daß ohne vorhergehende geistige Reinigung ein Bad im Wasser keine Schuld tilgen kann.
Auch zwischen den messianischen Erwartungen des Johannes und denen der Rollen vom Toten Meer hat man Parallelen gefunden. Seine Voraussage, daß er, der nach ihm komme, ein Gericht durch Feuer vollziehen werde, ist zweifellos irgendwie mit Zarathustras Idee eines Weltbrandes verwandt, der zuletzt die Berge schmelzen und sich über die Erde wie ein Strom ergießen wird, und diese Idee ist in einem der Dankpsalmen« – einer Rolle von Qumran – »lebhaft ausgemalt in den Bildern von den Gießbächen des Belial, die in ihren Flammen auch

die Fundamente der Berge verzehren werden. Auch die Vorstellung von einer messianischen Taufe durch den Heiligen Geist tritt in den Rollen auf. Die Angabe des Handbuchs der Unterweisung, daß am Ende dieser Zeit Gott die Menschen reinigen wird, indem er den Geist der Wahrheit auf sie ausgießt, erinnert an die Verkündigung des Johannes, daß der Messias sein Volk mit dem Heiligen Geist taufen wird.«[55]

Das klingt sehr vorsichtig, und Millar Burrows quält sich denn auch nur zu der Ansicht durch, es sei »gar nicht unwahrscheinlich, daß Johannes von den Gedanken der Qumransekte Kenntnis hatte«[56]. So naiv braucht man nicht zu tun, wenn man die öde Flachlandschaft gesehen hat, die zwischen den Oasen von Qumran und Jericho liegt.

Der Wiener Orientalist Kurt Schubert schreibt in seinem Buch *Die Gemeinde vom Toten Meer*: »Die Taufstelle des Johannes im Jordan, knapp vor der Mündung ins Tote Meer, war nicht weit vom Kloster Qumran entfernt, das damals in seiner zweiten Blüte stand. Bei einer solchen Sachlage ist es undenkbar, daß kein Kontakt zwischen beiden bestanden hätte.«[57]

Nun ist von einer Zugehörigkeit des Täufers zur Qumransekte offenbar nirgendwo die Rede, und seine Verbindung zu den »Söhnen des Lichts« scheint nur geographisch möglich und durch Ähnlichkeit der Lehre wahrscheinlich. Aber bei Lukas steht völlig unerwartet nach dem Lobgesang des Zacharias (dem Vater des Johannes), in dem viel von Licht und Dunkel die Rede ist, eine Bemerkung, die man nun mit neuer Aufmerksamkeit liest: » . . . der Sohn wuchs heran und wurde kräftig im Geist. Er war in der Wüste bis zu dem Tag, an dem er unter dem Volk Israel mit seinem Auftrag hervortreten sollte.«[58]

Wir wissen von Nikodemus, dem Ratsherrn aus Jerusalem (Joh 3), daß auch er mit Rabbi J. sympathisierte ebenso wie Joseph von Arimatäa, der Ratsherr, der den Gekreuzigten begrub. War auch Zacharias, der Jeru-

salemer Priester, ein Anhänger der Essener? Bei Josephus lese ich in seinem Bericht über die Essener: »Über die Ehe denken sie gering, dagegen nehmen sie fremde Kinder auf, solange dieselben noch im zarten Alter stehen und bildungsfähig sind, halten sie wie ihre Angehörigen und prägen ihnen ihre Sitten ein.«[59]
Nehmen wir an, der Täufer Johannes ist in Qumran erzogen worden, er hat, wie feststeht, am Jordan im Sinne der Essener zu Buße und Taufe aufgerufen, er hat die Größe besessen, einen anderen als das »Lamm Gottes« und den Messias zu erkennen, dem er nicht würdig war, die Schuhriemen aufzubinden: Würde dieser Messias ein unbekannter Jemand sein, der zufällig an den Jordan kam, ein »Sohn der Finsternis« vielleicht, der nicht in der Wüste von Qumran den Weg des Herrn vorbereitet hatte? Würde hierzulande, heute und bei uns, eine konservative Partei das Heil bei der Gegenseite erkennen und – propagieren? Wenn der mit den Essenern in Verbindung stehende Täufer Johannes in Rabbi J. den Messias erkannte, dem man den Weg in der Wüste – und nirgendwo sonst – vorbereiten sollte, müßte dann nicht in der Lehre des Rabbi J. auch die Lehre der Essener, durch alle Filter hindurch, erkennbar sein?

Mondkalender und Abendmahl

Um das Jahr 950 schrieb Al Quirqisani, ein Jude, es gebe eine bestimme Sekte, die ihre Bücher in Höhlen versteckt habe. Auf ihn beziehen sich später zwei mohammedanische Autoren, und einer von ihnen, Al Biruni, berichtet: Jene Höhlenleute, die vor den Christen lebten, hätten einen sonderbaren Kalender gehabt. Nicht der Sabbat sei der Tag gewesen, sondern die Nacht zwischen dem dritten und vierten Tag, das heißt also, die Nacht zum Mittwoch, von wo an »sie zählten die Tage und Monate – und der große Zyklus der Feste beginnt da, denn

es war am vierten Tag, daß Gott die großen Gestirne schuf. Dementsprechend begann Passah am Mittwoch.«[60]
Diese Zählung geht offenbar von der Überlegung aus, daß man nicht gut von Tagen und Nächten sprechen kann, bevor nicht am vierten Schöpfungstag die Gestirne geschaffen wurden. Die jüdische Sabbatzählung andererseits beruht auf dem Gedanken, daß Gott am siebenten Tag geruht habe. Der jüdische Ruhetag liegt deshalb – von der christlichen Rechnung aus gesehen – auf einem Sonnabend oder genauer – da im Orient der Tag vom Einbruch der Dunkelheit an gerechnet wird – von Freitagabend bis Sonnabendabend.
Noch einmal taucht diese merkwürdige Wochentagsrechnung der sogenannten »Damaskusrolle« auf. Sie wurde in einer Synagoge der jüdischen Sekte der Karäer in Altkairo gefunden und erhielt ihren Namen nach der Schilderung einer Auswanderung nach Damaskus. Das Dokument, im letzten Jahrhundert gefunden und 1910 veröffentlicht, hatte keine Parallelen in der jüdischen Literatur. In ihm war die Rede von einem »Lehrer der Gerechtigkeit«, von einem neuen Bund und einem »Frevelpriester«.
Als man die Rollen vom Toten Meer entzifferte, entdeckte man die Parallelen: Teile dieser Damaskusrolle waren von den Essenermönchen abgeschrieben und in Höhle 6 aufgehoben worden, obwohl manche Einzelheiten der Damaskusrolle nicht mit den Lehren der Essener voll übereinstimmen.[61] Die Damaskusrolle gehört also zur essenischen Bibliothek, denn die seltsame Wochentagzählung des Dokuments findet sich auch in den Texten wieder, die am Toten Meer gefunden wurden.
Während sich die Juden bis heute nach dem Mondkalender richten, bei dem die Monate kürzer sind als beim Sonnenkalender, legten die Essener in Qumran großen Wert darauf, »die Zeiten nicht vorzuverlegen und sich bei allen Festzeiten nicht zu verspäten«[62].
Als Beweise ihrer Überzeugung hatten die Essener die entsprechenden Stellen des Alten Testaments herausge-

schrieben und zusammengestellt. Sie wurden in den Höhlen wiedergefunden, zum Beispiel die Stelle aus dem apokryphen Buch der Jubiläen: »Und es wird Leute geben, die den Mond genau beobachten; denn dieser verdirbt die Zeiten und geht von Jahr zu Jahr um zehn Tage vor. Deswegen werden ihnen Jahre kommen, wo sie den Tag des Zeugnisses verderben und zu einem gewöhnlichen Tag machen und einen unreinen Tag zum Fest ... Deswegen gebiete ich dir und lege Zeugnis ab, damit du ihnen bezeugst; denn nach deinem Tod werden deine Kinder verderbt handeln, daß sie das Jahr nicht ausschließlich 364 Tage halten, und deswegen werden sie Neumond und Zeit und Sabbat und Feste auflösen...«[63]
Diese Beobachtung ist richtig, denn der Überhang von sechs Stunden beim Sonnenjahr läßt sich alle vier Jahre leicht mit einem einzigen Schalttag korrigieren. Beim Mondkalender dagegen sind die Korrekturen so kompliziert und erst in so langen Zeiträumen möglich, daß inzwischen tatsächlich Verschiebungen ganzer Tage stattfinden. Allein in einem einzigen Jahr geht der Mondkalender um elf Tage vor dem Sonnenkalender vor, so daß im Lauf der Zeit ganze Schaltmonate eingefügt werden müssen.[64]

Da die Essener besonders streng auf die Einhaltung des mosaischen Gesetzes und der jüdischen Feiertage achteten, mußte ihnen daran liegen, auch den Kalender möglichst genau einzuhalten. Ein Fest, am falschen Tag gefeiert, war kein Fest. Daß die Essener diesen Sonnenkalender auch praktizierten, läßt sich aus den Rollenfunden vom Toten Meer beweisen.

In der Kriegsrolle[65] wird die Anzahl der Gemeindevorsteher entsprechend der Anzahl der Wochen im Sonnenkalender mit 52 und die Zahl der Priesterwachen mit 26, also der Hälfte von 52, angegeben. Jede Priesterwache sollte demnach zweimal im Jahr eine Woche Dienst tun, während der Jerusalemer Tempelkult entsprechend der Länge des Mondjahres nur 24 Priesterwachen kennt. So kann man eindeutig feststellen: »Am Jerusalemer Tempel galt ein Mondkalender und für die Qumran-Essener ein Sonnenkalender. Somit hatten die einen Feiertag, wenn die anderen Wochentag hatten.«[66]

Daß das nicht nur eine, womöglich noch falsch verstandene Interpretation heutiger Gelehrter ist, zeigt eine Passage aus einem essenischen Kommentar zum Buch Habakuk, der vermutlich in der ersten Hälfte des ersten nachchristlichen Jahrhunderts geschrieben wurde. Dort wird vom Jerusalemer »Frevelpriester« berichtet, der den »Lehrer der Gerechtigkeit« verfolgte und versuchte, »ihn in furchtbarer Wut zu verschlingen am Ort seines Exils. Zur Zeit des Versöhnungsfestes, an einem Tag der Ruhe, erschien er vor ihnen, um sie zu unterdrücken und sie zu Fall zu bringen, am Tag des Fastens, ihrem Sabbat der Ruhe.«[67]

Da kein Jude an einem Festtag mehr als nur eine sehr kurze Strecke zurücklegen darf, kann dieser Überfall nur bedeuten, daß für den Jerusalemer »Frevelpriester« und seine Tempelanhänger dieser Tag kein Feiertag war wie für die Essener.

Konnte Johannes nicht rechnen?

Was aber hat das mit Rabbi J. zu tun, dessen verdunkelter Biographie wir nachspüren? Wo ist in den Berichten über ihn auch nur entfernt von Mond- und Sonnenkalendern die Rede, so daß man von einer anderen Seite her eine Verbindung zwischen ihm und der Sekte vom Toten Meer herstellen könnte? Wo steht, daß der Rabbi den Festtagskalender vom Mittwoch an gerechnet hat wie die Essener, so daß ihre Feste auf einen anderen Tag fielen als beim Jerusalemer Kalender?

Nun gibt es aber eine entscheidende Stelle im Leben des Rabbi J., die nur mit dem Kalender der Essener erklärt werden kann und einen direkten Beweis liefert. Es ist das Datum des letzten Abendmahls. Millar Burrows faßt das Problem zusammen: »Die Schwierigkeit liegt darin, die Berichte der ersten drei Evangelien mit dem des Johan-

nesevangeliums in Einklang zu bringen. Das Passahmahl wird in der Nacht des 14. Nisan abgehalten, da man den Tag von Abend zu Abend rechnete. Nach den synoptischen Evangelien war das letzte Mahl von Jesus ein Passahmahl in der Nacht des 14. Nisan, und er wurde am 15. Nisan gekreuzigt. Nach dem Johannesevangelium wurde er am 14. Nisan gekreuzigt...«[68]
Wegen dieser Rechnung hat man dem vierten Evangelisten vorgeworfen, er habe in Wirklichkeit keine Ahnung von den jüdischen Sitten und Gebräuchen gehabt, infolgedessen sei er vermutlich keine Jude, sondern ein Grieche gewesen oder zumindest ein Autor, der unter hellenistischem Einfluß stand, wozu dann auch die auffällige Judenfeindschaft des Evangelisten gepaßt hätte. Wenn Rabbi J. das Passahmahl feiern wollte, dann nur zum richtigen Termin, schon weil es vorher keine ungesäuerten Brote gab, ohne die die Sedernacht, die Nacht des Passahfestes, nicht gefeiert werden konnte.
Richtet man sich aber auf der anderen Seite nach der Chronologie von Matthäus, Markus und Lukas, kommt man mit den Terminen ins Gedränge, wie Schalom Ben-Chorin festgestellt hat:
»Sollte er nun in dieser Nacht, nach der Feier, durch jüdische Behörden verhaftet worden sein, so wäre es undenkbar, daß in dieser hochheiligen Nacht das Verhör im Hause des Hohenpriesters Kaiphas stattgefunden haben sollte, daß Jesus am Morgen des Festes dem Pilatus übergeben wurde und am ersten Tag des Passah-Festes gekreuzigt worden sei.
Dabei ist in dem Bericht immer die Rede davon, daß wegen des herannahenden Sabbath besondere Eile geboten war, nie aber die Rede davon, daß der Feiertag selbst durch Gerichtsverhandlung, Hinrichtung und Begräbnis entweiht worden sei.
Wer mit jüdischem Gesetz und Brauch vertraut ist, spürt hier sofort, daß all das eine bare Unmöglichkeit darstellt. Wäre Jesus in der Seder-Nacht verhaftet worden, dann hätte man ihn bis nach den Feiertagen in Gewahrsam ge-

lassen, und alles andere hätte sich nachher abgespielt... Der offenbare Widerspruch löst sich erst heute, denn ›nach Qumran ist alles anders‹, wie Hermann Raschke so richtig bemerkt. Wir dürfen hier annehmen, daß Jesus, der in offenbarer Opposition zu Sadduzäern und Pharisäern stand und durch seinen Rabbi, Johannes den Täufer, vermutlich zur Sekte von Qumran Fühlung hatte, den solaren Qumran-Kalender benutzt hat, so daß seine Seder-Feier einen Tag früher stattfand als die der offiziellen Kreise Jerusalems.«[69]
Wenn man die Rechnung des vierten Evangelisten und damit die Zeitrechnung von Qumran zugrunde legt, konnte Rabbi J. noch vor dem üblichen Passahtermin der Israeliten verurteilt, gekreuzigt und begraben werden. Jede andere Rechnung mißachtet entweder die strengen jüdischen Bräuche oder versucht, den wahren Tatbestand zu verschleiern wie die synoptischen Evangelien, die übereinstimmend schreiben: »Am ersten Tag der ungesäuerten Brote...«, und dann mit der Rechnung nicht zurechtkommen.

Ein essenisches Sedermahl

Wenn nun Rabbi J. die Sedermahlzeit, die wir als »Abendmahl« kennen, vor dem Jerusalemer Sederabend gefeiert hat, so muß er als Ortsfremder große Schwierigkeiten gehabt haben, nicht nur ungesäuertes Brot, sondern auch das notwendig rituelle Geschirr zu bekommen. Denn die Auslegung des Gesetzes verlangt, daß am Vorabend des Passahfestes sämtliche Töpfe und Teller sowie alles Geschirr, das jemals mit Gesäuertem in Berührung gekommen ist, gegen das koschere Passahgeschirr ausgetauscht wird – eine Tatsache, die noch heute jeden Juden und jedes koscher geführte Hotel zwingt, vollkommen separates Küchen- und Eßgeschirr nur für diese eine Woche parat zu haben und – in den Hotels wenigstens – unter Aufsicht eines Rabbiners auszutauschen.
Rabbi J. konnte also nicht in irgendeine Herberge gehen

und das Sederfest bestellen: Noch war das Passahgeschirr nicht hervorgeholt und durfte auch noch nicht hervorgeholt sein, da man ja noch Gesäuertes aß – eine Tatsache, die nur einem abendländischen Christen unwichtig vorkommen kann, für einen Juden aber von höchster Bedeutung ist, weil sich seine Gläubigkeit nur in der Befolgung der Gesetze ausdrücken kann und in nichts anderem.
Die Voraussetzung für ein vorverlegtes Sedermahl nach dem Qumrankalender war also, daß auch in Jerusalem Essener lebten, die bereits alles hergerichtet hatten und die infolgedessen Rabbi J. und seine Anhänger zur Sederfeier aufnehmen konnten. Und so wird, was man im Kindergottesdienst als prophetisches Wunder des Herrn kennenlernt, auf einmal zu einer simplen Adresssenvermittlung, als die Jünger fragen, wo sie das Passahmahl herrichten sollen: »Geht in die Stadt, dort werdet ihr auf einen Mann treffen, der einen Wasserkrug trägt. Geht ihm nach, bis er in ein Haus hineingeht, und sagt dem Hausherrn dort: Der Rabbi läßt fragen, wo er mit seinen Schülern das Passahmahl feiern kann. Daraufhin wird er euch ein großes Zimmer im Obergeschoß zeigen, das mit Polstern ausgestattet ist und zum Feiern bereitsteht.«[70]
Ohne Bezug auf die Essener wäre diese Episode so banal, daß man sich wundern müßte, warum die Evangelisten sie überhaupt für berichtenswert gefunden haben. Spätere Zeiten verstanden ihren Sinn auch nicht mehr und interpretierten sie dann als Beispiel der prophetischen Gaben des Rabbi. Der Filter abendländischen Unverständnisses verdunkelte die ursprüngliche Bedeutung.
Auch zwei andere Einzelheiten verloren bald für die nichtjüdischen Christen ihren Sinn, weil man nicht zwischen den einzelnen jüdischen Traditionen unterschied.
Wir finden es zum Beispiel vollkommen in Ordnung, daß Rabbi J. das Abendmahl mit seinen zwölf Jüngern hielt. Nach jüdischem Brauch nahmen aber – auch damals schon – Frauen und Familienmitglieder an dem Mahl

teil, wie auch Weihnachten bei uns kein Männerfest ist. Daß Rabbi J. in Begleitung von Frauen war, ist mehrfach im Neuen Testament erwähnt. Frauen waren bei der Kreuzigung dabei – nach den Berichten sogar seine eigene Mutter –, Frauen gingen nach den Berichten auch als erste zum Grab.
Warum waren diese Frauen bei dieser wichtigen Mahlzeit nicht dabei? Schalom Ben-Chorin schreibt: »Für den Einfluß von Qumran auf den letzten Seder Jesu in Jerusalem spricht auch die Tatsache, daß nur die zwölf Jünger an dem Mahl teilgenommen haben, entsprechend den Mahlregeln von Qumran.«[71] Nach diesen Regeln durften nur Mitglieder der Essenergruppe an den rituellen Mahlzeiten teilnehmen – und Mitglieder wurden nur Männer.[72]
Im Sektenkanon der Essener steht unmittelbar damit im Zusammenhang eine zweite Regel: »Dies ist die Ordnung für die Sitzung der Vollmitglieder, jeder in seinem Rang. Die Priester sitzen an erster, die Ältesten an zweiter Stelle und die übrige Mannschaft, sie sitzen jeder in seinem Rang ...«[73]
Nun gibt es eine Stelle im Neuen Testament, wo die Jünger darum streiten, wer den Vorrang vor dem anderen habe: Sie steht genau dort, wo sie hingehört, nämlich zu Beginn der Abendmahlserzählung: »Unter den Schülern kam ein Streit auf, wer von ihnen das größere Ansehen haben sollte ...«[74]
Auch der vierte Evangelist, der überhaupt nicht von einem Abendmahl im Sinne der Synoptiker berichtet, bringt an dieser Stelle die Fußwaschung. Sie dient, wie bei den anderen Evangelisten, dazu, die Rangfolge neu zu deuten: »Ich bin euer Herr und Lehrer, und doch habe ich euch eben die Füße gewaschen. Von jetzt an sollt ihr euch gegenseitig die Füße waschen ... ich sage euch: Ein Diener ist nicht größer als sein Herr ...«[75]
Für den Evangelisten Johannes verlief das Sedermahl offenbar so selbstverständlich nach den Regeln des Festes, daß er nicht einmal die beiden Segenswünsche berichtet,

die beim Brotbrechen und beim Herumreichen des Kelches üblich sind. Brotbrechen und Herumreichen des Kelches sind damals wie heute fester Bestandteil des Sederfestes und bis in die einzelnen Formulierungen hinein, die bei diesen Gelegenheiten in Erinnerung an den Auszug aus Ägypten ausgesprochen werden, nichts weiter als die übliche Abfolge des Sederfestes, wie es Jahr um Jahr gefeiert wird.[76] Das aber empfinden wir abendländischen Nachfolger einer jüdischen Sekte als etwas Besonderes und als »Einsetzung des Sakramentes«. Das wirklich Besondere: Den abweichenden Termin für das Abendmahl, die Männerversammlung und den Streit um die Sitzordnung nehmen wir als selbstverständlich hin, weil wir es nicht besser wissen. In Wirklichkeit ist gerade das Selbstverständliche das Besondere, nämlich das, was hinter Rabbi J. zurückführt, während wir gewohnt sind, Rabbi J. als den Beginn des Neuen zu sehen. Mit seiner Lehre ist es nicht anders.

Die Armen im Geiste

Es gibt Bibelstellen, die auch bei genauester Übersetzung unsinnig bleiben wie der Satz von dem Salz, das seine Kraft verliert, das »dumm wird«, wie Luther übersetzt, und das man wegwirft.[77] Salz kann seine Kraft nicht verlieren, oder es ist kein Salz. Die Vermutung liegt nahe, daß ein ganz anderer Vergleichspunkt gemeint ist, den wir nur nicht mehr verstehen, so wie auch die Feststellung, ein jeglicher müsse »mit Feuer gesalzen werden«[78], offenbar von einer anderen Vorstellungswelt als der unseren ausgeht.
Zu diesen unverständlichen Bibelstellen gehört auch die erste Seligpreisung aus der Bergpredigt bei Matthäus. Luther übersetzte sie wörtlich! »Selig sind, die da geistlich arm sind; denn das Himmelreich ist ihr.«[79] Ebenso korrekt und wörtlich übersetzt eine neuere katholische

Ausgabe das Gegenteil: »Selig sind die Armen im Geiste, denn ihrer ist das Königreich der Himmel.«[80]

Beide Versionen versuchen, das Wort »arm« mit dem Wort »pneuma« beziehungsweise »spiritus« sinnvoll zusammenzubringen. Bei Luther werden daraus religiös Unbedarfte, in der anderen Übersetzung – ebenso möglich – geistig Unbedarfte. Da die Seligpreisungen nun insgesamt die zu kurz Gekommenen trösten, klingen beide Fassungen richtig. Aber warum wird gerade ihnen so etwas Wertvolles wie das Himmelreich zugesprochen? Sollte man nicht annehmen, daß die erste Seligpreisung das Generalthema angibt?

Aber während alle anderen Seligpreisungen klar und verständlich formuliert sind, bleibt die erste dunkel und zweideutig, so daß auch ernst zu nehmende moderne Bibelübersetzungen ohne Rücksicht auf Genauigkeit immer phantasievollere Deutungen anbieten. Die amtliche *New English Bible* aus dem Jahre 1961 versteht die Armut finanziell und macht aus dem Geist ein Wissen: »Gesegnet die, die wissen, daß sie arm sind, ihnen gehört das Himmelreich.«[81] Auch das *NT 68 – die Berichte, Briefe und Zeugnisse des Neuen Testaments in heutigem Deutsch* meint es materiell: »Glücklich, die gerne arm sind: ihnen gehört das Gottesreich!«[82]

Das Neue Testament für Menschen unserer Zeit versteht den Vers überhaupt nicht mehr und interpretiert: »Gott liebt Menschen, die den Geist erflehen wie Bettler eine Gabe, gerade ihnen fällt das Reich zu«[83], während bei Jörg Zink aus den drei lateinischen Worten »Beati pauperes spiritu« in seiner Übertragung eine phantasiereiche Predigt von 39 Wörtern entsteht: »Selig sind, die arm sind vor Gott (die nicht meinen, ohne ihn stark genug zu sein, die Gottes Barmherzigkeit brauchen und alles von seiner Liebe erwarten), denn Gott liebt sie und tut ihnen die Tür zu seinem Reich auf.«[84]

Keine der modernen Übersetzungen fragt danach, ob der Begriff der »pauperes spiritu« irgendwelche Parallelen in der Literatur, ob er eine Geschichte hat, aus der man viel-

leicht den verborgenen Sinn eindeutig ablesen kann. Da es diese Parallelen gibt und da man die Geschichte des Begriffes weiß, grenzt es fast an Unredlichkeit und absichtliche Unterschlagung der historischen Wahrheit, wenn Theologen, Geistliche und Bibelanstalten aus konservativer Beharrlichkeit oder abendländischer Überheblichkeit heraus so tun, als wüßten sie es besser.
Viellicht muß man Jude sein wie Schalom Ben-Chorin, um das Offensichtliche zu sagen, weil ihm keine liebgewordenen, aber falschen Vorstellungen verlorengehen wie dem Christen:
»Wer sind die Armen im Geiste oder die geistlich Armen? Sind es intellektuell zurückgebliebene Menschen, liegt hier ein Lobpreis der Einfalt, der Naivität oder gar der Dummheit vor? Handelt es sich hier um einen Trost für die Ungelehrten gegenüber den hochmütigen Schriftgelehrten? Das könnte man schon eher annehmen. Aber ein Blick auf die Rollen vom Toten Meer gibt uns eine andere und bessere Auskunft. Hier, in der Sekte von Qumran, haben wir den Begriff ›Anije Haruach‹ kennengelernt, der um des Geistes willen arm Gebliebenen. Es sind dies Menschen, die das franziskanische Ideal der Armut Jahrhunderte vor Franziskus von Assisi bereits gelebt haben, die auf Besitz verzichten, um sich ganz dem Geiste weihen zu können.
Aus den Gleichnissen Jesu geht hervor, daß er . . . die Geringschätzung irdischer Güter mit den Qumranern teilte. ›Was hülfe es dem Menschen, wenn er die ganze Welt gewönne, und nähme doch Schaden an seiner Seele.‹ (Matth. 16, 26.) ›Eher geht ein Seil durch ein Nadelöhr als ein Reicher in das Himmelreich.‹ (Matth. 19, 24.) ›Sammelt keine Schätze, die Rost und Motten fressen, sondern einen Schatz im Himmel.‹ (Matth. 6, 19–20.)
Es ließen sich noch viele Worte Jesu., oder ihm zugeschriebene, in diesem Sinn anführen. Die geistlich Armen, mit deren Seligpreisung die Bergpredigt einsetzt, sind also diejenigen, die absichtlich arm geblieben sind, um sich für den Geist, den Geist Gottes, zu bereiten, in

der Erkenntnis, daß alle Sünden eher vergeben werden als die gegen diesen Geist (Matth. 12, 31).«[85]
Das gleiche bestätigt Kurt Schubert vom Wiener Institut für Judaistik in seinem Buch *Die Gemeinde vom Toten Meer*: »Der Arme im Geist ist ... weder der Verarmte noch der Dummkopf. Dieselbe Auffassung von Armen begegnet auch in den Qumrantexten, die Gemeinde nannte sich eine ›Gemeinde der Armen‹, und die Mitglieder bezeichneten sich ›Arme des Geistes‹, ›Arme der Gnade‹ und ›Arme deiner (d. h. Gottes) Erlösung‹.«[86]
Und selbst Millar Burrows, Professor an der Yale University, der mehrere hundert Seiten lang versucht, lediglich Unterschiede zwischen dem Christentum und Qumran herauszuarbeiten, muß zugeben: »Viele Berührungen zwischen Jesu Worten und den Rollen vom Toten Meer spielen auf dem Gebiet der Sittenlehre. Besonders schlagend sind die Parallelen in der Bergpredigt... Es gibt einen Text aus der 4. Höhle, der eine Reihe von Seligpreisungen enthält, die mit dem Wort ›Selig‹ anfangen wie die bei Matthäus 5, 3 ff...«[87]
Damit erhalten die berühmten Seligpreisungen der Bergpredigt, die viele für den Inbegriff christlichen Trostes halten, ihre eigentliche Bedeutung zurück. Wie die Gleichnisse mit ihrem verborgenen Sinn, wie die Anspielungen auf die »Söhne des Lichts« und die »Söhne der Finsternis«, wie der Termin des letzten Abendmahls, so sind auch die Seligpreisungen nur dann in ihrem ursprünglichen Sinn zu verstehen, wenn man sie von Qumran her sieht. Auch sie sind Chiffren für Wissende, keine frohe Botschaft für alle.
Nicht irgendwer, sondern die Essener werden das Himmelreich bekommen, also diejenigen, die die wahre Glaubenserkenntnis haben, nur diejenigen also, die die Gütergemeinschaft eingeführt und dem Reichtum abgesagt haben, diejenigen, die das Gesetz des Moses mit sämtlichen 613 Geboten und Verboten halten, diejenigen, die die Reinigungsriten beachten und die Geheimnisse des Neuen Bundes bewahren.

Das und nichts anderes ist der Sinn und die Bedeutung dieser ersten Seligpreisung. Jede andere Deutung widerspricht dem, was Rabbi J. hier gemeint und gesagt hat, auch wenn es in unseren Ohren noch so christlich klingt. Nicht was Jahrtausende daraus gemacht haben, ist entscheidend, sondern was eigentlich gemeint war.

Chiffren für Eingeweihte

Die sechs übrigen Seligpreisungen bringen nichts, was nicht auch schon von Josephus und Philo als Charakteristikum der Essener genannt worden wäre, und der zweimalige Anklang an den Hunger und Durst nach Gerechtigkeit und der Trost für die, die um der Gerechtigkeit willen verfolgt werden, rufen sofort die Erinnerung an den »Lehrer der Gerechtigkeit« wach, den die Gemeinschaft der Essener verehrte.
Es mag nun Zufall sein, daß unmittelbar nach den Seligpreisungen bei Matthäus das Gleichnis vom Licht kommt, das immer wieder in den Schriftrollen dieser »Söhne des Lichts« auftaucht. Es mag auch noch Zufall sein, daß Matthäus die Stelle anfügt, in der Rabbi J. im Sinne der Essener das Gesetz des Moses mit seinem »Ich aber sage euch« verschärft und nicht, wie wir im Abendland meinen, überwindet. Aber ich meine, es kann auch für den Skeptiker kein Zufall mehr sein, wenn daran die Stelle anschließt, in der – wie bei den Essenern und im Gegensatz zu den anderen Juden – das Schwören verboten wird und dann kurz darauf ein Gebet folgt, das ganz in der apokalyptischen Erwartung eines baldigen Endes auf Erden steht und in dem es heißt: »Dein Reich komme, Dein Wille geschehe auf Erden wie im Himmel.«[88]
Weisheit einer Mönchsgemeinschaft vom Toten Meer, die durch ein gottgefälliges Leben die himmlische Herrschaft auf Erden herbeizwingen will; keine Überwindung des mosaischen Gesetzes, sondern seine bedingungslose Verschärfung bis hin zur Gedankensünde; Chiffren für

Eingeweihte – das ist der Kern der Lehre jenes Rabbi J., eingefaßt in den kosmischen Rahmen der kommenden Gottesherrschaft auf Erden: eine Hoffnung im Diesseits, nachprüfbar und real, angekündigt durch das Kommen des Messias, des Erlösers von Unterdrückern und fremden Mächten und Kulten – aber keine Hoffnung im Jenseits. Denn das ist der Sinn der jüdischen Apokalypse: die Zeichen zu erkennen, wenn der Gott der Väter seine himmlische Herrschaft auch auf Erden errichten wird, damit man rechtzeitig Buße tun kann.

Dazu ruft der Täufer Johannes auf – denn das himmlische Reich auf Erden ist nahe –, dazu dienen Gleichnisse wie das von den dummen und den klugen Jungfrauen, die den Bräutigam erwarten, und dafür stehen die apokalyptischen Schilderungen im Neuen Testament: Chiffren für Eingeweihte.

Denn aus der wuchernden Fülle apokalyptischer Vorstellungen stehen nur ganz bestimmte im Neuen Testament, wie man sie bei Matthäus im 24. Kapitel nachlesen kann. Dort wird als der Gipfel des Schreckens geschildert, daß viele falsche Propheten sich erheben werden und daß der Unglaube überhandnehmen wird, bevor das Unfaßbare geschieht. »Wenn ihr nun sehen werdet den Greuel der Verwüstung stehen an der heiligen Stätte, von der gesagt ist durch den Propheten Daniel – wer das liest, der merke auf! –, alsdann fliehe auf die Berge, wer im jüdischen Lande ist. . .«[89]

Schlägt man bei Daniel nach, so liest man: »Und seine Heere werden kommen und Heiligtum und Burg entweihen und das tägliche Opfer abschaffen und das Greuelbild der Verwüstung aufstellen.«[90]

Der Autor der Daniel-Apokalypse ist ein Zeitgenosse der Makkabäer und bezieht sich offenbar auf ein Zeitereignis, das er nach apokalyptischer Manier in die Zukunft verlegt, um als Prophet zu erscheinen. Sucht man nun bei den Makkabäern nach, so findet man schließlich die genaue Beschreibung dieses »Greuels«[91]: Damals, rund 175 Jahre vor der Zeitenwende, hatte der griechische

Diadochenkönig Antiochus IV. den Tempel in Jerusalem geplündert und durch eine Zeusstatue entweiht. Dieser Greuel war damals für die Chassidim, die Frommen, der Grund, in die Wüste auszuwandern und das Ende der Welt zu erwarten, denn Schlimmeres konnte mit ihrem Heiligtum nicht passieren.

Nun hätte sich Rabbi J. oder der Evangelist nicht auf dieses Beispiel zu beziehen brauchen. Zu jener Zeit gab es die verschiedensten Erwartungen des Weltendes, und gerade Daniel gehörte nicht zu den vom Judentum anerkannten Propheten. Wenn trotzdem gerade dieses Beispiel eines Greuels angeführt wird, zusammen mit der Geheimformel der Gleichnisse – »Wer das liest, der merke auf: Wer Ohren hat zu hören, der höre« –, dann muß hinter dem offenbaren noch ein versteckter Sinn sein, ein Sinn, den ein Essener sofort verstand. Denn was damals zur Gründung der Wüstensekte von Qumran führte – die Entweihung des Tempels durch Antiochus IV. –, das wird zweihundert Jahre später noch einmal zur chiffrierten Warnung an die Eingeweihten, die auf tragische Weise wahr werden sollte, als im Jahr 70 der Tempel zerstört und das jüdische Volk in alle Winde verstreut wurde.

Die Erinnerung an den Greuel des Antiochus war Warnung und Kennzeichen für das baldige Kommen des Messias und des Reiches Gottes, das heißt der von Gott eingesetzten Herrschaft der Juden über die Welt, die sie bisher unterdrückte. Babylonische Gefangenschaft, Herrschaft der Griechen und Besatzung der Römer – das mußte sich beim »auserwählten Volk« in einer Hoffnung noch in dieser Welt kompensieren, wenn Jahwe überhaupt lebte. Der Knecht Gottes, von dessen befreiender Tat Jesaja in Babylon geträumt hatte, wurde zum Erlöser, zum Messias der Gegenwart. Und was für die Essener einmal Anlaß für den Auszug in die Höhlen am Toten Meer war, das würde nun, zweihundert Jahre später, durch die Römer ausgelöst werden: Auch sie würden den Tempel entweihen, und diesmal würde Jahwe sein Volk so wenig im Stich lassen wie damals, als die Makkabäer für kurze Zeit über die Griechen siegten. Was die Leute von Qumran zweihundert Jahre lang gehofft und erwartet hatten, das verkündete Rabbi J. noch einmal für seine Zeit.

Eine Kette von Beziehungen

Bergpredigt und Apokalypse, Buße und Taufe, Gütergemeinschaft und Armut, Abendmahl und Neuer Bund – das alles ist in dieser Konstellation und Form nur in den Schriftrollen von Qumran wiederzufinden. Was wir fast zweitausend Jahre lang für die Lehre des Rabbi J. gehalten haben, war vor seiner Geburt schon niedergeschrieben. Und so kann Frank Moore Cross, einer der Gelehrten, die die Schriftrolle entzifferten, als Ergebnis feststellen: »Bei allen Vorkommnissen sind wir nun in der Lage, mit den entsprechenden Entdeckungen von Qumran die Tatsache zu unterstreichen, daß die Zeugnisse des Neuen Testaments in der Tat jüdisch-christliche Kombinationen sind aus zum Teil überarbeiteten Quellen der Essener.«[92] Und: »Die Verwendung essenischer Quellen – direkt oder auf Umwegen – für christliche Zwecke und die Zusammenstellung essenischer Original- oder Sekundärquellen für die christliche Komposition der Schriften kann nun eindrucksvoll dokumentiert werden.«[93] »Wir müssen nun bestätigen, daß wir in der Gemeinschaft der Essener Vorläufer christlicher Formen und Lehren finden.«[94]

Und selbst dort, wo bei dem phantasiereichen Lukus jedes Jahr zu Weihnachten die Engel verkünden: »Ehre sei Gott in der Höhe und Friede auf Erden bei den Menschen des Wohlgefallens«[95] – selbst da taucht im Hintergrund Qumran auf, die Essenersiedlung am Toten Meer: Wieder und immer wieder werden in den Schriftrollen von Qumran – und nirgendwo anders – die »Söhne« und die »Menschen des guten Willens« erwähnt. Es sind die »Armen im Geist«, an denen Gott sein Wohlgefallen hat.

Von der Taufe des Rabbi J. über seine Lehre bis hin zum

letzten Abendmahl besteht eine ununterbrochene Kette verdeckter Beziehungen zur Essenergemeinde am Toten Meer.

Gegenstimmen

So jedenfalls sehen es die einen. Die anderen freilich, denen die Einmaligkeit und Originalität des Rabbi J. plötzlich ins Nichts zu verrinnen scheinen, sind für jeden Hinweis dankbar, der das althergebrachte Bild bestätigt. Bestenfalls sehen sie zwischen den Texten von Qumran und dem Neuen Testament nur zufällige Ähnlichkeiten, oder sie sind bereit, Einflüsse, aber keine Abhängigkeiten einzugestehen. Sie rücken vielleicht Johannes den Täufer, aber nicht Rabbi J. in die Nähe der Essener.
Eine solche Einstellung ist verständlich, und das war auch schon so, bevor im Jahre 1947 die Schriftrollen gefunden wurden. In seiner Dissertation *Die Essener in der wissenschaftlichen Diskussion — Vom Ausgang des 18. Jahrhunderts bis zum Beginn des 20. Jahrhunderts* hat Siegfried Wagner 729 Arbeiten über die Essener gesammelt und ausgewertet. Die Skala reicht dabei von dem Ausspruch des Preußenkönigs Friedrich II.:« Jesus war eigentlich ein Essener; er war durchtränkt mit der essenischen Moral«[96] bis zu der entschiedenen Feststellung, Josephus habe die Berichte über die Essener erfunden und Essener habe es nie gegeben.
Zusammenfassend schreibt Wagner zur Essenerliteratur: »Es gibt kaum ein Thema, zu dem im 19. Jahrhundert nicht irgendwann einmal Stellung genommen wurde. Das Problem der Fremdbeeinflussung des Essenismus steht genauso wieder auf der Tagesordnung wie der Versuch, den Essenismus als rein jüdisches Produkt verständlich zu machen. Die Diskussion über die Quellenzuverlässigkeit hat ebensowenig aufgehört, wie das Suchen nach Originalzeugnissen der Essener. Noch immer stehen die Fragen nach den Beziehungen von Christentum und Essenismus zueinander zur Debatte ...«[97]

Daran hat sich auch bis heute nichts geändert, obwohl wir nun Originaldokumente der Essener haben. Das liegt daran, daß jeder Interpret notwendigerweise bereits ein Vorverständnis des Textes hat, den er eigentlich erst verstehen will. Auch ein Wissenschaftler kann seine Lebenserfahrungen und sein Wissen nie vollkommen ausschalten, wenn er auf etwas Neues stößt. Schon der erste Versuch, dieses Neue irgendwo einzuordnen, geschieht nicht voraussetzungslos – eine Tatsache, die in der Hermeneutik, dem Verstehen und Erklären von Texten, als »hermeneutischer Zirkel« bezeichnet wird.

Was ist Wahrheit...

So kann man zum Beispiel rein historisch vorgehen und fragen, wie der Evangelist ein bestimmtes Wort in seiner Zeit verstanden hat. Hier sind Philologen und Historiker gefragt, die bei jeder Formulierung nach deren »Sitz im Leben« forschen. Aber stammt nun der Prolog des Johannes mit seinem Licht und Dunkel von den Essenern, oder ist es nur zufällige Ähnlichkeit oder eine Übernahme aus dem Gnostizismus? Sind die Armen im Geiste im Sinne der Essener zu verstehen oder nicht?

Man kann die Hermeneutik aber auch als die Möglichkeit auffassen, zu einem Selbstverständnis von Gott zu kommen. Man fragt, was hinter den Worten und Bildern gemeint ist, so zum Beispiel Bultmanns Entmythologisierung. Diese existentiale Interpretation will den Bezug des Wortes Gottes auf die konkrete Existenz des Menschen sichtbar machen. Da jeder Mensch ein anderes Selbstverständnis hat, konnte der Neutestamentler Ebeling formulieren: »Hermeneutisches Prinzip ist der Mensch als Gewissen.«[98] »Wir sehen also«, schreibt der katholische Theologe Franz Mußner dazu, »die Schwierigkeiten, den Text der Heiligen Schrift wirklich zu verstehen, kommen nicht bloß von ihren historisch bedingten Ursprüngen, sondern fast noch mehr von dem Verhältnis bzw. Unverhältnis des Menschen zu der Sache, von der da im Text die Rede ist. Auslegung der Heiligen Schrift ist also gewissermaßen ein reziprokes Geschehen: Ich lege als Prediger und Schriftleser den Text aus, aber der Text legt auch mich aus!«[99]

Eine dritte Methode, die heilsgeschichtlich-kerygmatische Interpretation, geht von der Voraussetzung aus, daß der Text von vornherein »die Anwesenheit des fleischgewordenen, göttlichen Logos unter den Menschen in der Person Jesu Christi«[100] verkündet. Hier wird also etwas vorausgesetzt, was erst zu finden wäre. Diese Methode ist am weitesten von der historischen entfernt. Es ist eine Methode, die von einem bereits festgelegten Ergebnis her die Voraussetzungen »prüft« und daher immer zu den gewünschten Ergebnissen kommt.

Für die katholische Kirche kommt noch eine weitere Voraussetzung hinzu, die Tradition: »Das Stehen im lehrmäßigen Traditionszusammenhang der apostolischen Kirchengemeinschaft bedeutet hermeneutisch ... die Übernahme eines bestimmten Verständnisses, einer bestimmten Auslegung der Person Jesu Christi und des Christusereignisses.«[101]

Genaugenommen gibt es also gar kein einheitliches Prinzip der Texterforschung, da historische, subjektive und glaubensbedingte Motivationen sich widerstreiten und durcheinandergehen. Der Freiburger katholische Theologe Anton Vögtle meint denn auch, es liege in der Natur der Sache, daß »dem Vorverständnis eine eminente Bedeutung zukommt. Wie wollte man es sonst voll befriedigend erklären, daß evangelische und katholische Exegeten auch in wesentlichen Punken zu unterschiedlichen Auffassungen, ja zu gegensätzlichen theologischen Aussagen und Folgerungen kommen, obwohl sie denselben Originaltext, dasselbe mannigfaltige Vergleichsmaterial vor sich haben, mit denselben Methoden arbeiten, in derselben Welt von heute leben und sich zu Recht ein redliches Bemühen gegenseitig nicht ohne weiteres abzustreiten wagen?«[102]

Man kann also nie sagen, *die* theologische Forschung habe dies oder jenes als richtig oder als falsch erkannt. Vielmehr hängt von dem jeweils subjektiven Vorverständnis »die entscheidende Weichenstellung für die Beantwortung der Frage nach dem Verhältnis von ›historischem Jesus‹ und ›Christus des Glaubens‹ ab«[103].
Vögtle geht vielmehr davon aus, daß der Auslegungsprozeß »desto schwieriger und riskanter wird ... je mehr wir ... den gemeinsamen Untergrund des geistigen Horizontes, der Denk-, Vorstellungs- und Sprechweise verloren haben«, wie er sich im Neuen Testament zeigt. Um so größer wird dabei »die hermeneutische Spannung zwischen den beiden Polen, zwischen den auszulegenden Texten einerseits und mir selbst, dem fragenden und verstehenden Ausleger andererseits ... freilich ergibt sich aus diesem Umstand zugleich ein grundlegendes hermeneutisches Prinzip: Je mehr sich anhand der uns schon längst zur Verfügung stehenden wie auch neu gefundenen Quellen (wie vor allem die Qumrantexte ...) die Sprache und Begrifflichkeit, der Sinn und der Inhalt der religiösen Auffassung und Zukunftshoffnungen, der charakteristischen Vorstellungs- und Aussageweisen der Welt des entstehenden Christentums und ihrer ältesten Schriften erhellen lassen, desto begründeter ist die Aussicht, die spezifischen Aussagegehalte der neutestamentlichen Schriften bis in die Einzelheiten hinein erheben zu können.«[104]
Das kann aber doch wohl nur heißen, daß man neu gefundene Quellen wie die von Qumran nicht selbstverständlich in ein vorgefaßtes Schema einordnen darf, sondern daß hier vorher zu prüfen ist, ob sich der Auslegungsprozeß und die Auslegungsstradition nicht durch neue Texte und Erkenntnisse ändern müßten. Ich jedenfalls gehe davon aus, daß das traditionelle Verständnis des Neuen Testaments und des Rabbi J. nicht von vornherein richtig sein muß. Umgekehrt werden neue Aspekte und Thesen oft nur deswegen vom Establishment als falsch bezeichnet, weil sie unbequem sind.

Den Theologen würde sicherlich eine gründliche Diskussion der hermeneutischen und exegetischen Probleme an den jeweiligen Stellen dieses Buches interessieren, aber da dies dessen Charakter und die Lesbarkeit beeinträchtigt hätte, habe ich ausdrücklich darauf verzichtet. Ebenso habe ich auf Zitate verzichtet, die wegen ihrer Fachsprache und ihrer Fremdwörter von vornherein einer betroffenen Leserschaft ohne längere Erklärung unverständlich sind und bleiben. Denn obwohl der christliche Glaube angeblich nicht auf dem Geheimwissen von Medizinmännern beruht, blockiert er sich selbst weithin durch Unverständlichkeit der Formulierung gegenüber denen, die ein Anrecht darauf haben, Bescheid zu wissen. Eine Fachdiskussion muß daher an anderer Stelle geführt werden.

Es liegt in der Natur der Sache, daß viele Fragen offen bleiben. Hier einfach traditionelle hermeneutische und exegetische angeblich gesicherte Prinzipien dagegenzusetzen, erschiene mir zu einfach. Ich habe daher versucht, mein Denkmodell nach Möglichkeit durch Autoren zu belegen, die kein Interesse daran haben können, das Christentum durch ein positives Vorurteil zu bestätigen oder in einem glaubensstärkenden Sinne fehlzuinterpretieren. So habe ich vor allem Juden und Orientalisten zitiert, die sich mit dem Thema beschäftigt haben, und weniger christliche Theologen, die sich des Verdachtes erwehren müßten, pro domo zu reden. Da Jesus schließlich ein Jude war, der vom Judentum nie anerkannt wurde, ist dieses Verfahren im Sinne einer historischen Interpretation zulässig, weil es zumindest die Distanz gewährleistet, die notwendig ist, und weil es möglicherweise Kenntnisse einbringt, die eine »kerygmatisch-heilsgeschichtlich« orientierte christliche Theologie allzu leicht übersieht.

Wer in der Bibel Gottes Wort sieht, wird denselben Text anders lesen als ein Historiker oder ein Buddhist. Für einen Juden sind andere Stellen entscheidend und wichtig als für einen Christen, wobei beide der »opportunistischen Skepsis« ausgesetzt sind, »wonach man hier methodisch nichts wissen könne, weil man im Grunde nichts wissen möchte«[105].

Brücken

Immerhin möchte ich auf ein paar Argumente eingehen, die weniger auf Vorverständnis oder Vor-Urteil, sondern vermutlich auf fehlende Sachkenntnis zurückgehen.
So wird oft gesagt, weder der Täufer Johannes noch Rabbi J. hätten sich – als Essener – wegen der strengen Regeln von Qumran an die Außenstehenden wenden können, weil das eine Verunreinigung bedeutet hätte und die »Söhne des Frevels« außerdem zu hassen waren. Im Sektenkanon heißt es aber ohne Einschränkung auf eine Klostergemeinschaft, die Anhänger hätten »Treue und Gerechtigkeit zu üben im Lande«[106] und »alle Willigen herbeizubringen, die Gesetze Gottes im Gnadenbund zu erfüllen«[107].
Da ist nicht von Weltabgeschiedenheit und klösterlicher Gemeinschaft, sondern ausdrücklich von der »Welt« die Rede, wenn es heißt: »Und dies sind die Wege in der Welt: zu erleuchten das Herz des Menschen und zu ebnen vor ihm alle Wege wahrhaftigen Rechts ...«[108] Oder: »Dies sind die Ratschläge des Geistes für die Söhne der Wahrheit (in) der Welt.«[109]
Solche Stellen machen deutlich, daß selbst die Ordensregeln von Qumran eine gewisse »Missionstätigkeit« und Werbung vorsahen, wie sie etwa der Täufer Johannes und Rabbi J. ausgeübt haben: »Nicht zu disputieren und zu streiten mit den Männern des Verderbens ..., aber aufzuweisen die wahre Erkenntnis und das richtige Recht gegenüber denen, die den ›Weg‹ erwählen, jedem nach seinem Geiste ...«[110] Und Worte des Sektenkanons wie: »Glauben zu wahren im ganzen Lande ..., Schuld zu entsühnen, indem sie Recht üben ..., um mit allen zu verkehren in dem Maße ihrer Wahrheit und in der Ordnung der Zeit«[111] klingen ja geradezu nach dem Auftrag,

den der Täufer und der Rabbi zu erfüllen suchten. Schließlich ergeht der Ruf, sich den Essenern anzuschließen, an alle: »Jedermann, der willig ist, sich der Gemeinschaft der Einung anzuschließen«[112], soll geprüft werden. Im Sektenkanon von Qumran ist sogar vorgesehen, daß sich Angehörige des Ordens außerhalb der Gemeinschaft zusammenfinden. Für diesen Fall wird nach geltendem jüdischem Recht angeordnet: »An keinem Ort, wo sich zehn der Gemeinschaft der Einung befinden, weiche von ihnen ein Mann priesterlichen Standes.«[113]
Und schließlich sieht der Sektenkanon sogar eine Erwerbstätigkeit seiner Mitglieder vor. Wenn einer ein Jahr des Noviziates hinter sich hat, »dann lasse man seinen Besitz und eine Erwerbstätigkeit zu, und zwar zur Verfügung des Aufsehers über die Wirtschaftsangelegenheiten«[114]. Mit anderen Worten: Die Essener von Qumran konnten offensichtlich außerhalb des Klosters einem Beruf nachgehen, so, wie einige Jünger des Rabbi J. Fischer waren und blieben und als gemeinsamen »Kassenwart« ihren Judas hatten, der den »Beutel« verwaltete.
Ein zweites Argument der Kritiker betrifft die Lehre selbst, denn die entscheidende »christliche« Botschaft der Feindesliebe im 5. Kapitel des Matthäusevangeliums ist in der Tat in den Texten von Qumran gerade nicht belegt, im Gegenteil, der Sektenkanon fordert ausdrücklich den Haß auf die »Söhne des Frevels«.
Aber selbst wenn an einer einzigen Stelle im Sektenkanon zum Haß aufgefordert wird, sollte man das nicht überbewerten. Dem Gebot der Feindesliebe stehen auch im Neuen Testament erschreckende Stellen gegenüber: Rabbi J. verflucht ganze Städte; er sei gekommen, um das Schwert zu bringen; er geht hart mit seiner Mutter um und verlangt von seinen Anhängern: »Wenn jemand zu mir kommt und nicht Vater und Mutter und Weib und Kinder und Brüder und Schwestern und dazu auch sein eigenes Leben haßt, kann nicht mein Jünger sein.«[115]
Dem Gebot der Feindesliebe bei Matthäus – dem einzigen! – kann man dagegen eine Anzahl von ähnlichen

Texten aus dem Sektenkanon gegenüberstellen, so heißt es etwa: »Keinem will ich vergelten das Böse, mit Gutem will ich den Menschen verfolgen, denn bei Gott ist das Gericht über alles, was lebt...«[116]
Das stimmt mit der »Leidenschaft der Menschenliebe« überein, die Philo von Alexandrien den Essenern bescheinigte. Sie könnte auch ein anderes Argument entkräften, das üblicherweise in diesem Zusammenhang vorgebracht wird, nämlich daß Rabbi J. sich unmöglich mit Zöllnern als Beauftragten der Besatzungsmacht, mit Huren und Bettlern habe abgeben können, wenn er Essener gewesen wäre. Abgesehen davon, ob nicht gerade diese Leute diejenigen waren, die »willig waren, sich der Gemeinschaft der Einung« anzuschließen – der Zöllner Zachäus, der in Jericho auf einen Baum kletterte, um den Rabbi zu sehen, soll sogar die Hälfte seines Vermögens gespendet haben –, abgesehen davon wird in der Damaskusrolle ausdrücklich gefordert, »ein jeder seinen Bruder zu lieben wie sich selbst. Sich des Elenden und Armen und Fremdlings anzunehmen.«[117] Wenn das wörtlich so im Neuen Testament stünde, würde man es zweifellos für ein echtes Gebot des Rabbi J. halten.
Es gibt selbstverständlich auch Stellen, die nicht zusammenpassen, und es wäre unredlich, so zu tun, als wenn man Essenertexte und Neues Testament zusammensetzen könnte wie ein Puzzle. So erwarteten die Leute von Qumran zum Beispiel zwei Messiasse, einen priesterlichen aus dem Hause Aaron und einen königlich-davidischen aus Israel.[118] Davon ist im Neuen Testament keine Rede. Auch zahlreiche andere Passagen der Qumrantexte haben keine Entsprechung in der Bibel, auch wenn man oft gedankliche oder inhaltliche Beziehungen herstellen kann.
Doch ganz gleich, wie nahe der einzelne Rabbi J. an die Essener heranrückt: Die Frage ist noch offen, warum die Essener, die dritte Kraft des Judentums, im Neuen Testament mit keinem Wort erwähnt sind. Hatte Rabbi J. am Ende doch nichts mit den Essenern zu tun?

Die Ursache des Schweigens

Wenn man das Neue Testament liest, würde man ohne die Berichte des Josephus und des Philo und ohne die Schriftrollen vom Toten Meer nicht auf die Idee kommen, daß es neben den Pharisäern und Sadduzäern noch so etwas wie Essener gegeben haben könnte, und schon gar nicht, daß Rabbi J. mit diesen Leuten etwas zu tun hatte. Nun ist es überhaupt nicht einzusehen, warum die Autoren des Neuen Testaments diesen Zusammenhang mit den Essenern unterschlagen haben sollen, wenn er doch, wie ich zu zeigen versuche, bestand. Daß die Essener eine Geheimlehre hatten, muß nicht der Grund gewesen sein, ihre Existenz überhaupt zu verschweigen; schließlich sind der Täufer Johannes und Rabbi J. öffentlich aufgetreten, und Josephus hat ausführlich über die Essener berichtet.

Warum die Schreiber des Neuen Testaments ihre Berichte über Rabbi J. so beziehungslos gehalten haben, ist also schwer einzusehen, zumal sie dann nicht erklären können, wie ein so friedfertiger und frommer Mann von der römischen Besatzungsmacht unter politsche Anklage gestellt und zusammen mit Mördern und Dieben umgebracht werden konnte. Zwar wird in den Evangelien das Motiv genannt, nämlich der Anspruch, der Messias, also der religiös-politische Retter des Volkes, zu sein. Aber das Motiv ist in den Evangelien nirgendwo vorbereitet. An keiner Stelle ist von politischer Tätigkeit die Rede, an keiner Stelle finden wir einen revolutionären Aufruf, im Gegenteil: Als man den Rabbi bei der Frage nach den Steuern auf eine mögliche Opposition zur römischen Besatzungsmacht festlegen will, antwortet er diplomatisch: »Gebt dem Kaiser, was ihm gehört, und gebt Gott, was Gott gehört.«[119]

Eine brave und staatsbürgerliche Antwort, wie wir sie vollkommen in Ordnung finden. Wir fragen deshalb gar nicht, wie denn die Anhänger des Herodes überhaupt dazu kommen konnten, den Rabbi danach zu fragen, wenn er doch so friedfertig einherwandelte und nur das Seelenheil seiner jüdischen Mitbürger im Sinn hatte. Aber es muß doch zumindest der Verdacht bestanden haben, daß Rabbi J. oder seine Anhänger irgend etwas mit einem Widerstand gegen die Römer zu tun hatten. Daß ihn die Volksmenge bei seinem Einzug in Jerusalem als Messias begrüßte und er sich selbst als den Christos, den Gesalbten, verstand, wird von den Evangelisten deutlich und unverschlüsselt beschrieben. Die Messiasrolle selbst dürfte daher wohl kaum der Anlaß für die Verdunkelung und Beziehungslosigkeit des Geschehens gewesen sein. Aber offensichtlich muß noch etwas eine Rolle gespielt haben, was die Römer aktiv werden ließ und was die Evangelisten nachträglich zu vertuschen suchten. Offensichtlich war Rabbi J. mehr als nur ein Prophet.

Und vielleicht war seine Antwort gar nicht so brav und staatsbürgerlich, wie sie uns heute vorkommt. Für einen frommen Juden gehörte alles Gott. »Gebt dem Kaiser, was ihm gehört« konnte für einen frommen Juden verschlüsselt bedeuten, daß der Kaiser auf gar nichts Anspruch hatte. Für die Kirche war dieser Satz später freilich die Magna Charta für ihr Arrangement mit dem Staat.

Vom Blickwinkel der Römer aus gesehen, mußte, da die religiöse und zivile Rechtsprechung in den Händen der Juden lag, der Tatbestand des Aufruhrs und des Widerstandes erfüllt sein, ehe sie eingriffen. Nehmen wir nun einmal an, Rabbi J. oder seine Anhänger hätten irgend etwas mit Widerstand gegen die römische Staatsgewalt zu tun gehabt.

Räuber und Zeloten

Daß es unter den Juden einen solchen organisierten Widerstand gegen die Römer gab, wissen wir von Josephus und aus der Bibel. So wird in der Apostelgeschichte erzählt, daß »vor einiger Zeit«[120] ein gewisser Theudas zusammen mit etwa vierhundert Mann einen Aufruhr ver-

ursacht hat, der blutig zusammengeschlagen wurde, und Josephus berichtet, daß ein »Judas aus Galiläa« – es ist nicht der Apostel – nach dem Tod des Herodes in den Jahren 4 und 5 v. Chr. und noch später zusammen mit anderen Gruppen das Land in ein regelrechtes Chaos gestürzt habe.
Josephus zählt eine ganze Reihe solcher Aufstände auf, die sich bis zum Fall Jerusalems im Jahr 70 n. Chr. hinziehen.[121] Aber da er im Dienst der Römer schrieb, nannte er die Aufständischen, die sich selbst als »Zeloten« bezeichneten, nicht »Widerstandskämpfer«, sondern meist »Räuber« – eine Vorsichtsmaßnahme, die auch die Bibel benutzt, wenn sie Jesus zwischen zwei »Räubern« am Kreuz hängen läßt.
Solche »Räuber« waren es auch, die noch nach der Zerstörung Jerusalems weiterkämpften und drei Jahre lang die Bergfestung Masada am Toten Meer gegen die Römer verteidigten, bis sie sich vor der Eroberung durch die Römer gegenseitig umbrachten, um nicht in die Hände der verhaßten Feinde zu fallen.
Die »Zeloten« werden auch mehrfach in der Bibel erwähnt, nur findet sie der Bibelleser oft unter Bezeichnungen, die eher fromme Gefühle wecken, wie zum Beispiel unter dem Begriff »Eiferer«, dem jede politische Komponente zu fehlen scheint. Joel Carmichael schreibt dazu: »Heute würde man die Zeloten als Extremisten oder Widerstandskämpfer bezeichnen. Es handelte sich um Extremisten, die sich weigerten, die Herrschaft Roms oder seiner Vasallen anzuerkennen. Das Wort ›Zelot‹ selbst wurde angewendet auf jemand, der sich für das Gesetz ereiferte; es stammt aus einer berühmten Stelle in einem apokryphen Teil des Alten Testaments ›. . .Und Mattatias schrie laut durch die ganze Stadt: Wer um das Gesetz eifert und den Bund halten will, der ziehe mit mir aus der Stadt. Und viele fromme Leute zogen hinaus in die Wüste und blieben da . . .‹«[122]
Dieses Zitat steht im ersten Makkabäerbuch[123] und ist sozusagen die Gründungsurkunde der Essener: Es ist

dieselbe Stelle, an der erzählt wird, daß die Chassidim, die Frommen, in die Wüste zogen und in Höhlen lebten, weil sie die Gottlosigkeit ihrer Zeit nicht ertragen konnten.

Wie sooft in der Geschichte Israels war das Glaubensmotiv untrennbar mit dem politischen verbunden. Der Kampf für das Gesetz des Moses bedeutete gleichzeitig Kampf gegen die verhaßte Fremdherrschaft und ihre verderblichen Kulte, ganz gleich, ob es zur Zeit der Makkabäer die Griechen waren oder um die Zeitenwende die Römer.

Ein Eiferer im Glauben war immer auch ein Zelot gegen das Fremde, das er in der Geschichte real als Besatzungsmacht erlebte. Der wahre Fromme war vom Wesen her auch der wahre Aufrührer, ob er nun zum Schwert griff oder nicht. Es ist daher kein Wunder, daß eines der entscheidenden Dokumente, das man in den Höhlen von Qumran entdeckte, die sogenannte »Kriegsrolle« ist, in der der Kampf der »Söhne des Lichts« gegen die »Söhne der Finsternis« in militärischen Aufmarschformationen beschrieben wird, die jeden Militaristen entzücken.

Der Vorstellung, die Essener seien wenigstens zum Teil Zeloten, also radikale Extremisten gewesen, widerspricht allerdings nun alles, was wir bisher von den Essenern wissen. Josephus und Philo beschreiben diese Sekte ausdrücklich als friedlich und politisch vollkommen desinteressiert, wie man sich das in einer menschenleeren Wüste auch recht gut vorstellen kann. Gerade die betonte Friedfertigkeit in der Unruhe jener Tage war es ja, die schon früher Staunen über jene verblüffende Ähnlichkeit der Essener mit den Lehren des Rabbi J. im Neuen Testament hervorgerufen hatte.

Militante Essener

Es ist nun seltsam, wie manchmal Entdeckungen sozusagen »in der Familie« bleiben können. Es war der jüdische Archäologe Sukenik, der zu den ersten gehörte, die von den Rollenfunden am Toten Meer erfuhren, und es war sein Sohn Yigael Yadin, der dieselbe Jesajarolle, die sein Vater in Jerusalem fast besessen hätte, in den USA wieder für das jüdische Volk zurückkaufen konnte. Derselbe Yigael Yadin grub 1963 bis 1965 Masada, die letzte Festung der Zeloten am Toten Meer, aus und fand dort im Schutt von zweitausend Jahren zu seinem Erstaunen Schriften der angeblich so friedfertigen Essener von Qumran:

»Ich stieß auf die Zeile ›Gesang vom sechsten Sabbathopfer am Neunten des zweiten Monats‹. Dies und einige weitere Zeilen ergaben, daß der Text mit einer Schrift aus Höhle vier in Qumran übereinstimmte. Es handelte sich also um die Schriftrolle einer Sekte, auf der detailliert die ›Gesänge der Sabbath-Opfer‹ aufgezeichnet sind, wobei jeder Sabbath mit seinem Datum erwähnt wird.

Der sechste Sabbath konnte nur dann auf den Neunten des zweiten Monats fallen, wenn man den speziellen Kalender einer Sekte, und zwar der Qumransekte, zugrunde legte. Somit hatten wir eine Schrift dieser Sekte gefunden. In ihrem Kalender wurde das Jahr in 364 Tage eingeteilt ... Der erste Tag des ersten Monats, d. h. des Monats Nisan, fiel stets auf einen Mittwoch, den Tag der Erschaffung der Himmelskörper, die die Zeiteinteilung mit sich brachte ...«[124]

Der Sonnenkalender der Essener, nach dem Rabbi J. das Abendmahl auch an einem anderen Tag feierte als die übrigen Juden ihr Passahmahl, ist das verbindende Glied. Waren die Essener also Zeloten oder die Zeloten Essener?

Yigael Yadin fragt daher: »Wie konnte eine Schriftrolle dieser Sekte nach Masada kommen? ... Mir scheint, daß die Schriftrolle die Beteiligung der Essener am Aufstand gegen die Römer bezeugt ... Außerdem gibt es in den Schriften des Josephus einen direkten Hinweis, daß die Essener am Krieg teilnahmen ... Bei der Aufzählung der Namen dieser Anführer der Revolte und Nennung ihrer Befehlsgebiete schreibt er, daß der Befehlshaber des

wichtigen Zentralgebietes ... ein gewisser ›Johannes der Essener‹ war. Darf es als wahrscheinlich gelten, daß sich nur ein einziger Essener der Revolte anschloß und gleich den Posten eines wichtigen Befehlshabers bekam? Das erscheint einfach ausgeschlossen. Vielmehr nahmen wohl eine ganze Anzahl Essener am Aufstand teil und zogen sich mit ihren Kampfgefährten auf den einzig noch verbliebenen Stützpunkt, d. h. Masada, zurück ... Hier liegt meiner Ansicht nach die Erklärung für den Fund der Qumran-Rolle in Masada.«[125]
Für Yadins These spricht die Tatsache, daß man im Kloster von Qumran römische Pfeilspitzen ausgrub, die auf Verteidigung und Kampf schließen lassen. Für seine Ansicht spricht auch ein Text des griechischen Kirchenschriftstellers Hippolytos, der zu Beginn des dritten Jahrhunderts in Rom lebte und dem man allgemein vorwirft, daß er einiges durcheinandergebracht habe. In seiner »Widerlegung aller Ketzereien«[126] schrieb er:
»Im Laufe der Zeit haben sie sich« – die Essener – »in vier Parteien aufgespalten, von denen jede ihre besonderen Sitten hat. Die Mitglieder einer dieser Gruppen halten sich so streng an die göttlichen Gebote, daß sie niemals eine Münze berühren, weil es verboten ist, ein Bildnis zu besitzen, anzusehen oder zu machen. Sie betreten keine Stadt, um nicht durch ein Stadttor gehen zu müssen, auf dem Statuen angebracht sind. Denn sie halten es für verderblich, unter Statuen hindurchzugehen.
Die Mitglieder der zweiten Gruppe lauern jedem auf, der als Unbeschnittener über Gott und sein Gesetz diskutiert, und, wenn sie ihn allein fangen, bedrohen sie ihn mit dem Tode, wenn er sich nicht beschneiden läßt. Sollte sich der Mann weigern, wird er ohne Gewissensbisse getötet. Aus diesem Grunde haben sie den Namen ›Zeloten‹ bekommen; andere nennen sie Sicarii (= Dolchmänner).
Anhänger einer der anderen Gruppen werden niemand anderen als Gott ›Herr‹ nennen, auch wenn man sie foltert und tötet. Sie haben sich soweit von den strikten Regeln entfernt, daß diejenigen, die an den alten Bräuchen

festhalten, keinen Kontakt mit ihnen haben; und sollten sie aufeinandertreffen, so werden sie sich sofort waschen, als wenn sie einen Fremden berührt hätten.«
Der Gedanke ist zumindest ungewohnt, daß die Botschaft der Liebe und des Friedens im Kreise politischer Widerstandskämpfer wie Zeloten und Sicariern entstanden sein soll. Aber warum denn nicht: Im Grunde haben die Eiferer geendet, wie sie angefangen haben – im Kampf gegen die »Heiden« und ihre Kulte. Yigael Yadin zieht daraus die Schlußfolgerung: »Aus irgendeinem Grunde wird von den Essenern ein entstelltes Bild überliefert, das zum größten Teil durch den Bericht des Philo entstanden ist; denn man hat aus dieser Beschreibung ableiten wollen, daß die Essener im modernen Sinne Pazifisten gewesen seien. Diese These scheint mir aber nicht haltbar. Sie beteiligten sich nur nicht an Kriegen, die ihren Anschauungen zuwiderliefen, das heißt, die nicht von Gott gewollt waren. Setzen wir aber voraus, sie seien zu der Überzeugung gelangt, daß der große Aufstand den befohlenen Krieg gegen die Römer bedeutete, so konnte es auch für sie keinen Grund geben, sich fernzuhalten.«[127]
Aber nun starb Rabbi J. vierzig Jahre vor dem Fall Masadas, und das christliche Empfinden kann sich wieder beruhigen. Zwar meint Yigael Yadin, der Schriftrollenfund auf Masada werde »die Forschung mehr als alle anderen Funde beschäftigen und Gegenstand stürmischer Auseinandersetzungen unter den Fachgelehrten sein«[128] – aber bis diese Erkenntnis von den Archäologen zu den Theologen dringt, werden Jahre vergehen, sofern sie sich überhaupt angesprochen fühlen, weil nicht sein kann, was nicht sein darf.
Dabei ist im Grunde der Fund von Masada nur eine Bestätigung dessen, was ohnehin im Neuen Testament steht.

Es ist ja gar nicht wahr, daß Rabbi J. von lauter harmlos-frommen Jüngern umgeben war, die in ihrer Einfalt nicht einmal die Gleichnisse verstanden und mit wehenden Bärten durch Kornfelder stapften. Es sind alle Anzeichen vorhanden, daß mindestens sechs der zwölf Jünger Zeloten, also Widerstandskämpfer, waren.

Bei Lukas wird im Apostelkatalog[129] ganz unverschlüsselt »Simon, genannt Zelotes« aufgeführt, was für uns freilich bisher ebenso harmlos klang wie der Name des anderen Jüngers »Simon, genannt Petrus«. Auch der Namenszusatz eines zweiten Jüngers dürfte weniger harmlos sein, als man bisher annahm, denn was man bisher aus Verlegenheit gern für eine Ortsangabe hielt, bedeutet in Wirklichkeit die Zugehörigkeit zur radikalen Richtung der Zeloten, den sogenannten »Dolchmännern«, den »Sicarii«. Die hebräisch-aramäische Schreibweise, die nur Konsonanten kennt und die Vokale ausläßt, schrieb das lateinische Wort wie Iskariot oder, wie wir den Namen kennen: Ischariot. Judas Ischariot, der Verräter, dessen Beiname also mit »Dolchmann zu übersetzen ist, läßt seine Zugehörigkeit zur Partei der Zeloten vermuten«, schreibt sogar ein sonst konservatives biblisches Handbuch[130].

Auch Simon Petrus, der bei der Gefangennahme des Rabbi sofort mit einem Schwert zur Hand war, dürfte ein Zelot sein. Bei Matthäus nennt ihn der Rabbi »Simon, Bar-Jona«[131], was üblicherweise mit »Simon, Sohn Jonas« übersetzt wird, denn Bar heißt Sohn. Es ist die Stelle, an der Rabbi J. zu Simon Petrus sagt: »Du bist Petrus, auf diesen Felsen will ich bauen meine Gemeinde« – und die Frage ist berechtigt, warum Petrus in dieser entscheidenden Situation plötzlich als Sohn des Jona bezeichnet wird. Aber hier geht es wie bei Judas: Was bei dem einen als Herkunftsort (Mann aus Schariot) mißverstanden wurde, dürfte bei Petrus als Verwandtschaftsbezeichnung mißdeutet worden sein: Bar-Jona ist ein ara-

mäisches Wort und kann auch genausogut als »offenes Land« gelesen werden. Diejenigen, die außerhalb der Städte wohnten, waren – in der Mehrzahlform von Bar-Jona – die Barjonim. Joel Carmichael stellt dazu fest: »Der berühmte Zelotenführer ... Judas der Galiläer wird gelegentlich als ein ›Mann, der draußen lebt‹ bezeichnet. Diese eigenartige Bezeichnung wird durch eine weitere Bemerkung aus dem Talmud über einen Neffen des berühmten Rabbi Jochanan Ben Zakkai erhellt, der der ›Dolchmann‹ genannt wurde und Führer der ›Barjonim‹ von Jerusalem war.
Das Wort Barjonim ist von einem aramäischen Wort abgeleitet, das das offene Land bedeutet; damit sind jene Leute gemeint, die außerhalb der Städte auf dem freien Lande leben, d. h. die Ausgestoßenen, die Geächteten und die Extremisten, von denen das Land voll war. Paulus selbst wurde von einem Hauptmann einer römischen Kohorte irrtümlich für einen solchen ›Dolchmann‹ angesehen: ›Du bist also nicht der Ägypter, der vor diesen Tagen die viertausend Mann aus den Dolchmännern aufgewiegelt und in die Wüste hinausgeführt hat?‹ (Apg. 21, 38.) Aus diesem Zusammenhang wird deutlich, daß diese Barjonim in jeder Hinsicht den Zeloten nahestanden.«[132]

So machte Rabbi J. also nicht irgendeinen Sohn des Jona zum »Eckstein« der Gemeinde, sondern einen der Barjonim, einen Mann, der nach dem Evangelisten Johannes ein Anhänger des Täufers am Toten Meer war, einen militanten Essener aus der Wüste, in der die Leute von Qumran die Erfüllung des Neuen Bundes erwarteten: Auf dich, den Ausgestoßenen, will ich bauen meine Gemeinde – würde das einer sagen – oder würde man es ihm zuschreiben –, wenn er selbst nicht ein Barjona gewesen wäre?

Drei Jünger also, Simon der Zelot, Simon Petrus der Barjona und Judas der Dolchmann, sind deutlich erkennbar gekennzeichnet. Liest man nun das Apostelregister daraufhin noch einmal durch, so fällt auf, daß zwei andere

Jünger, Jakobus und Johannes, die Söhne des Zebedäus, als »Bnehargem«, als »Donnerskinder«, bezeichnet werden. Wenn damit nicht ein aufbrausender Charakter beschrieben werden soll, was auf Petrus viel besser zuträfe, so liegt der Gedanke nahe, daß auch dieser Beiname etwas mit dem »Eiferertum«, dem Zelotismus, zu tun haben könnte. Und seltsamerweise: Jakobus wird später hingerichtet, genau wie andere Aufrührer. Und schließlich: Simon Petrus der Barjona hat, wie im Johannesevangelium steht, noch einen Bruder namens Andreas, der zu den ersten Jüngern des Rabbi gehört. Sollte Andreas kein Zelot gewesen sein, wenn sein Bruder Simon Petrus einer war?
Möglicherweise war also die Hälfte der Jünger Zeloten – Grund genug für die römische Besatzungsmacht, sich für diese Gruppe um Rabbi J. zu interessieren.
Wer aber könnte ein Interesse daran gehabt haben, die Bewegung zu verharmlosen und ihren Sinn zu verdrehen? »Aus irgendeinem Grund wird von den Essenern ein entstelltes Bild überliefert«, hatte der Archäologe Yigael Yadin festgestellt. Wer hat das Bild retuschiert – und warum?

Die Retusche

Der Titel »Christos« ist nichts weiter als die griechische Übersetzung des hebräischen Wortes »Messias« und bedeutet in beiden Sprachen »der Gesalbte«. Gesalbt wurden Könige, es war das Zeichen ihrer Würde.
In der alttestamentarischen Tradition und Erwartung ist der Messias der Erlöser des Volkes Israel. In der Realität jener Tage bedeutete das, daß der Messias der Befreier von der römischen Fremdherrschaft und König von Israel sein würde. (Darum war es auch wichtig, daß er aus dem Königshaus Davids stammte.) Genau das und nichts anderes bedeutet die Inschrift auf dem Kreuz, die von den

Römern angebracht wurde: *Hic est Jesus – Rex Judaeorum:* Das ist Jesus, der König der Juden.[133]
Damit ist kein religiöses Königtum gemeint – dagegen hätten die Römer nichts unternommen –, sondern die reale Herrschaft des jüdischen Volkes. Ob nun Rabbi J. diese Herrschaft angestrebt hat oder nicht, ob er also zelotischer Widerstandskämpfer gegen die Römer war oder nicht, ist angesichts seines Todesurteils unwesentlich: Er wurde jedenfalls dafür gehalten und unter dieser Anklage von den Römern hingerichtet.
Mit dieser Tatsache mußten sich seine Anhänger abfinden. Daß sie alle nach der Gefangennahme ihres Meisters flohen oder ihn, wie Petrus, verleugneten, zeigt ja an, daß sie genau wußten, wie gefährlich für sie die Lage war. Jakobus, einer der Donnerssöhne, wurde später doch noch gefaßt und hingerichtet, Petrus mehrfach gefangengenommen und später, wie Paulus, in Rom getötet. Die Situation der Jünger war schwierig. Sie standen unter Verdacht, und es scheint verständlich, daß sie zur Rettung ihres eigenen Lebens alles versuchen würden, um jede tatsächliche oder vermutete Rebellentätigkeit zu verharmlosen oder zu vertuschen.
Wie dies in den ersten Jahrzehnten nach dem Tod des Rabbi J. vor sich gegangen ist, wissen wir nicht; wir haben keine unmittelbaren Zeugnisse aus dieser Zeit. Die ersten Berichte über das Leben des Rabbi J. und seiner Anhänger wurden erst nach der Zerstörung Jerusalems im Jahre 70 aufgeschrieben. Sie liegen also mindestens vierzig Jahre vom Ereignis entfernt in einer Zeit, als der jüdische Widerstand endgültig gebrochen war und Rom seine Macht in Palästina ungehindert ausübte. Die Hoffnung auf das Kommen des Reiches Gottes war wohl noch lebendig, mußte aber nach der Zerstörung des Tempels und der Zerstreuung der Juden irreal wirken. Die apokalyptische Enderwartung hatte getrogen, weder durch Rabbi J. noch durch einen anderen Messias war die Befreiung gekommen.
Man begann, das Leben des Rabbi J. zu idealisieren und

seine eigentliche Wirkung in die Zukunft zu legen. Aus dem gescheiterten »Jetzt« wurde das siegreiche »Dereinst«. Aus dem Reich Gottes auf Erden wurde eine neue Erde im Himmel. Die Bitte »Dein Reich komme, Dein Wille geschehe wie im Himmel also auch auf Erden« verlor ihren aktuellen historischen Bezug und wurde zum Glaubensartikel. Hand in Hand mit diesem Idealisierungsprozeß, der mehr und mehr auf den geschichtlichen Hintergrund verzichten konnte, weil nicht die Vergangenheit, sondern die Zukunft wichtig war, begann der Filter die Szene zu verdunkeln.

Er ließ nur noch das durchdringen, was eine Generation nach den Ereignissen für die Anhänger opportun und richtig schien. Die Evangelien geben nicht die historische Wahrheit wieder, sondern sind zeitbedingte und zeitabhängige Verteidigungsschriften, eine Tatsache, die von den Theologen mit »Gemeindetheologie« und »Predigtcharakter der Evangelien« umschrieben wird.

So schreibt der evangelische Theologe Heinz Zahrnt: »Die geschichtliche Größe, auf die wir in der Überlieferung zuerst treffen, ist immer die Gemeinde. Wir sehen das Bild der geschichtlichen Gestalt zunächst immer nur in ihrem Spiegel. Und dieses Bild ist von dem Glauben bestimmt, daß Jesus der Christus ist, und es wird gezeichnet, um eben diesen Glauben darzustellen und ihn als wahr zu erweisen. Dabei hat die Gemeinde die uns überlieferte Geschichte Jesu vielfach erst geschaffen. Sie hat ihm Worte in den Mund gelegt, die er nicht gesprochen hat, und Taten von ihm berichtet, die er nicht getan hat.«[134] Und das katholische *Praktische Bibellexikon* formuliert: »... daß die christliche Gemeinde auf Grund ihres nachösterlichen Verständnisses einen schöpferischen Einfluß auf die Formung und Erweiterung der ursprünglichen Jesusüberlieferung hatte.«[135]

Die Evangelien, die wir heute kennen, sind nicht die ersten schriftlichen Zeugnisse, sondern bereits redigierte Fassungen älterer Dokumente, wie aus dem Bericht des Lukas hervorgeht: »Nachdem schon viele es unternommen haben, Bericht zu geben von den Geschichten, die unter uns geschehen sind, die uns das überliefert haben, die es von Anfang selbst gesehen und Diener des Worts gewesen sind: habe ich's auch für gut angesehen, nachdem ich alles von Anbeginn mit Fleiß erkundet habe ...«[136]

So entstanden aus einer uns nicht überlieferten Originalquelle zum Beispiel gleich drei ähnliche Berichte, als deren Endredaktoren nach der Tradition Matthäus, Markus und Lukas gelten, die »Synoptiker«. Das vierte Evangelium des Johannes geht dagegen offenbar auf eine völlig andere Quellentradition zurück.

Trotz dieser verschiedenen Urquellen läßt sich bei allen vier Berichten die gleiche Filterwirkung, das heißt die gleiche Tendenz der Redaktoren, beobachten: Alles, was essenisches Lehrgut ist, übersteht die redaktionelle Bearbeitung einigermaßen unbeschädigt, wenn auch als anonymes Quellengut: Jede Beziehung zu den Essenern wird ausgelassen. Es ist der Teil der Evangelien, der als »richtig« den Filter durchdringt und der für die Anhänger ungefährlich ist.

Vertauschte Zusammenhänge

Alles, was politisch gefährlich war oder erscheinen konnte, also alles, was zu einem Zeitpunkt nicht opportun schien, als sich die Anhängerschaft des Rabbi über das Römische Reich auszubreiten begann, mußte verdunkelt und herausgefiltert werden. Das stieß später um so weniger auf Widerstand, da die Anhängerschaft zum großen Teil nicht mehr aus Juden bestand, die politische Bedeutung des jüdischen Messianismus bei ihnen auf keinen Widerhall traf und daher einseitig durch die religiösen Aspekte des Messianismus ersetzt werden konnte. Jeder unnötige Hinweis auf eine Rebellenrolle wäre politisch ungeschickt und bei den neuen Anhängern außerhalb des Judentums unnötig gewesen. Sie konnte und mußte wegfallen.

Die unwahrscheinliche und geradezu manische Treue der Juden zum geschriebenen Wort brachte es nun aber mit sich, daß nicht jeder Bezug herausgefiltert wurde. So, wie Markus und Matthäus lieber zwei einander widersprechende Varianten über eine Speisung der Viertausend und der Fünftausend nebeneinander stehenlassen, statt eine hinauszuwerfen, so brachten es die Evangelienschreiber ebenfalls nicht fertig, einmal Geschriebenes vollkommen umzuändern. Sie reden nicht von Zeloten, aber sie beschreiben sie. Es fehlt jede Aufforderung zum Widerstand, aber die Stelle, an der Rabbi J. sagt, er sei nicht gekommen, Frieden zu bringen, sondern das Schwert,[137] blieb erhalten, weil dieser Satz in einen Zusammenhang gestellt wurde, der eine andere Deutung erlaubte. Und prompt hat man die Stelle auch durch die Jahrtausende so verstanden, daß mit dem Schwert der Zwist gemeint sei, der durch Annahme und Verwerfung der Lehre des Rabbi entsteht.
Eingebettet in eine Prophetie konnte auch der andere Satz erhalten bleiben: »Aber nun, wer einen Beutel hat, der nehme ihn, desgleichen auch die Tasche, und wer's nicht hat, verkaufe seinen Mantel und kaufe ein Schwert.«[138]
Ohne direkt zu unterschlagen, konnten die Schreiber alte Quellen dadurch erhalten, daß sie sie in einen neuen Sinnzusammenhang setzten. Daß Petrus dem Malchus mit dem Schwert ein Ohr abschlug und damit sowohl den Tatbestand des Widerstandes gegen die Staatsgewalt wie den der Körperverletzung erfüllte, wurde nicht unterdrückt, sondern in einen anderen Zusammenhang gestellt und dadurch verharmlost: Rabbi J. tut ein Wunder, und das Ohr ist wieder heil. Das politische Vergehen wird zu einer Lappalie, indem es als Anlaß für eine wichtige »Heilstat« hingestellt wird.
Durch diese Technik der vertauschten Sinnzusammenhänge entsteht natürlich eine Reihe von Widersprüchen, die nicht zu lösen sind. Offenbar hielten es die Synoptiker nicht für opportun, daß Rabbi J. seine ersten Jünger

so nahe bei Qumran bei den Barjonim, den Extremisten, fand, wie Johannes schildert, sie verlegten die Geschichte einfach an den idyllischen See Genezaret – und der Widerspruch ist ebenso vollkommen wie nach seinem Tode die Erscheinungen an entgegengesetzten Orten. Auch die »Leidensgeschichte« wird genau an den Stellen widersprüchlich geschildert, wo es um das Verhältnis der Juden zu den Römern geht.
Matthäus und Markus, die ältesten Redaktoren, reden im Apostelkatalog von »Simon von Kana«; Lukas, zeitlich am weitesten vom Geschehen entfernt, kann es sich schon wieder leisten, denselben Simon von Kana als »Simon den Zeloten« einzuführen. Offenbar war zu jener Zeit der Begriff Zelot nicht mehr so gefährlich wie das verhüllte »Simon von Kana«, das damals die gleiche Bedeutung wie Zelot hatte.[139] Nur an einer einzigen Stelle geben Matthäus und Markus die Verbindung zu Extremisten zu, und das hat seinen pädagogischen Wert: Judas der Sicarier, der Dolchmann, hat den Rabbi verraten. Besser konnte man sich nicht von den Zeloten distanzieren, und Luther übersetzt an anderer Stelle das Wort »Dolchmänner« denn auch mit »Meuchelmörder«.
Die Evangelisten sind Interpreten, nicht Biographen; sie haben nicht aufgehellt, was im Abstand der Generation dunkel geworden war, sondern sie haben verdunkelt, was noch zu hell schien. Sie haben nicht Geschichte geschrieben, sondern Geschichte gemacht. Sie wollten nicht berichten, sondern berichtigen. Aber seit Qumran ist alles anders. In dem Versuch, die politisch-jüdische Komponente von der Heilserwartung der Essener zu trennen, um die Bewegung bei den Römern hoffähig zu machen, liegt wohl der eigentliche Grund für das »entstellte Bild«.

Das andere Bild

Wie aber sähe denn nun das unretuschierte Bild aus? Autoren wie Schonfield und Carmichael setzen der geistlich-frommen Deutung des Abendlandes eine kraß poli-

tische, ja, ausschließlich politische entgegen. Sie gehen von der Voraussetzung aus, die Evangelien meinten an allen Stellen das volle Gegenteil. Mir scheint, daß weder Heiland noch Rebell die einzige mögliche Alternative ist. Die Wirklichkeit besteht nicht aus solchen Klischees, wie man sie sich der Einfachheit halber gern zurechtmacht, vor allem, wenn sich der Betroffene nicht mehr wehren kann.
Was am abendländischen Christusbild zu einfach ist, um wahr zu sein, trifft umgekehrt auch auf die Gegenthese zu. Die einen haben sich aus einem jüdischen religiös-politischen Phänomen nur das Religiöse und die anderen nur das Politische ausgesucht. Für die einen wurde der Messias zum Sohn Gottes, für die anderen zum gescheiterten Politiker. Wahrscheinlich war er wohl beides.
Aber da, wo die Evangelisten aus Vorsicht vertuschten und absichtlich von der Wirklichkeit weglenkten, machten die abendländischen Theologen aus Unkenntnis ein Geheimnis daraus, das immer weiter vom Menschen J. weg und zu einer Theologie hinführte, der gerade das Absurde glaubhaft schien. Der Wirklichkeitsbezug wurde unwichtig, die Lehre zum einzig entscheidenden Kriterium.
Nicht wo die Lehre herkam, wurde untersucht, sondern was sie – sozusagen im luftleeren Raum – bedeutete. Dabei übersah man, daß die Bedeutung eben auch entscheidend davon abhängt, auf welchem Boden eine Lehre gewachsen ist. Das abendländische Christentum konnte im Prinzip – trotz gegenteiliger Beteuerungen – ohne das Alte Testament und ohne Judentum auskommen: Palästina und die Juden wurden zum zufälligen historischen Rahmen göttlichen Wirkens, und es fehlte seinerzeit nicht an Bemühungen deutscher Theologen, Rabbi J. zum Arier zu erklären.
Nach all den Diskussionen über den »historischen« Rabbi J., den man im Neuen Testament zu erkennen glaubte und nach dem Schema »Und die Bibel hat doch recht« auch überall bestätigt fand, wie man ihn sich vor-

stellte, muß man seit den Funden von Qumran und Masada bezweifeln, ob die Bibel denn immer recht hat.
Neu an dem Bild ist die Tatsache, daß die Lehre des Rabbi J. nicht nur irgendwie und irgendwo mit der jüdischen Apokalypse und der Enderwartung zusammenhängt, sondern daß man jetzt ganz genau ihre Herkunft und damit auch die wirklich gemeinte – nicht später hineingeglaubte – Bedeutung kennt: Die Verbindung zu Qumran und zu den Essenern verändert den Sinn der christlichen Lehre. Sie führt von der Weite, die ihr Paulus gegen den Willen des Rabbi J. gegeben hat, in die Enge des jüdischen Denkens zurück und bleibt dort, allen späteren Interpretationen zum Trotz, als das einzig von Rabbi J. Gemeinte angesiedelt.
Neu an dem Bild ist, daß der Jude J. keine eigene Lehre hatte, sondern eine bereits bestehende Lehre ausschließlich für Juden verbreitete, eine Lehre, die so eng in der Tradition des jüdischen Volkes verwurzelt ist, daß jede einseitige Akzentverschiebung vom Jüdischen weg gleichzeitig eine Verfälschung des ursprünglich Gemeinten bedeutet. Daß Rabbi J. dabei eigene und unverwechselbare Akzente gesetzt hat, die ihn in den Augen der Mitmenschen zu einem Begnadeten Gottes gemacht haben, und daß er – soweit wir das erkennen können – diesen Glauben gelebt hat und damit zum Vorbild wurde, widerspricht dem nicht.
Neu an dem Bild ist die Tatsache, daß Rabbi J. nicht immer nur friedfertige Gedanken hatte, sondern – freiwillig oder gedrängt – auch den politischen Aspekt des Messianismus bis zu seinem bitteren Ende und Scheitern gelebt hat. Seine Anhänger außerhalb des Judentums, für die der jüdisch-politische Messianismus nichts bedeutete, und seine enttäuschten jüdischen Nachfolger, die sich nicht nach Rabbi J. oder seiner Lehre, sondern nach seiner in der Wirklichkeit gescheiterten Funktion »Christen«, »Gesalbte«, nannten, waren verständlicherweise bereit, die Überhöhung von der Wirklichkeit ins Ideale zu vollziehen, und machten aus dem Retter des Volkes

Israel den leidenden Messias. Sie sahen das Leiden des Rabbi J. nicht mehr als das Ende, sondern als den Beginn ihrer Hoffnung; sie, die sie selbst nach der Zerstörung Jerusalems litten, sahen in ihm ein Spiegelbild ihrer eigenen Situation. Weil sie gezwungen waren, den doppelten Sinn des Messianismus auf den rein religiösen zu beschränken – teils wegen der Römer und teils, weil sie ja sonst in dem Leben und Scheitern des Rabbi J. keinen Sinn entdecken konnten –, begannen sie, das Leben dieses Mannes nicht nur zu verdunkeln, sondern auch umzudeuten und damit zu verfälschen.

Die Evangelisten beschrieben einen anderen Rabbi J., als ihn die historische Wirklichkeit gekannt hat. Was das für Konsequenzen hat, sagt Heinz Zahrnt in seinem Buch *Es begann mit Jesus von Nazareth*: ». . . würde der historischen Forschung der Nachweis gelingen, daß zwischen dem historischen Jesus und dem gepredigten Christus ein unüberbrückbarer Gegensatz besteht und also der Glaube an Jesus keinen Anhalt an Jesus selbst hat, dann wäre das nicht nur, wie N. A. Dahl meint, ›theologisch recht fatal‹, sondern dann würde dies das Ende aller Christologie überhaupt bedeuten. Ich bin zwar überzeugt, daß wir Theologen auch dann noch einen Ausweg wüßten – wann wüßten wir den nicht? –, aber entweder lügen wir jetzt oder dann.«[140]

Mir liegt eine Antwort auf der Zunge. Aber ich habe bisher erst versucht, den einen der beiden Filter zu durchdringen, der das tatsächliche Leben des Rabbi J. verdunkelt. Den zweiten Filter, der dieses verdunkelte und zum Geheimnis gewordene Leben zusätzlich noch verzerrt, haben wir uns noch nicht angesehen: Wie war es möglich, Rabbi J. so mißzuverstehen, als ob er der Gründer einer neuen weltweiten Religion gewesen wäre, obwohl er nichts weiter wollte, als das »auserwählte Volk«, sein Volk, die Juden mit Jahwe zu versöhnen, weil die Gottesherrschaft nahe war? Wer hat aus einem jüdischen Wanderprediger und Propheten den Gründer einer Weltreligion gemacht, die schließlich das Judentum bekämpfte?

VOM GLAUBEN ZUR LEHRE

Der zweite Filter

Der erste Filter, der das Leben des Rabbi J. verdunkelt, wurde benutzt, um die wachsende Anhängerschaft der Essenerchristen nach der Katastrophe des Jahres 70 ohne politische Belastung in die zweite Generation zu bringen. Er war eine beabsichtigte Schutzmaßnahme, um historische Beziehungen zu verschleiern: Die Geheimlehre der Essener und die nach dem Jahr 70 als fatal empfundene Verbindung zum Zelotentum und zum politischen Messianismus verlangten das, was beim vierten Evangelium sogar so weit führte, daß die Schuld am Tod des Juden J. nicht mehr den Römern, sondern den Juden selbst zugeschrieben wird.

Seit den Funden am Toten Meer haben wir den Korrekturfilter, mit dem man wieder aufhellen kann, was der tatsächliche Ausgangspunkt der Lehre und des Lebens von Rabbi J. war. Wir wissen jetzt, aus welchem spezifischen religiösen Milieu Rabbi J. kam und was der ursprüngliche – und damit der eigentliche und gemeinte – Sinn seiner Lehre ist.

Mit diesem Korrekturfilter können wir alle diejenigen Geheimnisse im Leben des Rabbi J. lösen, die seine geistige Herkunft, seine Lehre und seine Verhaltensweise charakterisieren.

Der zweite Filter entstand nicht bei dem Versuch einer Verschleierung, sondern im Gegenteil bei dem Bemühen, das Leben des Rabbi J. nach seinem Tod zu verstehen und zu deuten.

Die Anhänger des Rabbi J. waren an einem Tiefpunkt. Die Hoffnung, einer der ihren werde der Messias sein, der Erlöser des Volkes und König von Israel, war dahin. Der Tod ihres Meisters blieb ihnen ein Rätsel, und das Markusevangelium, nach den Paulusbriefen das älteste Dokument des Neuen Testamentes, kennt noch keine Auferstehungsfreude, sondern nur Verzweiflung und Entsetzen: »Und sie gingen hinaus und flohen vor dem Grabe; denn es war sie ein Zittern und Entsetzen angekommen. Und sie sagten niemand etwas; denn sie fürchteten sich.«[1]

Sicherlich, sie hofften weiter, so wie die Juden seit Hunderten von Jahren auf das Kommen des Messias gehofft hatten und immer wieder enttäuscht worden waren. Man wartete auf das Ende der Welt, das die apokalyptischen Visionen versprachen, doch nichts geschah.

In dieser Situation enttäuschter Hoffnungen kommt ein Mann und formuliert genau das, was ihnen wieder Hoffnung gibt. Er erklärt genau das, was die Anhänger der Sekte sich nicht erklären können: Er spricht vom Tod des Meisters. Mit dem Leben des Rabbi ist keine Hoffnung zu verbinden, er ist ja tot. Darum interessiert ihn das auch nicht. Er verkündet auf einmal die dem Judentum völlig fremde Idee des leidenden Messias, indem er den bei Jesaja erwähnten »Knecht Gottes« auf Rabbi J. bezieht, der »unsre Schuld auf sich nahm«.

Wie mit einem Vergrößerungsglas hebt er eine Station des Lebens groß heraus, vor der jeder Mensch steht, den Tod – und deutete ihn als Versöhnungstat Gottes, die allen zugute kommt.

Der eine Filter hatte historische und biographische Beziehungen abgedunkelt. Jetzt begann der zweite Filter, das noch sichtbar gebliebene, aber beziehungslos gewordene Leben des Rabbi J. unter einem bestimmten Blickwinkel zu vergrößern.

Der erste Filter war wie ein dunkles Glas, durch das man nicht mehr Schattierungen und Nuancen, sondern nur noch die grellgemalten Stellen des Gemäldes wahrnahm,

ohne immer den Zusammenhang zwischen den sichtbaren Partien erkennen zu können.
Der zweite Filter arbeitete nach einem anderen Prinzip. Es war kein Farbfilter wie der erste, der gewisse Farben auslöschte, sondern ein polarisiertes Vergrößerungsglas. Dabei ist der Vergrößerungseffekt an sich noch kein Filter. Die Vergrößerung bewirkt lediglich, daß der betrachtete Gegenstand mit zunehmender Entfernung zwar immer beherrschender, von einem gewissen Punkt an aber auch unschärfer wird und schließlich das Objekt verkleinert auf den Kopf stellt. Die eigentliche Filterwirkung aber besteht in der Polarisation, also in der Tatsache, daß es Gläser gibt, die das Licht nur aus einer ganz bestimmten Richtung durchlassen und alle anderen Strahlen verschlucken, ohne das Bild zu verdunkeln. Sieht man mit einer polarisierten Brille auf ein Schaufenster, so erkennt man nur, was dahinter liegt. Das Schaufensterglas und das, was sich in ihm spiegelt, kann man nicht mehr sehen. Polarisationsfilter sind unsichtbare Scheuklappen, weil sie das Blickfeld nicht einzuengen scheinen, obwohl man nur einen Bruchteil von dem wahrnimmt, was man sonst sehen würde.

Verderber des Evangeliums

Der Mann, der den Tod des Rabbi J. als erster durch diesen Filter sah und ohne den es vermutlich kein Christentum gäbe, hieß Paulus. Auf ihn geht zurück, was uns als eine logische und unausweichliche Entwicklung erscheint, nämlich, daß jener Rabbi J. als »Sohn Gottes« die Welt erobern und unser Denken und Handeln prägen würde. Die Kirche lehrt nichts anderes, und die Geschichte beweist es. Wie sonst hätte eine jüdische Sekte, deren Anhänger vor allem arme Leute ohne jeden Einfluß waren, trotz aller Verfolgungen plötzlich zur Staatsreligion des Imperium Romanum werden können, wenn eben nicht das »Evangelium«, die »frohe Botschaft«, die Menschen ergriffen hätte. Für uns ist es selbstverständlich, daß eine christliche Weltreligion entstand, weil es einen Christus gab, dessen Lehre und Leben Erlösung bedeuteten.

Rabbi J. hatte keinen neuen Gott und keinen neuen Weg der Erlösung verkündet, sondern Frömmigkeit gelehrt. Er starb gottverlassen, das Ziel seines Lebens als Spottvers ans Kreuz genagelt: »Jesus Nazarenus – König der Juden«.

Paulus betrachtete das Leben dieses Mannes durch einen Filter, der alle Reflexe, Strahlungen und Spiegelungen ausschaltete. »Seine Predigt«, so definiert es ein theologisches Lexikon, »ist nicht eine Wiederholung der Worte Jesu, vielmehr ringt es in oft schwer verständlicher Begrifflichkeit um eine Deutung von Tod und Auferstehung Christi . . .«[2]

Dabei beseitigt er an Rabbi J. alles, was ihn zu einem Juden machte: Sein Christus hat keine jüdisch-irdischen Eigenschaften mehr, er wurde zum Erlöser der ganzen Menschheit, oder wie Luther es dialektisch sagt: Er wurde Gott und Mensch zugleich.

Was Rabbi J. nie getan hätte und was er ablehnte, tat Paulus: Er erweiterte die Heilszusage Gottes auf die Nichtjuden, er hob das Gesetz des Moses auf, und er verhinderte den direkten Zugang zu Gott, indem er einen Mittler einführte.

Aus dem gescheiterten jüdischen Messias macht er den Sieger Christus, aus dem Getöteten den Lebenden, aus dem Menschensohn den Gottessohn.

Alles, was einem strenggläubigen Juden wie Rabbi J. ein Horror sein mußte, wird bei Paulus zum Evangelium: Der leidende Messias des Glaubens ersetzt den siegenden Messias des jüdischen Volkes; die nur aus dem griechisch-mythologischen Denken heraus mögliche Versetzung eines Menschen an den Himmel bzw. in den Himmel ersetzt den »Knecht Gottes« auf Erden, wie Jesaja noch den Messias verstand; die für die jüdische Religion unvorstellbare Vorstellung, Gott-Jahwe sei nicht alleiniger Gott, wird von Paulus verkündet. Er kennt einen dreieinigen Gott, eine Dreiheit, die doch eins sei. Auf der Suche nach einem »gnädigen Gott« verwirft er das Gesetz und damit seine eigene pharisäische Vergangenheit, und fast könnte man vermuten, daß alles, was er schreibt und tut, nur dazu dient, seine Vergangenheit zu bewältigen; daß sein ganzes Leben als »Knecht des Christus« nichts weiter ist als ein Leben, das unter dem Schatten einer uns unbekannten Vergangenheit steht; daß er den Fall des Rabbi J. nur benutzt, um den Fall Paulus zu lösen. Denn am Leben und der Lehre des Rabbi J. ist er überhaupt nicht interessiert. Nichts, aber auch nichts, was die Evangelien an mageren Fakten bringen, erwähnt er auch nur.[3] Für ihn ist dieser exemplarische Tod des Rabbi J. so wichtig, daß er jede Loslösung vom jüdischen Glauben und der Realität in Kauf nimmt, um seine Suche nach Erlösung in ihm zu finden. Er hat den Glauben an »den Heiland« erreicht und durchgesetzt – aber um den Preis der Trennung von Rabbi J.

»Wir sind meilenweit von Jesus entfernt«, schreibt der Orientalist Joel Carmichael. »Wenn Jesus kam, nur um ›das Gesetz oder die Propheten ... zu erfüllen‹, wenn er glaubte, daß ›nicht ein einziges Jota oder Strichlein vom Gesetz vergehen‹ werde, daß das Hauptgebot laute: ›Höre Israel: der Herr, unser Gott, ist *ein* Herr‹ und daß ›niemand ist gut denn der einige Gott‹, wenn er sich selbst ansah als gesandt ›nur zu den verlorenen Schafen des Hauses Israel‹ und es für ›nicht recht‹ hielt, ›den Kindern das Brot zu nehmen und es den Hunden hinzuwerfen‹, wenn er ... als Rebell gegen den Staat hingerichtet wurde – was hätte er von dem Werk des Paulus gehalten!«[4]

Und Heinz Zahrnt referiert: »Vor allem Paulus – Johannes mag man im allgemeinen lieber – wird im Zusammenhang mit der religionsgeschichtlichen Betrachtungsweise des Neuen Testaments zum ›Verderber des Evangeliums Jesu‹.«[5]

Die Umkehr vor Damaskus

Als Paulus am Ende seines Lebens, etwas dreißig Jahre nach dem Tode des Rabbi J., als Gefangener nach Rom gebracht wird, läßt er die führenden Juden der Stadt zu sich rufen, um ihnen seine Lage zu erklären. Sie kommen ins Gespräch und wollen schließlich wissen, was für eine Lehre Paulus vertritt, denn – so die verblüffende Begründung: »Von dieser Sekte ist uns kund, daß ihr wird an allen Enden widersprochen.«[6]
Daraufhin verabreden sie sich für einen anderen Tag und bringen noch ein paar Leute mit. Bis spät in die Nacht erklärt ihnen Paulus die Botschaft vom Kommen des Reiches Gottes und die Rolle des Rabbi J. dabei. Als Ergebnis notiert Lukas: »Einige ließen sich auch überzeugen, andere wollten ihm nicht glauben. Untereinander uneinig, trennten sie sich schließlich.«[7]
Es ist die letzte Bemerkung über die Wirkung des Apostels. Wenige Sätze später schließt die Apostelgeschichte ihren Bericht über das Leben dieses Mannes, der mehr als dreißig Jahre rastlos von Stadt zu Stadt des riesigen Imperium Romanum gezogen war, um den Ruhm eines Mannes zu verkünden, den er nur in einer Vision gesehen hatte.
Es läge ein Hauch von Tragik über der resignierenden Notiz des Lukas, wenn man nicht wüßte, daß eben jener Paulus auf dem schmalen Grat zwischen Erfolg und Mißerfolg eine Bewegung ins Leben gerufen hat, die einmal in fast beängstigender Ausschließlichkeit zur Weltkirche werden sollte. Zwar: Oft und beinahe zu oft mußte der Völkerapostel in beschwörenden Worten seine Gemeinden von Mißverständnissen und Irrwegen abbringen; wieder und immer wieder mußte er diejenigen ermahnen, die eben noch für die neue Lehre begeistert waren und Buße getan hatten; von Tränen und Angst ist die Rede, von Sorge und Trübsal, wie Luther es nennt. Mehrere Male wurde Paulus ins Gefängnis gesteckt, weil ihm die Juden mißtrauten, er mußte fliehen bei Nacht und Nebel,

und er wird von Amts wegen verprügelt oder, wie man im Mittelalter sagte: gestäupt.
Fünfzehntausend Kilometer legte dieser Mann auf drei Reisen zu Fuß und zu Schiff zurück, um unermüdlich von dem Erlebnis seiner Bekehrung zu reden.
Denn das Erlebnis von Damaskus, als er in der flimmernden Sonnenglut eines Wüstentages ein noch helleres »Licht vom Himmel« sieht, hatte sein Leben von Grund auf verändert. Aus dem sprichwörtlichen Saulus (»Der Erbetene«) wurde ein Paulus (»Der Kleine«), als ihn unvermutet eine Stimme anrief: »Saul, Saul, warum verfolgst du mich?«[8] Die Bibel berichtet, daß es ihm da »wie Schuppen von den Augen fiel«.
Nun fallen Gedanken und Erkenntnisse nicht einfach vom Himmel, auch wenn man sie als »Eingebung« erlebt. Was einem anscheinend von außen her »einfällt«, ist in einem selbst gewachsen. Ein Gedanke, der ins Unbewußte absank, ein Erlebnis, das verdrängt wurde, ein Gefühl, das man nicht wahrhaben will, können plötzlich nach oben drängen. Oft bedarf es nur eines zufälligen Anstoßes, und das Vergessene bricht, wenn es lange genug zurückgedrängt war, elementar ans Licht.
Wir kennen eine Reihe solcher Bekehrungen. Augustinus, der Kirchenvater, hat sie erlebt und Martin Luther, der Reformator, und viele andere, die plötzlich den erlösenden »Eingriff Gottes« spürten. Sie alle traf es unerwartet, aber nicht unvorbereitet, denn sie spürten: Eine Fessel war gebrochen, ein Bann gelöst. So schreibt Luther im Rückblick auf sein Erlebnis: »Nun fühlte ich mich ganz und gar neu geboren: Die Tore hatten sich mir aufgetan; ich war in das Paradies selbst eingegangen . . .«[9]
Wie bei Luther muß es auch im Leben des Paulus etwas gegeben haben, das im Dunkeln keimte und eines Tages ans Licht brach. Aber im Gegensatz zu Luther, der oft von seinem Leben erzählt hat und über den wir auch Berichte anderer haben, wissen wir von Paulus nur das wenige, was er in seinen Briefen andeutet und was Lukas in der Apostelgeschichte von ihm berichtet.

Vielleicht aber reicht das wenige aus, um den Motiven eines Mannes nachzuspüren, von dem wir nicht einmal die genauen Lebensdaten kennen; wir können nur vermuten, daß er um das Jahr 10 geboren wurde und etwa im Jahr 64 in Rom starb.
»Ich bin ein jüdischer Mann«, läßt Lukas den Apostel an einer Stelle sagen, »geboren zu Tarsus in Cilicien, aber erzogen in dieser Stadt« – gemeint ist Jerusalem –, »zu den Füßen Gamaliels unterwiesen mit allem Fleiß im väterlichen Gesetz, und war ein Eiferer für Gott, gleichwie ihr heute alle seid. Ich habe die neue Lehre verfolgt bis auf den Tod; ich band und überantwortete ins Gefängnis Männer und Frauen, wie mir auch der Hohepriester und die Ältesten alle bezeugen. Denn von ihnen empfing ich Briefe an die Brüder und reiste nach Damaskus, daß ich auch, die daselbst waren, gebunden führte nach Jerusalem, damit sie bestraft würden.«[10]
Das ist im großen und ganzen alles, was wir vor der Bekehrung an biographischen Notizen über Saulus/Paulus haben. Es lohnt sich aber, den knappen Text in die vorstellbare Wirklichkeit zu übersetzen. Das würde dann so aussehen: Saulus stammte aus der Familie eines wohlhabenden Handelsherrn, der es sich leisten konnte, seinen Sohn zum Studium nach Jerusalem zu schicken. Tarsus (in der heutigen Türkei) war damals eine reiche Handelsstadt, die manchen Kaufmann anlockte, und Saulus besaß von seinem Vater her das seltene Vorrecht, sich »römischer Bürger« nennen zu dürfen; ein Recht, das man nur für teures Geld erwerben konnte, wie aus einem Dialog zwischen Paulus und einem mißtrauischen römischen Oberhauptmann hervorgeht: »Da kam zu ihm der Oberhauptmann und sprach zu ihm: Sage mir, bist du römischer Bürger? Er aber sprach: Ja. Und der Oberhauptmann antwortete: Ich habe dies Bürgerrecht um eine große Summe erworben. Paulus aber sprach: Ich aber bin römisch geboren.«[11]

Trotzdem war der Vater des Saulus nach dieser Schilderung des Lukas kein laxer Sowohl-Als-auch-Jude der Diaspora, der die römische Staatsbürgerschaft erwarb und sein Judentum vergaß und sich assimilierte. Denn obwohl es in Tarsus eine berühmte Universität gab, die sich mit Athen vergleichen konnte, legte der Vater des Saulus Wert darauf, seinen Sohn ins ferne Jerusalem zu schicken: Die Universität von Tarsus war, wie die ganze Stadt, von hellenistischer Kultur beeinflußt und geprägt. Man muß sich den Juden mit römischem Bürgerrecht wohl so vorstellen wie zweitausend Jahre später die Nachkommen der Kinder Israel in New York, in deren amerikanischem Paß der Name Levinson steht, die die Woche über breitestes Amerikanisch reden, am Sabbat in der Synagoge die Bibel in der Sprache Abrahams hören und die über die Jewish Agency ihren Zehnten an den Staat Israel schicken.
So war es selbstverständlich, daß auch der junge Saulus Griechisch so gut sprach wie das Aramäische und daß er die außerjüdische Kultur und Religion von Kindheit an erlebte und kannte.
Saulus studierte also »Theologie«, um einen heutigen Begriff zu nehmen, so wie Luther von seinem Vater im Alter von 14 Jahren nach Magdeburg in die Schule der »Brüder vom gemeinsamen Leben« geschickt wurde, die ein ordensähnlicher Zusammenschluß war, ein »Hort edler Laienfrömmigkeit«, wie Bischof Hanns Lilje meint und dann naiv behauptet, es könne gar nicht anders sein, »als daß der Vierzehnjährige dort die besten Eindrücke mitbekommen hat«[12].
Luthers eigene Erinnerungen muten etwas ironischer an: Von einem asketischen Bettelmönch jener Tage sagte er: »Wer ihn ansah, der schmatzte vor Andacht.«
Welche Eindrücke Paulus hatte, wissen wir nicht. Wir erfahren nur, daß er offensichtlich die Erinnerungen seiner Kindheit durch besondere Glaubensstrenge kompensierte; denn sein Lehrer Gamaliel, Schriftgelehrter und Mitglied des Hohen Rates, wird von Lukas als tolerant in

seiner Haltung, auch gegenüber der neuen Sekte des Rabbi J. und als gemäßigt in seiner theologischen Richtung bezeichnet.[13] Saulus ist hart und intolerant. Jede Abweichung – wie die des Rabbi J. – verfolgt er unnachsichtig und uneinsichtig. Es genügt ihm zu wissen, daß diese Leute die Tora, die heiligen Schriften, anders auslegen und daß sie »Abweichler« sind.
Als Stephanus unter der Anklage der Tempellästerung verhaftet und im Beisein des Saulus vor den Toren Jerusalems gesteinigt wird, kommt es zu einer regelrechten »Christenverfolgung«, an der Saulus aktiv teilnimmt,[14] zunächst in Jerusalem, dann außerhalb. Und hier, in einem Moment, an dem man keine Zweifel vermutet, geschieht es: »Als ich nach Damaskus reiste, mit Vollmacht und Befehl von den Hohenpriestern, sah ich mitten am Tage ... auf dem Wege ein Licht vom Himmel, heller als der Sonne Glanz, das mich und die mit mir reisten umleuchtete. Als wir aber alle zur Erde niederfielen, hörte ich eine Stimme reden zu mir, die sprach auf hebräisch: Saul, Saul, was verfolgst du mich? Es wird dir schwer sein, wider den Stachel zu löcken ...«[15]

Seltsames Schweigen

Im Gegensatz zu Luther, der vorher von Gewissenszweifeln geplagt war, können wir bei Paulus keine psychologische Entwicklungslinie erkennen. Das Damaskuserlebnis scheint in der Biographie des Paulus nicht vorbereitet zu sein. Er erwähnt nirgendwo Perioden des Zweifels, die dem Erlebnis vorausgegangen wären. Nirgendwo beschreibt er Konflikte, die sein Leben bestimmt oder beeinflußt haben. Wenn Paulus von seinem Leben spricht, dann nur in einem statischen Sinne. Für ihn gibt es einen Saulus vor dem Erlebnis und einen Paulus danach, sein Leben erscheint wie eine Schmetterlingspuppe, in der nach einem längst vorherbestimmten Gesetz die Raupe stirbt und der Schmetterling als neues Lebewesen geheimnisvoll aufersteht.

Immerhin ist dieses Schweigen seltsam: Bekehrte haben oft die Neigung, die Motive für ihren Wandel immer wieder und wieder zu begründen; und wenn sie nur ihr vorhergehendes Leben schwarz in schwarz malen. Augustinus hat es in seinen *Bekenntnissen* getan, Luther hat von seinem Haß und seiner Angst erzählt. Bei Paulus scheint sich nichts dergleichen anzubieten. Es ist, wie es Lukas schildert, ein gradliniger Lebenslauf: aus einem jüdischen Elternhaus über eine jüdische Umgebung und Erziehung in eine strenge, fast fanatische Haltung. Nach landläufiger Ansicht würde man einen solchen Menschen eben wegen seiner Gradlinigkeit viel eher einen »Charakter« nennen als einen, der sich radikal ändert.

Nun weiß man nach fast zweitausend Jahren Christentum längst, worin der Konflikt des Saulus/Paulus bestanden hat, nämlich in dem Gegensatz von Gesetz und Evangelium – so wie man auch »gelernt« hat, daß in dem Erlebnis von Damaskus die führende Hand Gottes sichtbar wird. Genau das erzählt ja Lukas im 26. Kapitel der Apostelgeschichte, daß nämlich Paulus noch während der Vision seine neue Lebensaufgabe erfährt: »Steh auf, denn ich bin dir erschienen, um dich zu meinem Diener zu machen. Du sollst weitersagen, was du heute von mir gesehen hast und was ich dir noch zeigen werde. Ich will dich vor den Juden und vor den Nichtjuden beschützen, zu denen ich dich schicke. Du sollst ihnen die Augen öffnen, damit sie sich aus der Finsternis zum Licht wenden, von der Macht des Bösen zu Gott. Denn wenn sie an mich glauben, werden ihnen die Sünden vergeben, und sie bekommen ihren Platz im wahren Volk Gottes.«[16]

Dieser Bilderbuchvision mit wohlgesetzter Rede stehen allerdings noch zwei andere Berichte über dasselbe Ereignis gegenüber – Apostelgeschichte 9 und 22 –, in denen Paulus zwar auch sofort erfährt, daß er »Jesus dem Nazoräer« gegenübersteht, in denen er aber erst später in Damaskus – in dem einen Bericht sogar erst nach drei Tagen! – darüber informiert wird, was er nun tun soll.

Diese Berichte, alle drei von Lukas wiedergegeben, stimmen also in entscheidenden Punkten des Geschehens nicht überein, auch wenn die Tendenz überall die gleiche ist. Eines haben aber alle drei gemeinsam: Sie machen deutlich, wofür Paulus in Zukunft bestimmt ist, aber sie sagen nicht, wovon er sich löst. Er ist jetzt *für* den, den er eben noch bekämpft hat, aber das Warum wird nicht erklärt. Aus einem Gegner wird ein Anhänger, aber mit keinem einzigen Wort wird das Motiv genannt, mit keinem einzigen Wort klingt das an, was man später die Paulinische Theologie nennen sollte.

Hier, wie auch bei den Berichten der Evangelisten über Rabbi J., ist die Bibel spröde. Ihr liegt nichts an psychologischen Erklärungen und Motiven. Sie beschreibt Stationen, Etappen, aber sie sagt nicht, was dazwischenliegt.

Wir müssen offensichtlich einen anderen Weg suchen, um an Paulus heranzukommen. Ich habe bisher, weil sie am plastischsten sind, nur die drei Berichte zitiert, die Lukas in der Apostelgeschichte gibt. Aber das sind Berichte aus zweiter Hand, erst nach dem Tod des Paulus niedergeschrieben: Drei Varianten, von denen nur eine stimmen kann, wenn nicht überhaupt alle drei nur Deutungen sind. Das einzig legitime Verfahren aber wäre es doch, bei Paulus selbst nachzulesen, was er über sein Erlebnis berichtet hat.

Ich schlage in den Briefen des Apostels Paulus nach, der auf mehr als hundert engbedruckten Seiten immer wieder von Tod, Erlösung, Auferstehung und jenem Christus spricht, dessen »Knecht« er wurde. Paulus, der seine Anhänger ermahnt, beschimpft und anfleht, nur damit sie nicht nachlassen, und der selbst immer wieder schwach wird, der »einen Pfahl im Fleisch hat«, ein rätselhaftes Leiden, das er nie näher beschreibt und das wohl die Epilepsie ist,[17] der Verfolgungen, Todesangst und Schiffbrüche erlebt hat und der doch nie davon loskommt, Apostel, Gesandter zu sein, seit jenem grellen Licht vor Damaskus, das ihn aus der Bahn warf. Ich suche eine Beschreibung dieses Erlebens, so wie Luther es beschrieben hat oder Augustin und alle anderen, deren Leben

herumgeworfen wurde; ich suche eine Erinnerung dieses Mannes, der nicht müde wurde zu schreiben und zu reden und zu schreiben.
Ich finde sie, wo Paulus aufzählt, wem jener Rabbi J. nach seinem Tod erschienen ist: »Dem Petrus, den zwölf Aposteln«. Später haben ihn fünfhundert auf einmal gesehen, dann Jakobus und alle Apostel. Und dann der rätselhafte Satz: »Am letzten nach allen ist er auch von mir als einer unzeitigen Geburt gesehen worden.«[18]
Dieser eine Satz, den er im selben Brief noch einmal als Bestätigung wiederholt: »Habe ich nicht unsern Herrn Jesus gesehen?«, dieser eine einzige rätselhafte Satz ist alles, was Paulus über das entscheidendste Erlebnis seines Lebens vor Damaskus sagt.
Warum dieses Schweigen?

Das schlechte Gewissen des Saulus

Es sieht so aus, als würden wir nie erfahren, welche Entwicklung bei Paulus zu dessen Umkehr vor Damaskus geführt hat. Paulus hat sich darüber nicht geäußert, und die Berichte des Lukas geben keine Begründung für das Erlebnis von Damaskus. So ist es verständlich, wenn ein katholisches Lexikon zusammenfassend sagt: »Die Berufung Christi trifft ihn so unvermittelt, daß sie weder religionsgeschichtlich noch psychologisch adäquat erfaßt werden könnte.«[19]
Ich meine aber, ein solcher Satz gibt sich allzu schnell mit einer Glaubensaussage zufrieden, die das Wunderbare betont. Er bleibt unbefriedigend, weil das Eingreifen Gottes für den Gläubigen bestenfalls den Zeitpunkt der Verwandlung erklärt, nicht aber den Grund dafür. Nun hat aber auf Erden alles seinen Grund, auch psychische Abläufe und Ereignisse haben Ursachen, nur daß sie uns nicht immer bewußt sind.
Vielleicht liefert die Biographie des Paulus einen An-

haltspunkt. Über sie haben wir seine eigenen Angaben und die Berichte des Lukas. Vielleicht kann man aus den Aussagen des Apostels die Linien ergänzen, die hinter dem grellen Licht von Damaskus im Dunkel liegen. Vielleicht kann man aus dem, was Paulus lehrte und tat, schließen, weshalb Saulus in eine Krise geriet.

Paulus hat sich, wie jedermann weiß, über das jüdische Gesetz hinweggesetzt. So schreibt er zum Beispiel: »Ich bin überzeugt, daß ein Mensch mit Gott versöhnt wird, wenn er glaubt, nicht wenn er tut, was das Gesetz verlangt«[20], denn »dadurch, daß Christus gestorben ist, seid ihr für das Gesetz tot«[21], das heißt, das Gesetz gilt nicht mehr. »Wir dienen nicht mehr auf die alte Weise nach einem geschriebenen Gesetz. Auf neue Weise dienen wir Gott in Freiheit.«[22]

Uns erscheinen solche Äußerungen selbstverständlich; wir sind ja auch keine Juden. Aber damals wie heute sind solche Sätze für einen Juden eine Ketzerei, denn – so der Jerusalemer Religionsforscher Schalom Ben-Chorin: »Nichts im Leben des Juden und des jüdischen Volkes steht außerhalb des Gesetzes. Jede nur denkbare mögliche Situation wird vom Gesetz erfaßt und geregelt. Daher heißt es in den Vätersprüchen, daß kein Unwissender wirklich fromm sein kann, denn nur der Mensch, der das Gesetz Tag und Nacht studiert, ist jeder Situation gewachsen. Er weiß (theoretisch) immer, was er zu tun hat. Weiß er es nicht, soll er seinen Rabbi fragen, der es ihm sagen wird, denn es gibt keine Situation, die nicht im Gesetz vorausgesehen wäre.«[23]

Mit seiner Überwindung des Gesetzes hat Paulus die Grundlage des jüdischen Glaubens verlassen. Zwar hat er mit der Ablehnung einer starr geregelten Gesetzlichkeit unsere Sympathie, weil wir nach fast zweitausend Jahren Christentum genauso empfinden, auch wenn Rabbi J. an der für alle Theologen unangenehmen Stelle in der Bergpredigt sagt: »Denkt ja nicht, daß ich gekommen bin, um das Gesetz des Mose und die Lehren der

Propheten abzuschaffen. Ich bin gekommen, um ihnen ihren wahren Sinn zu geben. Glaubt mir, solange Himmel und Erde bestehen, wird nicht ein i-Punkt des Gesetzes aufgehoben werden bis zum Ende der Dinge.«[24] Dies ist eine jener Stellen, die deutlich machen, wieweit sich Paulus von der Lehre des Mannes entfernt hat, dessen Ziele zu verkündigen er behauptet.

Tora und Mizwah

Aber die Sympathie für Paulus mag ein wenig nachlassen, wenn man erfährt, daß er den Begriff »Gesetz« tendenziös benutzt hat. Zwar kann sich der griechischschreibende Paulus auf die Septuaginta[25] – die bis heute klassische Übersetzung des Alten Testaments ins Griechische – berufen: Auch die Septuaginta benutzt das Wort »Nomos« im Sinne von Gesetz. Aber die Septuaginta hat hier ganz einfach ungenau übersetzt. Sie hat nicht nur das hebräische Wort »mizwah«, das im eigentlichen Sinne »Gesetz« bedeutet, mit »Nomos« übersetzt, sondern auch das Wort »Tora«[26], das weit mehr meint als ein starres Gesetz: »Das hebräische Wort Thora bedeutet ›Weisung‹, ›Unterweisung‹; denn die Thora ist mehr als nur Gesetz: sie ist der Inbegriff aller Unterweisung, Leitfaden zur Lebensführung. Mit dem Ausdruck Thora ist im engsten Sinne die Schriftrolle der fünf Bücher Moses gemeint, wie sie in jeder Synagoge aufliegt. In einem weiteren Sinne meint der Begriff Thora die in dieser Schriftrolle enthaltenen Lehren und zugleich jene Lehren, die in den übrigen Büchern der hebräischen Heiligen Schriften stehen. Seit eh und je gab es jedoch zum geschriebenen Wort auch erläuternde Auslegungen. Ein Teil dieser Deutungen wurde später im Talmud (›Lehre‹, vom Zeitwort ›lamad‹, lernen, lehren) schriftlich zusammengefaßt.«[27] Die Tora umfaßt also nicht nur die eigentlichen 613 Ge- und Verbote, die heute noch jeder orthodoxe Jude einzuhalten sucht, sondern »den ganzen Komplex der göttlichen Offenbarung an Israel«[28] oder, wie es in dem

Rabbi-J.-Wort heißt: »Das Gesetz *und* die Lehren der Propheten«. Zusammenfassend schreibt Ben-Chorin: »Es würde ... eine unnatürliche Reduktion des Begriffes Thora darstellen, wenn hier nur vom Gesetz die Rede wäre. Der Sprachgebrauch des Paulus hat bei seinen heidnischen Hörern und in der christlichen Theologie bis heute dieses Mißverständnis ausgelöst.«[29]

Paulus, der Pharisäer, mußte diesen Unterschied zwischen dem eigentlichen Gesetz, der Mizwah, und der jüdischen Unterweisung und Offenbarung, der Tora, kennen. Er mußte wissen, daß das Alte Testament neben dem »Joch des Gesetzes« auch eine »Freude am Gesetz« kannte. Aber er differenziert nicht. Die Tora schrumpft für ihn auf Gesetze zusammen, und die Gesetze sind für ihn ein Joch; und indem er dieses Joch abwirft, entfernt er sich vom Judentum: Hier gibt es keinen Kompromiß, sondern nur ein Entweder-Oder.

Paulus aber bringt das Kunststück fertig, das Gesetz abzuschaffen und sich gleichzeitig für einen gesetzestreuen Juden zu halten, denn auch dieses Bild kann man aus Zitaten seiner Briefe zusammenstellen. So schreibt er im selben Brief an die Römer, denen er eben klargemacht hat, daß das Gesetz nicht mehr gilt: »Es bleibt dabei: Das Gesetz selbst ist heilig; das Gebot ist heilig, richtig und gut.«[30] Wie kann ein Mensch ehrlicherweise innerhalb weniger Zeilen auch das Gegenteil behaupten?

Das klingt widersprüchlich, nach gedanklichem Konflikt. Offenbar hat Paulus ein ambivalentes, zwiespältiges Verhältnis zum jüdischen Glauben und seiner Lehre. Wenn das Gesetz heilig, richtig und gut ist: Weshalb muß er es dann überwinden? Und wenn er es als Joch, als unerträgliche Last empfand – warum sagt er dann solche Dinge, die verwirren müssen?

Und genau an dieser Stelle steht der entscheidende Satz. Mit einem Schlag ruiniert Paulus die Idylle des frommen jüdischen Kaufmanns in Tarsus, der seinen gottesfürchtigen Sohn Saulus zum »Konfirmandenunterricht« nach Jerusalem schickt. Ganz nüchtern und lapidar schreibt

Paulus in seinem Brief an die Römer: »Früher lebte ich ohne das Gesetz.«[31]
Eine kleine Notiz, nur ganz nebenbei und anscheinend ohne Zusammenhang mit seinem Erlebnis von Damaskus, ein kleiner Satz, wie bei der Traumdeutung verschoben und an unwichtige Stelle gerückt – und schon entsteht bei der Dechiffrierung ein neues Bild.
Die Biographie des Paulus könnte also auch lauten: Die Eltern des Saulus sind reiche Juden, sie haben sich in Tarsus etabliert, sie haben für viel Geld die römische Staatsbürgerschaft erworben, um von dem Makel der Einwanderer befreit zu werden – so, wie sich später Juden taufen ließen, um das »Entréebillet« in die europäische Kultur zu bekommen, wie Heinrich Heine sarkastisch bemerkt.
Die Eltern des Saulus waren – in unsere Zeit und unsere Verhältnisse übersetzt – Kirchensteuerzahler und mehr nicht. Aber vielleicht legten sie gerade deswegen Wert darauf, ihren Sohn streng nach der Regel ausbilden und »konfirmieren« zu lassen. Weil sie es sich leisten konnten, schickten sie ihren Sohn nicht zum Rabbi von Tarsus, sondern ins renommierte Pensionat nach Jerusalem zu Gamaliel, wenn wir der herkömmlichen Biographie folgen wollen. Saulus kommt von einem Tag auf den anderen aus dem griechisch-liberalen Tarsus ins heilige Jerusalem, wo der Tempel steht.
Eine neue Welt tut sich für ihn auf. Er, der vermutlich die Tora bestenfalls in der griechischen Übersetzung der Septuaginta kannte, liest sie jetzt im hebräischen Urtext. Seine Mitschüler können das Hebräische wahrscheinlich besser als er, der in der griechischen Sprache aufgewachsen ist. Wenn er anerkannt werden will – und spätere Biographien schildern ihn als klein, häßlich und dick[32] –, muß er sich hervortun. Sein Wunsch, sich wie seine Eltern anderen Sitten und Gebräuchen anzupassen, wie es dann auch später in seinen Briefen immer wieder zum Ausdruck kommt, mag ihm geholfen haben, anerkannt zu werden. Die bemerkenswerte Sowohl-Als-auch-

Dialektik seines späteren Lebens dürfte hier ihren Anfang genommen haben. Und so entstand dann das, was fast zweitausend Jahre später Schalom Ben-Chorin in Jerusalem beschreibt: »Wir kennen heute in Jerusalem diesen Typus des fanatischen ... Schülers aus der Diaspora; wenn er freilich auch nicht mehr aus Tarsus kommt, sondern aus New York oder London. Bei Demonstrationen gegen friedliche Autofahrer am Sabbath finden sich sehr häufig unter den Eiferern für das Gesetz, die Steine auf Fahrzeuge und Chauffeur schleudern, solche Auslands-Talmudstudenten. Sie würden vermutlich in New York oder London nicht in dieser Weise auf die formelle Sabbath-Entweihung reagieren, aber sie wollen sich in Jerusalem als hundertfünfzigprozentige Thora-Juden legitimieren. Genauso müssen wir uns den jungen Saul aus Tarsus vorstellen, der von sich betont, daß er viele in seinem Wandel im Judentum übertroffen habe, daß er für das Gesetz geeifert und sich an der Steinigung des Ketzers« – des Stephanus – »gefreut habe.«[33]
Mit der Intoleranz eines Neubekehrten versucht Saulus vermutlich, das kompromißlose Leben eines Frommen zu führen. Er bemüht sich, alle im Laufe der langen Geschichte gewachsenen 613 Ge- und Verbote[34] einzuhalten. So beruhigend es ihm zunächst vorkommen mag, jede Situation des Lebens bereits im voraus geregelt zu sehen, so daß im Grunde ein Fehltritt unmöglich ist, weil man nicht selbst entscheidet, sondern einer von Gott vorgezeichneten Entscheidung folgt, so unruhig muß er aber eines Tages geworden sein, als er merkte, daß gerade die Kenntnis aller Gebote und Verbote ihre Erfüllung verhinderte, weil das unmittelbare Gottvertrauen immer mehr verschwand.
Das, was dem Frommen Hilfe sein sollte, wurde für ihn überhaupt erst Anlaß zur Versuchung. Statt des Seelenfriedens lernte er die unerklärliche Angst kennen, die aus dem Unvermögen kommt. Je mehr er sich bemühte, desto weniger gelang es ihm, das zu vermeiden, was man unter dem verschwommenen Begriff »Sünde« versteht.

Zunächst hat er anscheinend diese Zweifel durch überkompensierten Glaubenseifer verdrängt. Intoleranz ist meist nur ein Zeichen innerer Unsicherheit, die gerade das am heftigsten bekämpft, was man heimlich ersehnt, sich aber nicht eingestehen kann.
Ohne es noch formulieren zu können, ist Saulus um so unzufriedener und unglücklicher, je mehr er sich an die Tora hält. Das, was ihn erlösen sollte zu einem gottgefälligen Leben, wird für ihn zur Zwangsjacke eines ehrlich gemeinten, aber nicht bewältigten Glaubenskampfes, von dem ihn erst das Erlebnis vor Damaskus befreit.
Wir sind bei der Beschreibung dieser Entwicklung nicht auf Vermutungen angewiesen; Paulus hat Jahre später selbst davon berichtet, als er in seinem Brief an die Gemeinde in Rom wieder und wieder sein Verhältnis zum jüdischen Gesetz schildert und daraus in dialektischen, oft schwerverständlichen Gedankengängen seinen neuen Glauben beschreibt. Und hier ist plötzlich ein schmaler Spalt, der aus dem Leben des Apostels Paulus zurückführt in das verdeckte Leben des Saulus. Jenseits von Theologie und Dogma lese ich plötzlich ein Stück Beichte eines großen Mannes: »Ist das Gesetz selbst Sünde? Natürlich nicht! Aber durch das Gesetz erfuhr ich, was Sünde ist. Ich wußte nicht, was es heißt, hemmungslose Begierden zu haben. Aber das Gesetz sagte mir: Du sollst nicht hemmungslos begehren! Die Sünde wurde durch das Gebot ausgelöst. Sie ergriff die Gelegenheit und stachelte alle Arten von Leidenschaften in mir an. Denn ohne das Gesetz ist die Sünde tot. Früher lebte ich ohne das Gesetz. Aber als das Gesetz kam, lebte die Sünde auf, und ich starb« – das heißt: entfernte mich von Gott –. »Das Gebot, das eigentlich lebendig machen sollte, brachte mir den Tod. Die Sünde sah ihre Gelegenheit. Sie überlistete mich durch das Gebot. Mit Hilfe des Gebotes tötete sie mich. Es bleibt dabei: Das Gesetz selbst ist heilig; das Gebot ist heilig, richtig und gut. Heißt das dann, daß das Gute meinen Tod herbeiführte? Auf keinen Fall! Das tat die Sünde, die Sünde benutzte das

Gute, um mir den Tod zu bringen. Dadurch wurde ihr wahrer Charakter als Sünde sichtbar. Mit Hilfe des Gebots wird die Sünde erst recht zur Sünde.«[35]
Der ehemalige Saulus von Tarsus beschreibt hier den lockenden Widerspruch zwischen Regel und Lust am Widerspruch. Das Gesetz, das ihn lebendig machen, das heißt Gott näherbringen sollte, bringt ihn im Gegenteil immer weiter von Gott ab, bringt ihm den Tod, wie er in der Sprache seiner Zeit sagt. Jedes Gebot verstärkt die Versuchung, es zu überschreiten, jedes Verbot weckt den Wunsch, dagegen zu handeln.
Wenn aber die Tora nicht Hilfe und Richtschnur ist, sondern nur der Anlaß zur Versuchung: Wie erbarmungslos ist dieser Gott, wenn er es seinen Geschöpfen so schwermacht, sich ihm zu nähern? »Ihr führt ins Leben ihn hinein, ihr laßt den Armen schuldig werden, dann überlaßt ihr ihn der Pein, denn alle Schuld rächt sich auf Erden.« Goethe, der Nichtchrist, hat vielleicht Paulus an dieser Stelle besser interpretiert als der Apostel sich selbst. Denn nicht das Gesetz quälte Paulus, sondern das Schuldigwerden, das er in seiner Sprache »Sünde« nennt.

Gesetz und gnädiger Gott

Es ging ihm da wie Luther, der jahrelang nach einem gnädigen Gott gesucht hat, ohne ihn zu finden. Über seine Zeit vor der »Bekehrung« erinnert sich Luther ein Jahr vor seinem Tod: »Ich aber konnte den gerechten, den Sünder strafenden Gott nicht lieben, haßte ihn vielmehr; denn obwohl ich als untadeliger Mönch lebte, fühlte ich mich vor Gott als Sünder und gar unruhig in meinem Gewissen und getraute mich nicht zu hoffen, daß ich durch meine Genugtuung versöhnt sei. Ich war voll Unmuts gegen Gott, wenn nicht in heimlicher Lästerung, so doch mit mächtigem Murren und sprach: Soll es denn nicht genug sein, daß die Elenden, durch die Erbsünde ewiglich verdammten Sünder mit allerlei Unheil bedrückt sind durch das Gesetz des Dekalogs?« – der

Zehn Gebote also – »Muß denn Gott noch durch das Evangelium Leid an Leid fügen und uns auch durch das Evangelium mit seiner Gerechtigkeit und seinem Grimm bedrohen. So raste ich vor Wut in meinem verwirrten Gewissen ...«[36]

Luther spürt, daß sein Gottesbild nicht stimmt, aber er kann es nicht formulieren. Vermutlich ahnt er auch nicht, daß er gar nicht gegen einen ungerechten Gott kämpft, der immer nur unbarmherzig straft, sondern gegen ein ganz irdisches Vorbild, das sein Leben von Anfang an durch Härte und gnadenlose Gerechtigkeit beherrscht hatte. Zwar hat sich Martin Luther später bitter beklagt, daß er wegen der geringsten Vergehen zu Hause geprügelt wurde. Seine Mutter schlug ihn wegen einer Lappalie blutig, und sein Vater strafte ihn einmal so, daß er »ihn floh und ihm gram ward«, aber er hat sich in der anerzogenen Ehrfurcht vor den Eltern wohl nie klargemacht, daß sein Bild vom Gottvater seinem leiblichen Vater verdächtig nahe kam. So schreibt denn auch Richard Friedenthal in seiner Lutherbiographie: »Daß die Zuchtmethoden, die Vater Luder anwandte, nach dem üblichen Spruch des ›wer sein Kind liebt, der züchtigt es‹, ihre Spuren in der Seele des Kindes hinterlassen mußten, dürfte sicher sein. Der Trotz, eine der charakteristischen und oft verhängnisvollen Eigenschaften Luthers, wurde früh geweckt und gestärkt, zumal wenn er ungerecht gestraft wurde. Das Bild eines unbarmherzigen Richters, als welcher auch der Vater im Himmel nach allgemeiner Anschauung vorgestellt wurde, befestigte sich, der Gedanke, auf ›Gnade oder Ungnade‹ ausgeliefert zu sein und sich weder auf Wohlverhalten noch Verdienst berufen zu können. Bei schwächeren Naturen führt das zum Sichducken und zu dumpfem Gehorsam; bei starken zur Entwicklung aller Widerstandskräfte. Es hat lange gebraucht, bis diese bei Martin Luther heranreiften; sie brachen dann mit um so größerer Gewalt hervor.«[37]

Zum erstenmal revoltiert er, als er, durch einen furchtbaren Blitzschlag überwältigt, mit 22 Jahren gegen den

Willen des Vaters ins Kloster eintritt und Mönch wird. Aber auch als Mönch und später als Professor der Theologie leidet er an Depressionen und bekämpft unbewußt den Vater in Gott und Gott im Vater. Erst etwa sieben Jahre später fand er in einem niemals erklärten »Turmerlebnis« seines Wittenberger Hauses den gnädigen Gott, der jenseits von Glaubenskampf und Glaubenskrampf die Gnade der Erlösung anbot: »So halten wir nun dafür, daß der Mensch gerecht werde ohne des Gesetzes Werke, allein durch den Glauben.«[38]
Und im Rückblick schreibt er die Sätze, die wir schon kennen: »Nun fühlte ich mich ganz und gar neugeboren: Die Tore hatten sich mir aufgetan; ich war in das Paradies selber eingegangen. Da zeigte mir sogleich auch die Schrift ein ganz anderes Gesicht ... Wie ich zuvor das Wort ›Gerechtigkeit Gottes‹ mit allem Haß haßte, so erhob ich nun mit heißer Liebe das gleiche Wort als süß und lieblich über andere. So wurde mir diese Stelle bei Paulus eine rechte Pforte zum Paradies.«[39]
Als Luther dies erkannte, war er 29 Jahre alt – nur wenig älter als Paulus vor Damaskus, beide in der gleichen Lebensphase wie jener Rabbi, der sich im Jordan taufen ließ und im Alter von dreißig Jahren seine Berufung erhielt.

Das Opfer Gottes

Auch Paulus wollte die Angst loswerden, die ihn quälte, aber er weiß kein Mittel dagegen. Er leidet am Gesetz, weil ihm darin seine eigene Unzulänglichkeit bewußt wird, Gottes Willen zu erfüllen. Er hat das Gefühl, daß er einen Vertrag bricht: Jahwe hatte mit dem Volk Israel einen Bund geschlossen, nach dem er seinem Volk helfen will, wenn es ihm treu bleibt, das heißt, wenn es seine Gebote erfüllt. Käme es zu einer Gerichtsverhandlung: Saulus wüde zu Recht verurteilt werden, weil er die Abmachung – zumindest nach seiner Überzeugung – nicht eingehalten hat.

Er sucht verzweifelt nach einem Ausweg, die Glückseligkeit wiederzufinden, die er sucht. An sich selbst hat er gemerkt, daß der Mensch am Absoluten scheitert. Niemand kann alle Gebote Gottes erfüllen, ohne schuldig zu werden.
Aber noch verdrängt der Pharisäer Saulus diesen Gedanken und überspielt ihn durch besondere Gesetzesstrenge, doch er ist nicht glücklich dabei. »Ich finde«, schreibt er, »daß sich alles nach folgendem Gesetz abspielt: wenn ich Gutes tun möchte, kann ich nur das Schlechte zustande bringen. Mein inneres Wesen stimmt dem Gesetz Gottes voll Freude zu. Aber ich sehe, daß mein Körper einem anderen Gott folgt. Dieses Gesetz kämpft mit dem Gesetz, dem meine Vernunft zustimmt ... Ich bin ein sehr unglücklicher Mensch ...«[40]
In dieser Angst vor dem Jüngsten Gericht – und das baldige Kommen eines Weltunterganges und letzten Gerichts war damals eine lebendige Vorstellung – sucht er nach einem Ausweg, und er findet ihn in der Parallele zum Gerichtsverfahren: Es gibt nur eine Möglichkeit, daß ein Schuldspruch aufgehoben werden kann: durch einen Gnadenerlaß, der die Schuld annulliert.
Paulus findet den gnädigen Gott, den Luther 1500 Jahre später in einer ähnlichen Situation noch einmal findet. Das ist sein neuer Gott: »Er macht keinen Unterschied. Alle sind schuldig geworden und können vor seinem Urteil nicht bestehen. Aber er hatte Erbarmen und machte alle ohne Gegenleistung gerecht. Das ist durch Jesus Christus geschehen. Gott opfert ihn vor aller Welt. Alle, die an ihn glauben, sollen durch seinen Tod von ihrer Schuld frei werden ...«[41]
Paulus hat seinen gnädigen Gott gefunden. Aber vielleicht kann man ebensogut sagen: Er hat ihn erfunden.

Der Ausweg des Paulus

Paulus hat sich des Christentums bemächtigt wie ein Eroberer. Er fragte nicht, was wirklich war, sondern wozu es ihm nützte. Paulus wollte und brauchte einen gnädigen Gott; ihm ging es wie Jakob, der in einer mystisch-unheimlichen Erzählung des Alten Testaments mit Gott rang und ihn zwingen wollte: »Ich lasse dich nicht, du segnest mich denn.«[42] Weil er am Gesetz scheiterte und sich schuldig fühlte, suchte er – wie später Martin Luther – Vergebung und Schulderlaß für seine Unzulänglichkeit.

Er fand beides dort, wo es seine Vorfahren schon immer gesucht hatten: bei Jahwe. Denn der Gott des Alten Testaments ist nicht nur jener Rachegott, als den ihn das Christentum gern beschreibt und der Auge um Auge, Zahn um Zahn abrechnet. Man kann an den Fingern einer Hand abzählen, wie oft im Alten Testament das Wort Rache mit Jahwe verbunden ist. Dagegen kommen die Worte Gnade und gnädig mehr als fünfzigmal im Alten Testament vor – zehnmal häufiger als bei den vier Evangelisten des Neuen Testaments zusammengenommen.

Aber diese alttestamentarische Gnade, daß Jahwe seinem Volke gnädig war und auch einzelnen Vätern und Vorvätern – das heißt, daß Jahwe sie angenommen hat und zu ihnen hält –, ist ihm nicht genug. Er kann mit der allgemeinen Zusicherung nichts anfangen. Er braucht eine Vergebung seiner eigenen, ganz persönlichen Schuld. Jemand muß zu ihm sagen können: »Dir sind deine Sünden vergeben«[43], wie es Rabbi J. getan hatte.

Aber Rabbi J. war tot; und doch war er ihm vor Damaskus erschienen und hatte ihn gefragt: »Warum verfolgst du mich?« Er mußte also leben, mußte »auferstanden sein von den Toten«.

Zu diesem Schluß jedenfalls mußte Paulus kommen, und zu diesem Schluß wäre auch mancher von uns heute gekommen, der nicht weiß, wie wirklichkeitsnah Hallu-

zinationen und Visionen sein können, die aus dem Unbewußten nach außen projiziert werden. Psychiatrie und Psychologie haben dazu seit Jahrzehnten verläßliches Material gesammelt.[44]
Die Erscheinung des Gekreuzigten vor Damaskus war für Saulus jedenfalls ebenso eine Realität wie das Versprechen Jahwes, sein Volk zu erlösen. Nur verband sich bei Saulus beides auf eine eigenartige Weise. Für ihn wurde jener Rabbi J. plötzlich zum Vermittler jener Gnade; ein Gedanke, den kein orthodoxer Jude gehabt hätte. Denn für jeden Juden war und bleibt Jahwe der eine und einzige Gott, der mit seinem Volk einen Bund geschlossen hatte. Dieser Jahwe brauchte im eigentlichen Sinne keinen Mittler. Er war bisher immer selbst imstande gewesen, dem jüdischen Volk seine Gebote verständlich zu machen, und er hatte bisher auch diesem Volk immer wieder selbst seine Gnade, das heißt sein verstehendes Vergeben, zugesichert.
Allerdings hatte dieser Jahwe gelegentlich um eines einzigen Menschen willen seiner Schöpfung verziehen: Mit dieser Tendenz jedenfalls stellt das Alte Testament zum Beispiel die uralte Geschichte von der Sintflut dar: Weil Noah fromm und gottesfürchtig war, wurden er und damit das Menschengeschlecht trotz aller Vernichtung gerettet. Aber Noah war kein Mittler. Noah war keiner, der selbst der Zugang zu Gott gewesen wäre wie jener Christus bei Paulus.
Das ist das Entscheidende: Paulus baut eine Trennwand zwischen sich und Gott auf, die kein Jude kennt (an der aber die katholische Kirche mit den fürbittenden Heiligen konsequent weitergebaut hat). Paulus findet nur noch, oder überhaupt erst, durch Christus den Zugang zu Gott.
Damit zerbrach Paulus die großartige, in der Einsamkeit der Wüste geborene Idee, daß es nur einen Gott und Schöpfer gab, der sich wie ein Vater um seine Kinder kümmerte, der in seiner Unerreichbarkeit so nahe war, daß er jeden einzelnen kannte.

Er vereinfacht sich den schweren Glauben, der in der Befolgung festgelegter Regeln bestand, und verläßt sich auf die Gnade, die alle Verfehlungen aufhebt, wenn man nur an sie glaubt. Er selbst kann sich vor dem letzten Gericht nicht rechtfertigen, und so bringt er einen Bürgen, der für ihn alle Schuld auf sich nimmt – so wie der Sündenbock des mosaischen Rituals die Sünden des Volkes auf sich nimmt, in die Wüste getrieben wird und dort stellvertretend für die anderen zugrunde geht: ein Opfer aus archaischer Zeit, das Paulus als »Lamm Gottes« wieder auf einen Menschen bezieht, nur damit er sein Schuldgefühl los wird.
Jüdisch ist das alles nicht und schon gar nicht so, wie Rabbi J. lehrte. Keiner der vier Evangelisten überliefert auch nur eine einzige Stelle, in der Rabbi J. von Gnade gesprochen hätte.[45] Ihm ging es um ganz andere Dinge, er predigte Umkehr und Erfüllung sowie die kommende Gottesherrschaft. Er sprach davon, daß Gott die Schuld vergeben werde, so wie wir anderen vergeben sollen, die an uns schuldig geworden sind,[46] und das war etwas ganz anderes, als was Paulus daraus gemacht hat: In den Briefen des Neuen Testaments, die nicht so sehr von, sondern über Rabbi J. berichten, ist dagegen 28mal von Gnade die Rede. Ebensooft verwenden die Evangelisten den Schlüsselbegriff »Christus«, womit sie den Messias meinen. Dagegen ist in den Briefen des Neuen Testaments mehr als zweihundertmal vom »Christus« in einem überhöhten theologischen Sinn die Rede.
Zwischen den Evangelien und den Briefen verläuft eine Bruchlinie. Rabbi J. empfand sich nicht als Mittler, sondern als Bußprediger, der zur Umkehr aufrief, weil das Kommen Gottes nahe war. Er verstand sich vielleicht als Messias, als Erretter seines Volkes von der Fremdherrschaft und als kommenden »König der Juden«, aber nicht als der Erlöser aus persönlichen Glaubenszweifeln und Schuldgefühlen. In keinem Falle empfand er sich als »Sohn Gottes« der Dreieinigkeit, zu dem ihn später die gläubige Verehrung und das Mißverständnis eines frem-

den Kulturkreises gemacht haben. Und erst recht konnte Rabbi J. nicht auf den Einfall kommen, daß sein Tod dazu dienen würde, die Menschheit zu erlösen und mit Gott zu versöhnen: Er erwartete ja die Herrschaft Gottes zu seinen Lebzeiten, darum rief er zu Buße und zur Bereitschaft auf und ließ sich selbst zur Vergebung der Sünden taufen.
Wie aber kam Paulus, der Pharisäer und Jude, zu einer solchen Umdeutung, die am Ende auf eine Verfälschung des ursprünglich Gemeinten hinausläuft?

Fremde Erkenntnis

Aus dem Judentum kamen solche Ideen nicht, und doch war das, was Paulus anbot, nichts Neues: Erlösung war der zentrale Begriff der Zeit. Allerdings war niemand auf die merkwürdige Geschichte angewiesen, daß ein jüdischer Nationalgott seinen »Sohn« als Verbrecher ans Kreuz schlagen lassen mußte, um dadurch die Menschheit zu erlösen.
Längst hatte sich im Mittelmeerraum eine Unzahl von Mysterienkulten etabliert, die die Menschen durch eigene Kraft mit Gott vereinen wollten, und zwar durch »Gnosis« – Erkenntnis. »Gnostizismus«[47] ist die Sammelbezeichnung für diese verschiedenartigen Erlösungsbewegungen, die sich aus dunklen Anfängen möglicherweise in Syrien und Palästina entwickelt hatten und um die Zeitenwende weit verbreitet waren. Eines seiner Hauptzentren war Alexandria in Ägypten.
Allen gnostischen Bewegungen gemeinsam ist das Streben nach »Erkenntnis« – das griechische Wort dafür ist »Gnosis« –, wie man aus der Finsternis dieser Welt in die Heimat des Lichts zurückfinden kann. Das heißt also, daß der Mensch von einem gottgesandten Erlöser das Wissen nach dem Woher und dem Wohin des Lebens erfahren muß, um sich erlösen zu können.

Auf diese Urfrage einer jeden Religion hat der Gnostizismus nun eine Reihe von zum Teil sehr phantastischen kosmologischen Systemen entwickelt, die Mensch und Weltall miteinander in Beziehung bringen. Die eigentliche Welt ist dabei das Lichtreich der oberen Sphären, während der Mensch in der Dunkelheit der Unwissenheit und des Leibes gefangen ist. Wer die notwendige Weisheit, die »Sophia«, erlangt, kann in das Lichtreich aufsteigen und erlöst werden.

Das alles klingt nicht »unchristlich«, schließlich ist auch der Wortschatz des Paulus und des Johannes deutlich gnostisch gefärbt wie bei den Essenern, und die ehrwürdigste und lange Zeit größte Kirche der Christenheit ist keinem Heiligen und keinem Apostel geweiht, sondern der »heiligen Weisheit«, der »Hagia Sophia«. Und vermutlich waren es sogar Gnostiker, die als erste eine theologische Schriftenauslegung betrieben: Der älteste Kommentar, der noch erhalten ist, ist eine Auslegung des Johannesevangeliums aus der Hand eines Gnostikers.

Trotzdem hat die junge Kirche die »heilige Weisheit« des Gnostizismus erbittert bekämpft und darauf bestanden, alle gnostischen Schriften und Texte zu vernichten. Daß wir trotzdem einigermaßen über den Gnostizismus Bescheid wissen, verdanken wir eben jenem kirchlichen Verfolgungseifer. Um die »Irrlehren« des Gnostizismus zu widerlegen, haben frühe Kirchenväter wie Irenäus in ihren Gegenschriften so ausführlich aus diesen Texten zitiert, daß wir anhand dieser Belege die wesentlichen Gedanken und Lehren des Gnostizismus rekonstruieren können.

Das hat freilich einen entscheidenden Nachteil: Da wir den Gnostizismus nur durch den Blickwinkel ihrer Gegner kennen, kann man nie sicher sein, ob die Zitate korrekt waren und ob die Kichenväter nicht allzu subjektiv Unwichtiges oder Nebensächliches in den Vordergrund gerückt haben, was ihnen damals vielleicht wichtig schien, und statt dessen das nicht erwähnt haben, was möglicherweise als »christliche Wahrheit« im Gnostizismus enthalten war.

Zwar hatte der Londoner Arzt und Sammler Dr. Askew schon vor 1770 in einem Londoner Buchladen ein 178 Seiten starkes gnostisches Werk entdeckt und gekauft. Aber diese *Pistis Sophia*, erst achtzig Jahre später von einem deutschen Gelehrten ins Lateinische übersetzt und 1851 veröffentlicht, wirkte wenig animierend auf die Wissenschaft. Der große Theologe Adolf von Harnack meinte über dieses bis dahin einzige vollständig erhaltene Manuskript sogar, es scheine »zur Verbreitung des systematischen Blödsinns geschrieben zu sein«[48] – ein Urteil, das jedem einleuchtend erscheint, der zum erstenmal unvorbereitet ein gnostisches Manuskript in den Händen hält und dann Sätze liest wie: »Als sie nun sich widersetzten und gegen das Licht kämpften, da wendete ich gemäß dem Befehl des ersten Mysteriums die Bahnen und Läufe ihrer Äonen und die Bahnen ihrer Heimarmene und ihrer Sphära und ließ sie sechs Monate auf die Dreiecke links blicken und auf die Vierecke und auf die, welche in ihrem Anblicke sind, und auf die Achtfigur, gerade wie sie früher gewesen waren.«[49]
Solche Aussprüche von Rabbi J. wirken jedenfalls befremdlich. So war es kein Wunder, daß auch andere inzwischen entdeckte gnostische Texte ein unbeachtetes Dasein führten, obwohl sie bei genauerem Hinsehen hochinteressante Aussagen über die Entwicklung des Erlösergedankens enthalten.
So hatte der schottische Tourist James Bruce schon im Jahre 1769 in Medinet Habu bei Theben eine andere gnostische Schrift erstanden, die dann, kaum daß 126 Jahre vergangen waren, 1895 als die »Beiden Bücher des Jeû« veröffentlicht wurden. In der Zwischenzeit waren in dem feuchten englischen Klima über fünfzig der 78 Papyrusblätter zum Teil unlesbar geworden.
Und schließlich hatte 1896 ein deutscher Ägyptologe in Kairo drei gnostische Texte, darunter das sogenannte »Evangelium der Maria« und das »Apokryphon des Johannes«, erworben – aber auch sie blieben jahrzehntelang ungedruckt und unübersetzt, bis sich in der Mitte

unseres Jahrhunderts die Lage unversehens änderte: Nahezu gleichzeitig mit den Schriftrollen vom Toten Meer, die uns sozusagen die »Vorgeschichte« des Christentums authentisch vor Augen führen, wurden rund siebenhundert Kilometer Luftlinie vom Toten Meer entfernt 52 Schriften des Gnostizismus entdeckt, eine ganze Bibliothek, von deren Existenz 1600 Jahre lang kein Mensch eine Ahnung hatte, und die nun im Original aus jener Welt berichteten, aus der Paulus seinen Erlöser geholt hatte.

Die wiedergefundene »Erkenntnis«

Als der Ziegenhirt Mohammed ad Dhib im Jahre 1947 die ersten Schriftrollen vom Toten Meer fand, horchte die Welt auf. Was aber damals noch keiner wußte, war eine ebensolche Sensation: Zwei Jahre zuvor hatten zwei ägyptische Fellachen bei Nag Hammadi in Oberägypten im Nilsand ebenfalls eine Bibliothek entdeckt: 13 Bände mit 52 Schriften auf ungefähr tausend Seiten.

Da gab es ein Evangelium des Thomas, eine Spruchsammlung mit Worten von Rabbi J., die wir zum großen Teil aus dem Neuen Testament kennen, die aber möglicherweise älter ist als die Evangelien und die auch neue, unbekannte Worte enthält, zum Beispiel: »Wenn ihr hervorbringt, was in euch ist, wird, was ihr hervorbringt, euch retten. Wenn ihr aber nicht hervorbringt, was in euch ist, wird, was ihr nicht hervorbringt, euch zerstören.«[50]

Da war ein Evangelium des Philipp, das uns einen ganz anderen, viel irdischeren Rabbi J. zeigt: »... die Gefährtin [des Erlösers] ist Maria Magdalena. [Aber Christus liebte] sie mehr als [alle] Jünger und küßte sie [oftmals] auf ihren [Mund]. Die anderen [Jünger waren gekränkt.] Sie sagten zu ihm: ›Warum liebst du sie mehr als uns alle?‹ Der Erlöser antwortete und sagte zu ihnen: ›Warum liebe ich euch nicht wie [ich] sie [liebe]?‹«[51]

Da gab es Texte, in denen der sonst so ernste Rabbi J. lacht.
Da fand sich ein »Evangelium der Wahrheit«[52], in dem es hieß, daß sich Gott »offenbart ... durch einen Sohn«, den er »als Sohn gezeugt« hat und der »geworden Weg für die, welche irrten, und Gnosis für die, welche unwissend waren, Fund für die, welche suchten, und Festigung für die, welche wankten, [und] Unbeflecktheit für die, welche befleckt waren. Er ist der Hirte, der verlassen hat die neunundneunzig Schafe, welche nicht verirrt sind, [sondern] hinging und den suchte, der sich verirrt hat [und] sich freute, als er ihn gefunden hatte ... Er hat sogar am Sabbat gearbeitet für das Schaf, das er in den Brunnen gefallen gefunden hatte.«
Da waren andere christlich-gnostische Texte, die die Jungfrauengeburt oder die leibliche Auferstehung als naive Mißverständnisse darstellten. Es fanden sich Bücher wie »Die drei Stelen des Seth«[53], die nachweislich nichts mit dem Christentum zu tun haben und doch ganz christlich klingen, wenn da vom »göttlichen Knaben« die Rede ist, der »nicht von einem Weibe geboren wurde« und der uns durch seine Weisheit, Erkenntnis und Wahrheit die Kraft verleiht, »damit wir erlöst werden zum ewigen Leben«, oder wenn Gott gepriesen wird: »Du bist dreifach, du bist wahrhaftig dreifaltig.«
Ein spätantike weibliche Allgottheit trägt hier bereits Züge griechischer Weisheit:

»Ich bin nämlich die Erste
  und die Letzte.
Ich bin die Gelehrte
  und die Verachtete.
Ich bin die Dirne
  und die Ehrbare.
Ich bin die Frau
  und die Jungfrau.
... Ich bin das Wissen
  und die Unwissenheit.«

Es ist eine lange Litanei von Gegensätzen, in deren Mitte sich die Gottheit folgendermaßen zu erkennen gibt:

»Warum habt ihr mich denn gehaßt, ihr Griechen?
Etwa, weil ich ein Barbar unter Barbaren bin?
Ja, ich bin die Sophia der Griechen
  und die Gnosis der Barbaren.
Ich bin das Gesetz der Griechen
  und der Barbaren.
Ich bin die, die viele Bilder in Ägypten hat,
  und die, die kein Bild bei den Barbaren hat.
Ich bin die, die überall gehaßt wurde,
  und die, die überall geliebt wurde.
Ich bin die, die man ›das Leben‹ nennt,
  und doch habt ihr mich ›der Tod‹ genannt.
Ich bin die, die man ›das Gesetz‹ nennt,
  und doch habt ihr mich ›die Ungesetzlichkeit‹
genannt...«[54]

Es gab darunter schließlich auch nichtchristliche, sogenannte »hermetische« Schriften[55], die sich trotz anscheinend christlicher Assoziationen oft absichtlich dem Verständnis Außenstehender entziehen, wenn es zum Beispiel heißt:

»Ich rufe deinen Namen an,
der in mir verborgen ist:
aōeeō ēēē ōōō iii ōōōō
ooooo ōōōōōō yyyyyy ōōōōōōōōōōōōōōōōōōōōōō...«[56]

Auf den ersten Blick erscheint vieles seltsam und verquer, wenn Rabbi J. beispielsweise Lithargōēl heißt (nach einem jüdischen Engel, der Leib und Seele heilt) und Medizin aus einem Koffer verteilt;[57] oder wenn himmlische Wesen mit den abstrusesten symbolischen Namen auftauchen; wenn Zarathustra ebenso vorkommt wie ein Stück aus Platos Politeia.[58] Aber das ist längst nicht der »systematische Blödsinn«, von dem Harnack sprach, sondern eine Begriffs- und Vorstellungswelt, die

uns nur so fremd ist wie manchem Mitbürger der heutige Theologenjargon.
Die Texte kommen uns auch fremd vor, weil sie nicht, wie die Evangelien, aus dem Leben des Rabbi J. erzählen, sondern meist aus Hymnen, Lehrstücken und Kommentaren bestehen, in die uns vertraut klingende christliche Passagen eingebettet sind.
Daß es dann 15 Jahre dauerte, bis die ersten Texte dieser für Religionsgeschichte und Christentum so wichtigen Bibliothek von Nag Hammadi veröffentlich wurden, und insgesamt dreißig Jahre, bis alle 52 Schriften vorlagen, läßt sich zum Teil mit der abenteuerlichen Fundgeschichte erklären, die gleich mit einer Blutrache beginnt, zum Teil mit politischen Behinderungen und Beschränkungen, denen der Erwerb der Texte unterlag. Zum größten Teil aber geht die Verzögerung auf wissenschaftliche Eifersüchteleien zurück und darauf, daß die Gelehrten auf ihren »Erstbearbeitungsrechten« bestanden, was sich »mittlerweile zu einer veritablen chronique scandaleuse der derzeitigen Gelehrtenwelt ausgewachsen« hat, wie Elaine Pagels schreibt.[59]
Ich will diese Geschichte[60] erzählen, bevor wir uns noch näher mit ein paar anderen wichtigen Punkten des Gnostizismus beschäftigen.

Ein Franzose namens Doresse

Die Geschichte beginnt mit Jean Doresse, einem dreißigjährigen französischen Ägyptologen und Kenner der koptischen Literatur, der im September 1947 zusammen mit seiner Frau Marianne auf Einladung des Französischen Archäologischen Instituts in Kairo nach Ägypten reiste, um ein Vierteljahr lang das frühchristliche Mönchswesen zu studieren, das wir mit den Namen des hl. Antonius und des hl. Pachomius verbinden.
Doresse wollte vor allem die Ruinen des Pachomiusklosters untersuchen, das etwa fünfhundert Kilometer südlich von Kairo und hundert Kilometer nördlich von Luxor,

Karnak und dem Tal der Könige bei der Ortschaft Nag Hammadi – gesprochen: Nadsch Hammádi – in einem Nilbogen liegt. Hier hatte Pachomius im vierten Jahrhundert bei Chenoboskion die ersten christlichen Klöster gegründet.
Aus der Fahrt nach Nag Hammadi wurde vorerst nichts, denn in Ägypten war die Cholera ausgebrochen, der Zugverkehr eingestellt. Er besuchte statt dessen das Koptische Museum in Altkairo, dessen Direktor Togo Mina ihn zu einem Besuch eingeladen hatte: Togo Mina und Marianne Doresse hatten zusammen in Paris studiert.
Gleich zu Beginn des Besuches gab es eine Überraschung. Togo Mina führte das Ehepaar Doresse in sein Arbeitszimmer, und Doresse erinnert sich: »Er öffnete ein Schubfach in seinem Schreibtisch und nahm ein umfangreiches Paket heraus und zeigte mir in dem ledergebundenen Buch einige Seiten aus Papyrus, die mit großer, schöner koptischer Schrift bedeckt waren. Er fragte mich, ob ich den Inhalt identifizieren könnte. Schon bei den ersten Worten sah ich, daß dies gnostische Texte waren . . .«[61]
Doresse hielt das apokryphe sogenannte »Geheime Buch des Johannes« in der Hand, das davon erzählt, wie Rabbi J. nach seiner Auferstehung dem Apostel erscheint und ihn über himmlische Kräfte informiert. Und Doresse las das Gespräch des Heilands, das er mit seinen Schülern sowie einer Maria und einer Mirjam führte. Es waren Texte, gegen die Kirchenvater Irenäus bereits um das Jahr 180 polemisiert hatte, und – wie sich bald herausstellen sollte – nahezu die gleichen Texte, die seit 1896 unveröffentlicht in Deutschland herumlagen.
Neugierig fragte Doresse, woher Mina diese Texte habe, und erfuhr, daß sie sich bereits ein Jahr im Museum befanden. Damals hatte ein unbekannter Mann das Paket einem Vorstandsmitglied des Koptischen Museums gezeigt, der sich für die Wiedereinführung der koptischen Sprache unter den Christen Ägyptens einsetzte: Christen hatten einst aus der letzten Entwicklungsstufe der alt-

ägyptischen Sprache das Koptische als Literatursprache gebildet, wobei sie griechische Buchstaben verwendeten.

Das Vorstandsmitglied aber hatte den Mann zu Togo Mina geschickt, der den Lederband, weil er billig war, am 4. Oktober 1946 gekauft hatte.

Es ist unklar, ob Mina erst durch Doresse begriff, welchen Schatz er in seinem Schubfach aufbewahrte, oder ob er einfach nur vorsichtig war. Jedenfalls überraschte er wenige Tage später Doresse mit der Frage, ob er noch mehr solche Texte sehen wolle. Es gebe in Kairo einen belgischen Antiquitätenhändler namens Albert Eid, der noch welche habe.

Sie fuhren zu Albert Eid, »und Eid ließ mich freundlicherweise alle Texte sehen, die er gekauft hatte«, schrieb Doresse später. Auch diese Texte gehörten offenbar zum selben Fund, aus dem Minas Band im Museum stammte. Doresse bemerkte darunter auch ein »Evangelium der Wahrheit«, das noch eine abenteuerliche Geschichte haben sollte.

Doresse und Mina beschlossen, ihre Taktik zu ändern. Falls noch mehr solcher Manuskripte existieren sollten, wäre es unklug gewesen, großes Interesse daran zu zeigen. So etwas konnte nur die Preise in die Höhe treiben. Statt dessen hörten sie sich unauffällig in Kairo um, woher denn diese Papyri stammten, in der Hoffnung, an der Fundstelle noch mehr zu finden. Aber alles, was sie erfuhren, waren Gerüchte: Ja, man habe eine ganze Menge Texte in einem Dorf mit Namen Hamra Dom gefunden, das ein gutes Stück nördlich von Luxor liege, nicht weit vom alten Pachomiuskloster.

Das war genau da, wohin Doresse ursprünglich reisen wollte. Cholera hin, Cholera her, Doresse flog nach Oberägypten, studierte die Klosterruinen, die Pharaonengräber in den benachbarten Felshängen und die Grabstätten aus griechisch-römischer Zeit, als wenn es nichts Wichtigeres auf der Welt gäbe, während er die ganze Zeit nur darauf aus war, etwas über die Papyri zu erfahren. Aber

er hörte nichts, und direkt fragen konnte er nicht, das hätte die Preise verdorben.
So entging ihm die Geschichte, die der Fellache Muhammed Ali al-Samman viele Jahre später erzählte.

Geister und Blutrache

Es war im Dezember 1945 gewesen, kurz bevor Muhammed Ali und sein Bruder sich aufmachten, den Mord an ihrem Vater blutig zu rächen. Sie hatte ihre Kamele gesattelt und waren an die Berghänge geritten, um nach Sabakh, einem Weichdung, zu graben, mit dem sie ihre Felder düngen wollten.
Beim Graben stießen sie auf einen roten Tonkrug, der fast einen Meter hoch war. Muhammed Ali hatte Angst, daß im Krug böse Geister stecken könnten, aber der zweite Gedanke, es könne ja genausogut auch Gold darin versteckt sein, ließ ihn den Krug zerschlagen. Die beiden Brüder fanden darin ledergebundene Papyrusbücher und lose Blätter, nahmen sie mit nach Hause und stapelten sie auf dem Stroh, das in der Nähe des Ofens lag. Es kam, wie es kommen mußte: Wenn es nicht erfunden ist, dann hat Muhammed Alis Mutter Umm-Ahmad später einen großen Teil des alten Zeugs zum Feueranmachen verwendet.
Inzwischen hatten Muhammed Ali und sein Bruder an Achmed Ismail, dem Mörder ihres Vaters, die Blutrache vollzogen. Sie hatten ihn erschlagen und den Sieg in archaischer Wildheit gefeiert: Sie »hackten ihm die Glieder ab ... rissen ihm das Herz aus und verzehrten es gemeinsam als letzten Akt der Blutrache«[62].
Natürlich untersuchte die Polizei den Fall, aber wie es so geht, sie fand nichts, auch wenn sie nach Gottes unerforschlichem Ratschluß dazu ausersehen war, die gnostische Bibliothek vor dem weiteren Verfeuern zu retten. Weil es nämlich verboten ist, »Antiquitäten« vor dem Staat geheimzuhalten, fürchtete Muhammed Ali, die Polizei könne bei einer Haussuchung die alten Lederbände

finden. Darum gab er einen Teil davon dem Priester Al-Qummus Basilius zur Verwahrung. Dort sah sie der Geschichtslehrer Rachgib liegen. Der vermutete, die alten Blätter könnten wertvoll sein, und schickte eins der Bücher an einen Freund in Kairo. Irgendein Händler in Kairo hat die Papyri für den lächerlichen Betrag von drei ägyptischen Pfund erworben und einzeln weiterverkauft: Teile davon hatte Doresse im Koptischen Museum und bei dem belgischen Händler gesehen.

Doresse kehrte enttäuscht aus Oberägypten zurück, und Mina war fest überzeugt, daß keine weiteren bislang unbekannten gnostischen Papyri existierten. Zurück in Paris, berichteten Doresse und sein Professor Henri-Charles Puech der Académie des Inscriptions et Belles-Lettres von dem Fund, und drei Sätze in *Le Monde* vom 23. Februar 1948 waren alles, was die Öffentlichkeit davon erfuhr.

Das fünfte Evangelium

Doch damit ist die Geschichte nicht zu Ende. Eines Tages erhielt Doresse aus Kairo Fotos von weiteren koptischen Texten. Sie stammten von Marika Dattari, der Tochter eines bekannten italienischen Münzsammlers in Kairo, die Doresse im Winter zuvor in Ägypten kennengelernt hatte. Im Oktober 1948 reiste Doresse daher ein zweitesmal nach Kairo und suchte den Händler Phokion Tano auf, der die neuen Papyri verwahrte. Was er hier zu sehen bekam, brachte ihn »von Überraschung zum Erstaunen«: Es waren viermal soviel gnostische Texte, als er bisher gesehen hatte, darunter auch ein Thomasevangelium, das mit den Worten begann: »Dies sind die geheimen Worte, die Jesus der Lebendige sprach, und Didymos Judas Thomas schrieb sie auf und sagte: wer die Deutung dieser Worte finden wird, wird den Tod nicht schmecken.«

Aber so geheim waren die 114 Worte des Evangeliums nicht, die Doresse da las: Sie standen zum großen Teil

fast wörtlich in den biblischen Evangelien, gehörten also zu der von den Wissenschaftlern als verloren vermuteten Spruchquelle, aus der Matthäus, Markus und Lukas geschöpft hatten. Der Unterschied war nur der, daß die Evangelien der Synoptiker die Sprüche oft in eine Geschichte eingebaut hatten, während das Thomasevangelium eine reine Spruchsammlung ist, in der auch bislang unbekannte Worte des Rabbi J. stehen.
Nach allem, was Doresse bisher aus der Bibliothek von Nag Hammadi kannte, war das zweifellos der interessanteste und wichtigste Text. Stünde er als fünftes Evangelium in der Bibel, wir würden uns nicht wundern.
Mit der Bekanntgabe dieses fünften Evangeliums hätte Doresse eine Weltsensation hervorrufen können, nachdem erst ein halbes Jahr zuvor, im April 1948, bekannt geworden war, daß man am Toten Meer Handschriften der Bibel gefunden hatte, die tausend Jahre älter waren als jede bisher bekannte Abschrift. Doch Doresse hütete sich, auch nur ein Wort zu veröffentlichen, und begann statt dessen mit Tano um den Kaufpreis zu feilschen.
Obwohl die ägyptische Regierung eher dazu neigte, archäologische Funde einfach zu beschlagnahmen, gelang es Togo Mina, Regierungsgelder für den Ankauf des kostbaren Manuskripts zu sichern. Aber noch ehe alles perfekt war, wurde die Regierung gestürzt. Ministerpräsident Nokraschi Pascha wurde Ende Dezember 1948 von einem Mitglied der Moslembruderschaft ermordet, die Pascha kurz zuvor verboten hatte. Doresse und Mina mußten abwarten, wie die neue Regierung zu dem Kauf stand.
Mina ging erneut auf Geldsuche. Er konnte Tano und Marika Dattari dazu bringen, in der Zwischenzeit die annähernd vierzig Papyri im Koptischen Museum inventarisieren zu lassen und sie bis zum Kaufabschluß dem Department of Antiquities zu überlassen. Die Manuskripte wurden in einem einfachen, jedoch versiegelten Reisekoffer aufbewahrt.
Die neue Regierung, im Februar 1949 gebildet, zeigte

sich bereit, an die 50 000 ägyptische Pfund für den Ankauf der Papyri bereitzustellen. Doch bevor alles geregelt war, wurde auch diese Regierung im Juli 1949 gestürzt. Sieben Jahre lang blieben die Papyri in dem versiegelten Koffer, Tano und Marika Dattari haben ihr Geld nie bekommen. Im Oktober 1949 starb Togo Mina; ein Nachfolger wurde erst zwei Jahre später ernannt. 1952 kam Nasser durch einen Staatstreich an die Macht, König Faruk mußte gehen. Das Department of Antiquities, das seit Napoleons Ägyptenfeldzug unter französischer Leitung gestanden hatte, wurde reorganisiert und mit einem ägyptischen Direktor besetzt.
Zu neuen Verhandlungen kam es nicht. Die neue ägyptische Regierung beschlagnahmte 1952 den Koffer und erklärte ihn zum Staatseigentum. Frau Dattari klagte gegen die Regierung, erreichte aber nichts, außer daß der Koffer noch weitere drei Jahre verschlossen blieb, bis im Herbst 1956 das Urteil gesprochen war.
Erst nun, zehn Jahre nach dem Fund von Nag Hammadi, wurden die Papyri der Wissenschaft zugänglich gemacht, die *La Bourse Egyptienne*, die französiche Zeitung in Kairo, bereits am 10. Juli 1949 so beschrieben hatte: »Nach Aussagen der hinzugezogenen Spezialisten handelt es sich dabei um eine der außerordentlichsten Entdeckungen, die bis zur Gegenwart im Boden Ägyptens erhalten geblieben sind, und die an wissenschaftlichem Interesse noch solche spektakulären Entdeckungen wie die der Grabkammer Tut-ench-Amuns übersteigt.«[63]

Das Evangelium der Wahrheit

Mehr Glück hatte die Wissenschaft mit dem Evangelium der Wahrheit, das Jean Doresse im Herbst 1947 bei Albert Eid, dem belgischen Händler, gesehen hatte. Der Belgier war viel zu sehr Geschäftsmann, um seine Manuskripte zum nominellen Preis an das Koptische Museum zu verkaufen oder gar eine Konfiszierung zu riskieren. 1949 schmuggelte er das Evangelium der Wahrheit zu-

sammen mit anderen Texten nach New York, um sie in Amerika für gute Dollars zu verkaufen.
Durch Vermittlung des holländischen Kirchenhistorikers Gilles Quispel wandte sich Albert Eid an die Bollingen-Foundation, eine Stiftung in New York, die es sich zur Aufgabe gemacht hatte, wissenschaftliche Text herauszugeben, die sonst kein Verlag finanzieren konnte. Eid verlangte 12 000 Dollar und bot die Papyri gleichzeitig auch der Universität von Michigan an. Es kam aber zu keinem Kaufabschluß, denn entweder fürchteten die Käufer Schwierigkeiten mit der ägyptischen Regierung, oder sie erkannten den Wert des Dokuments nicht.
Enttäuscht reiste der Belgier mit dem Evangelium der Wahrheit im Koffer wieder aus den USA ab, und schon ereignete sich das nächste Unglück. Gilles Quispel erinnert sich: »Eine äußerst heikle Lage war entstanden. Das Gerücht kam auf und wurde alsbald bestätigt, daß der Besitzer verstorben war. Wo sich der Codex befand, was er enthielt und wer sein neuer Besitzer war, blieb unbekannt. Die Vorstellung, daß nun die Handschrift der Forschung für lange Jahre oder gar für immer unzugänglich bleiben würde, lag nicht fern. Nicht selten verschwinden solche Handschriften unter rätselhaften Umständen wieder vom antiquarischen Markt.«[64]
Auf diplomatischen Kanälen erfuhr Quispel im August 1950, daß sich das Manuskript in Brüssel in einem Safe befinden solle. Es dauerte noch einmal genau ein Jahr, bis man die Adresse des neuen Besitzers festgestellt hatte. Es war Madame Simone Eid, die Witwe des Händlers. »Im August 1951«, notierte Gilles Quispel, »wurde in Ascona vereinbart, daß die Bollingen Foundation den Betrag für den Ankauf beschaffen sollte, und ich wurde beauftragt, festzustellen, ob die Handschrift echt oder gefälscht und ob sie den Preis wert war.«[65]
Man hätte nun denken sollen, daß der Abwicklung der Angelegenheit nichts mehr im Wege stand. Doch es war typisch für den wissenschaftlichen Schneckengang, daß diese Prüfung erst volle sieben Monate später erfolgte.

Und nun bat plötzlich Madame Eid um Aufschub, und »es gab beunruhigende Anzeichen dafür, daß andere Interessenten aufgetreten waren, die, wenn sie nicht bereits eine höhere Summe geboten hatten, jedenfalls in Unterhandlung darüber standen. Zur gleichen Zeit stellte die Bollingen Foundation verschiedene, an sich verständliche Bedingungen zur Verwendung der Kaufsumme; doch darüber war in diesem Augenblick zwingender Eile keine Verständigung zu erzielen. Es schien, als ob alle Anstrengungen seit vier Jahren vergeblich gewesen und unsere Bemühungen gescheitert waren.«[66]
Die Bollingen Foundation schied als Geldgeber aus, alles war wieder offen. Wunderbarerweise gelang es aber, einen neuen Mäzen aufzutreiben. Es war der amerikanische Geschäftsmann George H. Page aus Zürich, der sich bereit erklärte, der Wissenschaft 35 000 Schweizer Fränkli zu opfern.
Endlich war es soweit: In Brüssel sollte am 10. Mai 1952 die Transaktion erfolgen. Aber wer nicht mit dem Scheck auftauchte, war Gilles Quispel, der Professor.
Später hat er genüßlich erzählt, wie es zu dieser letzten Verzögerung kam: »Am 10. Mai 1952 nahm ein Professor aus Utrecht den Zug nach Brüssel. Dank seiner Zerstreutheit jedoch verließ er den Zug in Tilborg in der Annahme, er sei in Roosendahl, und verpaßte so seinen Anschlußzug. Als er schließlich mit zwei Stunden Verspätung den vereinbarten Treffpunkt, ein Café irgendwo in Brüssel, erreichte, sah er den Mittelsmann aus Saint Idesbald bei Coxye an der belgischen Küste noch wartend am Fenster stehen und ihm freundlich zuwinken. Der Professor gab dem Mann einen Scheck über 35 000 Schweizer Franken. Als Gegenleistung händigte der Mann dem Professor etwa fünfzig Papyri aus.«[67]
Doch schon stand Professor Quispel, der bis zuletzt behauptete, er habe nicht gewußt, daß der Verkauf und Export der Papyri illegal sei, vor einem neuen Problem: »Wie stellt man es nun an, sie ohne Schwierigkeiten über die Grenze zu bringen? Ein solches Paket läßt sich kaum

verbergen. Deshalb muß man ehrlich bleiben und auf die Frage des Zollbeamten ›Was haben Sie da in dem Paket?‹ einfach nur die Wahrheit sagen: ›Ein altes Manuskript‹, und der Zollbeamte macht eine Geste des totalen Desinteresses und läßt einen passieren.«[68]
So wechselten die 1500 Jahre alten Papyri den Besitzer, aber wer der eigentlich war, erfuhr die Öffentlichkeit erst anderthalb Jahre später, denn Madame Eid hatte aus nicht bekannten Gründen auf einer achtzehnmonatigen Schweigepflicht bestanden.
Die Stunde der Wahrheit kam am 15. November 1953, einem Sonntagnachmittag, als das Evangelium der Wahrheit in Zürich feierlich dem 78jährigen Psychoanalytiker Carl Gustav Jung überreicht wurde. Das C. G. Jung-Institut für analytische Psychologie hatte das Manuskript mit Hilfe des amerikanischen Mäzens erworben, denn, so die Londoner *Times*, »der Codex enthält ein häretisches 5. Evangelium, und das Institut glaubt, daß das Manuskript eine hervorragende Bedeutung für das Studium der frühchristlichen Lehre und der Beziehung zwischen Gnosis, Judentum und Christentum hat«[69].
C. G. Jung selbst hatte sich in den zwanziger Jahren intensiv mit dem Gnostizismus beschäftigt, da dieser seine Lehre von der polaren Ergänzung von »animus« und »anima« und zahlreicher mythologischer Ansätze zu bestätigen schien.
Doch der »Codex Jung«, wie er seitdem heißt, sollte nicht in Zürich bleiben. Einmal bestand der Geldgeber Mr. Page darauf, die illegal exportierten Papyri wieder an Ägypten zurückzugeben, zum anderen waren manche Texte nicht vollständig: Der Rest war vermutlich in dem berühmten Koffer im Koptischen Museum in Kairo.
Der unermüdliche Quispel fuhr also nach Kairo und kam gerade zur rechten Zeit, um mitzuerleben, wie man die Siegel erbrach, die Stricke aufknotete und den Koffer öffnete, während Angestellte die Ameisen im Raum mit Spray vertrieben. Die fehlenden Seiten lagen obenauf.

Endlich konnte man darangehen, in einem internationalen Team von Wissenschaftlern unter der Leitung des Koptischen Museums die Texte von Nag Hammadi zu edieren. Aber kaum hatte man sich in Kairo versammelt, brach im Herbst 1956 die Suezkrise aus und setzte der gemeinsamen Arbeit ein Ende.
Und nun folgte ein trauriges Kapitel eines zwanzigjährigen Streits zwischen den Gelehrten, die sich gegenseitig den Zugang zu den Manuskripten streitig machten. Es kam zu den heftigsten persönlichen Rivalitäten, so daß schließlich die UNESCO dem Skandal ein Ende machen mußte. Ihr ist es zu verdanken, daß endlich im Jahr 1977 – 32 Jahre nach der Entdeckung – die gnostische Bibliothek von Nag Hammadi vollständig ediert vorlag.[70]
Wenn man abergläubisch wäre, könnte man dem »Fluch des Pharao« auch einen »Fluch des Rabbi J.« hinzufügen, auf den Jean Doresse einmal angespielt hat. Im Apokryphon des Johannes, einer Schrift aus Nag Hammadi, heißt es nämlich: »Wahrlich, ich habe euch diese Dinge gegeben, damit ihr sie aufschreibt, und sie sollen an einem sicheren Platz aufgehoben werden. Dann sagte er zu mir: Verflucht sei jeder, der diese Dinge weggibt als Geschenk oder für Essen, Trinken, Kleidung oder sonst irgend etwas dergleichen.«[71]
Tatsächlich stand von Anfang an ein Unstern über den Veröffentlichungen gnostischer Texte. Verzögerungen von Jahrzehnten zwischen Fund und Veröffentlichung waren die Regel, auch wenn es nicht immer gleich 126 Jahre waren.
Ein ähnliches Schicksal hatte auch der bereits erwähnte Fund aus dem Jahr 1896, der 1955 den Beginn gnostischer Veröffentlichungen markiert. Obwohl man längst wußte, daß »Die gnostischen Schriften des koptischen Papyrus Berolinensis 8502« – so die wissenschaftliche Bezeichnung – zu den Texten gehörten, gegen die der Kirchenvater Irenäus polemisiert hatte, dauerte es

mehr als sechzig Jahre, bis sie endlich veröffentlicht wurden.
Seit 1896 lag dieser Papyrus in Berlin. 1905 hatte Carl Schmidt die Herausgabe angekündigt. Sieben Jahre später war dann fast alles ausgedruckt und das Register fast fertiggestellt, als ein Wasserrohrbruch im Keller der Priesschen Druckerei zu Leipzig die gesamte Auflage vernichtete. Der Erste Weltkrieg und die Nachkriegszeit verhinderten einen Neudruck.
Noch einmal vergingen 26 Jahre, bis sich Carl Schmidt kurz vor seinem Tod im Jahr 1938 wieder an die Arbeit machte, obwohl er nichts weiter zu tun brauchte, als die alten, noch erhaltenen Druckfahnen aus dem Jahr 1912 durchzusehen.
Als er starb, fand man nur unter Schwierigkeiten die alten Druckfahnen im Nachlaß. So verging wieder Zeit, bis zuerst ein dänischer und dann ein holländischer Gelehrter die Herausgabe übernahm. Als im März 1943 das druckfertige Manuskript mit Gottes Hilfe bei der Berliner Akademie eintraf, verhinderte der Zweite Weltkrieg die Drucklegung, und nach dem Krieg hielt niemand die Herausgabe alter gnostischer Schriften für wichtig.
Als sich die Verhältnisse konsolidiert hatten und man allmählich an einen Druck denken konnte, kam aus Ägypten die Nachricht vom Fund der Bibliothek von Nag Hammadi, und wieder ließ man alles liegen, denn erst mußte man die Paralleltexte in Kairo vergleichen. Das geschah in den Jahren 1950 bis 1952 mit dem Ergebnis, daß das ganze Buch umgearbeitet werden mußte. Aber nun geschah das Unglaubliche. Nach diesem ungeheuren Anlauf lagen sie dann bereits drei Jahre später wirklich vor – *Die gnostischen Schriften des koptischen Papyrus Berolinensis 8502,* 328 Seiten mit Tausenden von Fußnoten, links der koptische Text in griechischen Buchstaben, rechts die deutsche Übersetzung, wie es sich gehört. Nicht der »Fluch des Rabbi J.«, sondern die Bummelei der Gelehrten stand all die Jahre unserer Neugier im Wege.

Das Licht der Welt

Die gnostischen Schriften von Nag Hammadi, vom 2. bis 4. Jahrhundert auf griechisch verfaßt und dann erst ins Koptische übersetzt, sind zum großen Teil alles andere als ein Lesevergnügen. Lange Passagen sind von so unerträglicher Langeweile, Umständlichkeit und esoterischer Versponnenheit, daß sie nur noch von mancher moderner theologischer Fachliteratur übertroffen werden. Demgegenüber erscheinen die Evangelien in der Bibel und sogar die Paulusbriefe als literarisch hochstehende, sehr verständliche und spannende Berichte.

Das liegt zum Teil daran, daß uns die Sprachwelt der Bibel mittlerweile vertraut, wenn auch nicht immer verständlich ist. Bei den gnostischen Schriften stehen wir dagegen vor einer Barriere völlig fremder Begriffe und Vorstellungen, deren Verständnis man sich erst mühsam erarbeiten muß. Es liegt aber auch daran, daß diese Schriften nicht wie die Evangelien als Information für Außenstehende gedacht waren, sondern als Geheimschriften unterschiedlicher sektiererischer Kultgemeinschaften, die die Nachrichten über Rabbi J. in ihre Welt einzuarbeiten versuchen. Da gibt es, eingestreut wie Perlen in einem zähen Mehlkleister, dogmatisch wichtige, sprachlich schöne oder gedanklich tiefe Worte der Weisheit. Aber im ganzen wollen die Schriften, sofern sie zum christlichen Gnostizismus gehören, gar nicht über das Leben des Rabbi J. berichten, sondern das Erscheinen dieses Erlösers aus ihrer eigenen kosmologischen Weltsicht begründen und damit den Leser in die Mysterien einführen – wer Ohren hat zu hören, der höre.

Aus der Vielzahl dieser auf den ersten Blick oft abstrus anmutenden gnostischen Systeme kann man aber Gemeinsames herausfiltern, wie dies der 1951 verstorbene Philosoph Hans Leisegang in seinem Band *Die Gnosis*[72] in vorbildlicher Weise getan hat.

Alle diese Systeme haben nämlich einen gemeinsamen Ausgangspunkt und ein gemeinsames Ziel.

Der Ausgangspunkt ist die pessimistische Aussage, daß diese Welt eine gefallene, schlechte Welt ist, beherrscht von den Mächten der Finsternis; und daß ihr, fern und anscheinend unerreichbar, die Welt des Lichts gegenübersteht.
Das Ziel ist es, die Seele durch Erkenntnis/Gnosis in die Lichtheimat zum höchsten Gott zurückzuführen und dadurch von der dunklen körperlichen Welt zu erlösen. Dazu muß der Mensch erst einmal erfahren, »wie wir waren, was wir geworden sind, wo wir waren, worein wir geworfen sind, worin wir uns bewegen, wovon wir befreit sind; was die Geburt und die Wiedergeburt sei«[73].
Um das zu erklären, verwenden die gnostischen Systeme die unterschiedlichsten Bausteine aus den verschiedenen orientalischen Religionen. Das Gegeneinander von Licht und Dunkel zeigt iranischen Einfluß. Daß die Welt aus Leiden geboren wurde und daß der Mensch so lange in der dunklen Welt wiedergeboren wird, bis er die Erleuchtung erlangt, entspricht buddhistischen Vorstellungen. Zahlreiche Namen und Beispiele sind dem Alten Testament entnommen; babylonische, ägyptische und griechische Elemente kommen hinzu. Der Gnostizismus ist ein Synkretismus, in dem jeder etwas Bekanntes aus seiner Welt wiederfindet.
Doch diese einzelnen Elemente machen noch nicht den Gnostizismus aus, sie sind nur die Bausteine. Den Bauplan eines gnostischen Gebäudes beschreibt Hans Leisegang so: »Die ganze Art des Denkens und Schauens, des Kombinierens und Spekulierens, die innere Form und die geistige Struktur der Systeme werden sich ... als griechisch, das verarbeitete Material zum Teil als orientalisch herausstellen.«[74]
So hat der Gnostizismus von Aristoteles die Vorstellung eines geordneten Stufenreichs übernommen. Aber wenn bei Aristoteles der Mensch als das höchstorganisierte Wesen die ganze Stufenreihe der Natur in sich vereinigt

und zugleich Pflanze, Tier, Logos und Geist ist, so war das für den religiösen Denker der Spätantike nicht genug. »Er fordert«, so wieder Leisegang, »die Ergänzung des Stufenreichs nach der anderen Seite hin über den Menschen hinaus. Der Mensch umfaßt wohl als Mikrokosmos alle Elemente der Schöpfung, Körper, Seele und Geist, in sich, aber gerade deshalb kann er nicht das höchste aller Wesen sein. Über ihm muß es Wesen geben, deren Seele und Geist nicht von der Last irdischer Stoffe bedrückt und behindert werden, reine körperlose Seelen, und über diesen die reinen Geister und schließlich den einen vollkommenen Geist, der der einen Materie, aus der alles wird und geworden ist, als ewig unabänderlicher, dem Werden nicht unterworfener, Gegenpol gegenübersteht.«[75]

Das heißt: Der höchste Gott, der reines Licht ist, hat nun auch nichts mehr mit dem Schattenreich der Welt zu tun, ja, er hat die Welt nicht einmal geschaffen. Im Gegensatz zum christlichen Glaubensbekenntnis, das den Erlösergott zugleich auch als »Schöpfer Himmels und der Erde« definiert, glauben die Gnostiker, daß die Welt zwar auch von einem göttlichen Wesen, einem »Archonten«, geschaffen wurde, daß aber dieser Archont auf einer niederen Stufe steht und das Reich der Finsternis verkörpert wie in der Bibel Satanas, der gefallene Engel: »Dadurch entsteht ein Reich der Finsternis und ein Reich des Lichts. Was in der unteren Welt, dem Reich der Finsternis, liegt, gilt nicht mehr als Schöpfung des außerweltlichen guten Gottes, sondern als ein Werk des bösen, von Gott abgefallenen und von ihm verfluchten Archonten, der sich selbst als Gott und den Fürsten dieser Welt ausgibt, sie nach oben hin abschließt, so daß aus ihr nichts entfliehen kann, und es verhindert, daß eine Kunde von dem außerweltlichen guten Gott zu den Menschen dringt.«[76]

Daß der Mensch in dieser trostlosen Lage doch noch ein Mittel hat, das Böse zu überwinden, ist die Botschaft des Gnostizismus. Dieses Mittel liegt sogar im Menschen selbst: Es ist der Lichtfunke, der Abglanz vom reinen Licht des höchsten Gottes, der in jedem Menschen steckt. Er muß sich nur an ihn erinnern, muß auf ihn aufmerksam werden, muß ihn »erkennen«: Diese »Gnosis« ist die Erlösung vom Bösen.

Diese Auffassung geht auf Plato und seine Lehre zurück, daß der Mensch imstande sei, die »Idee« einer präexistenten Seele intuitiv-erinnernd zu erfassen. Die Realität und die sinnliche Erfahrung unserer Welt bestehen nur, weil sie an den »Ideen«, den unanschaulichen Urbildern der Dinge, »teilhaben«. Oder, um das berühmte Bild zu gebrauchen, weil die Dinge nur Abbilder, »Schatten« der Ideen, sind. So zerfällt bei Plato das All in zwei Bereiche, schreibt der Grazer Historiker der griechischen, patristischen und byzantinischen Philosophie, Endre v. Ivánka: »Die Welt der Urbilder (Ideen), der Wahrheit, des Seins – und die Welt der Abbilder, der Veränderung, des Werdens, die eine Mischung von Sein (wegen des ›Teilhabens‹ am Urbild) und von Nichtsein (wegen der Unvollkommenheit des Nur-Teilhabens und wegen der Veränderlichkeit der Abbilder) darstellt. Zwischen beiden steht die Seele. Sie lebt und wirkt in der veränderlichen Welt, aber ihre eigentliche Heimat ist die Welt der ewigen Urbilder. Denn sie ist ja imstande, mit dem Geiste die unveränderlichen Wesensformen zu erfassen, wenn der Anblick der Abbilder in ihr die Erinnerung an die Urbilder erweckt, die sie in einem zeitlosen ›Vorher‹ schon erblickt hat.«[77]

Der Neuplatoniker Plotin (um 205–270) umschreibt das gleiche bereits mit dem Bild der Sonne: »Nie hätt' das Auge die Sonne gesehen, wenn es nicht sonnenhafter Natur wäre«, woraus Goethe dann in den Zahmen Xenien die Verse machte:

»Wär nicht das Auge sonnenhaft,
die Sonne könnt es nie erblicken.
Läg nicht in uns des Gottes eigne Kraft,
wie könnt' uns Göttliches entzücken?«[78]

und damit auch das Problem des Gnostizismus in Reime brachte.

Der Gnostizismus hat aus dieser platonischen Lehre eine Lehre der Selbsterlösung gemacht, denn »so verhält es sich mit Jemandes Nichtwissen«, heißt es im Evangelium der Wahrheit: »Wenn er zur Erkenntnis kommt, verschwindet sein Unwissen von selbst wie die Finsternis sich auflöst, wenn das Licht erscheint, so löst sich auch der Mangel in der Vollendung auf.«[79]

Das Unwissen überwindet man durch Selbsterkenntnis: »Wenn du hervorbringst, was in dir ist, wird das, was du hervorbringst, dich retten. Wenn du nicht hervorbringst, was in dir ist, wird das, was du nicht hervorbringst, dich zerstören.«[80]

Oder aus den Lehren des Silvanus: »Beende den Schlaf, der auf dir lastet. Komm hervor aus dem Vergessen, das dich mit Finsternis erfüllt ... vor allen Dingen ... erkenne dich selbst!«[81] Immer wieder wird der Suchende auf sich selbst zurückverwiesen: »Klopfe bei dir selbst an wie an einer Tür, und führe deinen Wandel in dir wie auf einer geraden Straße! Denn wenn du auf der Straße wandelst, kannst du nicht fehlgehen ... Öffne die Tür, damit du den Seienden erkennst ...«[82] Und: »Beschäftigt euch mit euch selbst; beschäftigt euch nicht mit Dingen, die ihr von euch geworfen habt.«[83]

Im Thomasevangelium wird Rabbi J. der Ausspruch zugeschrieben: »Wenn eure Führer euch sagen: ›Siehe, das Reich Gottes ist im Himmel‹, dann werden die Vögel vor euch ankommen. Wenn sie euch sagen: ›Es liegt im Meer‹, werden die Fische vor euch ankommen ... Das Reich Gottes ist vielmehr in euch und es ist außerhalb euer. Wenn ihr euch aber selbst erkannt habt, dann werdet ihr erkannt sein, und werdet gewahr werden, daß ihr die Söhne des lebendigen Vaters seid. Wenn ihr euch aber nicht selbst erkennt, dann lebt ihr in Armut, und ihr *seid* Armut.«[84]

Nicht Glaube, sondern Selbsterkenntnis führt also zur Erlösung: »Der Führer ist der Verstand, der Lehrer aber ist die Vernunft ... Wandle gemäß dem Verstand ... Erleuchte deinen Verstand ... Entzünde das Licht, das in dir ist!«[85]

So wie Sigmund Freud allein dem »Licht der Vernunft« folgen wollte, erklären die Gnostiker: »Die Leuchte des Leibes ist der Verstand.«[86] Begriffe wie »Nous« (Verstand), »Logos« (Wort) und »Sophia« (Weisheit) sind daher Schlüsselbegriffe des Gnostizismus, denn »wer Gnosis hat, weiß, von wo er gekommen ist und wohin er geht«[87], nämlich ins Lichtreich der Guten.

Der rettende Logos

Damit der Mensch aber fähig ist, den Lichtfunken in sich auch tatsächlich zu erkennen, hat der Lichtgott den Logos zu den Menschen geschickt, »um ihnen die Kunde von seiner unwandelbaren Güte zu bringen und ihnen den Weg zu zeigen, auf dem sie aufsteigen und an den bösen Dämonen vorbei zu Gott zurückgelangen können«[88].

Da die Gnostiker sich Worte wie »Nous«, »Logos« und »Sophia« nie abstrakt als Begriffe vorgestellt, sondern sie wie im griechischen Götterhimmel als Personen gesehen haben, wurde nun das »Wort Gottes«, der Logos, zur Person, wie es das gnostisch beeinflußte Evangelium des Johannes im Neuen Testament formuliert: »Im Anfang war das Wort, und das Wort war bei Gott, und Gott war das Wort. Dieses war im Anfang bei Gott ... und das Wort ward Fleisch«[89], wurde Mensch.

Ebenso beschreibt es das in Nag Hammadi gefundene Evangelium der Wahrheit zu Beginn: »Das Evangelium der Wahrheit ist Freude für diejenigen, welche die Gnade empfangen haben vom Vater der Wahrheit, ihn zu erkennen durch die Kraft des Logos, welcher gekommen ist aus dem Pleroma [= Fülle], das ist in dem Gedanken und dem Nous des Vaters, welcher der ist, den man nennt den Erlöser, weil es der Name des Werkes ist, das er tun muß zur Erlösung von denen, welche den Vater nicht kannten ...«[90]

Aber was wir hier mit christlichen Assoziationen lesen, hat im Gnostizismus einen ganz anderen Sinn. Der brauchte gar keinen Erlöser von außen, denn der Logos ist ja der Lichtfunke im Menschen, den es nur zu erkennen gilt. Wenn sich die Gnostiker dennoch einen von Gott gesandten Erlöser in Menschengestalt vorgestellt haben, dann in der Art eines Erweckers, der den Menschen den Weg zu Gott zeigt; so heißt es im Johannesevangelium: »Ich bin der Weg, die Wahrheit und das Leben«[91], ein Mann also, der aus dem Unwissen und damit aus der Welt der Finsternis erlöst.

Das und nichts anderes wollten vielleicht jene, die sich in Qumran die »Söhne des Lichts« nannten, und das wollte vielleicht auch jener Rabbi J., den der Apostel Johannes sagen läßt: »Ich bin das Licht der Welt. Wer mir nachfolgt, der wird nicht wandeln in der Finsternis, sondern wird das Licht des Lebens haben ... Denn ich weiß, woher ich gekommen bin und wohin ich gehe.«[92]

Der christliche Glaube, der den Gnostizismus als Häresie verdammte, kennt freilich einen anderen Erlöser.

Erlösung auf Kredit

Damit sind wir wieder bei Paulus, den wir bei seiner Suche nach einem Erlöser verlassen hatten. Wenn der Apostel aus Rabbi J. einen Erlöser gemacht hat, dann hat er eine solche Vorstellung mit Sicherheit aus dem Gnostizismus übernommen. Einen Erlöser kannten schon die nichtchristlichen gnostischen Systeme.

Diesem gnostischen Erlösertyp des Johannesevangeliums: »Ich bin das Licht der Welt...« hat Paulus nun eine ganz neue und im Grunde wesensfremde Funktion zugeteilt und ihn, wie die Soziologen das nennen, als »flexibles Symbol«[93] eingesetzt: Sein Christus erlöst nicht von Dunkelheit und Nichtwissen, sondern von Sünde.

Daß der Gnostizismus aber gar keinen Heiland kennt, der durch seinen Tod und sein Blut von Sünde erlöst, zeigt sich in den Textstellen, die von der Kreuzigung berichten. Das Evangelium der Wahrheit, das wie alle Texte bis zur Ermüdung in immer neuen Wendungen darauf hinweist, daß der Erlöser vom Vater geschickt wurde, damit er das Nichtwissen beseitigt, so daß man den Vater erkennen kann, geht zweimal auf die Kreuzigung ein, ohne ihr eine überhöhte Bedeutung zu geben. Sie ist da keine Heilstat Gottes, sondern ein Akt der Rache: »Er hat erleuchtet die, welche im Dunkel sind wegen der Vergessenheit: er hat sie erleuchtet, er hat [ihnen] einen Weg gegeben. Und dieser Weg ist die Wahrheit, welche er sie gelehrt hat. Darum hat die Verirrung ihm gezürnt, sie hat ihn verfolgt, sie hat ihn bedrängt, sie hat ihn vernichtet. Er wurde an ein Holz genagelt...«[94]

Auch an der zweiten Stelle ist weder von Sünde, Vergebung oder Auferstehung die Rede: »Er wurde ans Holz genagelt... bis zum Tode erniedrigte er sich, während das ewige Leben ihn kleidete, nachdem er ausgezogen hat die vergänglichen Fetzen, hat er die Unvergänglichkeit angezogen, etwas, das keiner ihm nehmen kann.«[95]

Was der Text klarmachen will, ist etwas ganz anderes, nämlich daß der Erlöser gar nicht leiden konnte. Diese Unfähigkeit zum Leiden ist im gnostischen System logisch verankert, und dient als Beweis, daß dieser Erlöser wirklich vom Lichtvater geschickt wurde. Wenn der Erlöser tatsächlich aus dem Lichtreich stammte und »das Licht der Welt« war, dann konnte er nichts aus dem »Reich der Finsternis« an sich haben, nicht einmal einen Körper. Was die Menschen als Erlöser auf Erden wandeln sahen, war nur ein Scheinleib, in dem er sich mehr oder weniger zufällig aufhielt. Dieser sogenannte »Doketismus« läßt sich unter anderem aus zwei gnostischen Schriften belegen, die in Nag Hammadi gefunden wurden.

Der lachende Erlöser

Die eine Stelle stammt aus der Apokalypse des Petrus, die offensichtlich in judenchristlicher Tradition steht. Da heißt es von Gefangennahme und Kreuzigung: »Was sehe ich, Herr: bist du es selbst, den sie ergreifen; und (zwar) obwohl du mich (bei der Hand) hältst? Oder wer ist der, der neben dem Holz (stehend) heiter ist und lacht? Und einem anderen schlagen sie auf die Füße und auf die Hände! – Der Erlöser sagte zu mir: Der, den du neben dem Holz (stehend) heiter sein und lachen siehst, das ist der lebendige Jesus. Der aber, in dessen Hände und Füße sie Nägel schlagen, das ist sein fleischliches (Abbild), nämlich das ›Lösegeld‹, welches (allein) sie zuschanden machen, dasjenige, das entstanden ist nach seinem Bild. Sieh ihn und sieh mich doch an!« Der Text erklärt dann noch, warum der Erlöser lacht: »Er lacht über ihre Blindheit im Wissen darum, daß sie blindgeboren sind.«[96]
Die zweite Stelle findet sich im Zweiten Logos des großen Seth, wo der Erlöser ausführlich berichtet, wie er sich einen Scheinleib sucht, um als »Sohn des Menschen« die Unwissenden über das Lichtreich aufzuklären. Bei der Kreuzigung erleben wir noch einmal den lachenden Erlöser: ». . . nicht ich war es, der mit dem Rohr geschlagen wurde, ein anderer war es, der das Kreuz auf seiner Schulter trug, nämlich Simon. Ein anderer war es, dem die Dornenkrone aufs Haupt gesetzt wurde; ich aber ergötze mich in der Höhe an dem ganzen (scheinbaren) Reichtum der Archonten und dem Samen ihres Irrtums und der Prahlerei ihres eitlen Ruhms; und ich lachte über ihren Unverstand«, denn »ich war doch überhaupt nicht dem Leiden unterworfen. Jene bestraften mich (mit dem

Tode), doch ich starb nicht wirklich, sondern (nur) dem Anschein nach . . .«[97]
Man kann noch eine dritte Stelle mit einem lachenden Erlöser anführen, die wir aber nur aus den Gegenschriften des Irenäus kennen. Danach berichtet ein Basilides, anstelle des Erlösers sei Simon, der Kreuzträger, gekreuzigt worden (wie im Logos des großen Seth), ohne daß jemand die Verwechslung bemerkt habe: »Jesus aber nahm die Gestalt des Simon an und stand lachend neben ihnen.«[98]
Auf derartige Passagen nimmt später auch eine Abschwörformel Bezug, mit der die Lehren des Mani verurteilt werden: »Ich verdamme die, welche sagen, unser Herr Jesus Christus habe nur scheinbar gelitten und ein anderer habe am Kreuz gehangen, er aber habe ferne gestanden und gelacht, weil ein anderer an seiner Stelle litt.«[99]
Aus dem Gnostizismus konnte Paulus also seinen leidenden Christus nicht haben, denn in ihr »erlöst und befreit Christus nicht dadurch, daß er den Tod am Kreuz wirklich erlitten hat«, resümiert Werner Foerster in *Die Gnosis* und weist noch einmal darauf hin, daß die erlösende Tat vielmehr darin bestehe, »daß er den Ruf ergehen läßt. Er verkündet den unbekannten Vater«[100] – so wie ja auch Rabbi J. in der Bibel sagt: »Niemand kommt zum Vater denn durch mich«, denn »niemand kennt den Vater denn nur der Sohn«[101].

Der leidende Erlöser

Der Erlöser, den Paulus brauchen konnte, ist daher eine seltsame Mischung aus jüdischen und griechisch-gnostischen Vorstellungen, und sein Christus ist, wie der Berliner Neutestamentler Hans-Martin Schenke schreibt, »als Erlöser ganz künstlich einer schon vorhandenen Erlöser-Konzeption aufgesetzt«[102].
Man kann das in den Briefen des Paulus an die Korinther, Epheser und Kolosser nachlesen,[103] in denen wir Passa-

gen finden, die genausogut in den Papyri von Nag Hammadi stehen könnten. Da ist von der verborgenen »Weisheit« Gottes die Rede und von der Doppelgestalt des Erlösers, dem »Ebenbild des unsichtbaren Gottes«, in dem alles geschaffen ist, »das Sichtbare und das Unsichtbare«, damit er »aus den zweien *einen* neuen Menschen schüfe ... und beide versöhnte mit Gott in *einem* Leibe durch das Kreuz«. Das erinnert an den Doketismus, der im Brief an die Philipper noch deutlicher angesprochen wird, wenn es vom Christus heißt, daß er »in göttlicher Gestalt war«, sich aber selbst entäußerte, »Knechtsgestalt« annahm »und gleich wie ein andrer Mensch und an Gebärden als ein Mensch erfunden«[104a] wurde. »Die neutestamentliche Exegese«, so faßt der Neutestamentler Erich Fascher zusammen, »steht religionsgeschichtlich betrachtet zwischen Hellenismus und Spätjudentum, heute konkret gesagt zwischen Gnosis und Qumran.«[104b]
Aus dem Judentum stammt bei Paulus die Idee des stellvertretenden Opfers. Es ist der sprichwörtliche »Sündenbock«, der am höchsten jüdischen Feiertag, dem Versöhnungsfest, für die Sünden des Volkes geopfert wird und dessen Blut auf die »Versöhnungsplatte« gespritzt wird, um so die Entsühnung des Volkes und des Priesters zu symbolisieren. Ein zweiter Sündenbock wird vom Hohenpriester berührt, der damit alle Sünden des Volkes, die absichtlichen und die unabsichtlichen, auf ihn überträgt. Dann wird der Bock, der nun die Sünden des Volkes trägt, in die Wüste gejagt.
Diese stellvertretende Sündentilgung durch ein Opfer überträgt Paulus auf Rabbi J., das »Opferlamm Gottes«, das der Welt Sünde trägt, obwohl Menschenopfer in Israel nur in frühester Zeit vorkamen. Aber er kann sich auf den Propheten Jesaja berufen, der einen »Knecht Gottes«, seinen »Erwählten«, als Opfer beschreibt, das am Ende »hoch emporsteigen und sehr erhaben« sein wird. Von diesem »Knecht Gottes«, in dem das Christentum dann prompt Christus wiedererkannte, heißt es bei Jesaja im 53. Kapitel: »... unsere Krankheit hat er getragen, un-

sere Schmerzen hat er auf sich geladen ... er ward durchbohrt um unserer Sünden willen, zerschlagen für unsere Missetaten. Zu unserem Frieden lag die Strafe auf ihm, durch seine Striemen ist uns Heilung geworden ... Jahwe ließ ihn treffen die Schuld von uns allen. Er wurde mißhandelt ... wie ein Lamm, das man zur Schlachtbank führt ... Er ward herausgerissen aus dem Land der Lebendigen; unserer Sünden wegen ward er zu Tode getroffen. Bei Verbrechern bestimmte man sein Grab und bei Reichen seine Gruft, obgleich er niemals Unrecht tat ...«

Allerdings kommt Paulus nun in Schwierigkeiten. Erstens kennt das Judentum keinen leidenden Messias, und zweitens: Wenn Rabbi J. der »Sohn Gottes« ist – was man auch immer darunter versteht –, dann muß Gott sich mit sich selbst versöhnen – ein Gedanke, der dem Judentum ebenfalls fremd ist. Jahwe, der Gott der Väter, hatte zwar alle möglichen Eigenschaften zwischen Zorn, Rache und Versöhnung, aber daß der Unaussprechliche sich selbst opfern müsse, um sich mit seiner Schöpfung zu versöhnen, liegt außerhalb des Denkbaren: Gott hat bereits seinen Bund mit dem Volk Israel gemacht.

Dennoch hat sich dieser Gedanke des Paulus durchgesetzt. Er, der den Juden ein Jude sein wollte, fand die Erlösung bei den Griechen, und indem er den Griechen ein Grieche war, machte er sie zu Anhängern eines am Kreuz gescheiterten Juden.

Es muß etwas gegeben haben, was dieser Idee des Paulus unter allen konkurrierenden Kulten zum Durchbruch verholfen hat. Denn – so Carl Schneider – das »Entscheidende war nicht, daß das Christentum Religions*formen* vorfand, an die es anknüpfen oder von denen es entlehnen konnte – obwohl man das zunächst natürlich am klarsten sieht –, sondern daß *seelische Haltungen* vorhanden waren, die seiner seelischen Haltung ganz nahe verwandt waren und in jeder Weise entgegenkamen«[105].

Der geschenkte Erlöser

Was auch immer der Wunsch nach Erlösung bedeutet: Stets war es der Mensch, der versuchte, sie durch bestimmte Handlungen und durch ein bestimmtes Verhalten zu erlangen. So wenig wie die anderen Religionen kannten weder Rabbi J. noch die Mysterienkulte die Macht der Gnade. Wie in allen Religionen war auch für sie das Handeln, das Reagieren des Menschen auf Gottes Gebot von ausschlaggebender Bedeutung. Darum sagt Rabbi J. auf die Frage, was das höchste Gebot sei: »Du sollst lieben Gott, deinen Herrn, von ganzem Herzen, von ganzer Seele und von ganzem Gemüte, dies ist das vornehmste und größte Gebot. Das andere aber ist dem gleich: Du sollst deinen Nächsten lieben wie dich selbst. In diesen zwei Geboten hängt das ganze Gesetz und die Propheten.«[106]

Die Erlösung kam also nicht von oben, sondern von innen – der Mensch mußte handeln, nicht Gott. Nicht Gott mußte sich korrigieren, sondern der Mensch. Nicht Gott mußte ein Opfer bringen, sondern der Mensch: Nichts anderes hatte auch Rabbi J. gesagt. Gott sah zu und wartete ab, was der Mensch tat.

Und nun kommt ein Mann wie Paulus und verkündet das genaue Gegenteil: Nicht der Mensch hatte sich korrigiert, sondern Gott, indem er sich selbst durch seinen »Sohn« zum Opfer brachte und damit die Urschuld des ersten Menschen Adam auslöschte. Der Mensch brauchte nur noch an diese Erlösung von Schuld, Sünde und Tod zu glauben, und schon hatte er sie. Jede neue Sünde, die er beging, war im voraus vergeben, wenn er sie nur bereute. Ganz ohne eigene Opfer war der Mensch wieder grundsätzlich mit Gott im reinen. Er war erlöst, noch ehe er davon wußte. Paulus selbst mag das nicht so simpel gedacht und gesagt haben. Aber man kann ihn so verstehen. Und viele haben ihn so verstanden.

Dieses in der Religionsgeschichte einmalige Angebot des Paulus ist verlockend: Bequemer kann man Vergebung und Erlösung nicht bekommen, und ich könnte mir vorstellen, daß dies einer der Hauptgründe für die rasche Ausbreitung der neuen Lehre war. Auf den ersten Blick war man, im Vergleich zu den anderen Kulten und Religionen, wesentlich besser dran. Denn daß die längst zugesprochene Vergebung später durch ein »christliches Leben« noch einmal erworben werden mußte, mag nicht jedem klargeworden sein: Sonst hätte Paulus nicht so bittere Worte über den Lebenswandel der Korinther und Galater gefunden. Auch bei Paulus war also in Wirklichkeit die Erlösung nicht umsonst zu haben. Der Unterschied zu anderen Religionen ist nur der, daß bei Paulus der Zuspruch der Erlösung nicht von einem entsprechenden Vorleben abhängig ist, weil nicht der Mensch, sondern Gott das eigentliche Opfer gebracht hat. Bei anderen gab es Erlösung auf Sparzins, bei Paulus auf Kredit. Psychologisch gesehen war dies die große Verlockung der paulinischen Lehre, auch wenn Paulus das sicherlich nicht bewußt war. Denn aus seinem Leben heraus war die Erlösung von Gesetz und Tod keine billige Voraussetzung gewesen, sondern eine schwer erkämpfte Erkenntnis. Ihm waren Gnade und Versöhnung nicht einfach in den Schoß gefallen. Aber trotzdem bleibt wahr, daß der Gott, der sich selbst opfern muß, um seine Kreatur mit sich zu versöhnen, eine »Erfindung« des Paulus ist, die sich biographisch aus seiner Suche nach dem gnädigen Gott erklären läßt. Diese Umkehrung ist religionsgeschichtlich das entscheidend Neue. In dieser Umdeutung von Leben und Tod des Rabbi J. sprach Paulus den Menschen aus der Seele.

Neuer Gott und anderer Glaube

So bestechend die paulinische Lehre von der Gnade und Vergebung Gottes auch war – die Art seiner Versöhnung war es nicht, und fast könnte man sagen: Ohne den

Rabbi J. hätte Paulus viel mehr Erfolg haben können. Wem wollte dieser Paulus denn einreden, daß ausgerechnet ein kleiner, als politischer Verbrecher hingerichteter Jude die Sündenlast der ganzen Welt auf sich genommen habe? Die Juden kannten keinen leidenden Messias, und für die Römer war der Skandal einer Kreuzigung nicht zu überbieten.
Aber selbst wenn sie das hingenommen hätten – es gab noch ein zweites Hindernis. Paulus bot Gnade und Vergebung der Sünden durch einen Nationalgott an, dessen Volk seit Hunderten von Jahren erst von den Griechen und dann von den Römern beherrscht und besetzt war. Offensichtlich hatte dieser Gott versagt, denn kein Messias war gekommen, um dem Volk Freiheit und religiöse Würde zurückzugeben. Was sollte die Menschheit mit einem Gott anfangen, der ausdrücklich nur für sein »auserwähltes Volk« da war und nur mit ihm einen Bund geschlossen hatte? Aus welchem Grunde sollte dieser Jahwe auch den Gegnern seines Volkes Gnade und Vergebung zubilligen? So plausibel, wie es gern hingestellt wird, war das Erlösungsangebot des Paulus gar nicht.
Rabbi J. jedenfalls hatte nichts mit den »Heiden« im Sinn. Als er seine Jünger aussandte, befahl er ihnen: »Geht nicht auf den Wegen zu den Heiden und betretet auch keine Stadt der Samariter, geht vielmehr zu den verlorenen Schafen des Hauses Israel.«[107] Sein Gott war der »Gott der Väter«, jener Jahwe, der sich das Volk der Juden im Lauf seiner Geschichte »geschaffen« hatte.
Als Paulus den Rabbi J. als Erlöser der Welt anbot, mußte sich also notwendigerweise auch der Gottesbegriff ändern. Mit einem jüdischen Nationalgott, der immer nur einem bestimmten Volk half und es strafte, wenn es ihm untreu wurde, konnte ein Grieche oder ein Römer nichts anfangen.
Wenn Paulus also seinen Glauben den Nichtjuden klarmachen sollte, so mußte er den jüdischen Nationalgott Jahwe sozusagen »internationalisieren«. Er mußte den Griechen einen Gott zeigen, der auch für sie da war, den

sie verstehen konnten und der sie verstand. Er mußte Jahwe, den Gott seiner Väter, verändern, um den Christus als Weltheiland einführen zu können. Zwar blieb auch der Gott des Paulus ein einziger Gott, wie es Moses gelehrt hatte: Neben Jahwe gab es keine anderen Götter wie bei den Nachbarvölkern, die rivalisierende gute und böse Götter kannten wie die Anhänger Zarathustras oder einen ganzen Götterhimmel wie die Griechen. Aber aus dem Gott der Kinder Israel, der sein Volk erwählt hatte, ließ er den Schöpfer werden, von dem alle Menschen abstammen und der für alle da ist. Das lehrte zwar auch das Alte Testament, und insofern hat Paulus nichts Neues gesagt. Aber Paulus verschob die Akzente. Er unterschlug den »Gott der Väter« und betonte den Gott der Menschheit.

Paulus, der selbst griechisch sprach und schrieb, ging in seiner Angleichung sogar so weit, den im Griechischen mißverständlichen Begriff des »Sohnes Gottes« auszulassen und Rabbi J. als »Weltenrichter« zu bezeichnen – ein Gedanke, der sich bis auf den heutigen Tag in der griechisch-orthodoxen Kirche erhalten hat, denn sie kennt nicht nur den Erlöser, sondern den Pantokrator, den All-Beherrscher, dessen strenges Gesicht aus den Kuppeln der byzantinischen Kirchen herabblickt.

Diese Wandlung des Gottesbegriffes bei Paulus ist keine psychologische Vermutung, und sie muß auch nicht rekonstruiert werden. Wir können sie in der Apostelgeschichte in der von Lukas stilisierten Form nachlesen. Es ist die berühmte Rede des Paulus auf dem Areopag, dem Hügel zwischen Akropolis und der Agora, dem Marktplatz von Athen. Er hält diese Rede kurz nach der Auseinandersetzung in Jerusalem, bei der ihm die Urgemeinde das nichtjüdische Ausland zuspricht, während sie selbst am Gott ihrer Väter festhalten und sich nur um Juden kümmern will.

»Ihr Männer von Athen«, sagt Paulus, »ich sehe, daß ihr in allen Stücken gar sehr die Götter fürchtet. Ich bin umhergegangen und habe gesehen eure Heiligtümer und fand einen Altar, darauf war geschrieben: Dem unbekannten Gott. Nun verkündige ich euch, was ihr unwissend verehrt. Gott, der die Welt gemacht hat und alles, was darinnen ist, er, der ein Herr ist des Himmels und der Erde, wohnt nicht in Tempeln, mit Händen gemacht; auch läßt er sich nicht von Menschenhänden dienen, als bedürfe er jemandes, da er doch selbst jedermann Leben und Odem und alles gibt. Und er hat gemacht, daß von *einem* aller Menschen Geschlechter stammen, die auf dem ganzen Erdboden wohnen, und er hat bestimmt, wie lange und wie weit sie wohnen sollen, damit sie Gott suchen sollten, ob sie ihn wohl fühlen und finden möchten; und fürwahr: Er ist nicht ferne von einem jeglichen unter uns. Denn in ihm leben, weben und sind wir; wie auch etliche Dichter bei euch gesagt haben: Wir sind seines Geschlechts. So wir denn göttlichen Geschlechts sind, sollen wir nicht meinen, die Gottheit sei gleich den goldenen, silbernen und steinernen Bildern, durch menschliche Kunst und Gedanken gemacht. Die Zeit der Unwissenheit zwar hat Gott übersehen; nun aber gebietet er den Menschen, daß alle an allen Enden Buße tun. Denn er hat einen Tag gesetzt, an welchem er richten will den Erdkreis mit Gerechtigkeit durch *einen* Mann, den er dazu bestimmt hat, und hat jedermann den Glauben angeboten, indem er ihn auferweckt hat von den Toten.«[108]

Kein Wort vom Messias, dem jüdischen nationalen Befreier von der Fremdherrschaft, kein Wort von Jahwe und kein Wort von der Kreuzigung oder dem Sohn Gottes: Paulus weiß sehr wohl, wie er das Bild zeichnen muß, um den Griechen ein Grieche zu werden. Er sagt es selbst: »Den Juden bin ich geworden wie ein Jude, auf daß ich die Juden gewinne ... denen, die ohne Gesetz sind« – also den Nichtjuden –, »bin ich wie einer ohne Gesetz geworden ... auf daß ich die, so ohne Gesetz sind, gewinne. Den Schwachen bin ich geworden ein Schwacher, auf daß ich die Schwachen gewinne. Ich bin allen alles geworden, damit ich auf alle Weise etliche rette.«[109]

Hier heiligt der Zweck ganz einfach die Mittel. Aber das

nützt ihm in Athen nichts. Die Leute lachen ihn aus und verspotten ihn wegen der Auferstehung. Hier, wie in Rom, notiert Lukas, ließen sich nur einige Zuhörer von Paulus überzeugen.
Aber der entscheidende Schritt von der jüdischen Sekte zur Weltreligion ist getan. Da ist ein Erlöser, der alle Schuld auf sich genommen hat, da ist ein unbekannter Gott für alle, und das letzte Hemmnis, das noch ans Judentum band, die Beschneidung, hatte Paulus auch aufgegeben. Und so konnte Albert Schweitzer in seinem Buch *Die Mystik des Apostels Paulus* schreiben: »Die Tat Pauli ist die, daß er diesem evangelisch-urchristlichen Glauben an die Erlösung durch Christum und das kommende Reich in dem Glauben an Jesus als den zukünftigen Messias in der Art zu Ende denkt, daß er seiner zeitlichen Bedingtheit enthoben wird und eine Fassung erlangt, in der er in allen Zeiten gelten kann.«[110]

Der zeitlose Erlöser

Durch Paulus, und nur durch ihn, wurde die Lehre des Juden J. weltweit und zeitlos. In einer genialen Umwertung aller Werte, die einem Juden heilig sind, »erlöste« der ehemalige Gegner Paulus die Lehre einer Sekte aus der arroganten Enge eines auserwählten Volkes und einer auserwählten Sekte, die in der Wüste das Kommen des Herrn erwartete.
Weil er einen Ausweg aus seiner persönlichen Erfahrung mit dem Judentum als Pharisäer und wegen seines eigenen Sündenbewußtseins suchte, hatte er die Gedanken und Absichten des Rabbi J. so verändert, daß sie nichts mehr mit diesem zu tun haben. Der Theologe William Wrede hatte schon 1904 festgestellt: »Jesus weiß von dem, was für Paulus ein und alles ist, nichts.« Und von Paulus sagte er: »Er ist im Vergleich mit Jesus eine Erscheinung, so neu, wie es bei einem großen gemeinsamen Untergrunde nur möglich ist. Er steht von Jesus viel weiter ab als Jesus selbst von den edelsten Gestaltungen jü-

discher Frömmigkeit.«[111] »Das alles aber heißt doch«, schreibt Heinz Zahrndt, »daß mit Paulus ein neuer, ein zweiter Anfang des Christentums begonnen hat. Und genau das sagt Wrede auch. Er nennt Paulus den ›zweiten Stifter des Christentums‹. Denn Paulus hat als erster jene Ideen in das Christentum eingeführt, die sich in seiner Geschichte als die mächtigsten und einflußreichsten erweisen sollten. Damit wird die Diskontinuität zwischen dem historischen Jesus und dem Christus der Kirche so groß, daß fast keine Einheit zwischen beiden mehr erkennbar ist.«[112]

Wrede – und mit ihm eine ganze Reihe von unabhängigen Fachleuten – ist der Ansicht, daß Paulus die Berichte über Rabbi J. nur zum Anlaß nahm, um seine eigenen Ideen unter einem fremden Firmenschild zu propagieren: »Aus dem Eindruck der Persönlichkeit Jesu ist dies Christusbild nicht entstanden. Man hat es oftmals behauptet, aber niemals bewiesen ... Es bleibt nur eine einzige Erklärung: Paulus glaubte bereits an ein solches Himmelswesen, an einen göttlichen Christus, ehe er an Jesus glaubte ... Und diese Anschauung, für Paulus der Inbegriff der Religion, das Balkengefüge für den Bau seiner Frömmigkeit, ohne daß sie zusammenstürzte – sie wäre die Fortsetzung oder Umbildung des Evangeliums Jesu? Wo ist hier das Evangelium geblieben, das Paulus verstanden haben soll?«[113]

Diese Frage muß gestellt und beantwortet werden, wenn man das Christentum nicht von seinem Ende, sondern von seinem Beginn her sieht. Formulierungen eines Lexikons wie »die Vermischung der christozentrischen Heilsbotschaft mit Gesetzesforderungen war eine große Gefahr für die junge christliche Gemeinde«[114] stellen – wie ein zu weit weggehaltenes Vergrößerungsglas – die Tatsachen auf den Kopf: Nicht die christozentrische Botschaft wurde mit Gesetzesforderungen vermischt, sondern gerade umgekehrt, die Krise der urchristlichen Gemeinde kam, als Paulus die von Rabbi J. geforderte Gesetzestreue mit der für Juden unmöglichen Forderung

konfrontierte, sich vom Glauben der Väter und damit vom Gesetz zu lösen.
Was Paulus als »Christentum« ausgab, war reine Häresie, die sich weder auf den jüdischen Glauben noch die Essener noch auf die Lehre des Rabbi J. stützen konnte. Aber, wie Schonfield sagt: »Die paulinische Häresie wurde zur Grundlage der christlichen Orthodoxie, und die rechtmäßige Kirche wurde als ketzerisch verstoßen.«[115]
Wie aber konnte eine Häresie auch diejenigen überzeugen, die Rabbi J. noch selbst gekannt hatten und die doch sehen mußten, daß Paulus etwas ganz anderes lehrte als ihr Messias?
Die herkömmliche Theologie verneint selbstverständlich die Möglichkeit einer willkürlichen Neuinterpretation des Ursprünglichen und spricht statt dessen von einer geradezu logischen Weiterentwicklung der Lehre des Rabbi J. durch Paulus. Das Argument, daß Paulus sich wohl kaum durchgesetzt hätte, wenn er wirklich etwas anderes gelehrt hätte, als die Urgemeinde glaubte, hat tatsächlich auch vieles für sich. Nur: Es stimmt nicht.

Ein gewisser feindlicher Mensch

Es bleibt ein Geheimnis, warum Paulus sich jenen Rabbi J. aussuchte, um etwas ganz anderes zu sagen. Aber es wäre nicht das erstemal, daß sich jemand eines Gedankens und einer Terminologie bemächtigt, um etwas ganz Neues daraus zu machen.
Die entscheidende Frage ist, warum die Mitglieder der Urgemeinde in Jerusalem, die den Rabbi J. ja noch selbst gekannt hatten, eine solche Umdeutung durch Paulus offenbar akzeptiert haben, als er das Leben des Rabbi J. durch die Lehre vom Christus ersetzte und das Scheitern eines Lebens in den Erfolg eines göttlichen Heilsplanes ummünzte. War ihre Verzweiflung über das

Ausbleiben des Messias und des Reiches Gottes so groß, daß sie sich wider besseres Wissen und um den Preis der Verfälschung der neuen Lehre des Paulus anschlossen? Was konnte Männer wie den Jünger Petrus und Jakobus, den Bruder des Rabbi, zu einer solchen Wendung um 180 Grad veranlassen? Hätten sie nicht vielmehr ehrlicherweise, wie andere vor ihnen und andere nach ihnen, alle Hoffnungen begraben und sagen müssen: Auch das ist nicht der versprochene Retter gewesen?

Die Urgemeinde

Nun wissen wir sehr wenig von der sogenannten Urgemeinde in Jerusalem, und was wir wissen, erfahren wir nur aus der Apostelgeschichte des Lukas, der möglicherweise Paulus eine Zeitlang auf dessen Reisen begleitet hat, und von Paulus selbst. Beide aber sind vor allem daran interessiert, von der Ausbreitung der Sekte zu berichten. Wenn sie von Jerusalem sprechen, dann oft nur, um vom Konflikt zwischen Paulus und Petrus zu berichten.
Immerhin ergibt sich etwa folgendes Bild: Sieben Wochen nach dem Tod des Rabbi, als man, wie alle Juden, zur Erinnerung an die Zehn Gebote das »Schavuoth«[116] beging, haben die Jünger in Jerusalem ein mystisches Erlebnis, das die Apostelgeschichte mit der Ausgießung des Heiligen Geistes umschreibt und das wir heute als Pfingsten feiern. Offensichtlich werben die Jünger Anhänger, und wie der Täufer Johannes rufen sie zur Umkehr auf.[117]
Eine kleine Gemeinde entsteht, die nach den Regeln der Essener in Gütergemeinschaft lebt: »Alle Gläubiggewordenen aber hatten alles miteinander gemeinsam. Sie verkauften ihren Besitz, ihre Habe und verteilten sie an alle, je nachdem einer bedürftig war«[118], berichtet Lukas und wiederholt: »Und kein einziger sagte, daß etwas von seinem Besitz sein eigen sei, sondern sie hatten alles gemeinsam.«[119]

Daß dieser sogenannte »christliche Urkommunismus« tatsächlich auf die Essener zurückgeht, erfahren wir aus den Schmähschriften des griechischen Kirchenschriftstellers Epiphanios von Salamis, der aus Judäa stammt, als junger Mönch in Ägypten war und im Jahr 367 Bischof auf Zypern wurde. Epiphanios beschreibt auch jüdische Sekten, unter ihnen die Ebioniten, über die der Erlanger Religionswissenschaftler Hans-Joachim Schoeps urteilte: »Ihr personeller und geistiger Zusammenhang mit der Jerusalemer Gemeinde steht außer Frage.«[120] Denn so, wie sich die Essener »Arme im Geiste« nannten, nannte Paulus wiederum die Jerusalemer Gemeinde »die Armen«. Das hebräische Wort dafür ist (in der Mehrzahl) »Ebionim«, das auch in den Schriftrollen von Qumran vorkommt.

Diese Ebioniten hatten, wie Schoeps schreibt, einen »eigenartigen Judaismus«[121], den Epiphanios näher beschreibt: Wie die Essener betrachteten sie ihre Lehre als Geheimlehre. Dafür gab es ein minutiöses Ritual, bei dem der ebionitische Novize wie bei den Essenern in die Lehre eingeführt wurde.[122] Wie die Essener hatten auch die judenchristlichen Ebioniten eine kritische Einstellung zum alttestamentlichen Kanon, dem sie ihre »wahren inspirierten Propheten« gegenüberstellten.

Wie die Essener bestanden die Ebioniten auf einer strengen Einhaltung des Gesetzes, das sie durch besondere Speise- und Sabbatvorschriften noch erschwerten. Sie aßen zum Beispiel kein Fleisch.

Wie die Essener hatten die Ebioniten besondere Reinheitsvorschriften, wobei sie wie die Qumranleute deutlich zwischen der einmaligen Taufe durch Untertauchen in fließendem Wasser (wie bei der Taufe im Jordan) und den rituellen Bädern unterschieden, so daß Schoeps zusammenfassen kann: »Sicher ist . . ., daß die ebionitische Taufe eine einmalige Eintritts- und Wiedergeburtstaufe gewesen ist, die unter Anrufung des Namens Jesu erfolgte, während die täglichen Waschungen rituelle Reinigungswaschungen von Befleckungen waren.«[123]

Wie die Essener, die eine ausgeprägte Engellehre hatten, wird auch Rabbi J. bei den Ebioniten als »Engel« oder gar als »einer der Erzengel« beschrieben.[124] Dazu noch einmal Hans-Joachim Schoeps: »Es ist wahrscheinlich, daß im Essäerorden eben diese Motive bereits lebendig waren und jenseits der offiziellen jüdischen Religionsausübung eine unterirdische Tradition aus der Frühzeit des israelitischen Nomadentums sich bis zu den Ebioniten fortgepflanzt hat . . .«[125]
Lukas berichtet in der Apostelgeschichte: »Täglich weilten sie einmütig im Tempel, brachen reihum in den Häusern das Brot und nahmen Speise zu sich in Fröhlichkeit und Schlichtheit des Herzens. Sie priesen Gott und waren beim ganzen Volk beliebt.«[126] Offenbar hat Lukas hier einiges beschönigt, denn am Schavuoth wurden sie für Betrunkene gehalten. Und als sie anfingen, von Rabbi J. zu reden, gerieten sie mit den Tempelbehörden und dem Tempelhauptmann in Konflikt, wurden sogar verhaftet und verhört. Dabei verbot man ihnen, »je wieder im Namen Jesu zu sprechen oder zu lehren«[127].
So ist es verständlich, daß die neue Sekte gezwungen war, sich eine eigene Ordnung und Hierarchie zu geben, die sie in Parallele zum Tempel entwickelten. Die zwölf Apostel bildeten unter Petrus den Kern. Wegen der Armenpflege wurden bald sieben Diakone ernannt. Einer von ihnen war Stephanus, der kurz darauf gesteinigt wird.
Aus den Funktionen dieses »Obersten Rates« wird deutlich, daß er sich als eine Art Gegenregierung zum Synedrion, der höchsten jüdischen Behörde jener Zeit, verstand. Dieses Synedrion, das wir aus der Bibel als »Hohen Rat« kennen, bestand aus 71 Mitgliedern[128], erhob die Tempelsteuer und wachte über die Einhaltung der religiösen Gesetze, auch im Ausland. Der Hohe Rat hatte die letzte Entscheidung in allen Fragen, die die Einhaltung der Tora, des Gesetzes, betrafen.
Die gleichen Aufgaben hatte auch der Rat der Jerusalemer Gemeinde, wie sie Schonfield zusammenfaßt: »Er

schickte Personen von Rang aus, um neue Gemeinden zu beaufsichtigen, Petrus und Johannes nach Samaria, Barnabas nach Antiochia. Im Auftrag des Vorsitzenden entsandte er eine Abordnung nach Antiochia, um die Bedingungen für die Zulassung konvertierter Heiden zu prüfen. Als es in dieser Sache zu Meinungsverschiedenheiten kam, wurde der Fall nach Jerusalem zur endgültigen Entscheidung weitergeleitet, und der Vorsitzende Jakobus fällt das Urteil. Die Einmischung in seine Arbeit und Lehrtätigkeit, die Paulus so sehr verhaßt waren, sind als Maßnahmen anzusehen, mit welchen der christliche Sanhedrin« – hebräische Form von Synedrion – »gemäß seiner Oberhoheit und in pflichtgemäßer Erfüllung seiner Aufgaben offizielle Vertreter beauftragt hatte ... In der Apostelgeschichte und in den Paulusbriefen finden wir überdies ein System der Beitragsbeitreibung in den Gemeinden und der Überweisung des Ertrages nach Jerusalem erwähnt, das mit der Abfuhr der Tempelsteuer der Juden in der Diaspora vergleichbar ist.«[129]
Dieser Regierung der messiastreuen Juden mußte sich auch Paulus bei seinem zweiten Besuch in Jerusalem stellen.

Paulus und Jerusalem

Nach seiner Bekehrung vor Damaskus und einem obskuren Aufenthalt in »Arabien« – gemeint ist damit das Nabatäerreich um die berühmte Gräberstadt Petra – war Paulus erst drei Jahre später von Damaskus nach Jerusalem hinaufgezogen. Lukas notiert: »In Jerusalem angekommen, versuchte er, sich den Jüngern anzuschließen. Aber alle fürchteten sich vor ihm, da sie nicht glaubten, daß er ein Jünger sei. Da war es Barnabas, der sich seiner annahm, ihn zu den Aposteln führte und ihnen erzählte, wie er auf dem Wege des Herrn gesehen, wie dieser mit ihm geredet und wie er dann in Damaskus freimütig im Namen Jesu gepredigt habe.«[130]
Barnabas mußte also erst ausführlich von der Sinnes-

änderung des früheren Verfolgers berichten, bevor dieser zu den Aposteln vordringen konnte. Dann aber, so wieder Lukas, »ging er bei ihnen aus und ein«[131].
Trotzdem endete dieser erste Besuch mit einem Mißklang: Paulus geriet mit der Urgemeinde in Streit und mußte aus Jerusalem fliehen, weil sie ihn umbringen wollten. Lukas naiv: »So hatten nun die Gemeinden in ganz Judäa, Galiläa und Samaria Frieden.«[132] Soweit die Apostelgeschichte.
Paulus selbst erinnert sich da ganz anders. In seinem Brief an die Galater unterschlägt er das Mißtrauen gegen ihn ebenso wie den Streit: »Drei Jahre später zog ich nach Jerusalem hinauf, um Petrus kennenzulernen, und blieb zwei Wochen bei ihm.« Und dann: »Einen anderen von den Aposteln aber sah ich nicht, nur den Jakobus, den Bruder des Herrn. Was ich euch da schreibe – fürwahr bei Gott! Ich lüge nicht.«[133]
Warum muß Paulus gerade an dieser, doch eigentlich harmlosen, Stelle mit einem Eid betonen, daß er nicht lügt? Das muß ja erst recht mißtrauisch machen. Was waren da für Reden oder Gerüchte im Umlauf, gegen die Paulus sich verteidigen wollte? Und warum behauptet Lukas, er sei bei allen Aposteln aus und ein gegangen? Was verharmlost Lukas da?
Eine Erklärung finden wir in einem apokryphen, also nichtkanonischen Text, dem sogenannten Pseudoklemens.[134] Darin wird berichtet, daß die Ebioniten gegen einen ganz bestimmten Widersacher kämpften, den sie nur den »feindlichen Menschen« nannten. Dieser »feindliche Mensch«, den sie auch als »Pseudoapostel« und »Antichrist« bezeichnen, hatte einen Mordanschlag auf Jakobus, das Oberhaupt der Jerusalemer Gemeinde, unternommen, indem er ihn die Treppenstufen des Tempels hinunterwarf. Nur mit knapper Not entkam der Bruder des Rabbi J. dem Tod. Nach Angaben der Ebioniter fand dieses Ereignis am Osterfest des siebenten Jahres nach dem Tod des Rabbi J. statt, als eine Art Generalversammlung der Urgemeinde in Jerusalem abgehalten

wurde, um mit der jüdischen Priesterschaft darüber zu diskutieren, ob jener Rabbi J. der von Moses verheißene Prophet sei oder nicht.
Gehen wir der Zeitangabe nach: Die Steinigung des Stephanus, mit der Saulus/Paulus die erste Christenverfolgung auslöste, fand etwa drei Jahre nach dem Tod des Rabbi J. statt. Drei Jahre nach der Vision vor Damaskus zog Paulus nach Jerusalem: In diesem siebenten Jahr aber kam es zum häßlichen Zwischenfall mit dem »feindlichen Menschen«. Aus anderen Stellen der Pseudoklementinen geht eindeutig hervor, daß der »feindliche Mensch« und »Pseudoapostel« niemand anderes ist als Paulus, der selbst in der vom Christentum kanonisierten Apostelgeschichte durchaus zwielichtig dasteht.
Was auch immer an dieser Geschichte stimmen mag – in jedem Fall drückt sie aus, daß Paulus von Anfang an ein gestörtes Verhältnis zur Jerusalemer Urgemeinde hatte. In den Pseudoklementinen findet sich ein Streitgespräch zwischen Petrus und Paulus, das bis ins letzte hinein den unüberbrückbaren Gegensatz zwischen der Jerusalemer Gemeinde und dem »Pseudoapostel« deutlich macht. Dort sagt Petrus zu Paulus: »Wenn Jesus dir durch Visionen bekanntgeworden ist, dann nur so, wie Jesus sie im Zorn seinem Widersacher gibt. Wie kann denn einer zur Befähigung im Lehramt durch eine Vision unterrichtet werden? Und wenn du einwendest, es sei möglich, weshalb hat dann der Meister ein ganzes Jahr mit uns Wachenden verkehrt? Wie sollen wir dir das glauben, daß er dir überhaupt erschienen ist? Und wie kann er dir erschienen sein, da du doch gerade das Gegenteil seiner Lehre denkst? ... Willst du aber in der Tat für die Wahrheit wirken, so lerne zuerst von uns, was wir von Jesus gelernt haben ...«[135]
Dazu paßt, daß Lukas den Paulus am Ende dieses Besuches eine Vision haben läßt, wo ihm der Auferstandene sagt: »Zieh eilends weg von Jerusalem; denn sie werden dein Zeugnis über micht nicht annehmen ... Zieh weg, ich will dich in die Ferne zu den Heiden senden.«[136]

Paulus bleibt gar nichts anderes übrig, als es mit
Lehre unter Nichtjuden zu versuchen. Die Jerusalemer Urgemeinde hat ihn und seine merkwürdige Lehre nicht akzeptiert, weil sie »doch gerade das Gegenteil« dessen ist, was Rabbi J. wollte.

Möglicherweise wird diese Polemik gegen Paulus auch in der Apokalypse des Petrus fortgesetzt, die in Nag Hammadi gefunden wurde. In dieser Schrift, die gegen die entstehende Kirche und ihre Bischöfe streitet, warnt der Erlöser an einer Stelle: »Und bis diese« – die lauteren, aufrichtigen Guten – »zur Herrschaft kommen, wird gepriesen der ›erneuerte‹ Christus und werden zugleich gepriesen die Begründer dieser erlogenen Erneuerung, jene, die nach dir« – also nach Petrus – »kommen werden. Und dem Namen eines Toten werden sie anhangen in der Meinung, daß sie (durch diesen Namen) gereinigt werden, und werden sich erst recht beschmutzen; und sie werden sich ausliefern an einen verführerischen Namen und an einen argen Betrüger und ein vielgestaltiges Dogma . . .«[137]

Umgekehrt warnt Paulus seine Gemeinde vor Petrus. Bei den Korinthern beklagt er sich: »Jeder von euch sagt: ich halte zu Paulus, ich aber zu Apollos« – ein Lehrer aus Alexandria –, »ich aber zu Kephas« – Petrus also –, »ich aber zu Christus.«[138] Und in seinem Brief an die Galater verflucht er sogar jede andere Lehre, die nach Lage der Dinge nichts anderes sein kann als die Lehre der Urgemeinde und des Petrus: »Ich bin betroffen, daß ihr so rasch von dem, der euch in der Gnade Christi berufen hat, zu einer anderen Heilsbotschaft abfallt; es gibt doch keine andere; da sind nur gewisse Leute, die euch in Verwirrung bringen und die Heilsbotschaft Christi in ihr Gegenteil verkehren wollen . . . wie wir es zuvor gesagt haben, so sage ich's jetzt nochmals: Wenn jemand eine andere Heilsbotschaft verkündet, als ihr empfangen habt – verflucht sei er.«[139]

Es dauerte ganze 14 Jahre, bis Paulus ein zweites Mal seit seiner Bekehrung nach Jerusalem zog, und das nur gezwungenermaßen. 14 Jahre lang hatte Paulus, zusammen mit Barnabas, auf eigene Faust im syrischen Antiochien missioniert. Seit seiner Bekehrung waren 17 Jahre vergangen, ohne daß er sich jemals mit der Jerusalemer Gemeinde abgestimmt hätte.
Daß Paulus überhaupt noch einmal nach Jerusalem ging, begründet er mit einer Offenbarung, die er von Gott erhalten habe.[140] In der Apostelgeschichte ist von einer solchen Offenbarung keine Rede. In dürren Worten steht vielmehr da, daß eine Abordnung aus Jerusalem bei einer Visitationsreise dahinterkam, daß Paulus die Beschneidung aufgegeben hatte und mit ihm darüber in Streit geriet. Da Paulus nicht nachgab, wurde er vom Hohen Rat der Urgemeinde nach Jerusalem zitiert, um vor der Apostelversammlung Rede und Antwort zu stehen.
Im Lutherdeutsch klingt das so: »Und Etliche kamen herab von Judäa und lehrten die Brüder: Wenn ihr euch nicht beschneiden lasset nach der Weise des Moses, so könnt ihr nicht selig werden. Da sich nun ein Zwiespalt erhob und Paulus und Barnabas einen nicht geringen Streit mit ihnen hatten, ordneten sie an, daß Barnabas und Paulus und etliche andere von ihnen hinaufzögen nach Jerusalem zu den Aposteln und Ältesten um dieser Frage willen.«[141]
Es war also durchaus nicht so, daß die Jerusalemer Urgemeinde mit Paulus einverstanden war, und das, was man in der Kirche mit dem schönen Wort »Apostelkonzil« bezeichnet, war nichts weiter als ein Tribunal, vor dem sich Paulus wegen falscher Lehre zu verantworten hatte. Paulus mußte seine Sache erklären, und wieder gab es Streit. »Da man sich lange gestritten hatte«, heißt es sogar bei Lukas.
Das Ergebnis war nach der Schilderung des Lukas ein

Kompromiß; und Paulus erinnert sich später, daß Petrus, Jakobus und Johannes sich mit ihm einigten, »daß wir unter den Heiden, sie aber unter den Juden predigten«[142].

Die christliche Deutung, der die Streitsucht ihrer Kronzeugen peinlich war, hat von Anfang an den Standpunkt vertreten, daß Paulus recht hatte und daß nur immer sein eifriges, etwas jähzorniges Temperament mit ihm durchging, wenn er sich über die Uneinsichtigkeit der Judenchristen aufregte. Für diese Deutung spricht, daß Paulus nach dem Apostelkonzil schon wieder mit Petrus aneinandergerät, als dieser in Antiochien ist, und daß Paulus sich bald darauf mit seinem langjährigen Begleiter Barnabas wegen einer Nebensächlichkeit so überwirft, daß sich beide trennen.[143]

Die Wahrheit könnte aber auch sein, daß Lukas in seinem Bericht eine endgültige Trennung zwischen Paulus und Petrus zu vertuschen sucht und daß Paulus wieder eine seiner Erinnerungsschwächen hat, die ihn schon einmal überfiel, als er von einer göttlichen Offenbarung sprach, während es sich um das für ihn peinliche Verfahren eines Tribunals handelte, zu dem er in einem sehr irdischen Vorgang zitiert wurde. Die Teilung der Welt auf dem »Apostelkonzil« zwischen Juden und Heiden könnte genausogut auch bedeuten, daß die messiastreuen Juden darauf aus waren, den Störenfried aus ihrem Bereich zu entfernen, weil er nun einmal nicht das lehrte, was die Apostel als Augenzeugen noch selbst erlebt hatten. Ihnen, die sich nach dem jüdischen Messias »Christen« nannten, konnte es gleichgültig sein, was mit den Heiden geschah, die ihren Messias gekreuzigt hatten.

Merkwürdig ist nur, daß sich Paulus, als er gegen Ende seines Lebens ein drittes Mal nach Jerusalem kommt, noch immer gegen den Vorwurf verteidigen muß, er lehre den Abfall vom Gesetz des Moses. Im Tempel kommt es zu einem Aufruhr, als ihn Juden aus der Provinz Asien, der kleinasiatischen Landschaft um die Hauptstadt

Ephesus, wiedererkennen: »Ihr Männer in Israel, helft! Dies ist der Mensch, der alle Menschen an allen Enden lehrt wider unser Volk, wider das Gesetz und wider diese Stätte ...«[144] Paulus wird verhaftet und zwei Jahre lang gefangengehalten, bevor er nach Rom gebracht wird. Und nicht ein einziges Mal erwähnt die Apostelgeschichte auch nur den Versuch der Urgemeinde, in diesen zwei Jahren mit Paulus zu sprechen, ihm zu helfen oder ihn gar freizubekommen, obwohl Lukas der Gefangenschaft acht von 28 Kapiteln der Apostelgeschichte widmet. Allerdings berichtet Lukas, Landpfleger Felix habe befohlen, Paulus nur in leichtem Gewahrsam zu halten und niemanden von den »Seinen« abzuhalten, ihm zu dienen.[145]

In diesen acht Kapiteln der Apostelgeschichte tritt nur einer von den »Seinigen« für Paulus ein. Aber es ist kein Mitglied der Jerusalemer Gemeinde, sondern ein leiblicher Verwandter, von dem kaum je eine Paulusbiographie auch nur Notiz nimmt, obwohl es nicht uninteressant und vielleicht auch nicht ohne Bedeutung ist, daß der Diasporajude Paulus Verwandte in Jerusalem hatte. Es ist sein Neffe, »seiner Schwester Sohn«[146], der von einem Anschlag auf seinen Onkel hört und sich direkt mit dem Gefangenen in Verbindung setzt, um ihn zu warnen. Paulus wird nach Rom geschafft und findet den Tod.

Das also ist das wenige, was wir von dem Verhältnis des Paulus zur Jerusalemer Urgemeinde wissen. An keiner Stelle wird berichtet, daß die Gemeinde Paulus zugestimmt hätte, sie läßt ihn – nach der Schilderung des Lukas – höchstens gewähren. Nach Lukas sind in Jerusalem für Paulus stets andere eingetreten und haben dessen Erfolge überzeugend dargestellt. Sonst ist es Paulus, der zündende Reden hält – nur vor der Gemeinde in Jerusalem nicht. Dort ist er immer in der Defensive, und einmal schreibt er sogar, er sei stolz, daß er sich in Jerusalem nicht habe unterkriegen lassen.[147]

Auswanderung nach Pella

Was das fromme Auge – im späteren Bewußtsein der erfolgreichen Missionstätigkeit des Paulus – in der Apostelgeschichte liest, ist also sicherlich nicht die reine Wahrheit über diesen Mann. Da die Apostelgeschichte erst zwischen den Jahren 90 und 100, also rund vierzig Jahre nach dem Tod des Paulus und mehr als zwanzig Jahre nach der Zerstörung Jerusalems, entstanden ist, dürfte sich manches Urteil zugunsten des Paulus verschoben haben, wie Gerd Otto in seinem Buch *Grundwissen zur Theologie* schreibt: »Der Verfasser der Apg« – der Apostelgeschichte – »hat als einziger Zeuge im NT eine systematische Verbindung der Geschichte der Urgemeinde mit der paulin. Heidenmission geschaffen, indem er die Zeit zwischen Pfingsten und Parusie als Zeit des Geistes und der ›progressiven‹ Missionierung der Welt, als sich steigernde Heilsgeschichte einheitlich darstellt. Dadurch verändert er sowohl den historischen Pls als auch die historische Urgemeinde im frühkatholischen Sinn.«[148]

Keine Jerusalemer Urgemeinde und kein Jünger des Rabbi J. konnten sich damals gegen eine falsche historische Darstellung wehren: Sie waren zu Beginn des Jüdischen Krieges um das Jahr 66 aus Jerusalem ausgewandert und nach Pella gezogen, das südöstlich von Bet-Schean auf der Ostseite des Jordangrabens im außerjüdischen Gebiet lag.

Der Ort, in ägyptischen Quellen Pahel und von mazedonischen Kriegstruppen zu Beginn der hellenistischen Zeit nach der Geburtsstadt Alexanders Pella genannt (heute Tabakat-Fahel auf jordanischem Staatsgebiet), erinnert heute nur noch durch die Ruinen eines Römischen Theaters, einer Kirche und eines byzantinischen Klosters an seine Vergangenheit.

Wie sehr die Apostelgeschichte vom Standpunkt des Paulus aus berichtet, sieht man daran, daß sie die Auswanderung nach Pella nirgendwo auch nur andeutet.

Nicht ein Wort erfahren wir aus der Apostelgeschichte, was aus denen geworden ist, die alles noch mit eigenen Augen gesehen hatten. Vielmehr wird der Anschein erweckt, daß mit der Zerstörung Jerusalems auch das Judenchristentum ausgelöscht wurde.
Wir wissen aber aus den Berichten der Kirchenväter Epiphanios, Theodoret von Cyrus und anderen, daß die Nachkommen der Jerusalemer Gemeinde bis ins 4. und 5. Jahrhundert hinein als »Ebioniten« im (damals) syrischen Raum lebten und die »Jünger der Jünger der Apostel im Glauben blühten«[149].
Eusebius weiß noch zu berichten, daß ein anderer Verwandter des Rabbi J. – der Bruder Jakobus hatte in Jerusalem das Martyrium erlitten – zum Leiter der Gemeinde von Pella gewählt wurde: Simeon, der Sohn des Klopas, und ihm seien weitere Mitglieder der Familie des Rabbi J. im judenchristlichen Bischofsamt von Pella gefolgt.
Wer deren Namen im Heiligenkalender sucht, wird enttäuscht. Die Kirche hat die Ebioniten allerdings nicht vergessen: Sie hat die ersten Jünger und ihre Nachfahren und die Verwandten des Rabbi J. ein für allemal als Häresis soleratissima, als besonders abscheuliche Sekte, abgetan,[150] denn sie leugneten unter anderem die jungfräuliche Geburt des Erlösers (was man den Verwandten des Rabbi J. nicht weiter übelnehmen kann). Ihre Hauptsünde aber dürfte gewesen sein, daß sie den Kronzeugen der werdenden Kirche, den Visionär Paulus, nicht ernst nahmen. Sie wurden mit dem Bannfluch belegt und sind eines Tages untergegangen, irgendwo in den Bergen der jordanischen Wüste, vergangen, ohne sonst eine Spur in der Geschichte der Kirche zu hinterlassen.[151]
Die Ebioniten, die eigentlichen Nachfahren des Rabbi J., und ihre Lehren gingen unter. Sieger blieb der, den sie nicht anerkannt hatten: Paulus von Tarsus.
Der zweite Filter war voll zur Wirkung gekommen.

VON DER LEHRE ZUR KIRCHE

Die Arme-Leute-Religion

Die Kirche nennt Paulus gern den großen Heidenapostel. Aber es ist nicht sein Verdienst, daß nur wenige Jahre nach dem Tod des Rabbi J. in Antiochia – nach Rom und Alexandria die drittgrößte Stadt im Römischen Reich – die Anhänger dieser Sekte von Außenstehenden und von Gegnern zum erstenmal »Christianoi«, Christen, genannt werden. Schon vor der Missionstätigkeit des Paulus waren Anhänger des Rabbi J. nach der Steinigung des Stephanus aus Jerusalem ausgewandert und hatten, das jedenfalls erzählt die Apostelgeschichte, in verschiedenen Ortschaften Gemeinden gegründet.
So hatten sich auch griechischsprechende Juden aus Jerusalem, die sogenannten »Hellenisten«[1], in Antiochia (in der heutigen Türkei) niedergelassen und erwarteten dort die angekündigte Parusie, also die Wiederkunft des Herrn, die Auferstehung der Toten und das Gericht – eine Erwartung, in der auch Paulus lebte, als er im Jahr 50 an die Thessalonicher schrieb: »Wir, die wir leben und bis zur Ankunft des Herrn übrig bleiben, werden denen, die entschlafen sind, nicht voraus sein. Er selbst, der Herr, wird bei dem Befehlsruf, wenn die Stimme des Erzengels und die Posaune Gottes erschallt, herniedersteigen vom Himmel. Dann werden die Toten in Christus auferstehen. Darauf werden wir, die noch leben und übrig sind, mit ihnen zusammen auf Wolken dem Herrn entgegen in die Luft entrückt werden und so immerdar mit dem Herrn sein.«[2]

Aber dann kam das Weltende gar nicht. Weder ertönte die Posaune, noch bebte die Erde, noch taten sich Gräber auf. Der Bußruf war umsonst gewesen, wie bei so vielen Weltuntergangsankündigungen seitdem. Man sollte erwarten, daß die enttäuschte Hoffnung zur Auflösung der Sekte geführt habe. Ganz offensichtlich war ja Rabbi J. weder der erwartete Messias, also der Befreier Israels gewesen, noch stieg er vom Himmel nieder, um das angekündigte Reich Gottes zu bringen.

Trotziges Beharren

Doch das Gegenteil war der Fall: Die Sekte breitete sich aus. Dieses paradoxe Phänomen haben amerikanische Soziologen an einem Fallbeispiel der fünfziger Jahre studiert, als eine Gruppe in Salt Lake City den Weltuntergang für einen bestimmten 21. Dezember vorausgesagt hatte. Sie stellten fest, »daß unter gewissen Umständen eine religiöse Gemeinschaft, deren grundlegende Glaubensvorstellungen durch Ereignisse in der Welt widerlegt werden, nicht unbedingt zusammenbricht und sich auflöst. Statt dessen kann sie sich in Reaktion auf ihr Gefühl der kognitiven Dissonanz, d. h. eines durch die Widerlegung einer wichtigen Glaubensvorstellung erzeugten Zustandes der Trauer und des Zweifels, eifriger Missionsarbeit zuwenden.«[3]

Das jedenfalls war bei der Gruppe in Salt Lake City der Fall. Als der Termin des Weltunterganges verstrich, kam es zu dem verblüffenden Vorgang, daß sie mit der Intensivierung ihres vorher schwachen Bekehrungseifers reagierten.

Die Soziologen unter L. Festinger formulierten daraufhin fünf Bedingungen, die zu solch einem Verhalten führen können:

»1. Eine Glaubensvorstellung muß mit tiefer Überzeugung verbunden sein, und sie muß irgendeinen Bezug zum Handeln, d. h. zu dem, was der Gläubige tut oder wie er sich verhält, haben.

2. Der Mensch, der diese Vorstellung hat, muß sich für sie engagiert, d. h., er muß irgend etwas Wichtiges für seinen Glauben getan haben, das schwer rückgängig zu machen ist ...
3. Die Glaubensvorstellung muß hinreichend spezifisch und hinreichend auf die reale Welt bezogen sein, so daß Ereignisse sie zweifelsfrei widerlegen können.
4. Ein solches widerlegendes Ereignis muß eintreten und von dem Verfechter der betreffenden Vorstellung zur Kenntnis genommen werden ...
5. Wenn dieses gläubige Mitglied einer Gruppe von Überzeugten ist, die einander bestärken können, so dürfen wir erwarten, daß diese Vorstellung beibehalten wird und die Gläubigen versuchen, Nichtmitglieder davon zu überzeugen, daß die Vorstellung richtig ist.«[4]

Die Ursache für dieses Verhalten kann darin liegen, daß man sich selbst die Enttäuschung nicht eingestehen will oder daß man fürchtet, sich mit einer falschen Erwartung vor anderen lächerlich zu machen. Durch Rationalisierung kann es dann zu Umdeutungen kommen: Der unerwartete Tod des Rabbi J. wird plötzlich zur geplanten Heilstat Gottes. Und die Tatsache, daß man wegen seiner Überzeugung Familie, Freunde und sozialen Status verloren hat – wie bei den ersten Christen –, kann dann sogar zum fanatischen Beharren führen, weil eine Umkehr unmöglich erscheint.

Durch gewandtes Umdeuten kann man da viel retten und Termine verschieben: »Eines sei euch aber nicht verborgen, ihr Lieben«, heißt es im zweiten Petrusbrief, der etwa um 125 geschrieben wurde, »daß *ein* Tag vor dem Herrn ist wie tausend Jahre und tausend Jahre wie *ein* Tag. Der Herr verzögert nicht die Verheißung, wie es etliche für eine Verzögerung achten ...«[5]

Und im ersten Klemensbrief, geschrieben um 95, heißt es: »Ferne sei von uns diese Schriftstelle, wo es heißt: Unglücklich sind die Zweifler, die geteilten Herzens sind, die sagen: dies hörten wir auch zur Zeit unserer Väter,

und siehe, wir sind alt geworden und nichts davon ist uns widerfahren.«[6]
Aber die Gruppe von Salt Lake City ist schließlich doch auseinandergelaufen und verschwunden wie die Gefolgschaften anderer Propheten auch. Daß das junge Christentum diese Krise enttäuschter Erwartungen überstand, muß also noch andere Ursachen gehabt haben als nur trotziges Beharren.

Soziologie des Glaubens

»Jede Idee hat nur dann Kraft«, schreibt der Psychoanalytiker Erich Fromm, »wenn sie im Charakterbau des Menschen begründet ist. Keine Idee ist stärker als ihr emotionaler Mutterboden. Darum strebt die psychoanalytische Einschätzung der Religion danach, die menschliche Realität hinter Gedankensystemen zu verstehen ... was die Menschen denken und fühlen, hat seine Wurzeln in ihrer Charakterstruktur, und dieser Charakter wird mitgeprägt durch die Gesamtheit der Umstände ihrer Lebensführung – genauer gesagt, durch den sozioökonomischen und politischen Aufbau ihrer Gesellschaft.«[7]
Gerd Theißen hat in seinem 1977 erschienenen Buch *Soziologie der Jesusbewegung* einige Gründe zu zeigen versucht, die das Überleben und Weiterleben der jungen christlichen Gemeinden ermöglichten.
»Wenn ein Volk«, so schreibt er, »sich selbst eine privilegierte Rolle unter allen Völkern zuschreibt, aber einer politischen und kulturellen Übermacht zu erliegen droht, muß es in eine schwere Identitätskrise geraten. Sein Selbstbild ist bedroht, sein inneres Gleichgewicht gestört ...
Überall begegnen uns tiefgreifende Spannungen, Spannungen zwischen profitierenden und produzierenden Schichten, zwischen Stadt und Land, zwischen fremden und einheimischen Herrschaftsstrukturen, zwischen hellenistischer und jüdischer Kultur. Aus ihnen ging die Jesusbewegung hervor, teils von diesen Spannungen bedingt, teils auf sie einwirkend. Die Krise der jüdisch-

palästinensischen Gesellschaft hatte zur Suche nach neuen Wegen des religiösen und sozialen Lebens geführt.«[8]
Dabei wurden traditionelle Werte bedroht und die überkommenen Verhaltensmuster in Frage gestellt. Das soziale Leben war, nach Theißen, von »Anomie«, vom Verlust der Werte, bedroht: »Anomie liegt dann vor, wenn zahlreiche Mitglieder einer Gesellschaft ihr Leben nicht mehr nach den Normen ihrer angestammten Umwelt führen können, weil die betroffenen Gruppen Änderungen ihres Status erfahren, die zu einer Erschütterung ihrer traditionellen Werte und Normen führen.«[9]
Ausdrücklich hebt Theißen dabei hervor: »Anomie ist nicht an bestimmte Schichten gebunden. Bei wachsenden sozialen Spannungen erfaßt sie alle Schichten, gleichgültig, ob es sich um obere oder untere Schichten handelt, um aufsteigende oder absteigende.«[10]
So bestand das frühe Christentum fast ausschließlich aus denjenigen Leuten, die in der gesellschaftlichen Rangordnung jener Tage unten standen. Bei Rabbi J. waren es arme Fischer, gesellschaftlich geächtete Zöllner, ausgestoßene und politische Eiferer. Es gab zwar auch einige Reiche, doch insgesamt, so Theißen, dürften später die in ihrem Status bedrohten mittleren Schichten das größte Gewicht gehabt haben.
Dieser Konflikttheorie innerhalb der jüdischen Umwelt stellt Theißen eine religionssoziologische Integrationstheorie gegenüber, denn »verglichen mit anderen Epochen der Weltgeschichte gehört das Römische Reich in den ersten beiden Jahrhunderten n. Chr. zu den seltenen Ausnahmen, die durch Frieden und Stabilität, Wohlstand und offene Kommunikation gekennzeichnet sind. Die hellenistischen Mittelmeerstädte blühten auf und erreichten eine zivilisatorische Höhe, die erst in der Neuzeit wieder erreicht wurde.«[11]
Das hatte eine Änderung der Rollenstruktur zur Folge. Die Autorität jüdischer Wanderpropheten ging bald auf die ansässigen Ortsgemeinden über. »Das radikale Ethos der synoptischen Tradition wird nur zögernd rezi-

piert. Paulus zitiert kaum Herrenworte. Und selbst wenn er mehr gekannt hätte – der ethische Radikalismus der Jesusbewegung, ihr Ethos der Familien-, Heimat-, Besitz- und Schutzlosigkeit hätten in den von ihm gegründeten Gemeinden keinen Lebensraum gehabt. In diesen Gemeinden entstand vielmehr ein gemäßigter Liebespatriarchalismus, der sich an den Bedürfnissen sozialer Interaktion im christlichen Hause orientierte.«[12]
Diesen Anpassungsvorgang, der zugleich eine Änderung der Lehre bedeutete, kann man im Neuen Testament bis in die Verwendung einzelner Worte nachweisen.
In der Gedankenwelt des Rabbi J. kommt das Wort »Gehorsam« nicht vor, die Evangelien erwähnen es nicht ein einziges Mal. Bei Paulus dagegen kommt es 15mal vor. Rabbi J. kennt kein »Unterwerfen«. Der römische Bürger Paulus empfiehlt den Gemeinden: »Jedermann sei der Obrigkeit untertan«[13] und benutzt ähnliche Worte so oft, daß ihn der Soziologe Anton Mayer in seiner Soziologie des Neuen Testamentes den »Systematiker der Unterwürfigkeit«[14] nennt. 252mal ermahnt Paulus die Sklaven zu Gehorsam, die Herren dagegen nur 46mal.
In der Welt des Rabbi J. wartete man auf Veränderungen, Umsturz, Befreiung von den Römern. Paulus läßt die Verhältnisse so, wie sie sind, hebt sie aber dialektisch in einem mystischen, übertragenen Sinne auf. Er verdammt nicht die Reichen, hebt aber auch die Armen nicht besonders hervor. Seine Lehre ist nicht von der Bergpredigt oder den radikal fordernden Aussprüchen des Rabbi J. geprägt, er ruft nicht zur Buße, sondern zum Gehorsam unter den Herrn. In den Evangelien kommt das Wort »Herr« nur etwa ein dutzendmal vor, dagegen wird Gott rund 150mal als Vater bezeichnet. Da ist Gott nicht der strenge Herrscher, sondern Vertrauensperson.

Abba, lieber Vater

Dieser Vater ist nicht mehr nur der Erzeuger, sondern der Beschützer, und wenn Rabbi J. sich an ihn wendet, verschwindet jede trennende Schranke: Er nennt ihn »Abba, mein Vater«[15], wie Luther übersetzt, doch selbst die Bezeichnung »mein Vater« macht noch nicht annähernd deutlich, was das Wort »Abba« an kindlichem Gottvertrauen meint. Das aramäische »Abba« stammt aus der Kindersprache und ist eines der Lallwörter, die ein Kind bildet. Aus der gleichen Lautfolge ist bei uns Papa geworden. Um wirklich nachfühlen zu können, welches kindlich-vertrauensvolle Verhältnis Rabbi J. zu seinem Schöpfer hatte, in dem nichts von Strenge und Autorität mitschwingt, müßten wir beten können: »Unser Papa, der du bist im Himmel, geheiligt werde dein Name...«, ohne dabei das Gefühl der Verniedlichung oder der Blasphemie, der Lästerung, zu empfinden, wenn wir so zu Gott stehen, wie eben ein Kind zu seinem Vater steht. Diese Anrede ist einmalig, sie hat im Judentum kein Vorbild und keine Parallele. Über Vater und Mutter kann man reflektieren: Du sollst deinen Vater und deine Mutter ehren. Das Wort »Abba« kennt keine Reflexion, sondern nur eine enge Bindung, die man fühlt und die ganz persönlich ist: Man kann viele Väter kennen und nennen, aber man hat nur einen Papa.

Wenn man sich erinnert, daß für Martin Luther Gott ein harter und ungerecht strafender Vater war und daß der Pharisäer Saulus unter den unerfüllbaren Aufgaben und Geboten Gottes litt, so empfindet man sofort, daß Rabbi J. ein positives, ungebrochenes Verhältnis zu Gott hat, das alle trennenden Schranken durchbricht.[16]

Würde man das Verhältnis, das Rabbi J. zu Jahwe hatte, auf die zwischenmenschlichen Beziehungen übertragen, so müßte man das Bild einer Gesellschaft zeichnen, die weniger von Autorität als von vertrauensvoller Mitmenschlichkeit gezeichnet wäre. Es wäre eine Gesellschaft, in der das Miteinander wichtiger wäre als die trennenden Unterschiede. Es wäre eine Welt, in der man nicht nach Herr und Knecht unterscheidet – im Gegensatz zu Paulus hat sich Rabbi J. nach den Berichten der Evangelien selbst niemals als »Knecht« bezeichnet –,

eine Welt des Vertrauens und nicht des Gehorsams. Es wäre eine Welt, die es damals nicht gab.
Wohl aber gab es die Welt des »Knechtes« Paulus, der seinem »Herrn« Christus »diente«, denn in Herr und Knecht war die Gesellschaft jener Zeit eingeteilt. Paulus nennt seinen Gott in seinen (echten) Briefen nur viermal Vater. Statt dessen verwendet Paulus immer wieder das Bild vom Herrn und dem Knecht, vom Herrn, der sich des Knechtes erbarmt, ganz gleich, ob der Herr nun Gott oder Christus heißt.

Kyrios, der Herr

»Kyrios«, das griechische Wort für »Herr«, bezeichnete ursprünglich den Sklavenhalter, den Herrn der Unterworfenen und den gesetzmäßigen Vormund. Im Hellenismus haben die Götter den Titel »Kyrios«, um zu sagen, daß Macht und Recht auf ihrer Seite sind. Das Wort »Kyrios« war ein Herrschertitel, und so wie die Welt in Herren und Knechte eingeteilt war, war auch das Verhältnis des Menschen zu Gott konstruiert.
Erst jetzt versteht man den geradezu revolutionären Ansatz des Rabbi J. auch vom Welt-Bild her. Indem er Gott eben nicht als den übergeordneten Herrn und Herrscher anspricht, sondern als Vater und gar als Papa, der seine Kinder liebt, aber nicht beherrscht, hebt er im Grunde auch die gesellschaftlichen Schranken und das soziologische Gefüge seiner Zeit auf, das nichts anderes als das Herr-Knecht-Schema kannte. Zumindest stellt er es in Frage. Die Realität blieb freilich zunächst unverändert.
Paulus greift diesen Kyrios-Titel auf und stellt seine neue Lehre konsequent in das Herr-Knecht-Denken seiner Zeit, obwohl der das Ganze interessanterweise um eine Stufe verschiebt: Nicht mehr Gott wird als »Herr« bezeichnet (dafür verwendet er das griechische Wort für Gott: »Theos«, womit er auch den Begriff »Jahwe« umgeht), sondern der »Auferstandene«, der Christos, der Gekreuzigte ist der Herr, der Leidende der Sieger.[17]

Paulus ordnete die neue Lehre wieder klar in das Denken seiner Zeit ein: Der Obrigkeit untertan zu sein und die Obrigkeiten und Herren anzuerkennen entsprach den Denk- und Lebensbedingungen jener Zeit. Der hierarchisch geordnete Himmel spiegelte sich in der hierarchisch geordneten Erde. Freiheit gab es nicht im Sinne einer Freiheit *wozu*, sondern im Sinne einer Freiheit *von* etwas, zum Beispiel einer Freiheit von Angst. Knecht blieb Knecht, aber als Christ brauchte er sich nicht mehr zu fürchten. Die neue Lehre erlöst nicht von den äußeren Umständen, aber sie hilft, sich innerlich von ihnen zu lösen. Paulus, der sich selbst als »Knecht des Christos« bezeichnet, konnte daher schreiben: »Denn ihr habt nicht einen knechtischen Geist empfangen, daß ihr euch abermals fürchten müßtet.«[18] Es ist eine dialektische Freiheit in Bindung, schillernd und variationsfähig, in der sich Göttliches und Menschliches entsprechen und wechselseitig durchdringen.
Neben der Identifikation mit dem Erlöser bot Paulus also eine Identifikation mit der bestehenden Gesellschaftsordnung an. Seine Theologie paßte genau auf die Zeit, deren Strukturen als selbstverständlich hingenommen wurden. Für die festgeordnete Welt von Herr und Knecht bot Paulus den religiösen Überbau.[19]
Daß eine solche Lehre, die die bestehenden Verhältnisse stabilisieren half, die besten Chancen hatte, zur Staatsreligion zu werden, ist nicht verwunderlich. Und hier liegt eben vielleicht eine Erklärung dafür, warum die Arme-Leute-Religion in so kurzer Zeit von den Knechten zu den Herren überging und von der verfolgten Katakombensekte zur Staatsreligion wurde und alle anderen Kulte und Religionen ablöste; denn es war eine Religion, die die bestehenden Systeme so lange rechtfertigte, wie sie auf der Unterscheidung von Herr und Untertan aufgebaut waren.
In der Überhöhung des Rabbi J. zum Erlöser und zum Herrn aber liegt der eigentliche Grund, daß die von Paulus angebotene Erlösung auf Kredit einen solchen Wider-

hall unter den enttäuschten Anhängern fand, obwohl der Gekreuzigte »den Juden ein Ärgernis, den Heiden eine Torheit«[20] bedeutete, wie Paulus selbst schrieb.
Wenn neue Ideen nur da wachsen können, wo sie in Gefühlen und Emotionen einen Nährboden finden, so könnte ich mir vorstellen, daß noch eine ganz andere Art der Identifizierung zwischen Erlöser und Erlösten stattgefunden hat. Im Gegensatz zu anderen Kulten und Philosophien und im Gegensatz zum offiziellen Götter- und Kaiserkult bot hier ein Zeltmacher namens Paulus den Gedanken an, daß Gott den Erlöser der Welt aus ihrer Mitte genommen habe. Keiner von den Großen, keiner der Herren dieser Welt, sondern der Sohn eines galiläischen Zimmermanns[21] war der Auserwählte Gottes.
Im hierarchisch geordneten Denken jener Zeit muß dieser Gedanke revolutionär gewirkt haben: Nicht der Herr, sondern der Knecht war der Auserwählte, nicht der Sieger, sondern der Leidende sollte die Welt erlösen. Mit einem solchen Schicksal konnte man sich identifizieren, es war ja das eigene. Wenn der Auserwählte »stellvertretend« litt und »stellvertretend« die Schuld auf sich nahm, so wußten die Mühseligen und Beladenen dieses Wort ganz anders zu verstehen als die Herren. Mit der stellvertretenden Auferstehung waren dann auch sie gemeint: Es war *ihr* Erlöser, einer der ihren, der ihnen einen neuen Gott brachte, der sie verstand, weil er einen der ihren auswählte. Paulus brachte kein Evangelium für die Armen, sondern für die Nichtanerkannten. Das Schicksal des Rabbi J., den man gekreuzigt hatte, war ihr eigenes: Die Verfemten fanden sich, mit Rabbi J. fühlten sich die Außenseiter der Gesellschaft aufgewertet. Wenn die Welt sie schon nicht anerkannte: Gott tat es. Rabbi J. hatte es ja selbst gesagt: Die Letzten werden die Ersten sein, und wer unten am Tisch Platz nimmt, zu dem wird der himmlische Gastgeber sagen: Rücke herauf, mein Freund. Die Armen und die Unterdrückten werden die Herren sein – Grund genug für sie, eine solche Lehre gut zu finden.

Kaiserkult und Bischofsamt

Als Paulus ums Jahr 65 in Rom unter Kaiser Nero hingerichtet wurde, war die neue Sekte nur wenig mehr als dreißig Jahre alt und – seit dem Apostelkonzil im Jahr 48 – bereits in Judenchristen und Heidenchristen gespalten. Als im Jahr 70 Jerusalem zerstört und die jüdische Nation aufgelöst wurde, schien alles aus zu sein. Wohl war das apokalyptische Weltgericht gekommen, das sie erwartet hatten, aber es war anders gewesen, als sie erträumt hatten: Der Tempel, das Heiligtum Gottes, war zerstört – und kein Messias war gekommen, um sie zu retten. Was blieb, war die Hoffnung auf die Zukunft, eine geradezu abwegige Hoffnung von ein paar tausend »Christen« unter fünfzig Millionen Menschen, die um die Zeitenwende zum Imperium Romanum gehörten.
Die Sekte, weitverstreut über den Mittelmeerraum von Rom bis Jerusalem und von Kreta bis Mazedonien, war ohne jede Leitung. Was sie zusammenhielt, waren die mündliche Überlieferung und die Briefe des Paulus. Sie waren ständig bedroht von Irrlehren und »falschen Propheten«, vor denen schon Paulus gewarnt hatte.
Aber in dieser hoffnungslosen Situation geschieht das Eigenartige: Jetzt, wo die Begeisterung eines neuen Aufbruchs in Angst und Martyrium umschlägt – in Rom läßt Nero in seinen Gärten Christen als Fackeln verbrennen –, wird aus der verstreuten Sekte Gleichgesinnter auf einmal eine hierarchisch geordnete Kirche. Jetzt, in dieser aussichtslosen Lage, in der es keine anerkannten Führer mehr gibt, übernehmen die Unbekannten, die Namenlosen den Staffelstab und tragen ihn weiter.
Jetzt, wo es anscheinend zu spät ist, beginnen die einen, das Leben des Rabbi J. aufzuschreiben, und die anderen, die Briefe des Paulus zu sammeln. Sie schaffen damit eine Ersatzautorität. Hier beginnt die Entwicklung, die Gelegenheitsbriefe des Paulus und die Evangelien allmählich zu einer von Gott inspirierten »heiligen Schrift« zu machen.

Die Autoren des Neuen Testaments selbst allerdings hatten noch nicht das Gefühl, eine »heilige Schrift« herzustellen, denn mit größter Selbstverständlichkeit begannen sie, die historische Wahrheit zu manipulieren, wie es ihnen gerade paßte und wie es dem Stand der jeweiligen Entwicklung entsprach.
Mit der Zahl der Evangelien und der Briefe wachsen infolgedessen auch die Widersprüche. Die Evangelien in ihrer ursprünglichen Form wissen, wie die Urgemeinde, noch nichts von Sühnetod und Rechtfertigung. Paulus wiederum weiß nur vom Hörensagen vom Leben des Rabbi J.: Zwei völlig getrennte, in sich widersprüchliche Traditionen prallen im Laufe eines halben Jahrhunderts nach dem Tod des Paulus aufeinander, beeinflussen sich gegenseitig oder bleiben auch unvereint nebeneinander stehen.

»Verbesserte« Evangelien

Das Markusevangelium zum Beispiel, der älteste der vier Berichte über das Leben des Rabbi J., zeichnet das Bild eines Bußpredigers, der sich als der Erlöser des Volkes Israel fühlt, dies aber geheimhalten will. Als er scheitert, bevor das Reich Gottes herbeigekommen ist, stirbt er mit dem Verzweiflungsschrei: »Mein Gott, mein Gott, warum hast du mich verlassen«, und konsequent endet das Evangelium mit der Angst der Verzweiflung der enttäuschten Jünger. Völlig im Widerspruch zu diesem Bericht enthält das Markusevangelium aber drei sogenannte Leidensankündigungen – Kapitel acht, neun und zehn –, in denen Rabbi J. angeblich selbst seinen Kreuzestod und seine Auferstehung genau voraussagt. Irgend etwas stimmt hier nicht. Entweder sahen Rabbi J. und seine Jünger in dem vorausgesagten Tod die eigentliche Erlösung – dann wäre die Verzweiflung nur schwer zu verstehen. Oder sie sahen die eigentliche Aufgabe des Rabbi J. in seinem Leben – dann sind die Leidensankündigungen mit ihrer positiven Deutung des Todes unverständlich. Der Widerspruch löst sich, wenn man sich klarmacht, daß das Markusevangelium etwa um das Jahr 70 – vielleicht sogar noch zu Lebzeiten des Paulus, wenn auch unabhängig von ihm und seiner Deutung des Kreuzestodes – im Orient entstanden war und nun zu den Gemeinden kam, die durch Paulus den Tod des Rabbi J. anders zu deuten wußten. Plötzlich stimmte das Evangelium nicht mehr. Aber da man den Text selbst nicht verändern wollte, schob man einfach an drei Stellen Leidensankündigungen ein, die die Deutung des Todes im Sinne des Apostels Paulus nachträglich als prophetische Worte des Rabbi selbst ausgaben. (Auch der unechte Markusschluß ab Vers neun wurde erst später hinzugefügt.) Auf diese Weise wurde das Evangelium aktualisiert und, wenn auch mit unzulänglichen Mitteln, harmonisiert.

Derartige nachträglich eingefügte »Prophezeiungen aufgrund des bereits Geschehenen« werden in der Theologie »vaticinium ex eventu« genannt, wie man vornehm den Tatbestand der Fälschung umschreibt, und kommen in der Bibel des öfteren vor.[22]

Ähnlich liegen die Dinge bei der Herausbildung erster hierarchischer Strukturen in der neuen Sekte. Weder Paulus noch Rabbi J., die beide das baldige Ende dieser Welt erwarteten, haben irgendwelche Anweisungen für die Zukunft gegeben, ja, Rabbi J. hat sogar jede Rangordnung ausdrücklich abgeleht, als es unter den Jüngern zum Streit kam, »welcher unter ihnen sollte für den größten gehalten werden. Er aber sprach zu ihnen: ›Die Könige der Völker herrschen, und ihre Mächtigen heißet man gnädige Herren. Ihr aber nicht also! Sondern der Größte unter euch soll sein wie der Jüngste, und der Vornehmste wie ein Diener.‹«[23]

Das Wort »Kirche« kommt daher in den vier Evangelien überhaupt nur zweimal vor, und beide Male kann man das Wort auch ebenso richtig mit »Gemeinde« übersetzen – wie es Luther tut, während die römisch-katholische Kirche Wert darauf legen muß, zumindest an einer

Stelle das griechische Wort »ekklesía« mit »Kirche« wiederzugeben.
Diese eine (und einzige) Stelle steht bei Matthäus und heißt in katholischer Übersetzung: »Du bist Petrus, auf diesen Felsen will ich meine Kirche bauen.«[24] Es ist die Stelle, aus der die katholische Kirche das Papsttum herleitet.
Da Rabbi J. gar nicht vorhatte, eine Kirche zu gründen, weil er das Kommen des Reiches Gottes erwartete, muß diese Stelle, wenn sie echt ist, also eine andere Bedeutung haben, als wir heute mit dem Begriff »Kirche« verbinden. Zwar ist aus dem Wort »ekklesía« das Wort für »Kirche« in unserem Sinne geworden. Die eigentliche Wortbedeutung aber ist anders.
Die deutsche Ausgabe der *Jerusalemer Bibel* führt dazu in den Anmerkungen aus: »Das hebräische gahal, im Griechischen mit ekklesía übersetzt, bedeutet ›Versammlung‹ und kommt oft im Alten Testament als Bezeichnung der Gemeinde des erwählten Volkes, besonders der Gemeinde in der Wüste vor, vgl. Apg. 7, 38. Jüdische Kreise, die sich – wie die Essener von Qumran – als der endzeitliche Rest Israels ... betrachteten, nannten so ihre Gemeinschaft.«
Auch hier also hat Rabbi J. nicht nach vorn gewiesen, sondern sich auf das Kloster von Qumran zurückbezogen, das das Ziel seines geistigen und geistlichen Hintergrundes ist. Indem er Petrus, den Bar-Jona, »den, der draußen lebt«, wie die Gemeinde von Qumran in der Wüste, besonders hervorhebt, bindet er seine Jünger eher an die Essener, aber er gründet keine neue Kirche.[25]
In keinem Falle ernennt er einen Nachfolger, denn auch bei Matthäus stirbt Rabbi J. mit dem Schrei der Verzweiflung, daß ihn Gott verlassen habe, weil seine Messiasfunktion gescheitert war: Jenseits des Kreuzes war nichts.

Die neue Hierarchie

Aus den Evangelien war also weder eine Kirche noch eine entsprechende Organisation abzuleiten.[26] Aber auch Paulus, der eben deswegen so eifrig missionierte, weil er das baldige Kommen der himmlischen Herrschaft erwartete, hatte nicht an eine Kirche gedacht. Wohl hatte er Gemeinden gegründet, die offensichtlich voneinander unabhängig waren, die aber zunächst noch keine Ämterhierarchie kannten. Im Gegenteil, »frei vom Gesetz« sollten sie auf dem Geist der gegenseitigen Liebe beruhen. Die damals noch ekstatische Gemeinde kannte keinen Priester und kein Amt, sondern das »Allgemeine Priestertum«, es gab keine Trennung zwischen Laien und Klerus, jeder durfte grundsätzlich taufen und verkünden oder als Prophet auftreten, denn für Paulus bestand ein grundsätzlicher Unterschied zwischen Religion und Gesetz: »Christus hat uns erlöst von dem verfluchten Gesetz.«
Und doch war es Paulus selbst mit seinem Herr-Knecht-Denken, der eine erste Rangordnung aufstellte: »Gott hat allen einen bestimmten Platz zugewiesen. An der Spitze stehen die Apostel. Dann kommen die Propheten und an dritter Stelle die Lehrer. Dann kommen die, die Wunder wirken. Es folgen die, die heilen können. Die anderen helfen, sie verwalten oder reden in überirdischen Sprachen.«[27]
Manche haben die Entstehung der juristischen Organisation der Kirche als die größte Tragik des Christentums bezeichnet. Auf der anderen Seite brauchten die Gemeinden eine Ordnung, um nicht im Chaos unterzugehen. »Zögernd erst, bei den Griechen noch lange mit der Freiheit der Ekstase und Liebe kämpfend, aber durch die Rechtstradition des Orientes, Roms und des Alten Testamentes beschleunigt, wurde die Kirche eine Rechtsorganisation mit einem Recht jure divino (›göttliches Recht‹)«, notiert Carl Schneider[28]. »Aus der Gemeinschaft der Liebe wurde die Kirchenzucht, aus dem allgemeinen Priestertum eine juristisch einwandfreie Amts-

hierarchie, aus dem im Geiste redenden Herrn der gesetzlich geschützte Bischof; an die Stelle der Ekstatiker traten die Advokaten, und schließlich wurde auch das Verhältnis Gottes zum Menschen durch einen Rechtskodex geregelt.

Der Gegensatz beginnt im Neuen Testament. Die paulinische Kirche des Geistes, die ohne jede Rechtsbindung die geistgetriebenen christlichen Enthusiasten zur Feier des Herrenmahls und zur Liebestätigkeit zusammenrief, wird verdrängt durch einen Kultverein mit einer zunächst amtsaristokratischen, dann monarchischen Organisation.«

Man denkt an die Jerusalemer Urgemeinde und die »Säulen«, die messianisch bestimmte Gegenregierung zum Synedrion, die auch schon Apostel und Diakone kannte. Man erinnert sich, daß sie das Recht hatten, Paulus nach Jerusalem zu zitieren und seine Lehre zu prüfen. Aber das waren noch keine Rechtspositionen, sondern Ämter mit persönlicher Autorität. Ein monarchisches Bischofsamt wird in den älteren Schriften des Neuen Testaments nirgends beschrieben. Erst die sogenannten »Pastoralbriefe«[29] des Neuen Testaments bringen eine feste Ordnung: »Lernt euch unterzuordnen«, heißt es da plötzlich.

Ein ganz neuer Ton taucht auf: »Seid untertan aller menschlichen Ordnung . . .«[30] »Ihr Knechte, seid untertan mit aller Furcht des Herrn.«[31] – »Allesamt seid einander untertan.«[32] Timotheus redet bereits vom Bischofsamt[33] und findet: »Die Knechte, die unter dem Joch sind, sollen die Herren alle Ehren wert halten.«[34]

Und immer ist es der Apostel Paulus oder Petrus gewesen, der diese Briefe geschrieben hat: So steht es in den Pastoralbriefen deutlich zu lesen. Nur daß diese Briefe eben Fälschungen sind wie die »Weissagungen nach dem Ereignis«. Die theologische Forschung ist sich in diesem Falle verblüffend einig, daß diese Briefe erst zwischen den Jahren 70 und 125 geschrieben sein können – also nach dem Tod der Apostel. Aber ihr Zweck ist deutlich:

Sie sollen als Ersatzautorität unter falschem Namen die Entwicklung zur Amtshierarchie rechtfertigen, die sonst aus den Schriften des Neuen Testaments nicht zu beweisen wäre. Die Namenlosen, die die Botschaft aufgenommen haben, sind in eine andere Richtung gegangen, als Rabbi J. oder Paulus gewollt hatten. Sie haben die Freiheit des Glaubens um der Ordnung willen eingeschränkt. Aber die Kette ist sichtbar in ihren einzelnen Gliedern: Rabbi J. nannte Gott noch mit dem Kosenamen »Papa«, Paulus nennt den Christus wieder »Herr«, und die Nachfahren des Paulus verlängern die Kette um ein neues Glied: Dem »Herrn Gott« und dem »Herrn Christus« fügen sie den »Herrn Bischof« an: »Ohne den Bischof sollt ihr überhaupt nichts tun«[35], denn der Christ soll dem Bischof gehorchen, wie Christus Gott gehorsam war: »Wer den Bischof ehrt, wird von Gott geehrt, wer ohne Bischof etwas tut, dient dem Teufel«[36], oder auch umgekehrt: »Wer zu Gott und Jesus Christus gehört, ist beim Bischof.«[37]
Die Kirche ging noch einen Schritt weiter und setzte sich selbst als Vermittler. Nicht aus dem Mittelalter, sondern aus der Frühzeit der Kirche stammt der erschreckende Satz: »Der kann nicht Gott zum Vater haben, wer nicht die Kirche zur Mutter hat.« Es ist derselbe Cyprian, Bischof von Karthago – ein Vorgänger des Augustinus –, von dem der berühmte Satz stammt: »Außerhalb der Kirche gibt es kein Heil«[38] – ein Satz, der bis heute die heimliche Magna Charta und Existenzberechtigung aller Kirchen ist, auch wenn er Wort für Wort den eigentlichen Absichten des Rabbi J. widerspricht, der keine Kirche kannte, keine Kirche wollte und keine Kirche gründete, sondern dem es recht war, wenn man mit seinem Gott allein in »seinem Kämmerlein« sprach und sich mit Gleichgesinnten zusammentat.
Einst konnte noch jeder zum Bischof gewählt werden, dessen Lebenswandel das erlaubte, aber das wurde bald verboten. Bischof konnte nur noch werden, wer die hierarchische Laufbahn hinter sich brachte: Zum Bischof

wurde man befördert, das kirchliche Beamtentum war keine zweihundert Jahre nach dem Tod des Paulus perfekt. Nur noch der Bischof durfte taufen. Er allein hatte also zu entscheiden, wer der ewigen Seligkeit teilhaftig wurde und wer nicht – ein Nachklang, den wir heute noch in der katholischen Firmung finden –, der Rest war Kirchenvolk, oder wie man damals drastischer sagte: Plebs, Plebejer.

Von Gleichheit war keine Rede mehr, die Trennung von Klerus und Laien, die Rabbi J. nie lehrte, kam auf. Bald wurde behauptet, wer »Petrus« anklage oder kritisiere, der klage in Wirklichkeit Gott an; und Cyprian war der erste, der verlangte, daß man vor einem Bischof aufstehen solle wie einst vor einem heidnischen Götzenbild. Es ist von einer beschämenden Konsequenz, daß die Bischöfe, die früher noch als »Brüder« angeredet wurden, 150 Jahre nach der Geburt des Rabbi J. als »Herr« angesprochen werden wollten wie Gott selbst. »Die göttliche Legitimation des Herrschers ist wieder da, genau wie im Herrscherkult«, schreibt Carl Schneider, »christlich ist daran nichts mehr.«[39]

Kirche statt Reich Gottes

Vielleicht sind griechische Mysterienkulte der Ursprung unserer Kirche. An den Spitzen der dionysischen Gemeinden stand zum Beispiel ein »Heros«, ein Held, der vielleicht so etwas wie eine Mittlerstelle zwischen Gott und der Gemeinde innehatte (wir wissen es nicht). Bei Homer jedenfalls gab es schon »Bischöfe«, achthundert Jahre vor unserer Zeitrechnung. Es waren Götter, die als Episkopoi, als Aufseher und Hüter der Welt und der Menschen, auftraten: Das Wort hatte immer einen religiösen Klang.

Später waren die Episkopoi eine Lieblingsbezeichnung der kynischen Philosophie, wenn sie den Stellvertreter der Gottheit auf Erden meinten, denjenigen, der alles beaufsichtigen sollte – es scheint, wir kommen der Sache näher. Aber der griechische Götterkult hatte nie ein solch autoritäres Gepräge: Das Schicksal, die Moira, stand selbst über den Göttern. Der christliche Bischof war mehr, er entschied selbstherrlich, wen er zu lösen oder zu binden gedachte.[40]

Aus dem Berufensein zu Christus wurde ein Beruf.

Das alles geschah nicht sofort und nicht auf einmal, wohl aber mit der Zwangsläufigkeit einer jeden Bewegung, die über den Enthusiasmus der ersten Jahre hinauswächst und feste Formen sucht, um dann ebenso zwangsläufig wie unfreiwillig in ihnen zu erstarren. Insofern ist die Entwicklung des frühen Christentums nichts Besonderes. Noch jede Religion und jede Ideologie ist diesen Weg von der Intuition in die Institution gegangen.

Und trotzdem ist dies eine entscheidende Phase. Es ist die Nahtstelle, wo eine unsterbliche Idee sterblich wird. Was uns von Rabbi J. und seinem Leben überliefert ist, hat – trotz aller Verdeckungen und Unklarheiten – noch immer den Abglanz des Absoluten und daher nie Nachvollziehbaren. Er hat Forderungen an den Menschen gestellt, die auch über den kleinen Horizont von Galiläa hinaus weiterwirkten, weil sie zeitlos sind.

Paulus hat diese Wahrheit schon in den Egoismus der eigenen Erlösung verkleinert, die nicht der Mensch, sondern die Gott bewirkt. Rabbi J. lehrte noch das Vertrauen *zu* Gott – und das Wort Vertrauen ist nichts weiter als die Übersetzung des griechischen Wortes für Glauben –, Paulus lehrte den Glauben *an* den Christus. Der Rabbi J. der ersten Evangelien kannte noch keinen Vermittler, der sich trennend zwischen Mensch und Gott stellte. Paulus und der Evangelist Johannes kamen nur über einen Mittler zu Gott.

Die Nahtlinie zwischen dem Gott des Rabbi J. und dem christlichen Gott verläuft genau da, wo Paulus, der römische Bürger, die revolutionäre Lehre des Rabbi J. vom Vater-Gott so lange veränderte, bis sie wieder in das Herr-Knecht-Schema des Römischen Reiches paßte, dessen Herrscher sich als Erlöser feiern ließen, die Standarten vor sich hertragen ließen, wie später die Bischöfe, und die bestimmten, wer sich die Adern zu öffnen hatte und wer nicht, wer in der Gnade des Herrn stand und wer, wie Paulus in Römer 9 sagt, zu »Unehren« geschaffen war.

Sicher: Paulus hat die Kirche nicht geschaffen. Aber hätte er sie geschaffen, so sähe sie aus wie das, was dann tatsächlich entstand. Denn es lag in der Tendenz der Kirche, so Carl Schneider, »die Verwaltung und Leitung weder demokratisch zu gestalten, wie die meisten hellenistischen Kulte, noch kollegial, wie das Judentum und andere orientalische Religionen, sondern monarchistisch-diktatorisch, wie die hellenistischen Staatskulte und der römische Kaiserkult«[41].

Aus dem Gebot der Liebe wurde der Gehorsam, aus der Gleichheit der Kinder Gottes die Unterordnung unter den bischöflichen Stiefvater. Aus der liebevollen Versöhnung zwischen Mensch und Gott, zwischen Kind und Papa, wurde das Maklermonopol der Gnade in den Händen von Menschen. An die Stelle der Autorität der Apostel tritt die Autorität der Organisation und an die Stelle des gottbegnadeten das unpersönliche Amt. Das Wehen des Heiligen Geistes wird nach Rangstufen geordnet.

Rabbi J. wollte das Reich Gottes, Paulus seine Erlösung von Schuld, die Kirche wollte sich selbst. Rabbi J. scheiterte, Paulus wurde hingerichtet, die Kirche siegte.

Oder wie es der Franzose Loisy schon Anfang des Jahrhunderts kurz und bündig sagte: »Jesus verkündete das Reich Gottes, und was kam, war die Kirche.«[42]

Die formenden Kräfte

Niemand kann sagen, in welchem Jahr die Institution Kirche entstand. Theologisch gesehen wurde sie zwar durch das Ostergeschehen gestiftet und durch die Ausgießung des Heiligen Geistes zu Pfingsten offenbart. Vom historischen Standpunkt aus ist die Institution Kirche jedoch eher unter die »gewachsenen« als unter die »gestifteten« Phänomene einzureihen. Rabbi J. jedenfalls, so stellt der Erlanger Neutestamentler Jürgen Roloff in *Reclams Bibellexikon* fest, »kann nicht als Gründer der K. bezeichnet werden. Seine Botschaft und sein Wirken zielten auf die Erneuerung Israels in seiner Gesamtheit«[43].

Vermutlich hat sich die Kirche – das Wort leitet sich vom griechischen »kyriake« (= dem Herrn zugehörig) ab – über Jahrzehnte hin entwickelt, bis sie zu dem wurde, was sie dann war.

Einen ähnlichen Entwicklungsprozeß hat auch die kirchliche Dogmenbildung hinter sich. So wie die Institution Kirche ihre Form allmählich in der Auseinandersetzung mit der Umwelt fand, bildete sich auch die Lehre der Kirche erst als Ergebnis geistiger Auseinandersetzungen. Und genau wie bei der Institution war auch dies ein Weg vom Ursprünglichen fort. Der historische Rabbi J., der sich bei seinem Einzug in Jerusalem als den Messias, als den geistlich-politischen Retter seines Volkes, feiern ließ, glaubte an keinen Sühnetod; er hat sich selbst nie als leiblichen Sohn Gottes empfunden, wohl aber als »Menschensohn« bezeichnet; er hat das Gesetz nicht aufgelöst, sondern vertieft, indem er zu den äußerlichen Sünden noch die Gedankensünde hinzutat wie beim sechsten Gebot, wo es schon Ehebruch ist, wenn man eine Frau ansieht und sie begehrt. Der historische Rabbi J. war ein strenggläubiger Jude.

»Jesus hat darüber keinen Zweifel gelassen«, schreibt Adolf von Harnack in seinen berühmten Vorlesungen über das *Wesen des Christentums*, die er im Jahr 1900 hielt und die in mehr als 14 Sprachen übersetzt wurden, »daß Gott im Gesetz und den Propheten gefunden werden kann und gefunden worden ist. ›Es ist dir gesagt, Mensch, was dir gut ist und was dein Gott von dir fordert, nämlich Gottes Wort halten und Liebe üben und demütig sein vor deinem Gott.‹ Der Zöllner im Tempel, das Weib

am Gotteskasten, der verlorene Sohn sind seine Paradigmen« – seine Gleichnisse –, »sie alle wissen nicht von einer ›Christologie‹, und doch hat der Zöllner die Demut gewonnen, der die Gerechtigkeit folgt. Wer daran dreht und deutelt, der verwundet die Schlichtheit und Größe der Predigt Jesu an einer ihrer wichtigsten Stellen.«[44]
Und es ist wahr: Rabbi J. hat – so kann man es in den Evangelien nachlesen – ganz ohne Kreuzesglauben, Kreuz und »Christologie« die Menschen mit Gott versöhnt. »Dein Glaube hat dir geholfen« – das war genug: der Glaube, daß Gott die Blinden sehend machen kann, wenn er will, und die Lahmen gehend, wenn die Menschen nur Vertrauen haben und seine Gebote halten.[45]
Wir machen uns das nur nicht mehr klar, weil die Kirchen unentwegt die Evangelien im Sinne der paulinischen Lehre interpretieren und damit verfälschen, ganz, als ob man die Lehren des Rabbi J. auf eine Stufe stellen könnte mit der nachträglich von Paulus »erfundenen« Christologie, die im Grunde nichts damit zu tun hat.
»Es ist eine verzweifelte Annahme zu behaupten«, schreibt daher der Theologe Harnack weiter, »im Sinne Jesu sei seine ganze Predigt nur etwas Vorläufiges gewesen, alles in ihr müsse nach seinem Tode und seiner Auferstehung anders verstanden, ja, einiges gleichsam als ungültig beseitigt werden. Nein – diese Verkündigung ist einfacher, als die Kirchen es wahrhaben wollen ... Jesus hat den Menschen die großen Fragen nahegebracht, Gottes Gnade und Barmherzigkeit verheißen und eine Entscheidung verlangt: Gott oder der Mammon, ewiges oder irdisches Leben, Seele oder Leib, Demut oder Selbstgerechtigkeit, Liebe oder Selbstsucht, Wahrheit oder Lüge. In dem Ring dieser Fragen ist alles beschlossen.«[46]
Aber die Kirche hat es nicht dabei gelassen. Seit Paulus hat sie den Menschensohn immer mehr verdrängt und Stück um Stück durch den Gottessohn ersetzt, bis schließlich ein Gott daraus wurde. Aber »der Satz: ›Ich bin Gottes Sohn‹ ist nicht von Jesus selbst in sein Evangelium eingerückt worden, und wer ihn als einen Satz

neben anderen dort einstellt, fügt dem Evangelium etwas hinzu«[47], stellt Harnack fest und: »Nicht der Sohn, sondern allein der Vater gehört in das Evangelium, wie es Jesus verkündigt hat, hinein.«[48]
Das ist ein himmelweiter Unterschied zu dem, was heute als Christentum, also als Lehre des Rabbi J., ausgegeben wird, und wenn man will, kann man nun diese Entwicklung bis in die feinsten Verästelungen nachzeichnen, denn – so Carl Schneider – »die Entwicklung von Mythos und Geschichte zur Lehre kann man selten in der Religionsgeschichte so gut beobachten, wie in der Geschichte der Christologie. Zunächst ist hier unser Quellenbefund außerordentlich reich und für viele Lehrformen lückenlos. Auch kennen wir die formenden Kräfte.«[49]

Synkretismus

Schneider sieht die formenden Kräfte vor allem im hellenistischen Synkretismus, und in seiner *Geistesgeschichte der christlichen Antike* gibt er dafür zahlreiche Beispiele.[50]
So war der nicht mehr so naturhaft empfundene Dionysos der Lieblingsgott der Zeit, doch trotz seiner Vergeistigung war der »Weinstock« noch immer sein Symbol – so wie bei Johannes Christus der »wahre Weinstock« ist. Bei Johannes kommt auch die Verwandlung von Wasser in Wein vor – ein seit Euripides bezeugtes dionysisches Wunder. Und schließlich: Wie Dionysos wird Rabbi J. von Johannes als Rasender dargestellt, der nach Meinung der Umstehenden von einem Dämon besessen war.
Nur bei Johannes heißt es: »Wenn ihr nicht das Fleisch des Menschensohnes esset und sein Blut trinket...« – nach Schneider eine Erinnerung an den Dionysosmythos, in dem die Titanen das Fleisch des Dionysos zerkauen, und im Dionysoskult zerreißen die Mänaden mit den Zähnen rohes Fleisch – als Vereinigung mit dem Gott.
Nach Schneider ist der johannäische Christus aber auch

der wahre Herakles. Im Gegensatz zu den anderen Evangelien stirbt Christus hier mit denselben Worten wie Herakles: »Es ist vollbracht.« Nur hier steht seine Mutter unter dem Kreuz. Von ihr verabschiedet sich der Gekreuzigte ebenso, wie sich Herakles von seiner Mutter verabschiedet hat: »Weine nicht, Mutter ... schon ruft mich der göttliche Vater ... ich komme, Vater!« Die Parallele geht noch weiter. Nur bei Johannes steht der Lieblingsjünger unter dem Kreuz und nimmt sich dann der Maria an – so wie Hyllos, der Sohn des Herakles, versucht, das Erbe seines Vaters wiederzuerlangen.
Nach Schneider ist aus der Heraklesreligion auch ein Spruch überliefert, der in der Bibel stehen könnte: »Denn nicht um zu schaden oder um zu strafen, sondern um zu retten ist der Logos da.« Bei Johannes findet sich die Formulierung etwas anders: »Denn nicht hat Gott seinen Sohn in die Welt gesandt, um die Welt zu richten, sondern damit die Welt gerettet werde.«
Christus ist auch der wahre Asklepios, der die Asklepiosformel: »Wenn du stirbst, bist du nicht gestorben« durch seine Totenerweckungen Wirklichkeit werden läßt.
Aus dem Isiskult könnte die von Johannes verwendete Formulierung »Wasser und Geist« stammen, über die Nikodemus im dritten Kapitel in einem nächtlichen Gespräch mit Rabbi J. diskutiert. Die Formel »Blut und Geist« im Isiskult, der eleusinische Gedanke der Wiedergeburt – »es häufen sich so viele eleusinische Formelelemente zusammen«, schreibt Carl Schneider, »daß das schwerlich zufällig ist.«
Sein Fazit: »So sind überall Hinweise und Anspielungen auf hellenistische Religionen verstreut, die der Leser natürlich sofort verstand. Alle dienen einem Zwecke: Christus ist wirklich der *Erfüller* aller Religionen, darum laßt euch missionieren!«
Auch Johannes Gaitanides findet, daß sich das hellenistische Griechentum folgerichtig und Schritt für Schritt in langsam fließendem Übergang auf Jesus zubewegt: »In Wahrheit hat es ihn vorbereitet und sich auf ihn vorberei-

tet, so daß schließlich der neue Glaube wie eine reife Frucht vom Baum fiel. Das Gefäß war schon mehr oder minder vorgeformt, in das dann die neue Substanz einfloß. Christus kam nicht unvorhergesehen, als Überraschung, er fiel in die Erwartung hinein; was mit ihm und durch ihn an Geist geboren wurde – die hellenistische Welt der Ägäis hat ihn in sich ausgetragen wie in einem Mutterleib. Mag sie ihn nicht gezeugt haben, sie hat ihn empfangen. Ja, ich wage den Satz: ohne ägäischen Hellenismus kein Christentum...

Es kann also gar nicht die Rede davon sein, daß der Christengott wie ein Blitz auf diese Erde niedergefahren sei, als etwas völlig Anderes und Neues durch eine unüberbrückbare Kluft des äußersten Gegensatzes getrennt von aller vorangehenden Geschichte.«[51]

Gnostizismus

Andere sehen, wie ich meine, zu Recht die formenden Kräfte eher im Gnostizismus verankert, vor allem den Gedanken des Erlösers. »Das Rätsel der neutestamentlichen Christologie«, heißt es in einem 1973 erschienenen Sammelband zum Thema *Gnosis und Neues Testament*, »die so wenig Interesse am historischen Jesus zeigt, könnte mindestens zum Teil gelöst werden, wenn man die vorchristliche gnostische Erlösergestalt klarer fassen könnte.«[52]

Man kann genügend Verbindungen und Abhängigkeiten zwischen Gnostizismus und den Schriften des Neuen Testaments entdecken. Bis in die Vokabeln hinein sind beispielsweise der Kolosserbrief und der Epheserbrief von gnostischen Vorstellungen geprägt, ebenso das Johannesevangelium.

Und gar keine Frage ist, daß Paulus mit seiner himmlischen Erlösergestalt sehr stark von gnostisch-mystischen Vorstellungen beeinflußt war.

Es ging nicht mehr um die Lösung einer Schuld, sondern um die Erlösung des ganzen Menschen. Hier haben Pau-

lus und die griechischen Kulte vollkommen gleich empfunden: Nicht ein einzelnes Vergehen, sondern die Urschuld, der Grund zur »Sünde«, also der Grund des Fehlverhaltens überhaupt, mußte getilgt werden. Auch die Methoden – so wenig jüdisch das auch alles war – glichen sich bei Paulus und den Griechen zum Verwechseln: Die mystische Teilhabe am Göttlichen, die »höher ist als alle Vernunft«, war das Entscheidende. Da, wo der Mensch das Göttliche in sich verwirklichte – im abstrakten Glaubem oder in der rituellen Handlung –, wo er Gott erkannte, weil Gott ihn erkannte, da konnte der Myste, der Gläubige, die Erlösung erlangen.
Es fehlt auch nicht der Gedanke der »erwählten Schar« der Eingeweihten und Ausgewählten. Wie die Mysterien Stufen der Erkenntnis und der Zugehörigkeit kannten – wie auch die Sekte der jüdischen Essener, von denen Rabbi J. herkam –, so kam auch Paulus, wenn vielleicht auf anderen Wegen, zur Lehre der Prädestination, der göttlichen Vorherbestimmung, wie er sie im neunten Kapitel des Römerbriefes so erschreckend beschreibt: Manche Menschen hat Gott ausgewählt, manche hat er von vornherein zu Verdammnis bestimmt. Der Töpfer hat es in seiner Macht, ein Gefäß zu Ehren oder zu Unehren zu machen, den Menschen zu erlösen oder zu verdammen; ganz gleich, wie er sich bemüht: Entweder man ist auserwählt, oder man ist es nicht.

Verchristlichter Plato

Was Paulus lehrt, ist eine Mischung aus jüdischem Glauben, griechischer Philosophie und der Erlösungssehnsucht östlicher Mysterienkulte.
Und so schreibt Erwin Jaeckle: »Paulus hat in seiner großen religionsgeschichtlichen Leistung Ethik, Mystik und Eschatologie« – die Lehre von den Letzen Dingen[53] – »fruchtbar vermählt. Er verchristlichte den platonischen Entwurf, indem er Gott in die Weltleiden eintreten ließ. Christus wird ›zur Sünde gemacht‹ ... Der Paulinismus

war so sehr griechisch wie christlich: Platonisch nämlich ... Platonisch war auch der Begriff des göttlichen Abbilds, des menschlichen Doppelwesens, Abstieg und Aufstieg des Irdischen.«[54]

Ähnlich beschreibt es Carl Schneider in seiner *Geistesgeschichte der christlichen Antike*: »Paulus hat nicht nur den christlichen Liebesgedanken in griechische Form gegossen, sondern er ist den Weg der ›Hellenisten‹ konsequent weitergegangen. Die Welt der Mysterien und der hellenistischen religiösen Philosophie erschließt sich in ihm dem Christlichen noch weiter, besonders das letztere ... Das Grundschema alles Platonismus: Idee, Abbild, Welt des Empirischen, wurde auch das Grundschema des Paulinismus, nur in stärkerer religiöser Deutung ... In aller von Plato beeinflußten Philosophie und Religion besteht eine stetig bewegte und sich ständig bewegende Verbindung vom Abstieg des Himmlischen und Aufstieg des Irdischen.«[55]

Das statische Gegenüber von Gott und Mensch, Schöpfer und Geschöpf, das das jüdische Denken bestimmt und jede Vermischung unmöglich macht, wird von Paulus in eine mystische Wechselwirkung umgedeutet. Die Verlokkung der Schlange: »Ihr werdet sein wie Gott und wissen, was gut und böse ist«, wird im Alten Testament mit der Vertreibung aus dem Paradies bestraft. Bei Paulus strahlt die obere Welt aber in die untere hinein: Gott kann Mensch werden und ein Mensch Gott.

Zwar sieht auch Paulus das Göttliche »nur in einem Spiegel«[56], so wie sich bei Plato in seinem berühmten Höhlengleichnis die Ideen nur schattenhaft im Umriß abbilden. Aber er sagt auf der anderen Seite auch, nur derjenige könne Gott erkennen, in dem Gott schon wohne, ja, in dem unaussprechbaren Geheimnis jeder Mystik wird für ihn die Erkenntnis sogar zur notwendigen Wechselwirkung: »Nun ihr Gott erkannt habt, ja vielmehr von Gott erkannt seid.«[57]

Und so wie ihm als dem Juden vor Damaskus nicht der Messias, sondern ein hellenistischer Gottessohn erschienen war, »sitzend zur Rechten Gottes«, verwandelte er auch den Menschen Jesus in ein mystisches Erlebnis, das er in seinem Brief an die Galater mit dem Gedanken umschreibt, er lebe in Christus und Christus in ihm: Formal ist dies eine dialektische Aussage, vom Erleben her aber Mystik.

Einen Höhepunkt erreicht die Geistesmystik des Paulus aber dort, wo sich das Leiden Christi mit dem Leiden des gottsuchenden Menschen vereint. Die Anregung zu dieser Leidensmystik nahm Paulus »aus dem Mitleiden der Mysten mit dem leidenden Gott in den Mysterienreligionen«, schreibt Carl Schneider, »aber er geht weiter; erst daß der Geistträger auf vielfache Weise mit seinem Herrn leiden darf, zeigt, daß beide wirklich eines Geistes sind: ›Wir tragen ständig das Sterben Jesu in unserer Person mit uns herum, damit auch das Leben Jesu sich an uns offenbare.‹ Dieses gemeinsame Leiden ist also eine Dauergeformtheit des Geistträgers, die sein ganzes Leben durchzieht. Es ist höchster Stolz des Paulus, sagen zu können: ›Ich trage die Wunden Christi an meiner Person‹ oder ›die Christusleiden sind an uns übergroß geworden‹. Es kann sogar so weit gehen, daß die Leiden des Geistträgers die Christusleiden erst vervollständigen: Christus hat sozusagen nicht genug gelitten, um Gottes Liebesplan ganz zur Erscheinung zu bringen, und die Leiden beider werden völlig eins.«[58]

Hier liegt – außerhalb des Judentums und weit entfernt von der Lehre des Rabbi J. – die Wurzel zu jener mißverstandenen christlichen Leidensbereitschaft, die durch spätere Einflüsse verstärkt und ohne mystischen Hintergrund zu jener berühmten Jammertaltheorie wurde, in der es nichts Christgemäßeres gab, als das Kreuz auf sich zu nehmen und alles passiv über sich ergehen zu lassen. Aber diese spätere Entwicklung darf man Paulus

nicht anlasten. Für ihn war, nach platonischem Vorbild, Christus das Abbild des Wesens Gottes. Diesem göttlichen Abbild strebte er nach. Dabei übersetzte er jüdisches Denken in die »Weltweite« der damaligen griechischen Welt und veränderte es.
Während der Täufer Johannes am Jordan in der Taufe die Sünden abwusch, wird bei Paulus aus der Taufe – wie beim Mysterium des Osiris, wo der Täufling mit dem Osiris ertränkt wird – die reale Teilnahme am Leiden des Christus: »Mit ihm wurden wir begraben durch die Taufe, und mit ihm seid ihr auch auferstanden durch den Glauben.«[59]
Aus dem jüdischen Sedermahl am Passahfest wird ein Gedächtnismahl im Sinne der platonischen Wiedererinnerung der Anámnesis, dessen Sinn nicht in der Wiederholung des Abendmahles selbst, sondern in der fragenden Rückerinnerung an die »Idee« des Eigentlichen liegt, an Gott, seltsam vermischt mit einem mystischen Teilhaben am wiederholten Opfer.
Der altgriechische Glaube, daß der Zorn eines Gottes durch Menschenopfer umgestimmt werden kann – so muß Iphigenie in Aulis geopfert werden, damit die verärgerte Gottheit günstigen Wind für die Fahrt nach Troja schickt –, mischt sich mit der alttestamentarischen Geschichte von der Opferung Isaaks. Aber in beiden Fällen macht die Geschichte deutlich, daß der Gott keine Menschenopfer mehr will wie in früheren Zeiten: Beide Male ersetzt ein göttlicher Eingriff das Menschenopfer im letzten Moment durch ein Tier.
Paulus, der Mystiker, kehrt das Ganze um und setzt wieder das Menschenopfer an die Stelle des »Lammes Gottes«, das bisher im jüdischen Glauben geopfert wurde, und stellt sich damit gegen die Tradition jüdischen Handelns und Denkens. Für Gott mußte ein Mensch geopfert werden, damit Gott versöhnt wurde: Das ist die neue Lehre des Paulus. Gott selbst mußte Knechtschaft annehmen und sich erniedrigen, um durch den Tod den Tod zu überwinden und sich mit sich selbst zu versöhnen.

Diese neue Lehre war nur möglich, wenn Paulus auch das Gottesbild Jahwes änderte: Es war nicht mehr der Gott, der sich durch die Taten seiner Geschöpfe versöhnen ließ, wie er sie im Gesetz niedergelegt hatte – für einen Juden ist die Frömmigkeit eines Menschen nur an den Taten ablesbar –, sondern es war ein Gott, wie ihn die Erlösungsmysterien kannten.
So hat Paulus in einer seltsamen Mischung von griechischer Mystik und römischem Rechtsdenken doch noch Gnade gefunden. Er, der den Juden ein Jude sein wollte, fand die Erlösung bei den Griechen, und indem er den Griechen ein Grieche war, machte er sie zu Anhängern eines am Kreuz gescheiterten Juden, dessen Tod, aber nicht dessen Leben ihn interessierte.
Denn für das Mysterium des göttlichen Opfers war nur der Tod, nicht sein Leben wichtig. Darum interessierte sich Paulus auch nicht für den historischen Jesus; denn er brauchte ihn nicht, und den Tod am Kreuz, mit dem die Aufgabe des Rabbi J. scheiterte – »Mein Gott, mein Gott, warum hast du mich verlassen!« –, verkehrte er in einen Sieg, weil er eine Erlösung brauchte.
Die Lehre des Rabbi J. hatte ihm die Erlösung nicht gebracht, denn Rabbi J. war ein gesetzestreuer Jude, der nicht gekommen war, um das Gesetz aufzulösen, sondern um es zu vertiefen und mit Menschlichkeit zu erfüllen. Für Paulus, der am Gesetz scheiterte, war es nicht schwer, die Absichten und Ziele des Rabbi J. zu vergessen und dessen Scheitern zum Sieg einer neuen Idee zu machen, von der Rabbi J. nichts wußte und die er, wenn er sie gekannt hätte, als Gotteslästerung abgelehnt hätte – und nicht nur er.

Das bekämpfte Vorbild

Hier wie bei den Handschriften vom Toten Meer haben es die Vertreter der Kirchen freilich nicht so gern, wenn man derartige Zusammenhänge aufzeigt, weil diese die

Einmaligkeit Christi relativieren. Sie argumentieren, Paulus habe Sprache und Begriffe der Gnostiker benutzt, weil er in der alttestamentlich-jüdischen Tradition nichts Entsprechendes für seine Christologie gefunden habe oder weil er, der immer allen alles war, die Gnostiker zu Christen machen wollte. Leider wird dabei nie gesagt, wo im Judentum der paulinische Erlöser vorgezeichnet ist.
Andere kleiden ihre Glaubensüberzeugungen in wissenschaftliche Skepsis, die sie sich von anderen ausborgen. So schreibt der Würzburger katholische Neutestamentler Rudolf Schnackenburg: »Wie weit gnostische Motive das junge, in die hellenistische Welt aufbrechende Christentum beeinflußt haben und etwa in der Ausbildung der Christologie eingedrungen sind, ist stark umstritten; daß der sogenannte gnostische Erlösermythos überhaupt erst die volle urkirchliche Christologie ermöglicht habe, darf mit Grund, gerade nach den jüngsten religionsgeschichtlichen Forschungen, bezweifelt werden.«[60]
Es muß einen skeptisch stimmen, daß Theologen immer das finden, was die Einmaligkeit des Christentums zu beweisen scheint, während andere – und durchaus nicht immer Gegner des Christentums – bei denselben Quellen zu ganz anderen Ergebnissen kommen.
Selbst der Theologe Adolf von Harnack schreibt, die Gnostiker seien »kurzweg die Theologen des ersten Jahrhunderts gewesen. Sie haben zuerst das Christentum in ein System von Lehren [Dogmen] verwandelt; sie haben zuerst die Tradition und die christlichen Urkunden wissenschaftlich bearbeitet; sie haben das Christentum als die absolute Religion darzustellen unternommen und es deshalb den anderen Religionen, auch dem Judentum, bestimmt entgegengesetzt.«[61]
Trotzdem hat die werdende Kirche den Gnostizismus bekämpft, verdammt und unterdrückt. Warum?

Der Sieg der Häresie

Der Kampf gegen den Gnostizismus, so sahen es die Kirchenväter, war ein Kampf für die Wahrheit. Zwar gab es noch keinen Kanon, keine verbindliche Auswahl der Briefe und Evangelien, die später das Neue Testament bildeten. Aber die junge Kirche war schon soweit Institution, daß – im Gegensatz zu den verschiedenen locker gefügten gnostischen Schulen – der Lyoner Bischof Irenäus um das Jahr 180 einen regelrechten Ketzerkatalog aufstellen und den Gnostizismus in einem fünfbändigen Werk bekämpfen konnte. Es hat den Titel *Die Ausrottung und Überwindung des fälschlicherweise sogenannten Wissens* und versucht: »Die Ansichten derer darzulegen, die derzeit Häresie lehren ... zu zeigen, wie widersinnig und mit der Wahrheit nicht vereinbar ihre Feststellungen sind ... Ich unternehme dies, damit du allen, mit denen du in Verbindung stehst, ans Herz legen sollst, solche bodenlose Tollheit und Blasphemie gegen Christus zu vermeiden.«[62]

Ein halbes Jahrhundert später schrieb der römische Presbyter und Kirchenschriftsteller Hippolyt eine weitere *Widerlegung aller Ketzereien*, um die »Gottlosigkeit der Häretiker aufzuzeigen und zu widerlegen«[63].

Den Grund faßt Tertullian (150–230) zusammen, ein zum Christentum übergetretener römischer Rechtsanwalt aus Karthago: »Aus welchem Grunde aber sollten die Häretiker für die Apostel Fremdlinge und Feinde sein als wegen der Verschiedenheit ihrer Lehre, die jeder einzelne von ihnen nach seinem Belieben mit feindlicher Tendenz gegen die Apostel entweder selbst zutage fördert oder von anderen angenommen hat.«[64]

Was dahinter steckt, ist zum großen Teil Angst vor einem Autoritätsverlust; so schreibt Irenäus über die Gnostiker: »Sie bilden sich ein, sie hätten mehr als die Apostel entdeckt und die Apostel hätten das Evangelium noch unter dem Einfluß des jüdischen Denkens gepredigt, sie selbst aber wären weiser und klüger als die Apostel« und schließlich auch »weiser und klüger als die Priester«[65]. Die junge Kirche scheint bereits jetzt nicht mehr auseinanderhalten zu können, ob sie um ihren Einfluß oder um die Wahrheit kämpft. Denn sie hat bereits eine Tradition zu verteidigen, die zugleich ihre Stütze ist: Die junge Kirche glaubt an »die eine und einzige Wahrheit, die von den Aposteln ausgeht und durch die Kirche weitergegeben wird«. Und falls es doch einmal eine Lehrauseinandersetzung geben sollte, so weiß Irenäus, wohin man sich zu wenden hat: Dann »werden wir nur die apostolische Tradition der größten und ältesten und allbekannten Kirche, die von den beiden ruhmreichen Aposteln Petrus und Paulus zu Rom gegründet und gebaut ist ... und die Glaubenspredigt ... wie sie durch die Nachfolge ihrer Bischöfe bis auf unsere Tage gekommen ist, angeben. Mit der römischen Kirche nämlich muß wegen ihres besonderen Vorranges jede Kirche übereinstimmen.«[66]

Nichts dergleichen konnte der Gnostizismus vorweisen. Er hatte keine einheitliche Lehre und keine einheitliche Leitung. Das war sein Nachteil, wenn er den Kampf mit der durchgeformten christlichen Lehre aufnehmen wollte.

Aber es war sein Vorteil, wenn es um die Werbung von Anhängern ging. Hier fand jeder genau das, was ihm paßte, statt wie im Christentum eine Lehre akzeptieren zu müssen, an die man glauben sollte, gerade weil sie widersinnig war (»credo, quia absurdum«). Und so entrüstet sich Tertullian: »Ich will ein Lügner sein, wenn sie nicht unter sich sogar von ihren Glaubensregeln abweichen, indem ein jeder ebenso das, was ihm gelehrt wurde, nach seinem Gutdünken modelt, wie sein Lehrer es nach seinem Gutdünken geschaffen hat.«[67]

Das Wehen des Geistes

Was Tertullian verteufelt und was uns wie Eigenbrötelei und Chaos vorkommen mag (und was es auch so schwer macht, den Gnostizismus in knappen Worten zusammenzufassen), ist gerade das Ideal der Gnostiker: die persönliche Erweckung durch Vision, Ekstase oder das Erfassen immer neuer Geheimnisse. Bei den Gnostikern weht der Geist noch da, wo er will, und nicht nur rund um den Bischofssitz wie bei der Kirche. Bei den Gnostikern kann jeder zum reinen Licht aufsteigen, ohne auf Kirchenkerzen angewiesen zu sein. Bei den Gnostikern kann jeder die mystische Vereinigung mit Gott erleben, wenn er nur tief genug in sich hineinsinkt und den Lichtfunken findet.

Einer Kirche, die nach den Worten des Irenäus in allen Teilen der Welt einen so einheitlichen Glauben hat, »als ob sie nur eine Seele und ein Herz hätte«[68], mußte dieses spirituelle Herumvagabundieren der Gnostiker unheimlich sein – nicht weil es vielleicht zur Unwahrheit und zur Häresie führte, sondern weil es eine Freiheit bedeutete, die außerhalb ihrer Kontrolle lag.

Es hat die Kirche viel Mühe gekostet, dieses freie Wehen des Geistes nach Möglichkeit zu unterdrücken, indem sie zum einen die Zeit göttlicher Offenbarungen Vergangenheit werden und mit Rabbi J. aufhören ließ und zum anderen die Erlösungsmittel monopolisierte und ins Tabernakel einschloß, zu dem nur der Priester Zugang hatte.

Wir können in der Bibel nachlesen, daß das einmal anders war. In einer Geschichte, die noch vor der Bekehrung des Paulus liegt, berichtet Lukas: »Als die Apostel in Jerusalem erfuhren, daß Samaria das Wort Gottes angenommen habe, sandten sie Petrus und Johannes dorthin. Diese zogen hinab und beteten für sie, daß sie den Heiligen Geist empfangen möchten, denn er war noch auf keinen von ihnen herabgekommen, sie waren nur auf den Namen des Herrn Jesus getauft.«[69]

Glaube und Taufe bewirken also noch nicht das volle geistliche Leben. Wenn aber der Heilige Geist über jemanden kommt, dann erlebt man wie zu Pfingsten ekstatisches Zungenreden und Wunderheilungen – genau jene Zustände also, die man bei den Gnostikern später so

verwerflich fand. Interessanterweise steht dieser Bericht im Zusammenhang mit Simon dem Magier, ein Gnostiker, der in der Kirchengeschichte als Erzbösewicht des Gnostizismus hingestellt wird. Denn als Simon Magus sah, wie auf die anderen durch Handauflegen der Heilige Geist herabkam – wie auch immer sich das gezeigt haben mag –, bot er den Aposteln Geld an für »die Macht, daß, so ich jemand die Hände auflege, derselbe den heiligen Geist empfange«. Von diesem Simon kommt der Begriff der »Simonie«, mit dem man den geistlichen Ämterkauf bezeichnet.
Dieser Hang zum Geisteswehen und zum Visionären war nicht nur für die äußere Ordnung und innere Disziplin der Kirche eine Gefahr, die man gern unter Kontrolle bringen wollte.

Von oben geboren

Hatte der Doketismus, die Lehre vom Scheinleib, schon gegen die Auffassung des Paulus gestanden, Gott sei Mensch geworden und habe mit seinem Blut und Leiden von Sünde erlöst, so widersprach auch das spirituelle Verständnis des Gnostizismus der leiblichen Auferstehung von den Toten.
In dem Bewußtsein, in Stufen vom Materiellen über das Geistige zum reinen Licht aufzusteigen, wäre es einem Gnostiker auch nicht im Traum in den Sinn gekommen, mit dem materiellen Leib auferstehen zu wollen. Nichts wäre hinderlicher gewesen als das und nichts unsinniger. Den Leib wollte man ja gerade überwinden, weil er zum »Reich der Finsternis« gehört.
Auch das frühe Christentum, von eben diesem Gedanken des Gnostizismus beeinflußt, läßt noch Spuren davon erkennen. Sogar Paulus sagt es ganz deutlich im 1. Korintherbrief: »Das sage ich euch aber, liebe Brüder, daß Fleisch und Blut nicht können das Reich Gottes ererben; auch wird das Verwesliche nicht erben die Unverweslichkeit.«[70]

Auch in den Evangelien gibt es genügend Stellen, die uns keinen leiblich Auferstandenen zeigen: Maria Magdalena, die am Ostermorgen am Grab ist, sieht einen Mann, den sie für den Gärtner hält, und erst, als er sie anspricht, erkennt sie in ihm Rabbi J. – eine Vision, die ihr sogar verbietet, sie anzufassen: Noli me tangere.
Auf dem Wege nach Emmaus begleitet ein unbekannter Mann die beiden Jünger, und erst nach Stunden, beim Brotbrechen, erfahren sie, daß es der Auferstandene ist, der daraufhin vor ihren Augen verschwindet. Später erscheint er den übrigen Aposteln, die ihn für einen Geist halten, gerade weil er in seiner bekannten Gestalt erscheint und die Wundmale vorzeigt.
Doch dann kommt der Bruch mit den Vorstellungen des Gnostizismus. Lukas berichtet, daß sich Rabbi J. zu essen geben ließ, und Johannes erzählt die Geschichte vom ungläubigen Thomas, der die Wundmale des Herrn nicht nur sieht, sondern auch berühren muß, um es zu glauben. Selig sind zwar die, die nicht sehen und doch glauben – aber die Kirche ist allzugern den Weg der Verdinglichung gegangen, wo ursprünglich einmal etwas Geistiges gemeint war.
Die amerikanische Religionshistorikerin Elaine Pagels schreibt in ihrem Buch über die gnostische Bibliothek von Nag Hammadi: »Einige Gnostiker nannten ein wörtliches Verständnis der Auferstehung den ›Glauben von Toren‹. Die Auferstehung, darauf beharrten sie, war nicht ein einmaliges Ereignis in der Vergangenheit; es symbolisierte vielmehr, wie Christi Anwesenheit auch in der Gegenwart erfahren werden kann. Worauf es ankam, war nicht das buchstäbliche Sehen, sondern die geistige Vision. Sie verwiesen darauf, daß viele, die die Ereignisse im Leben Jesu miterlebt hatten, ihrer Bedeutung gegenüber blind geblieben sind. Ja, die Jünger selbst hatten die Worte Jesu oft mißverstanden: diejenigen, die verkündeten, daß ihr toter Meister physisch ins Leben zurückgekehrt sei, nähmen nun fälschlicherweise eine geistige Wahrheit für ein wirkliches Ereignis.«[71]

Das Evangelium der Maria, ein gnostischer Text, der schon vor den Funden von Nag Hammadi bekannt war, interpretiert die Auferstehung als ekstatische Verzückung und Vision. Und die Apokalypse des Petrus, ein Text von Nag Hammadi, berichtet, daß Petrus in tiefer Trance den Auferstandenen sah, der ihm erklärte: »Ich bin nur der geistig wahrnehmbare Geist, der erfüllt ist von strahlendem Licht«[72], ein Erlebnis, das ja auch Paulus vor Damaskus hatte.

Auferstehung, das ist nach der gnostischen Abhandlung über die Auferstehung »nicht ein Hirngespinst, sondern wahr«[73], aber in einem anderen Sinne als wir es im christlichen Abendland gewohnt sind. Diese Auferstehung ist der Augenblick der Erleuchtung, ist »das Sichtbarwerden dessen, was existiert ... und eine Veränderung in eine neue Daseinsform«[74]. Ähnlich formuliert es das Evangelium des Philippus von Nag Hammadi, das gegen die buchstäbliche Auffassung einer Auferstehung polemisiert: »Diejenigen, die sagen, man wird zuerst sterben und [danach] auferstehen, irren.« Vielmehr müsse man »bei Lebzeiten die Auferstehung erhalten«[75].

In einem anderen Evangelium heißt es: »Wahrlich, wahrlich, ich sage dir: Wer nicht aus Wasser und Geist geboren wird, kann nicht in das Reich Gottes eingehen. Was aus Fleisch geboren ist, ist Fleisch; was aus Geist geboren ist, ist Geist. Wundere dich nicht darüber, daß ich zu dir sage: Ihr müßt von oben her geboren werden. Der Wind weht, wo er will, und du hörst sein Sausen; aber du weißt nicht, woher er kommt, noch wohin er geht. So verhält es sich mit jedem, der aus dem Geist geboren ist.«[76]

Dieses Zitat stammt nicht aus einem Text von Nag Hammadi, sondern steht im Johannesevangelium des Neuen Testaments: So fern ist die Bibel dem Gnostizismus manchmal gar nicht. Und genau das war das Gefährliche. Nicht der Gnostizismus war in Gefahr, vom Christentum geschluckt zu werden, sondern umgekehrt. In dem großen, weiten synkretistischen Flechtwerk des Gnostizismus hätte bequem auch die Lehre des Rabbi J. Platz gehabt. Die »Söhne des Lichts« und »die Söhne der Finsternis« bei den Essenern sind wenn auch vielleicht ferne Verwandte des Gnostizismus, und der Gedanke ist so abwegig nicht, daß manche Teile des christlichen Gnostizismus die Erinnerung an den historischen Rabbi J. und seine Lehren vielleicht unverfälschter, wenn auch in für uns ungewohnter Form bewahrt haben als das Christentum des Paulus.

Die Kirche hat Paulus freilich nie als Häretiker gesehen. Aber seine Häresie hat gesiegt, der Gnostizismus wurde unterdrückt und mit ihm alles, was ihm nahestand. So auch die Lehre des Marcion, den der hl. Polycarp von Smyrna einen »Erstgeborenen des Satans« und den andere »schmutziges Schwein« und »gräulichen Frevler« nannten.

Der Ketzer Marcion

Marcion, um das Jahr 85 in Sinope, einer griechischen Handelsstadt am Schwarzen Meer, als Sohn eines Bischofs geboren, wurde aus seiner Heimatgemeinde ausgeschlossen und ging auf Umwegen nach Rom, schloß sich der dortigen Gemeinde an und schenkte ihr Geld im Wert von 40 000 Goldmark. Aber auch dort warf man ihn wieder hinaus und – die Quellen erwähnen es ausdrücklich – gab ihm das ganze schöne Geld wieder zurück.

Im Jahre 144 gründete Marcion eine eigene Kirche, und sein Erfolg war ungeheuer. Schon um 150 berichtet Justinian, daß sich Marcions Lehre über alle Länder erstreckte und viele ihm glaubten, »als ob er im Alleinbesitz der Wahrheit sei«[77], und Tertullian, der gleich fünf Bücher gegen ihn schrieb, meinte, seine Häresie habe bereits die ganze Welt erfüllt.[78]

Die »Irrlehre« Marcions bestand in einem ganz einfachen Gedankengang, dem offenbar der Pessimismus und der Dualismus des Gnostizismus zugrunde lagen, was aber zu einer neuen und eigenartigen Theologie führte.

Walther v. Loewenich faßt es so zusammen: »Marcion macht die Schöpfung schlecht; diesen Vorwurf hören wir bei seinen kirchlichen Gegnern. Wenn diese Welt wirklich von einem Gott stammt, so folgert er weiter, dann muß auch dieser Gott minderwertig sein. Nun liest Marcion im Alten Testament den Bericht von der Schöpfung. Da geht ihm eine Erkenntnis auf: In der Tat, dieser Gott des Alten Testaments paßt zu dieser Welt ... Bei Jahwe, dem Gott des Alten Testaments, gilt der Grundsatz: Auge um Auge, Zahn um Zahn. Es ist der Gott der strengen Vergeltung, der unerbittlichen Gerechtigkeit, des fordernden Gesetzes. Jesus aber hat das Gesetz aufgehoben; er verkündigt Gnade, Vergebung, Liebe, so gelangt Marcion durch die Gegenüberstellung der beiden Testamente zu zwei Göttern. In versöhnlichem Gegensatz stehen sie einander gegenüber, der gerechte Gott des Alten Testaments, der diese schlechte Welt geschaffen hat, und der gute, unbekannte, aus der Schöpfung nicht erkennbare, fremde Gott, den Christus verkündigt hat.«[79]
Marcion ging es offenbar wie Paulus: Er konnte in Jahwe nicht den Vater erkennen, der sich liebevoll um seine Kinder kümmert. Aber er löst das Problem anders als Paulus: Paulus hatte den Ausweg gefunden, daß derselbe strenge Gott des Alten Testaments durch seinen »Sohn« ein Gnadenangebot machte und sich damit in einen Gott der Liebe verwandelte. Marcion dagegen machte zwei Götter daraus: den rächenden Schöpfergott des Alten Testaments und den Gott der Liebe im Neuen Testament – eine Unterscheidung, die bis heute lebendig geblieben ist, obwohl Rabbi J. selbst sie nicht kannte und obwohl die Kirche Marcion verdammt hat.
Diese Lehre von den zwei Göttern hatte eine zweifache Konsequenz. Da nach Ansicht Marcions Rabbi J. einen vollkommen neuen Gott verkündet hatte, ergab sich als erste Schlußfolgerung, daß alle diejenigen Evangelien und Briefe verfälscht sein mußten, die sich noch auf den alttestamentarischen Gott bezogen. Marcion stellte daher als erster einen »Kanon«[80] des Neuen Testaments

zusammen, der nur aus der »gereinigten« Fassung des Lukasevangeliums und aus zehn Paulusbriefen bestand. Alle übrigen Schriften und das Alte Testament lehnte er ab. Marcion war damit der erste, der versuchte, die Brücke zum Alten Testament abzubrechen, ohne daß er das freilich aus »antisemitischen« Gefühlen heraus getan hätte wie andere, die später alles daransetzten, um aus Rabbi J. einen »Arier« zu machen.

Marcions Lehre von den zwei entgegengesetzten Göttern und der Ablehnung Jahwes steht in guter gnostischer Tradition; und auch die zweite Konsequenz ist rein gnostisch. Marcion lehrt den Doketismus, den wir ja schon kennen, daß also Rabbi J. überhaupt kein richtiger Mensch gewesen sei, sondern ein Gott, der nur zum Schein Menschengestalt angenommen habe. In den Worten v. Loewenichs: »Das ist ja nun das Wunder der Erscheinung Christi: den guten Gott jammerte das Schicksal der ja nicht von ihm erschaffenen Menschen. Er sendet seinen Sohn, der freilich nicht das Geschöpf des schlechten Gottes werden kann und darum auf Erden nur einen Scheinleib annimmt. Er predigt sein Evangelium, das in der Welt des Schöpfergottes notwendigerweise die Umwertung aller Werte sein muß. Dem Schöpfergott zahlt er sein Lösegeld durch den Tod am Kreuz. Dadurch erwirbt er für uns den guten Gott. So ist der Christ erlöst; aber sein Leib gehört noch dem Schöpfergott. Darum muß er die Macht des Leibes nach Kräften brechen durch schärfste Askese, vor allem auch durch völlige geschlechtliche Enthaltsamkeit.«[81]

Die Kirche hat die Lehre von den zwei Göttern abgelehnt: Im Glaubensbekenntnis wird der »Schöpfer Himmels und der Erde« ausdrücklich als der »Vater« des Christus genannt.

Aber auch hier hat die Kirche das eine abgelehnt und das andere behalten. Ebenso wie das Klischee vom alttestamentarischen Rachegott (was gar nicht stimmt) und vom Gott der Liebe, der allmählich zum »lieben Gott« verniedlicht wurde, hat die Idee des Scheinleibes und der

Askese die Kirche noch lange beschäftigt und nachhaltig geprägt. Denn die häretische Lehre, Jesus sei gar kein wirklicher Mensch gewesen, entsprach ja eben genau der Tendenz jener Zeit, den historischen Rabbi J. allmählich zu überhöhen und zu vergöttlichen. Sicherlich ging diese Lehre des Doketismus[82] zu weit, wenn sie Rabbi J. das Menschsein vollkommen absprach; die Kirche selbst hat ja dann später zu der dialektischen Formel gefunden, daß Christus »wahrer Mensch und wahrer Gott zugleich« gewesen sei. Aber der Doketismus hat doch dazu beigetragen, daß einige Gedanken zu Dogmen erstarrten, die sich mit der Scheinmenschlichkeit Christi leichter hätten erklären lassen.

So ließen sich z. B. die Schwierigkeiten einer Jungfrauengeburt ohne Beteiligung eines Mannes mit dem Hinweis überwinden, daß Christus ja ohnehin kein Mensch gewesen sei und es daher genügt habe, wenn Maria von Gott lediglich »überschattet« worden sei. Was auch immer das heißen mag: Der Leib Christi war ja nur Schein.

So ließ sich mit dem Doketismus auch leicht nachweisen, daß Rabbi J. ohne Sünde gewesen sein muß, denn nur der Leib, das Vergängliche, kann sündigen, nicht der darin versteckte Gott.

Und schließlich: Der Doketismus beseitigte auch die Schwierigkeiten, die mit dem Tod Christi zusammenhingen: Der Christus – nach dem Johannesevangelium »von Anbeginn der Welt erschaffen« – ist niemals gestorben und auferstanden. Gestorben war nur der Scheinleib. Und wenn etwas sichtbar gen Himmel fuhr, dann war auch das nur ein Scheinleib. Der Gott der Liebe hatte seinen Sohn nicht am Kreuz sterben lassen, er hatte nur so getan.

In ihrer Gradlinigkeit hat die Lehre des Marcion etwas Bestechendes, und man muß es der Kirche zugute halten, daß sie die Lehre Marcions verdammte, obwohl sie doch selbst gerade dabei war, aus dem historischen Rabbi J. einen »Herrn« zu machen, »sitzend zur Rechten Gottes«. Am Ende kam es freilich aufs gleiche hinaus. Was Mar-

cion kaum hundert Jahre nach dem Tod des Rabbi J. aus diesem gemacht hatte, holte die Kirche später nach, indem sie den Wanderprediger J., der sich als Kind Gottes fühlte, selbst zum Gott machte, der zusammen mit Gott und dem Heiligen Geist eine mystische Einheit bildete, die ein orthodoxer Jude wie Rabbi J. wiederum als reine Häresie empfinden muß: Es gibt nur einen Gott, und das ist Jahwe, und niemanden neben ihm; denn – so steht es in der Bibel – es ist ein eifersüchtiger Gott, der keine Götter neben sich duldet.
Der Marcionismus ist untergegangen, obwohl er sich in den Mittelmeerländern noch einige Jahrhunderte am Leben erhielt. Die Ironie der Geschichte will es, daß die älteste erhaltene Kircheninschrift aus einer marcionistischen Kirche in Damaskus stammt.

Der Geist der Wahrheit

Selbst frühen Reformversuchen, die die junge Kirche zum Urchristentum ihres Anfangs zurückführen wollten, begegnete diese mit dem Verdikt der Ketzerei.
Einen solchen Versuch unternahm auch der Montanismus, genannt nach seinem Gründer Montanus, der zwischen 150 und 180 lehrte. Er fand den Beifall des römischen Bischofs Eleutherus, und selbst der Kirchenlehrer Irenäus reiste nach Rom, um die neue Bewegung zu unterstützen. Der Kirchenvater Tertullian wird um das Jahr 207 das prominenteste Mitglied der neuen Bewegung, nachdem er sie zuerst heftig bekämpft hatte.
Dennoch wurde der Montanismus später als Ketzerei verboten, und noch heute gibt es Kirchenhistoriker wie Daniel-Rops[83], die den Montanismus schlichtweg als »Irrsinn« bezeichnen. Dabei war dieser Irrsinn nahezu identisch mit dem Urchristentum.[84]
Im Gegensatz zu Marcion hatte der aus Kleinasien stammende Montanus die enge Verbindung des Christentums zum Judentum und die urchristlichen Gaben der Prophetie und der ekstatischen Offenbarung betont. Er be-

zog sich dabei auf eine Stelle im Johannesevangelium, in der ausdrücklich von der Prophetie auch nach dem Tod des Rabbi J. die Rede ist. Es ist die Stelle, in der vom »Tröster« (griechisch: Paraklét[85]) die Rede ist, der die Offenbarung Christi zu einem späteren Zeitpunkt vollenden wird: »Und wenn derselbe kommt, wird er der Welt die Augen auftun über die Sünde und über die Gerechtigkeit und über das Gericht ... Ich habe euch noch viel zu sagen, aber ihr könnt es jetzt nicht tragen. Wenn aber jener, der Geist der Wahrheit, kommen wird, der wird euch in alle Wahrheit leiten. Denn er wird nicht aus sich selber reden; sondern was er hören wird, das wird er reden, und was zukünftig ist, wird er euch verkündigen.«[86]

Montanus und seine Leute glaubten nun, daß aus ihnen die Stimme dieses Trösters spreche. Sie nannten sich daher »die Propheten« und verkündeten Offenbarungen, die ihnen der Paraklét eingab; nicht die geronnene Überlieferung, sondern die »Stimme der Wahrheit« bestimmte ihre Lehre. Die Prophetie nahm ihren alten Platz im gottesdienstlichen Leben und in der Leitung der Gemeinde wieder ein. Erinnerungen an das »allgemeine Priestertum«, längst durch die kirchliche Hierarchie verdrängt, wurden wieder wach.

Der Montanismus war ein Aufbruch in ein lebendiges Christentum, das kaum hundert Jahre zurücklag und das doch schon erstarrt und in »Sünde« gefallen war. »Denn dein Gott«, so schreibt Tertullian über den Christen seiner Zeit, »ist der Bauch, die Bauchhöhle dein Tempel, der Wanst dein Altar, der Koch dein Priester, der Fettdunst vertritt dir den Heiligen Geist, die Gewürze sind deine Charismen« – deine gottgeschenkten Gaben –, »dein Prophezeien besteht im Rülpsen.«

Es schien der Zeitpunkt gekommen, daß der Paraklét der Welt die Augen öffnen sollte über die Sünde – und so vertraten die Montanisten eine sehr strenge Moral, die bis zur Askese ging und die Bereitschaft zum Martyrium forderte, zu dem sich die Montanisten geradezu drängten: Statt sich vor Verfolgern zu verstecken, meldeten sie

sich freiwillig, um wie Christus um Christi willen zu leiden. Daß sie dabei manches übertrieben oder mißverstanden – zum Beispiel die Fastengebote und die Ablehnung des Geschlechtlichen –, brachte ihnen bis heute den Vorwurf der Schwarmgeisterei ein. Aber dieser Vorwurf erklärt nicht den Umschwung in der Haltung der Kirche, die damals plötzlich das bekämpfte, was sie eben noch gutgeheißen hatte. Sittenstrenge mochte zwar lästig sein, aber sie war nicht gefährlich.
Was der Kirche gefährlich schien, war vermutlich das ekstatische Element, das wieder Unruhe in eine Kirche brachte, die gerade erst ihre Ordnung gefunden hatte: Bewegungen, die Prophetie über Ordnung und Gesetz stellen, rufen leicht den Eindruck der Anarchie hervor, und der Fanatismus pietistischer Glaubenseiferer ist nicht weit. Aber der Gedanke, daß die Frömmigkeit nicht in einem Gesetz verankert und gebunden werden sollte, war ja auch um das Jahr 200 noch nicht tot, wenn er auch schon durch die beginnende Dogmatisierung von Glaubenssätzen an Kraft verloren haben mochte.
Es wäre zu einfach, wollte man das Ganze damit erklären, daß die Christen ums Jahr 200 nichts mehr von der urchristlichen Begeisterung und Strenge hätten wissen wollen. Der Paraklét war ihnen versprochen, und er war mit Montanus gekommen; die Propheten waren am Werk, und Männer wie Tertullian fanden daran nichts Böses, denn kaum etwas, was die Montanisten lehrten, war gegen das Evangelium.
Was aber war der Grund, dieses Wiederaufleben des Urchristentums zu bekämpfen? Sicherlich war die rigorose Ethik der Montanisten einem wachsenden Kirchenvolk nicht mehr zuzumuten, obwohl sie damit auf Rabbi J. zurückgingen. Und sicherlich war die wieder enttäuschte Hoffnung auf das nahe Weltende mit daran schuld, die Montanisten in Mißkredit zu bringen. »Den tiefsten Grund der katholischen Gegnerschaft aber«, schreibt Karlheinz Deschner, »bildete wahrscheinlich der spiritualistische Kirchenbegriff der Montanisten, die Bedro-

hung des monarchischen Bischofsamtes, denn der Montanismus betrachtete sich als die wahre Geistkirche, er stellte die Autorität der Prophetie über die der Beamten, den Geist über den Buchstaben, den Enthusiasmus über die Organisation. Indem sie den Montanismus bestritten, kämpften die Bischöfe für ihre persönliche Machtposition.«[87]

Der Montanismus wurde von der Kirche nicht bekämpft, weil er falsch, sondern weil er der Kirchenhierarchie unbequem war. Denn zum erstenmal hatte jemand wieder daran erinnert, daß Rabbi J. wieder an Bischöfe noch an eine Ämterhierarchie gedacht hatte, als er vom Kommen des Reiches Gottes sprach. Zum erstenmal wieder seit langer Zeit hatte jemand die »Herr«schaft einer Zwischeninstanz angezweifelt, die sich zwischen Gott und den Menschen schob. Und zum erstenmal hatte jemand gezeigt, daß es eine Kirche auch ohne eine Hierarchie geben kann, die sich anmaßte, Sünden vergeben zu können oder Gott auf Erden zu vertreten.

Nach langen Kämpfen konnte die Kirche schließlich den Montanismus überwinden. Erst mehr als dreihundert Jahre später ging er in Kleinasien unter, und es war der christliche Kaiser Justitian, der dabei nachhalf, indem er die Montanisten mit Frauen und Kindern in ihren Bethäusern verbrannte.

Durch die Bekämpfung des Montanismus trennte sich die Kirche von ihrer eigenen Vergangenheit, denn der Montanismus war die Wiederholung des Urchristentums aus der Zeit des Rabbi J. Deschner faßt es noch einmal so zusammen: »Prophetie, Visionen und angespannte Enderwartung hatte er mit Jesus und den Aposteln gemein; die Vorstellung vom Paraklěten mit dem Johannesevangelium; die chiliastischen Anschauungen, den Glauben an ein tausendjähriges Reich auf Erden, mit vielen Kirchenvätern; die strenge Askese findet sich im entstehenden Mönchtum. Alle Züge des früheren Montanismus existieren schon im Christentum. Die verketzerte Bewegung, die, wie man allgemein zugibt, gerade die ernsteren Gläubigen angezogen hatte, war nur eine Reaktion der radikaleren urchristlichen Gesinnung auf die Verweltlichung der entstehenden katholischen Kirche. Die Bischöfe, wie Harnack sagt, diskutierten ›das, was einst der ganzen Christenheit teuer gewesen, was sie nun aber nicht mehr brauchen konnte‹.«[88]

Die Lust am Leiden

Es ist eine Eigenart des Christentums, daß es das Leiden eher sucht, statt es zu vermeiden. Sein »Kreuz auf sich zu nehmen« gehört geradezu zu den Erkennungszeichen eines Christen, seit der Apostel Paulus diesen Weg des »leidenden Messias« zeichnete, indem er das Leben des Rabbi J. auf seine Leidensgeschichte verkürzte und diese als Heilsgeschichte ausdeutete. Christus nachzufolgen hieß, mit ihm zu leiden, zu sterben und aufzuerstehen: Paulus trug sogar die Wundmale des Gekreuzigten.
Aber der Christus des Paulus war nicht mehr der historische Rabbi J., der für Gott leben wollte, sondern der Christus, der nach dem Willen des Paulus für Gott sterben mußte. Läßt man die später eingefügten Leidensankündigungen und Verklärungen des unerwarteten und unverstandenen Todes in den biblischen Berichten weg, so ist bei Rabbi J. weder eine Leidensfreudigkeit noch auch ein Verständnis dafür zu entdecken. Die Evangelien berichten vielmehr, daß Rabbi J. in Getsemani eine solche Angst vor dem Tod hatte, daß »sein Schweiß wie Blutstropfen«[89] wurde und er Gott sogar bat, den Kelch vorübergehen zu lassen, und daß er sich genau in dem Moment von Gott verlassen fühlte, als er nach Ansicht des Paulus gerade die Menschheit mit seinem Tod erlöste.
Im Gegenteil: Rabbi J. heilte die Kranken und erlöste sie von ihren Leiden. Er fastete ja gerade nicht wie die anderen, und er hatte offenbar auch nichts gegen Wein und

Vergnügen, wie die vielen Christen peinliche Verwandlung von Wasser in Wein zeigt.
Der Versuch einer »Imitatio Christi«, einer Nachfolge im christlichen Leben, hätte also genausogut auch lebenszugewandte Züge annehmen können. Aber wo auch immer das junge Christentum die Möglichkeit hatte, wählte es das Leid (und predigte die himmlische Freude).
Das junge Christentum bekämpfte den Gnostizismus, aber dessen Verachtung des Leibes übernahm es: Je eher man den Leib, das Gefängnis der Seele, abtötete, desto besser. Die Kirche bekämpfte Marcion und seine Lehre vom Rache- und Liebesgott; aber die Askese, mit der der Christ den alten Leib des Schöpfergottes loswerden kann, bekämpfte sie nicht. Sie verdammte Montanus und seine Geistkirche, aber das Martyrium übernahm sie. Als um 250 der in Babylon geborene Mani noch einmal mit einer dualistischen Erlösungslehre (dem Manichäismus) kam, zog die Kirche gegen seine Lehre zu Felde, die Askese und Weltfeindlichkeit des Mani aber drangen tief in das Denken der Kirche ein und gewannen an Boden. Alles, was Freude macht, war verdächtig, weil es den Menschen ans Irdische bindet. Die Geschlechtsmoral der Kirchen ist bis heute Ausdruck dieser Haltung.
Das »eu-angelion«, die »frohe Botschaft« der Evangelien, pervertierte zu einer Anweisung für das Leiden auf Erden. Die frohe Botschaft vom Kommen des Reiches Gottes galt nicht mehr für dieses Leben, wie Rabbi J. noch gelehrt hatte, sondern erst für die Zeit danach. Stephanus, der erste Märtyrer, den sie vor den Toren Jerusalems zu Tode gesteinigt hatten, war ihr Vorbild: Christ sein hieß, leiden bis zum Tod. Die Montanisten machten daraus eine Methode: Wurden sie nicht verfolgt und gefangen, so zeigten sie sich selbst an, um durch das freiwillige Martyrium die ewige Seligkeit zu erlangen.
Zwar waren die Christenverfolgungen der ersten dreihundert Jahre historisch bedingt: Hätten die römischen Behörden die Christen nicht verfolgt, weil diese sich weigerten, das Standbild des Kaisers als Gottheit zu vereh-

ren, so hätte es gar keine Märtyrer gegeben. Die Kirche hat also zunächst das Leiden nicht gesucht, sondern es ist ihr in den Verfolgungen aufgezwungen worden. Doch das erklärt nicht, warum die Kirche am Leiden festgehalten hat, als die Verfolgungen vorbei waren.
Denn dann geschah das Seltsame: Als die Verfolgungen aufhörten und das Christentum zur Staatsreligion wurde, als also das Leiden ein Ende hatte – genau in diesem Augenblick zogen die ersten Christen in die Wüste, entsagten der Welt, die ihnen nun nicht mehr feindlich war, und kasteiten sich: Das Mönchtum entstand. Wenn andere ihren Leib nicht mehr töteten, so taten sie es selbst. Das Mönchtum ist, wie Louis Bouyer schreibt, »›die instinktive Reaktion des christlichen Gemüts auf eine trügerische, durch die Bekehrung des Kaisers anscheinend gerechtfertigte Aussöhnung mit dem Gegenwärtigen‹, eine Reaktion, die man, um sie verstehen zu können, ›auf dem Hintergrund der konstantinischen Kirche, die Frieden mit der Welt schließt‹, sehen muß. Warum? Weil vor der Bekehrung des Kaisers Konstantin Christ sein bedeutete, alles aufs Spiel zu setzen: Leben, Besitz, Arbeit, während man nach seiner Konversion Christ sein und doch alles behalten konnte. Der Aufbruch in die Wüste war also eine Antwort auf die neue Verführung, die Versuchung der Welt, der Macht und des Zeitlichen.«[90]

Antonius und die Einsamkeit

Der hl. Antonius, mit Sicherheit nicht der erste, wohl aber der bekannteste christliche Asket, wurde zum Symbol eines weltabgewandten, freudlosen Christentums.
Sein Freund Athanasius, der Bischof von Alexandria, hat in seinem Buch *Leben und Taten unseres Vaters Antonius*[91] die legendäre Geschichte dieses Mannes erzählt, der als Sohn reicher christlicher Eltern um das Jahr 251 im mittelägyptischen Dorf Koma (heute Keman in der Nähe von Beni Suef) geboren wurde.
Mit zwanzig erlebte Antonius seine Bekehrung. In der

Kirche hörte er eine Stimme: »Willst du vollkommen sein, so geh hin, verkaufe, was du hast, und dann folge mir nach.« Antonius verkaufte alles – seine Eltern waren kurz vorher gestorben –, verteilte es unter die Armen, hob nur etwas Geld für seine jüngere Schwester auf, und zog in der Nähe seines Heimatdorfes zu einem alten Asketen. Weil aber schon dort der Versucher »in seinem Geist gleich Staub eine Wolke von Gedanken« aufwirbelte, zog Antonius weiter hinaus in die Wüste in ein leerstehendes Felsengrab, »schloß die Tür hinter sich ab und blieb dort allein«, denn Origines hatte gelehrt, daß jeder eine Zeitlang in der Wüste leben müsse, der nach Wahrheit strebe. Nur dort könne sich nichts trennend zwischen den Asketen und Gott dazwischenschieben. Als »lebender Toter« blieb Antonius einige Monate in dem Grab, während ein Freund ihn gelegentlich mit Brot versorgte. Doch entgegen der Belehrung des Origines schob sich hier in der Einsamkeit allerhand zwischen Asket und Gott. Nach dem Bericht des Athanasius hatte hier der arme Antonius seine berühmten Versuchungen, die die Maler des Mittelalters in genüßlicher Breite und Eindringlichkeit immer wieder dargestellt haben.
In seinem Grab war es Antonius nicht einsam genug, so zog er noch weiter von Keman fort, bis er zu einer verlassenen römischen Festung kam, die nahe bei Pispir (dem heutigen Deir-el-Maimun) den Nil beherrschte. Bischof Athanasius: »Sie war voller Kriechtiere, die aber, als wären sie verjagt worden, alsbald die Flucht ergriffen, und Antonius richtete sich ein und vermauerte den Eingang. Er hatte Brot für ein halbes Jahr mitgenommen (die Thebaner verstehen sich darauf, ein Brot zu backen, das sich ein Jahr lang hält), und Wasser gab es in der Umfriedung. Das Schloß« – die römische Festung – »betrat er wie ein Heiligtum und blieb dort allein. Er verließ es nie und empfing keinen von denen, die kamen, um ihn zu besuchen. So übte er sich lange; nur zweimal im Jahr bekam er Brot, das er sich über die Mauer reichen ließ ...«
Zwanzig Jahre blieb er dort in der Festung, allein mit sei-

nen Visionen und Versuchungen, als er sich plötzlich entschloß, wieder unter Menschen zu gehen, und sein Biograph stellte erstaunt fest: »Er war weder durch den Mangel an Übung dicker geworden, noch geschwächt durch all das Fasten und die Kämpfe gegen die Dämonen. Sein Gesicht war unverändert ... er befand sich in einem vollkommenen seelischen Gleichgewicht, in einem der Natur angemessenen Zustand.«

Mittlerweile war Antonius über vierzig Jahre alt, und er entschloß sich, Schüler anzunehmen. Mit diesen Anachoreten gründete er in der Nähe der Festung eine lose Gemeinschaft, aber kein eigentliches Kloster. Aber weil nun Hunderte von Hilfesuchenden kamen, die Heilung von Krankheit und Gebrechen suchten, beschloß Antonius noch ein drittes Mal umzuziehen und weiter östlich in die Wüste zu wandern, »an einen Ort, an dem niemand ihn kennt«.

Durch das Wadi Araba zog er vom Nil aufs Rote Meer zu und fand rund 150 Kilometer entfernt eine starke Wasserquelle. Dort ließ er sich am Fuße des Berges Kolzim in einer Höhle nieder, die einige hundert Meter über dem Antoniuskloster liegt, das nach seinem Tod errichtet wurde und heute von Touristenbussen heimgesucht wird.

Jean Coppin, ein französischer Reisender aus dem 17. Jahrhundert, beschrieb die Höhle so: »Der Eingang ist nur zwei Fuß breit, aber viereinhalb Fuß hoch; diese Öffnung setzt sich elf Schritt weit in den Felsen hinein fort, ohne sich weiter zu verbreitern, so daß keine zwei Menschen nebeneinander gehen können. Am Ende dieses Ganges öffnet sich der Fels; hier sind drei Steine aufeinandergelegt, um als Stufen zu dienen. Als wir sie hinuntergestiegen waren, befanden wir uns in einer fast runden Höhle, die bis zu dreißig Personen fassen kann.«[92]

Das ist angeblich der Ort, an dem Antonius über fünfzig Jahre blieb, bis er im Jahr 356 im Alter von 105 Jahren starb, ein wunderbares Leben bis zuletzt, denn »kein Zahn fiel ihm aus«.

Ganz anders das Leben des Mannes, den man als den eigentlichen Gründer des christlichen Mönchtums bezeichnen kann: Pachomius.
Die verschiedenen frühchristlichen Biographien lassen ihn als Heiden aufwachsen, der im Jahr 286 im oberägyptischen Dorf Eshneh geboren wurde (heute Isna, rund fünfzig Kilometer südlich von Theben und dem Tal der Könige). Mit zwanzig wurde er gegen seinen Willen zum römischen Heer eingezogen und in die Garnison von Antinoë in Mittelägypten (zwischen el-Minya und Mallawi) verlegt. Dort lernte er die ersten Christen kennen und war beeindruckt von ihrer Freundlichkeit und ihrem Willen, lieber den Märtyrertod zu sterben, als den Glauben zu verleugnen.
Nach ein paar Jahren Militärdienst kehrte Pachomius wieder nach Oberägypten zurück. Ein paar Kilometer vor Dendara mit seinem Hathortempel kam er durch das kleine Nest Shenesêt, und als er dort im kleinen Dorftempel betete, hörte er wie Antonius Gottes Stimme: »Kämpfe, laß dich hier nieder.« Pachomius ließ sich nieder, baute Gemüse an und, so seine Biographen, ließ sich taufen – was bedeutete, daß es so weit im Süden Ägyptens bereits damals Christen gegeben hat.
Einer davon war Apa Palamon, ein alter Eremit ganz in der Nähe. Zu ihm ging Pachomius in die Lehre und blieb sieben Jahre lang, um sich in Askese, Gehorsam und Demut zu üben. Aber statt nun wie Antonius das Leben bis zum Tod in Einsamkeit zu verbringen, gründete er eine Gemeinschaft Gleichgesinnter, die in einzelnen Zellen lebten, aber sonst Gebet, Essen und Arbeit gemeinsam verrichteten. Dieses »koinos bios« – der griechische Ausdruck für »gemeinsames Leben« – gab dem Ort Shenesêt in abgeschliffener Form den Namen, den es heute noch hat: Chenoboskion.
Pachomius gründete mehrere Klöster; am Ende seines Lebens – er starb 348 an der Pest – standen in der Um-

gebung von Chenoboskion sieben Männer- und zwei Frauenklöster mit insgesamt fünftausend Mönchen unter seiner Leitung.

Die Bibliothek des Pachomius

Es ist seltsam: So legendär und nach Heiligenschema verfaßt, das Leben des Pachomius auch beschrieben wird, so präzise können wir sagen, welche Bücher Pachomius gelesen hat, denn hier bei Chenoboskion wurde jene Bibliothek gefunden, die nach der nächstgrößeren Stadt der Fund von Nag Hammadi genannt wurde.
Zwar wissen wir nicht, wann genau diese christlich-gnostischen Texte im 2. und 3. Jahrhundert geschrieben wurden. Aber der Zufall will es, daß wir ziemlich genau sagen können, wann sie ihren Ledereinband erhalten haben, nämlich um das Jahr 350. Um den Ledereinband zu versteifen, hatten die Mönche alte Rechnungen und andere Papyri mit eingeklebt, und diese Rechnungen waren datiert: von 333 bis 348 – Rechnungen aus der Lebenszeit des Pachomius. Es ist also durchaus kein abwegiger Gedanke, daß wir heute Schriften im Original besitzen, darunter das Thomasevangelium, die Pachomius vor über 1600 Jahren in seinen Händen gehalten hat. Und wir können in diesen Schriften nachlesen, welche Art Christentum die ersten Mönche hatten: Es war genau jenes »häretische« Christentum, das die Kirche des Apostels Paulus bekämpfte. Für die Mönche des Pachomius aber war es kein Irrglaube. Sie hätten die Bände sonst nicht in kostbares Leder gebunden, nur um sie dann als Teufelszeug zu vergraben.
Für die Lust am Leiden aber war es gleichgültig, ob man das Leiden Christi nachahmen oder den lästigen Leib aus dem Reich der Dunkelheit ablegen wollte.
Während man glaubte, daß Rabbi J. Wasser in Wein verwandelt und mit den Zöllnern gegessen hatte, streuten sich die Asketen Asche aufs Essen, damit es schlecht schmecke. Während man glaubte, daß Rabbi J. fünftau-

send hungrige Leute satt gemacht hatte, so daß noch körbeweise Brot übriggeblieben war, galt ein Asket als stolz und überheblich, wenn er als Tagesration nur sechs statt sieben Oliven aß, denn dann kasteite er sich mehr als die anderen, die sieben aßen; wenn er aber acht Oliven aß, beging er die Sünde der Völlerei.[93]
Keine Quälerei ließen sie aus, um den sündigen Leib abzutöten. Sie stellten sich in die schattenlose Wüste und flochten in der Gluthitze Körbe – nur um sie nachts wieder aufzutrennen. Sie lebten auf Säulen und in Höhlen, sie litten unter Versuchungen, und je mehr sie darunter litten, um so mehr bestraften sie ihren Körper. Nichts, aber auch nichts durfte Freude machen: nur ein einziges Lächeln – und das Verdienst jahrelanger Askese und Selbstabtötung war vernichtet.
Warum hat das Christentum immer wieder das Leiden gesucht, warum hat es aus dem Leiden eine Tugend gemacht? Was ist der Nutzen des Leidens?

Der Nutzen des Leidens

Für Tertullian hatten die Christenverfolgungen einen missionarischen Nutzeffekt, wenn er an die Gegner schreibt: »Und doch hilft all eure noch so ausgeklügelte Grausamkeit nichts; eher ist sie ein Lockmittel für unsere Gemeinschaft. Nur zahlreicher werden wir, sooft wir von euch niedergemäht werden; das Blut der Christen ist Samen. Viele gibt es bei euch, die zu standhaftem Ertragen von Schmerz und Tod auffordern, wie etwa Cicero in den ›Tusculanen‹, wie Seneca in den ›Zufällen‹, wie Diogenes, Pyrrho, Kallikinos; und doch finden ihre Worte nicht so viele Schüler wie die Christen, die durch Taten lehren. Eben jenes eigensinnige Beharren, das ihr uns vorwerft, ist eine Lehre; denn wer wird nicht bei seinem Anblick aufgerüttelt, zu ergründen, was der Kern der Sache ist?«[94]
Für Tertullian ist das Leiden Zeugnis und »Predigt«: So wie der Christus unschuldig gelitten und damit die Welt

verändert hat, so leiden auch seine Nachfolger, um der Welt Kenntnis zu geben von ihrer Wahrheit. Aber das ist es nicht allein, denn Tertullian schreibt weiter: »Wenn ihr uns verurteilt, werden wir von Gott losgesprochen.«[95]
Hier wird auf einmal der geheime Nutzen des Leidens sichtbar: Mit Leiden kann man sich Gnade verdienen. Mit Leiden kann man sich erlösen. Und jetzt versteht man, warum das Christentum alles mögliche, aber niemals das Leiden abgelehnt hat. Das erklärt auch, weshalb die Asketen sich nicht auf die einfachste Weise aus dem Gefängnis der Seele erlösten, indem sie einfach verhungerten, sondern warum sie ein Leben unter sinnlosen Quälereien auf sich nahmen: Erst die Kasteiung schafft Verdienste. Vor diesem Hintergrund ist auch die Jammertaltheorie des Kirchenliedes gewachsen: Wer das irdische Leid übersteht, hat ein Anrecht auf die himmlischen Freuden. Und so werden auch Predigten verständlich, die im Ersten Weltkrieg dem Soldatentod noch eine »erlösende, heiligende Kraft«[96] zusprachen.
Nun dürfte ein solcher Gedanke eigentlich gar nicht auftauchen. Nach der Lehre des Paulus hat ja Christus ein für allemal die Vergebung der Sünden erlangt. Es ist vollkommen unnötig und vollkommen unmöglich, daß der Mensch selbst etwas zu seiner Begnadigung unternehmen kann, nachdem durch Adam die Sünde in die Welt gekommen war: »Denn wenn an *eines* Sünde viele gestorben sind, so ist vielmehr Gottes Gnade und Gabe vielen überschwenglich widerfahren durch die Gnade des *einen* Menschen [!] Jesus Christus ... Wie nun durch *eines* Sünde die Verdammnis über alle Menschen gekommen ist, so ist auch durch *eines* Gerechtigkeit die Rechtfertigung zum Leben für alle Menschen gekommen.«[97]
Gerade das war ja das Besondere an der paulinischen Erlösungsreligion, im Gegensatz zu den Mysterien, daß einer allein alle Menschen mit Gott versöhnt hatte. Gerade das war ja der Gegensatz zum Gnostizismus, daß nicht Wissen und Erkenntnis, sondern der Glaube an die bereits geschehene Heilstat die Erlösung brachte.

Die Idee, daß der Mensch nun doch wieder durch eigenes Handeln und durch eigene Taten und eigenes Leid Verdienste sammeln und zusätzliche Gnade erlangen kann, ist ein Rückfall in das, was Paulus »Heidentum« genannt hätte.

Psychologisch ist dies verständlich. Jeder Mensch hat das Bedürfnis nach Selbstverantwortung, wenigstens bis zu einem gewissen Grade. Niemand läßt sich gern sagen, daß er im Grunde vollkommen unfähig sei, eine Sache wenigstens halbwegs selbst in Ordnung zu bringen. Genau das aber geschieht bei der paulinischen Erlösungslehre: Sie blamiert den Menschen. Für alles Böse ist er immer selbst schuld (und niemals Gott), aber umgekehrt ist der Mensch offenbar außerstande, seine Fehler selbst wiedergutzumachen. Der Mensch wird zwangsläufig schuldig, aber er hat keinen Weg, die Schuld selbst zu tilgen, weil dies Christus schon stellvertretend getan hat.

Gegen diese passive Erlösung gibt es unbewußt innere Widerstände. Zwar wird kein Christ bestreiten, daß Christus ihn erlöst hat (auch wenn nur die wenigsten ohne Phrasen sagen können, worin denn diese Erlösung nun eigentlich in ihrem Leben bestanden hat), aber im Unbewußten hat doch jeder den Wunsch, sich selbst zu rechtfertigen. Ein bißchen möchte er mithelfen: Das Entscheidende mag Christus getan haben, aber kein Mensch ist so passiv und so voller Gottvertrauen, daß er es dabei ließe. Zumindest sicherheitshalber und weil es nie schaden kann, beginnt der Mensch, selbst noch ein paar Verdienste zu sammeln.

Damit ist die Lehre des Paulus auf die Normalpsychologie abgesunken, wie sie am Ende jede Religion kennt, indem sie den Menschen an der Erlösung mitbeteiligt, ob es nun ursprünglich so geplant war oder nicht. »Wer immer strebend sich bemüht, den können wir erlösen«, heißt es im Faust; im Konflikt zwischen Lehre und Praxis, zwischen dem einen Erlöser und der Werkgerechtigkeit der vielen läßt sich dieser Spruch auch auf die christlichen Kirchen anwenden.

Doch damit ist der Gedankengang noch nicht zu Ende; es fehlt mir noch eine Erklärung dafür, warum gerade das Leiden so verdienstvoll erscheint. Es wäre ja auch denkbar, daß man Gott mit positiven, mit konstruktiven Handlungen versöhnen könnte: Die Bergpredigt gäbe genug Gelegenheit. Denn die Sünde des Menschen besteht doch nicht darin, daß er lebt – er ist ja schließlich von Gott geschaffen, um zu leben –, sondern darin, daß er Gottes Willen nicht erfüllt und dadurch schuldig wird. Was Gottes Wille ist, steht in den Geboten, und Rabbi J. hat es noch einmal gesagt: »Du sollst lieben Gott, deinen Herrn, von ganzem Herzen, von ganzer Seele und von ganzem Gemüte. Dies ist das vornehmste und größte Gebot. Das andere aber ist dem gleich: Du sollst deinen Nächsten lieben wie dich selbst. In diesen zwei Geboten hängt das ganze Gesetz und die Propheten.«[98]

Man kann und man braucht nicht mehr zu tun, als diese beiden Gebote zu befolgen oder jedenfalls zu versuchen, sie zu befolgen. In ihnen ist nicht von Leid und Schicksal die Rede, sondern vom Handeln, und mehr hat Rabbi J. nicht gelehrt und nicht verlangt. Der *Holländische Katechismus* aus dem Jahr 1969 schreibt daher auch: »Unser Gott läßt keinen Fatalismus zu. Weder Sünde noch Leid muß man einfach als Schicksal akzeptieren oder als Willen Gottes respektieren ... der Christ wird zu keiner geringeren Sorge um die irdische Entfaltung gerufen wie der Humanist oder der Marxist.«[99]

Rabbi J. hatte keinen Fatalismus gelehrt. Sein Weg zu Gott hieß Nächstenliebe und nicht Leiden, wie uns die später entwickelte »Theologie des Kreuzes« fälschlich suggeriert. Sie hieß auch nicht Selbstaufgabe, denn man sollte den Nächsten lieben – wie sich selbst auch.

Herr und Knecht

Aber in Wirklichkeit hatte das Christentum schon von Paulus her einen Hang zum Pessimismus, der nichts mit dem historischen Rabbi J. zu tun hatte. Paulus glaubte an die Vorherbestimmung des menschlichen Schicksals, und die dualistischen Systeme, mit denen sich die junge Christenheit auseinandersetzen mußte, lebten alle vom Pessimismus einer verdorbenen Welt, in der der Mensch nichts weiter war als ein Spielball zwischen einem guten und einem bösen Prinzip. Der Mensch war den Mächten hilflos und passiv ausgeliefert.

Dieses Gefühl der Hilflosigkeit ist in der Religionsgeschichte nicht neu: Schleiermacher nannte es das »Gefühl der schlechthinnigen Abhängigkeit« und definierte damit das Wesen der Religion überhaupt.

Wollte man diesen Zustand in einem menschlichen Abhängigkeitsverhältnis ausdrücken, könnte man den Begriff des Sklaven verwenden, der auch völlig einem fremden Willen untergeordnet ist und dessen »Sünde« im Ungehorsam liegt, der zu nichts führt. Genau dieses Bild vom Herrn und vom Knecht hat denn auch das Christentum geprägt.

Überlegt man sich nun, was wohl ein Sklave unternehmen kann, um seinen Herrn gutzustimmen, »zu versöhnen«, so wird er mit aktiver Nächstenliebe im Sinne des Rabbi J. wenig erreichen. Was sein Herr von ihm verlangt, ist Gehorsam, nichts weiter. Gehorsam bis zur Selbstaufgabe. Gehorchen aber heißt verzichten: auf seine eigene Entscheidung und auf seine eigene Aktivität oder wie es der Psychoanalytiker Erich Fromm beschreibt: »Häufig ist dies Gefühl nicht einmal bewußt; oft ist es von kompensierenden Gefühlen der Vollkommenheit oder der hohen Stellung, des Ranges, überdeckt. Dringt man jedoch tief genug in das unbewußte Triebleben solcher Leute, so stößt man unfehlbar auf dieses Gefühl. Das Individuum hält sich selbst für ›frei‹ im negativen Sinne: Allein mit seinem Selbst einer feindseligen Welt gegenüber. In dieser Situation – um eine vielsagende Schilderung Dostojewskis aus den ›Brüdern Karamasow‹ zu zitieren – hat es ›kein dringenderes Bedürfnis als das eine: Jemand zu finden, dem es so schnell wie möglich jenes Geschenk der Freiheit aushändigen kann, mit welchem das unglückselige Geschöpf geboren wurde.‹ Das beunruhigte Individuum sucht jemand oder etwas, mit dem er sein Selbst verbinden kann; es kann sein individuelles Selbst nicht länger mitschleppen – leidenschaftlich sucht es sich seiner zu entledigen...«[100] Seine geradezu unheimliche Ausprägung hat diese Selbstaufgabe in einem Gehorsam gefunden, der den Menschen zum willenlosen Leichnam machte: im »Kadavergehorsam« der Jesuiten.

Wir können uns nur schwer vorstellen, wie ein Mensch sich freiwillig so von sich selbst trennen kann; wir würden Rebellion und Aufstand vermuten, einen Konflikt. Aber ein solcher Konflikt kann nicht auf die Dauer bestehen. Entweder der Knecht befreit sich und ist nicht mehr Knecht, oder er muß sich anpassen: »Solange man zwischen dem Wunsch nach Kraft und Unabhängigkeit einerseits«, schreibt Fromm, »und den Gefühlen des Unbedeutend- und Machtlosseins schwankt und kämpft, befindet man sich in einem peinigenden Konflikt. Sobald man jedoch sein individuelles Selbst auf den Nullpunkt und damit die Wahrnehmung seines Losgetrenntseins als Individuum zum Verschwinden bringt, verschwindet auch der Konflikt, und man wäre gerettet!«[101]

Ein Sklave, der seine eigenen Wünsche aufgibt und seine eigene Art und der nun nichts weiter will, als seinem Herrn gehorchen, beseitigt zumindest den Konflikt zwischen sich und seinem Herrn. Der Weg dazu ist Selbsterniedrigung und die Bereitschaft zum Leiden: Was der Herr befiehlt oder anordnet, muß getan oder erlitten werden.

Dieser als »christlich« empfundene Wunsch, sich freiwillig einem Herrn unterzuordnen und ihm bis zur Selbstaufgabe zu dienen, ist unter dem Begriff des Masochismus, dem selbstquälerischen Gegenstück des Sadismus, bekannt. Und so ist – nach Fromm – »Schleiermachers Definition des religiösen Erlebnisses als Erlebnis absoluter Abhängigkeit... eine Definition des Masochismus im allgemeinen«[102].

Damit - das sei ausdrücklich festgehalten – ist noch nichts Perverses gemeint, wohl aber die mögliche Anlage dazu. Schleiermacher selbst war beispielsweise ein höchst aktiver und weltoffener Mann. Aber in »extremen Fällen, deren es viele gibt, findet man neben diesen Tendenzen, sich klein zu machen und äußeren Mächten zu unterwerfen, eine Sucht, sich weh zu tun und sich leiden zu machen, die mannigfaltige Formen annehmen kann«, zum Beispiel »von Schmerz und Qual überwältigt zu sein«[103].
Die Asketen und ihre Lust am Leiden, der Drang zum Märtyrertum und die Aufforderung des Apostels Paulus, der sich ausdrücklich »der Kleine« nennt, »das Kreuz auf sich zu nehmen« – das alles taucht hier auf und findet seine Antwort in der psychologischen Entwicklung, die nichts mehr mit der eigentlichen Lehre des Rabbi J. zu tun hat. Die seltsame Eigenart des Christentums, das Leiden zu suchen, statt zu vermeiden – hier hat es seine Begründung. Die merkwürdige Umkehrung, im Leiden die Anerkennung zu sehen statt die Bestrafung – hier, in dem als ausweglos empfundenen Gegenüber von Gut und Böse, hat es seinen Anfang. Die Lust am Leiden – im Pessimismus einer festgelegten Weltordnung von Herr und Knecht hat sie ihre geheime Wurzel. Herr, Knecht und Gehorsam, die drei Stichworte masochistischer Leidensbereitschaft – in den Paulusbriefen sind sie aufeinander bezogen wie sonst nirgendwo in der Bibel.
Und das ist wohl das stärkste Echo, das die neue Lehre ausgelöst hat, daß sie nämlich innerhalb des bestehenden und stabilisierenden Gefüges von Herr und Knecht den Mühseligen und Beladenen auch noch hilft, ihr Leid im Gehorsam verstehen zu lernen und es damit zu verklären.
Wie ein Magnet hatte die paulinische Lehre vom gehorsamen Leiden des Erlösers die pessimistischen Strömungen jener Tage an sich gezogen.
Aus einer Lehre, die durch Handeln und Tun das Reich Gottes auf Erden vorbereiten wollte, war in drei Jahrhun-

derten eine Religion der Gottergebenheit geworden, die auf den Himmel hoffte.
Aus einem Glauben an Gott den Vater war der Glaube an Christus den Herrn geworden, aus der Gemeinschaft der Erlösten ein Institut für Sünder, aus einem Kind Gottes ein Knecht. Die Nächstenliebe wurde zum Mitleid und das Leid zur Gnade.
Aus dem Menschen Rabbi J. wurde Gottes Sohn.
Dreihundert Jahre gläubige Verehrung hatten genügt, um aus der Wahrheit eines Begnadeten eine handliche Religion mit Buch, Glaubensbekenntnis, Dogma und Gebrauchswanweisung zu machen. Dreihundert Jahre hatten genügt, um den unmittelbaren Zugang des Menschen zu Gott durch Erlöser und Kirche zu institutionalisieren und zu kanalisieren. Noch keine dreihundert Jahre waren seit dem Tod des Rabbi J. vergangen, und das Christentum war zur nahezu vollkommenen Verkehrung des ursprünglich Gemeinten geworden. Genau in diesem Augenblick wurde das Christentum zur Weltreligion.

VON DER KIRCHE ZUR MACHT

Der Sieg am Ponte Molle

Wie so oft, wenn etwas Unerwartetes geschieht, erzählt auch hier die Historie ein Wunder, nur mit dem Unterschied, daß in diesem Falle als Legende gilt, was beim Damaskuserlebnis des Paulus als Vision und Offenbarung bezeichnet wird.
Es ist die Geschichte eines Mannes von zweifelhafter Herkunft, der an den Sonnenkult glaubte und dem wir es verdanken, daß der christliche Ruhetag bis heute nach dem Sonnengott »Sonntag« heißt. Es ist derselbe Mann, unter dessen Aufsicht und Diktat das erste Weltkonzil in Nizäa das bis heute gültige Glaubensbekenntnis formulierte, obwohl er nicht getauft und daher gar kein Christ war. Es ist der Mann der berühmten »konstantinischen Wende«, durch den die eben noch verfolgte Sekte der »Christen« zur Staatsreligion des Imperium Romanum wird: Kaiser Konstantin.
Sein Bild steht im Zwielicht. Für die einen ist Konstantin ein Mann von »kalter, schrecklicher Herrschbegier«[1], der seinen Sohn umbringen und – eben vom Konzil zurückgekehrt – seine Frau im Bade ersticken ließ; von seinen beiden Schwagern Bassianus und Licinius gar nicht erst zu reden, die er, der sich »der Mann Gottes« und allgemeiner Bischof nannte, hinrichten ließ. Für die anderen ist er ein liebenswerter, ehrlicher, ein wenig unpraktischer Idealist.[2] Für die einen ist er ein Mann von »hoher, eiskalter Intelligenz«, ein Egoist im Purpurmantel, der in einer »völligen inneren Unabhängigkeit von allem christ-

lichen Empfinden« begriffen hat, daß die Kirche als die einzige organisierte Kraft neben dem Heer die künftige Stütze des Reiches sein würde, und sie dementsprechend behandelte.[3] Für die anderen ist er ein Mann, der vor allem durch seinen Aberglauben zum Christentum kam.
Die einen behaupten, er habe in Glaubensdinge nicht eingegriffen und sich beim Konzil von Nizäa »auf Mahnungen zum Frieden und zur Einigung«[4] beschränkt, und die anderen schreiben, nur »unter dem Druck des Kaisers«[5] hätten sich die Bischöfe gebeugt. Die einen sehen in ihm den ersten christlichen Herrscher von Gottes Gnaden; die anderen, und das geht bis auf Dante zurück, meinen, die Gründung einer »Reichskirche« habe die innere Entwicklung der Kirche geschädigt und die Entthronung des Evangeliums in die Wege geleitet.
Zwischen diesen Extremen, die nichts weiter sind als die unterschiedliche Ausdeutung derselben Quellen, gibt es, mit den Zeiten und Anschauungen wechselnd, die verschiedensten Charakterisierungen Konstantins des Großen. Vor allem aber gibt es Unterschiede in der Beurteilung zwischen Profan- und Kirchenhistorikern, die oft manches nicht erwähnen, was die anderen offen aussprechen.

Die Schankwirtin von Naissus

Bereits das historische Urteil über Konstantins Mutter, Helena, ist zwiespältig. Es gibt noch heute populäre kirchliche Darstellungen, aus denen man den Eindruck gewinnt, daß seine Mutter eine Prinzessin war, und eine englische dazu. Das ist insofern ganz einleuchtend, als sein Vater Constantius, wegen seines ungesunden Aussehens »Chlorus«, »der Grüne«, genannt, als einer der vier Herrscher des Imperium Romanum in England residierte. Den Geburtsort des Konstantin, das alte Naissus, sucht man allerdings vergeblich in England. Es liegt auch ganz woanders, nämlich im ehemaligen Jugoslawien am Autoput und heißt heute Nisch. Dort wurde Konstantin an

einem 27. Februar geboren, das genaue Geburtsjahr selbst ist nicht zu ermitteln. Die Angaben schwanken zwischen 270 und 288.[6] Seine Mutter Helena, die »Eroberung« eines Feldzuges Constantius' des Grünen, betrieb dort eine Gastwirtschaft, sie war, wie ein unverdächtiger Gewährsmann[7] berichtet, eine »Stabularia«, die Inhaberin einer Herberge, und selbst Eusebius, der Hofbiograph Konstantins, der bis zur deutlichen Lüge nur Gutes über den Kaiser berichtet, nennt das Verhältnis ein »Konkubinat«[8]. Erst das fromme Mittelalter fand diese Herkunft anstößig und erfand die englische Prinzessin.
Doch hier, in einem Nest der römischen Provinz Moesia superior, beginnt Weltgeschichte. Während Constantius Chlorus in seiner offiziellen, vornehmen Ehe mit Theodora drei Söhne und drei Töchter geboren werden, wächst Konstantin vermutlich bei seiner Mutter auf. Doch Constantius Chlorus vergißt seinen ersten Sohn nicht, er läßt ihn am kaiserlichen Hof des Diokletian erziehen, der seinerseits in Dioklea in Dalmatien an der adriatischen Küste geboren worden war und sich nach seiner Abdankung wieder dorthin zurückgezogen hatte. Konstantinus erlebt bei Diokletian die letzte Christenverfolgung. Er flieht später zu seinem Vater nach Gallien, nimmt an einem Feldzug seines Vaters nach England teil und wird dort, als sein Vater in York stirbt, im Jahr 306 von den Truppen zum Kaiser ausgerufen. Zu Lebzeiten hat Constantius ihn seinen legitimen Söhnen vorgezogen und ihn mit Fausta, der dreijährigen Tochter des gallischen, von Diokletian eingesetzten Mitkaisers Maximian, verlobt. Es ist jene Fausta, die er später im Alter von etwa dreißig Jahren im Bade ersticken läßt, nachdem er vorher eine gewisse Minervina als Konkubine zu sich genommen hatte, die ihm den Sohn Chrispus gebar, den er allerdings später ebenfalls umbringen läßt.[9]
Hoch geehrt dagegen blieb Helena, die Gastwirtin aus Nisch, deren stämmige, bäuerische Statur Konstantin geerbt hatte, jene einfache Frau aus dem Balkan, die später als Kaiserinmutter auf Anhieb in Jerusalem das seit drei-

hundert Jahren verschwundene Golgatha samt Kreuz und in Bethlehem unter Hunderten von Höhlen genau jene wiedergefunden haben soll, in der Maria das Kind zur Welt gebracht hatte. (Und über jede Fundstelle ließ Konstantin eine Kirche bauen.)
Konstantin verlegte die Hauptstadt des Römischen Reiches aus dem fernen Rom in das nahe Byzanz, das er nach sich selbst in »Konstantinopel« umbenannte. Durch diese Neugründung der alten Stadt wurde letztendlich der Zerfall des Römischen Reiches, zumindest seines östlichen Teils, des Oströmischen oder Byzantinischen Reiches, um mehr als tausend Jahre aufgeschoben – jener Stadt, die so beherrschend wurde, daß sie bis heute als einzige Stadt der Welt keinen Namen hat, sondern ganz einfach die »Stadt« heißt. Denn Istanbul, das alte Konstantinopel, ist nur die Abschleifung einer griechischen Ortsbezeichnung: Aus dem griechischen »is tin polin« (in die Stadt) wurde »Istanbul«, das verkürzte »Stambul« des letzten Jahrhunderts.[10]
Wäre Konstantin im gallisch-britannischen Raum zwischen Trier und York geboren, wäre seine Mutter Angelsächsin oder Romanin gewesen – die Weltgeschichte, das Christentum hätten wohl andere Wege genommen, unser Denken, Fühlen und Handeln wären heute wohl anders beschaffen.

In hoc signo vinces

Nach seiner Ausrufung zum »Augustus«, zum Herrscher von Gallien und Britannien, begann Konstantin sein Weltreich zu erobern. Neben ihm regierten noch Licinius und Maximin im Orient, Maxentius in Italien. Konstantin sicherte die Rheingrenze gegen die Germanen und rüstete den Hadrianswall gegen die Picten und die Scoten – die Schotten – auf und zog mit einer kleinen Heeresmacht gegen Maxentius nach Italien. Bald war Norditalien in seiner Hand. Maxentius hatte währenddessen tatenlos und verängstigt in Rom gesessen. Nun wurde er vom Volk und der Aristokratie gezwungen, etwas zu unternehmen. Wie es in solchen Situationen üblich war, ließ sich Maxentius zunächst einmal das Orakel stellen. »Der Feind Roms wird untergehen«, hieß der Spruch, und Maxentius schöpfte Mut. Er zog tiberaufwärts vor die Tore Roms. Bei dem Pons Milvius, der alten Tiberbrücke für die Via Flaminia, dem heutigen Ponte Molle, stellte er sich, den Fluß im Rücken, auf.

Am 28. Oktober des Jahres 312 kam es zur Entscheidungsschlacht, der Feind Roms ging unter: Er hieß Maxentius. Ein Orakel irrt sich nie, man muß es nur richtig deuten. Die Römer wurden in den reißenden Fluß gedrängt, nur wenige erreichten die Brücke, darunter auch Maxentius, die Brücke brach zusammen, und Maxentius ertrank.[11] Konstantin war Sieger und zog in Rom ein. Es ist die Geschichte eines mutigen und eines feigen Heerführers, wie sie die Weltgeschichte tausendmal erzählt.

Doch kann man die Geschichte auch anders erzählen, und dann wird Kirchengeschichte daraus: Die Truppen des Maxentius flohen vor einem unheimlichen Symbol. Die Soldaten des Konstantin hatten es auf dessen Befehl auf ihre Schilde gemalt, und Gott ist mit ihnen. Das unheimliche Zeichen war ein Kreuz.

Ein Wunder ist geschehen, und Laktanz, der Erzieher des Crispus, berichtet, wie es dazu kam: In der Nacht vor der Schlacht habe eine geheimnisvolle Stimme dem Konstantin im Traum den Rat gegeben, das Kreuzeszeichen auf die Schilde der Soldaten zu malen, denn »in hoc signo vinces«, »unter diesem göttlichen Zeichen wirst du siegen«[12]. Und die göttliche Stimme hatte recht: Konstantin war mit einem Schlag der Herrscher des gesamten Abendlandes.

Der erste christliche Herrscher

Ein halbes Jahr später besiegte Konstantin die beiden orientalischen Mitkaiser und gewann damit das Morgenland dazu.

Er ließ sich einen Triumphbogen – den Konstantinsbogen in Rom – bauen, auf dem er auch Christus ehrt, und er erließ, noch zusammen mit Licinius, den er anschließend umbringt, das berühmte Mailänder Toleranzedikt, mit dem das Christentum von denen anerkannt wurde, deren Vorfahren dreihundert Jahre zuvor Rabbi J. als politischen Rebellen ans Kreuz geschlagen hatten: »Als ... Ich, der Kaiser Constantinus, und Ich, der Kaiser Licinius ... alles, was zur Wohlfahrt und zum Nutzen des Staates gereicht, in Erwägung gezogen hatten, fanden wir unter weiteren allgemein nützlichen Verordnungen, oder vielmehr vor allen diesen, für gut, das anzuordnen, was sich auf die Verehrung und den Dienst der Gottheit bezieht, nämlich daß wir es der freien Wahl der Christen und aller anderen anheimstellen, diejenige Religion zu bekennen, welche sie wollen, damit das Göttliche, das auf dem himmlischen Sitze sein mag, uns und allen unseren Untertanen gewogen und gnädig sein kann. Deshalb hielten wir es für geboten, in reiner und gerechtester Absicht anzuordnen, daß solche Freiheit durch niemanden zu versagen sei, ob sie den Glauben der Christen angenommen haben oder sich sonst derjenigen Religion zuwenden, die sie für sich am gemäßesten finden, damit uns die höchste Gottheit, deren Religion wir in Freiheit dienen, in allem ihre Huld und ihre gewöhnliche Fürsorge erweisen könne.«[13]

Konstantin wird zum ersten christlichen Herrscher, und Bischof Eusebius von Cäsarea, der Hofbiograph des Kaisers, berichtet, Konstantin habe eidesstattlich bekräftigt, daß ihm in jener Nacht Christus erschienen sei, ein Lichtkreuz in der Hand.[14] Zuvor hatte Eusebius bereits notiert, Konstantin habe auch schon vor der Schlacht am Ponte Molle Gott und dessen Logos, den Erlöser Jesus Christus, um Beistand angerufen, und wirklich, wie Gott den Pharao ins Rote Meer gestürzt habe, so habe der Tiber den Maxentius in die Tiefe gerissen.

So wird die Geschichte bis heute erzählt, je nach dem Grad der Liberalität variiert und abgeschwächt, in eini-

gen volkstümlichen Darstellungen als glaubensstärkendes Ereignis dargestellt oder wenigstens so beschrieben, daß legendenfreudige Christen nicht verletzt werden und sich der Kritiker denken kann, was er will.[15] Historisch wahr ist daran in Wirklichkeit nichts, und der feierliche Satz des visionären Erlösers: »In hoc signo vinces«, mit dem das Christentum am Ponte Molle siegte, wurde längst zum Reklameslogan: Pall Mall, die klassische Zigarette im King-size-Format, trägt ihn als ihren Wappenspruch seit eh und je auf jeder Schachtel, und wenn man Geschichte ernst nimmt, muß man an jedem Kiosk an Konstantin und den 28. Oktober 312 denken.
Für die wirkliche Beurteilung Konstantins und seiner Einstellung zum Christentum sollte man sich aber nicht allzusehr auf seinen Hofbiographen Eusebius verlassen, den Jacob Burckhardt den »widerlichsten aller Lobredner« und den »ersten, durch und durch unredlichen Geschichtsschreiber des Altertums«[16] genannt hat. Man muß diesem scharfen Urteil nicht folgen; wahr bleibt aber doch, daß dieser Hofbischof, dessen »ranzige Salbung« auch andere Historiker[17] empfinden, bei allem Mangel an politischer Urteilskraft zu deutlich daran interessiert war, den Kaiser in seiner Biographie nachträglich zu christianisieren. Eusebius war nicht anders als die übrigen »Panegyriker«, die bezahlten Lobredner am Kaiserhofe.

Der wahre Kaiser Konstantin

Über die tatsächliche religiöse Haltung und Einstellung Kaiser Konstantins haben wir ganz andere, unbestechlichere Zeugen: Es sind die Münzen, die er prägen ließ, der Konstantinsbogen in Rom und die Standbilder, die er errichten ließ.
Zwar führt die christliche Geschichtsforschung gern ein Standbild an, auf dem Konstantin mit einem Kreuz dargestellt ist, aber sie kennt es eben wieder nur aus einer Beschreibung: Das Original ist verloren. Vermutlich war

darauf nichts weiter zu sehen als das Vexillum, das römische Feldzeichen, das mit einem Kreuz Ähnlichkeit hat, so wie das Kreuz auf den Schilden auch eine leicht gedrehte römische Zehn sein konnte, die auf ein zehnjähriges Regierungsjubiläum hinwies, denn so wie manche christliche Symbole dort erkennen, wo gar keine sind, hat auch »das christliche Schrifttum ... einige Jahre nach der Schlacht am Ponte Molle schüchtern begonnen, die um den Sieg über Licinius gebildeten Legenden und Konstantins tatsächlich vorsichtige und neutrale religiöse Haltung christlich umzudeuten«[18].

So glaubt man auch christliche Symbole auf dem Konstantinsbogen in Rom zu entdecken, wo gar keine sind, während man das, was wirklich zu sehen ist, auszudeuten vergißt. Es ist das Symbol des Unbesiegbaren Sonnengottes, des Sol Invictus[19], der auf dem Bogen mehrfach dargestellt ist: Einmal wird die Statuette des Sonnengottes der Siegesgöttin nachgetragen; einmal steht das Bild des Sonnengottes dem Konstantin gegenüber; einmal ist der Kopf des Konstantin in einen Kranz aus Sonnenstrahlen gefaßt; einmal fährt der Sonnengott auf dem Triumphbogen in einem Wagen gen Himmel.

Zufall? Nach dem Sieg am Ponte Molle und zur Zeit des Toleranzedikts von Mailand ließ Konstantin in Tarraco, dem heutigen Tarragona, neue Münzen prägen. Sie zeigen die Siegesgöttin, begleitet vom Sonnengott, dem Sol Invictus – wie auf dem Konstantinsbogen.

Als Konstantin aus dem alten Ilion eine Porphyrsäule zusammen mit einer Darstellung des Sonnengottes rauben und auf dem Forum in Konstantinopel aufstellen und sich weihen ließ (es ist die sogenannte »verbrannte Säule«, die noch heute in Istanbul steht), stört es ihn nicht, daß die typischen Merkmale des Sonnengottes, nämlich Strahlenkrone und Globus, daran erhalten bleiben.

Noch fünf Jahre nach dem Konzil von Nizäa läßt sich der angeblich christliche Herrscher selbst als Sonnengott darstellen. Michael Grant: »... als Kolossalstatue im

Zentrum der neuen Hauptstadt Konstantinopel . . . war er dort als Apollon-Helios dargestellt, mit der Strahlenkrone des Sonnengottes. Diese Krone aber war andererseits aus den Nägeln des Heiligen Kreuzes gearbeitet, denn Konstantin sah sich jetzt als Stellvertreter Christi. Konstantin scheint auf eine eigene, geheimnisvolle Weise die Sonne und Christus gleichzeitig verehrt oder sie für auswechselbar gehalten zu haben; er integrierte den christlichen Glauben in die ererbte Tradition des Sonnenkults, so wie Aurelian seinerzeit die Sonnenverehrung in die römische Tradition.«[20]
Tatsächlich setzte Konstantin nur etwas fort, was bereits bestand. Zur Zeit Marc Aurels (160–180 n. Chr.) nannte man die Taufe Jesu das Bad des Helios, der Sonne; Origines (gestorben um 250) brachte Christus mit dem Sonnenaufgang in Verbindung;[21] aus derselben Zeit stammt ein Mosaik unter dem Petersdom aus dem Mausoleum der Julier, das Christus als Sonnengott darstellt, der das Viergespann des Sol fährt. »Infolge solcher Verbindungen und Analogien«, schreibt Michael Grant, »wirkte der Sonnenkult wie eine Brücke, auf der viele Menschen zum Christentum gelangten.«[22]
Kaiser Konstantin hat diese Brücke nie abgebrochen. Es gibt nur eine einzige Münze des Kaisers, die ein christliches Symbol zeigt. Sie stammt aus der Zeit, in der der Kaiser Konstantinopel mit heidnischen Bräuchen auf seinen Namen umnennen ließ – alle übrigen Münzen zeigen ausnahmslos die Symbole der alten Religion.
Als nach dem Konzil im Jahre 321 der »Tag des Herrn« als Staatsfeiertag eingeführt wurde, richtete man sich nach der kaiserlichen Kanzlei und nannte ihn nach der höchsten Gottheit »Diës solis«, »Tag der Sonne«. Seitdem feiern die Christen den »Sonntag«, ohne daran zu denken, daß sie damit überhaupt keinen christlichen Feiertag begehen, sondern daß sie damit dem uralten Sonnenkult folgen, wie ihn schon der Mithraskult kannte, auch wenn das Kirchenlied das Ganze nachträglich verchristlicht hat und von Christus als der »Sonne der Gerechtig-

keit« singt;[23] und als man im Jahr 358 ein Datum für die Geburt Christi festlegte, wählte man den Festtag des Sonnengottes, den 25. Dezember.
Konstantin, der Bischöfe in Briefen mit »geliebter Bruder« anredete, sich selbst Bischof nannte und gleichzeitig Kirchen und heidnische Tempel baute, ließ sich erst unmittelbar vor seinem Tod taufen; in der Apostelkirche von Konstantinopel wurde er zwischen den Gedenksteinen an die Zwölf Apostel als 13. Apostel beerdigt – am Ende eine christliche Geste von kaiserlicher Überheblichkeit, die um so deutlicher zeigt, daß er noch immer nichts vom Christentum begriffen hatte. Denn »der in der Antike hochangesehene 13. Gott ist hier zu dem dreizehnten Apostel geworden: Wieder eine abschwächende Umbiegung einer überkommenden Idee in das Christliche.«[24]
Bis zum letzten Tag seines Lebens – er starb am 22. Mai des Jahres 337 – bleiben die Motive Konstantins im Zwielicht. Die einen finden, »das gewaltige Tun Constantins I. war unstreitig getragen von der christlichen Ideologie«[25] und loben sein »großartiges christliches und römisches Geschichtsbild«[26] und seine »befreiende Tat«[27]; andere meinen, »die christliche Kirche hat an diesem Furchtbaren, aber politisch Großartigen nichts zu verlieren«[28].

Staatschristentum statt christlicher Staat

Diesem Mann verdanken wir das christliche Abendland, denn er hat einer Minderheit zu Ansehen und Macht verholfen, die sich ohne ihn vielleicht nie oder erst viel später zu einer Mehrheit in Europa entwickelt hätte.
Man schätzt, daß bei einer Einwohnerzahl von etwa fünfzig Millionen im Imperium Romanum um das Jahr 300 nur etwa sieben Millionen Menschen Christen waren, höchstens 15 Millionen.[29] Selbst im allergünstigsten Falle wären es weniger als dreißig Prozent gewesen, einfache Leute meist und zerstreut über einen großen Raum und viele Länder, eine Minderheit ohne Führung und

Einfluß, vom Staat bekämpft und von den Gebildeten verlacht.
Man kann sich nur schwer vorstellen, warum Konstantin gerade diese Minderheit gefördert hat, wenn er nicht selbst Christ war; denn warum hätte ein Machtpolitiker wie er sich mit einer Gruppe abgeben sollen, mit der wahrscheinlich nur ein Viertel aller Menschen zu tun hatte? Aber man muß sich von dem Gedanken lösen, Konstantin habe das Christentum gefördert: Er hat es neben anderen Religionen geduldet, und er fand es am Ende klug, es zu benutzen wie andere Kulte auch.
Konstantin war Staatsmann und Eroberer, der sich sein Weltreich in vielen Kriegszügen und Schlachten erkämpft hat, und er mußte versuchen, dieses Riesenreich zwischen Schottland und Kleinasien von inneren Kämpfen freizuhalten, wenn es nicht wieder zerbrechen sollte. Ihm konnte nicht daran liegen, ein Viertel der Bevölkerung unnötig zu Gegnern zu haben und sie nur deshalb zu verfolgen, weil sie die göttlichen Staatssymbole nicht anerkennen wollten – in einer Zeit, in der auch die schweigende Mehrheit nicht mehr viel davon hielt. Und so gab denn auch Konstantin einmal in einem Brief an Anullinus ganz offen zu, was ihn zu einer Tolerierung der Christensekte gebracht hatte: Die Mißachtung des christlichen Gottesdienstes habe dem Staat große Gefahr, seine Wiederaufnahme und Pflege dagegen Glück und Segen gebracht; und Eduard Schwartz urteilt: »Es ist der staatsmännische Wille, der Konstantin der Kirche zuführt, nicht die Frömmigkeit des Herzens ... Das Wichtige, das Entscheidende war, daß der Gott, mit dem sich der werdende Weltherrscher verband, der Gott nicht, wie bisher, einer losen, fließenden, andere Gottesnamen nicht ausschließenden heidnischen Kultgemeinschaft war, sondern der der festgeschlossenen, exklusiven Kirche, deren Organisation eine Macht darstellte, die das Kaisertum zerbrechen oder mit dem es sich verbünden mußte, wenn seine Unumschränktheit mehr als ein Anspruch sein sollte.«[30]

Nicht die Verchristlichung des Staates, sondern die Verstaatlichung des Christentums war das Ziel des Politikers. So schreibt Ernst Kornemann in seiner *Weltgeschichte des Mittelmeerraumes*: »Tatsache ist, daß die größte Tat seines Lebens die Einordnung des bisher so hart bekämpften Christentums in den Staat gewesen ist. Er war ähnlich wie Augustus ein ausgesprochener Kompromißpolitiker und hat wie der Prinzipatsschöpfer 25 Jahre gebraucht, um zu dem großen Ziele seines Daseins zu gelangen: die Kirche in den längst umgeformten augustischen Staat einzubauen.«[31]

Und Jakob Burckhardt schreibt: »Er wagte eine der kühnsten Sachen, die sich denken lassen, vor welcher vielleicht schon mehr als ein Imperator zurückgeschaudert war: Die Ablösung des Reiches von der alten Religion, welche in ihrer damaligen Zerrüttung trotz des obligatorischen Kaiserkults keine Hilfe mehr für die Staatsgewalt sein konnte ... Als kleine Minorität gegenüber der ganzen Heidenwelt war die Kirche doch – das Heer abgerechnet – die einzige organisierte Kraft im Reiche, während alles übrige Staub war. In dieser Kraft eine künftige Stütze des Imperiums geahnt und sie danach behandelt zu haben, ist nun der ewige Ruhmestitel Konstantins. Neben einer hohen und eiskalten Intelligenz, neben einer völligen inneren Unabhängigkeit von allem christlichen Empfinden gehörte hierzu eine ebenso außerordentliche Entschlossenheit wie Tagesklugheit; Konstantin wußte ... seine einzelnen Maßregeln jedesmal den vorherrschenden Stimmungen anzupassen und war bis gegen sein Ende hin furchtlos genug, um dem Heidentum zu gleicher Zeit Trotz und etwas Gunst zu bieten.«[32]

Das Christentum hat verständlicherweise später alles zu seinen Gunsten umgedeutet, denn Geschichte wird von den Siegern geschrieben. Aber viel zuwenig hat das Christentum darüber nachgedacht, wie es kommen konnte, daß diejenigen, die eben noch das Martyrium auf sich nahmen, um der Vergottung des Staats zu widerstehen,

sich nun plötzlich einem Kaiser unterwarfen, den seine Lobredner noch immer mit göttlichen Attributen überschütteten und der sich, während er noch Tempel baute, dreist als »Stellvertreter Christi« feiern ließ.
Viel zuwenig hat das Christentum darüber nachgedacht, wie diejenigen, deren Reich doch nicht von dieser Welt war, sofort nach der Macht greifen konnten, sobald man sie ihnen anbot, und wie, im Gegensatz zum Gebot der Feindesliebe, aus den Verfolgten nun Verfolger werden konnten, die um des Glaubens willen weit mehr Menschen töteten als die römischen Herrscher in allen Christenverfolgungen zusammen.
Die »konstantinische Wende«, die dem Christentum zur Macht verhalf und es zur kaiserlichen Staatsreligion werden ließ, die keinen Widerspruch duldete – die »konstantinische Wende« ist in der kurzen Geschichte von dreihundert Jahren das letzte und erschreckendste Beispiel einer Verfälschung des ursprünglich Gemeinten. Mit dem, was Rabbi J. gelehrt und gewollt hatte, hat das alles längst nichts mehr zu tun.

Ein Mensch wird Gott

Es hat eine gewisse Logik, daß sich unter einem göttlichen römischen Kaiser auch das Bild des Rabbi J. noch einmal zu wandeln begann, den Paulus schon zum »Herrn« erhoben hatte.
Als Kaiser Konstantin im Jahr 324 – nach seinem Sieg über Licinius – auch Herr über das Oströmische Reich wurde, war seit einem halben Jahrzehnt in der ägyptischen Stadt Alexandria ein wilder Streit zwischen Bischof Alexander und dem Pfarrer der Baukaliskirche, der angesehensten Kirche der Stadt, im Gange, mit dem sich bereits mehrere Kirchensynoden beschäftigt hatten: Die eine hatte den Pfarrer wegen Irrlehre abgesetzt und des Landes verwiesen, die nächste nannte ihn wieder recht-

gläubig, und die dritte setzte ihn wieder als Pfarrer in Alexandria ein,[33] ohne den Streit zu lösen.

Kaiser Konstantin, entschlossen, mit einer einigen Kirche ein einiges Weltreich zu beherrschen, schrieb sofort an die beiden zerstrittenen Geistlichen, sie sollten ihm nicht mit ihren »theologischen Lappalien« und Spitzfindigkeiten »schlaflose Nächte bereiten«. Doch der Streit ging unvermindert weiter.

Das, was »Bischof« Konstantin in seiner Naivität als »theologische Lappalie« empfand, war freilich eine der entscheidensten Fragen überhaupt, mit denen das Christentum konfrontiert werden konnte. Es war die Frage, ob das Christentum nur einen einzigen Gott kannte wie das Judentum, aus dem es durch Rabbi J. hervorgegangen war, oder drei Götter; ob es also noch ein Monotheismus war wie bei Moses oder ein Götterhimmel, wie ihn der Hellenismus kannte. Oder präzise: ob der jüdische Wanderprediger aus Galiläa selbst ein Gott war oder nicht.

Nach den ältesten Quellen des Neuen Testaments – den Paulusbriefen – war Jesus kein Gott: Paulus nennt ihn in deutlicher Abhängigkeit den »Sohn« Gottes – eine Formel, die damals nichts weiter bedeutete, als daß ein Mensch ein besonderes Verhältnis zu Gott hatte. Rabbi J. selbst hat sich niemals als Gott bezeichnet – im Gegenteil: Er nannte sich ja gerade der »Menschensohn« –, denn das wäre für einen Juden eine Gotteslästerung gewesen: Es gab nur einen Gott, und das war Jahwe, den Rabbi J. in kindlichem Vertrauen »Abba«, Papa, genannt hatte, den Schöpfer Himmels und der Erden.

Allerdings kennt das Johannesevangelium, das zuletzt fertiggestellt wurde und am stärksten vom Hellenismus beeinflußt ist, Sätze wie: »Ich und der Vater sind eins«[34] und: »Wer mich sieht, der sieht den Vater«[35], die man so verstehen kann, als ob Rabbi J. Gott oder ein Teil Gottes gewesen sei, wenn man sie nicht als Ausdruck der mystischen Vereinigung nehmen will.

Aber man muß sich entscheiden, ob man der historischen Linie folgen will, die aus dem Monotheismus des

Judentums kommt, oder ob man den hellenistisch-gnostischen Einfluß im Johannesevangelium für wahrer hält, als was Rabbi J. als Jude selbst gedacht und gesagt haben kann.

Drei in eins

Der Gedanke der sogenannten Trinität, der göttlichen Dreiheit, stammt jedenfalls eindeutig aus dem sogenannten »heidnischen« Bereich und hat mit dem Judentum nichts zu tun: Die indischen Religionen kennen ebenso den »dreieinigen Gott« wie die Griechen das Prinzip der heiligen Dreizahl unter den Göttern. So schrieb Aristoteles: »Die Dreiheit ist die Zahl des Ganzen, insofern sie Anfang, Mitte und Ende umschließt. Als hätten wir aus den Händen der Natur deren Gesetze empfangen, bedienen wir uns zu den heiligen Bräuchen, des Götterdienstes dieser Zahl.«[36] Und Martial nannte den Hermes Trismegistos – den dreimal großen Hermes – denjenigen, der »allein ganz und dreimal einer«[37] war. Entsprechend kannte die Dionysosreligion die Dreiheit von Zagreus, Phanes und Dionysos, während man in Italien Jupiter, Juno und Minerva in eine Einheit zusammenfaßte. Schon Xenokrates hatte im 4. Jahrhundert v. Chr. eine Dreieinigkeit an die Spitze des Weltganzen gestellt.

Die frühe Kirche hat versucht, sich diesem vom Gnostizismus weiterentwickelten Gedanken anzugleichen, indem sie Vater, Sohn und Heiligen Geist zu einer »Dreiheit in einem« verschmolz und dann mit der Logik nicht mehr zurechtkam. Immerhin hatte Origines, der bedeutendste Theologe der ersten drei Jahrhunderte, noch gelehrt, daß der Christus nicht mächtiger sei als der Vater, sondern geringer an Macht: »Wir lehren dies, indem wir seinen eigenen Worten glauben, wo er sagt: Der Vater, der mich gesandt hat, ist größer als ich.«[38]

Aber auch hierin steckte schon der Gedanke des Polytheismus, der Mehrgötterei, und so blieb es nicht aus, daß sich die Theologie immer mehr mit der Frage zu be-

schäftigen begann, wie denn nun die Dreieinigkeit, die Trinität, zu verstehen sei und was sie für das Verständnis des »Gottessohnes« für Folgen habe.
Es war ein langer Streit, und gegenseitige Verdammungen lösten sich ab. Die einen hielten am Monotheismus fest und meinten, entweder müsse Rabbi J. dann Gott selbst gewesen sein oder, weil es ja nur einen Gott gab, ein Mensch. Die anderen erfanden einen »Adoptivsohn Gottes«. Die dritten versuchten einen Kompromiß und lehrten, Rabbi J. sei zwar ein Teil Gottes, aber – da es nur einen wirklichen Gott gab – von Gott erst später geschaffen worden, während die vierten schließlich meinten, wenn Christus Teil der Dreieinigkeit sei, dann müsse er ebenso ohne Anfang und Ende sein wie Gott, oder anders gesagt: Rabbi J. sei kein Geschöpf Gottes gewesen, sondern eine besondere Wesensart Gottes selbst, die von Anfang an existiert habe.

Dogmen als Schlager

Dieser Streit war zur Zeit Konstantins nicht neu, aber er hatte einen eigenartigen und faszinierenden Verfechter gefunden, jenen Pfarrer der Baukaliskirche von Alexandria: Arius[39] (Betonung auf dem i), der im Jahr 311 nach Alexandria übergesiedelt und zwei Jahre später Pfarrer von Baukalis geworden war. Um 318 war es dann zum Streit mit Bischof Alexander gekommen. Es ging dabei zunächst um hierarchische Machtansprüche, die sich dann aber ins Theologische verlagerten.
Arius war ein Mann von hagerer Asketengestalt, ein wenig eitel, aber mit guten Umgangsformen. Die Quellen berichten, er habe auf Frauen großen Eindruck gemacht. Er war liebenswürdig und zugleich ein wenig wunderlich, er war sensibel und zugleich von praktischer Pfiffigkeit; er war Dichter und Propagandist von großer Beredsamkeit, dem es nichts ausmachte, komplizierte theologische Zusammenhänge nach gängigen Melodien in Schiffer- oder Marschlieder umzudichten,[40] um seine Sache un-

ters Volk zu bringen; »jauchzend«, schreibt Carl Schneider, pfeifen die »Gassenjungen in Alexandria den neuesten nach einer Varieté-Melodie komponierten Schlager des Arius: Einst – ist er nicht gewesen ... und nicht war der Geschaffene.«[41]

Da ist die ganze Theologie des Arius in einer Schlagerzeile, damals jedermann verständlich – nur wir müssen ein bißchen ausholen. In Alexandria glaubte man, Christus sei kein Geschöpf Gottes, sondern stamme aus Gott selbst, sei also ein gleiches Wesen wie Gott oder, wie die Theologen sagen: wesensgleich, unzertrennlich und unteilbar von Gott. So konnte Bischof Alexander sagen, daß Rabbi J. nicht vom Menschen zu Gott wurde, sondern umgekehrt als Gott Mensch wurde. Oder in seinen eigenen Worten: »Er ist wahrer Gott vom wahren Gott ... Er ist nicht, da er Mensch war, später Gott, sondern, da er Gott war, Mensch geworden.«[42]

Uns erscheint dieser Satz nach zweitausend Jahren Christentum nicht fremd, aber er ist, verglichen mit dem, was der historische Jude J. gedacht und geglaubt hat, eine ungeheure Blasphemie: Niemals konnte und durfte ein Jude sich mit Gott gleichstellen. Ein solcher Gedanke war nur im Griechentum möglich, wo die Götter mit den Irdischen verkehrten und die irdischen Helden als Götter an den Himmel versetzt und zu Sternen wurden wie Jupiter und Mars. So etwas war nur möglich in einer Welt, in der sich Kaiser als Götter verehren ließen.

Der mißverstandene Gottessohn

So kam es beim Begriff »Sohn Gottes« zu einem der folgenreichsten Mißverständnisse, die überhaupt denkbar sind. Wer den Orient auch nur aus der Sicht Karl Mays kennt, weiß, daß die Orientalen eine bildhafte Sprache lieben. Für sie ist der Fotograf der »Vater des Bildes«: Das dürre Abhängigkeitsverhältnis von Produzent und Produkt wird im Bild wiedergegeben, abstrakte Beziehungen werden mit Umschreibungen dargestellt. Ein

simpler Lügner ist ein »Sohn der Lüge«, und wer es besser kann, avanciert zum »Vater der Lüge«. Genau auf derselben Sprach- und Denkebene liegt nun auch der »Sohn Gottes«.
Diese Bezeichnung beschreibt im semitischen Sprachgebrauch nichts weiter, als daß eine Beziehung zwischen einem Menschen und Gott besteht. Keinem Juden würde auch nur von ferne der Gedanke kommen, mit dem »Sohn Gottes« sei ein reales Verwandtschaftsverhältnis zwischen einem Vater und einem Sohn gemeint. Ein »Sohn Gottes« ist ein begnadeter Mensch, ein Ausgewählter, ein Mensch, der tut, was Gott will. Jeder Versuch, dieses Sprachbild wörtlich zu nehmen und daraus die Göttlichkeit des Sohnes abzuleiten, widerspricht den Tatsachen, heute wie damals. Kein Israeli würde bei der Frage nach dem Alter ein Kindschaftsverhältnis annehmen, obwohl er – je nach dem Geschlecht – auch heute noch nur fragen kann: Ein Sohn von wieviel Jahren bist du? Oder: Eine Tochter von wieviel Jahren bist du? Ein mehrstöckiges Gebäude umschreibt er übrigens mit der Formel, daß es »ein Sohn von drei Stockwerken« ist.
Das Alte Testament zeigt oft genug, wie der Begriff des »Sohnes Gottes« verstanden wurde: Er war zum Beispiel die übliche Krönungsformel für Könige, die aufzeigen sollte, daß der Messias, der gesalbte König, im Namen Gottes »gezeugt«, das heißt also, durch Jahwe eingesetzt war. So heißt es im Psalm:

»Ich aber habe meinen König eingesetzt
auf meinem heiligen Berg Zion,
kundtun will ich den Ratschluß des Herrn:
er hat zu mir gesagt:
du bist mein Sohn, heute habe ich dich gezeugt.«[43]

Als David verheißen wird, daß seine Nachkommen auch Könige sein werden, wird das in der Bibel so umschrieben: »Wenn nun deine Zeit um ist und du dich zu deinen Vätern schlafen legst, will ich dir einen Nachkommen erwecken, der von deinem Leibe kommen wird; dem will

ich sein Königtum bestätigen ... ich will sein Vater sein, und er soll mein Sohn sein.«[44]
In einem anderen Psalm heißt es noch einmal von David:

»Ich habe gefunden meinen Knecht David,
ich habe ihn gesalbt mit meinem heiligen Öl ...
er wird mich nennen: du bist mein Vater,
mein Gott und Hort, der mir hilft.
Und ich will ihn zum erstgeborenen Sohn machen,
zum Höchsten unter den Königen auf Erden.«[45]

Der Sohn Gottes kann nach jüdischen Verständnis sogar ein Kollektiv meinen, so soll Moses dem Pharao sagen: »So spricht der Herr: Israel ist mein erstgeborener Sohn, und ich gebiete dir, daß du meinen Sohn ziehen läßt, damit er mir diene ...«[46] Oder bei Jeremias:

»Denn so spricht der Herr:
... ich bin Israels Vater,
und Ephraim ist mein erstgeborener Sohn.«[47]

Zusammenfassend schreibt Joel Carmichael: »Die meisten Christen halten es für erwiesen, daß im Selbstverständnis Jesu auch die Vorstellung von sich als dem Sohne Gottes enthalten war. Aber ein kurzer Blick in die Evangelien zeigt, daß sie nur den Nährboden für den gesamten Prozeß der Erhöhung abgab ... Die Redensart ›Gottes Sohn‹ war den Juden zur Zeit Jesu und auch in den vorangegangenen Jahrhunderten vertraut: ALLE Juden waren Gotteskinder; das war es ja, was sie von anderen Völkern unterschied ... Im engeren Sinne wurde der Ausdruck auf hervorragende Persönlichkeiten angewandt, vor allem auf die Könige, himmlischen Boten und so weiter ... In der Zeit, die auf das Exil folgte, wurde das Wort weiter auf jeden besonders frommen Mann angewandt; schließlich wurde es üblich bei Hinweisen auf den Gerechten und den Fürsten. In allen diesen jüdischen Anwendungsfällen war der Ausdruck eindeutig eine bloße Metapher, um eine besonders enge Beziehung zwischen individueller Tugend und göttlicher Autorität zu betonen. Die Vorstellung, daß irgendein Mensch tatsächlich biologisch aus der entkörperlichten Majestät Jahwes, des Gottes des Alls, hervorging, wäre nicht nur als eine groteske Extravaganz im jüdischen Milieu erschienen, sie wäre überhaupt unverständlich gewesen ...«[48]

In dem Augenblick aber, in dem das frühe Christentum in andere Sprach- und Denkformen übergeht und sich von seinem jüdischen Mutterboden zu lösen beginnt, wird das Unmögliche möglich. Nur außerhalb des Judentums konnte aus Rabbi J. ein Gottessohn werden, weil man die Metapher als »inspiriertes Wort Gottes« wörtlich nahm und nicht mehr die eigentliche Bedeutung kannte oder kennen wollte. Denn auch schon die Rede vom »Eingeborenen«, also dem einzig geborenen Sohn Gottes, widerspricht den verschiedenen erstgeborenen Söhnen des Alten Testaments (diese Formel vom eingeborenen Sohn kommt allerdings in der ganzen Bibel überhaupt nur bei Johannes vor, dessen Evangelium als das am stärksten unter hellenistischem Einfluß stehende gilt).

Erinnerung an das Urchristentum

Die Kirche hat damals diese Ketzerei gar nicht bemerkt, sie ist deswegen nie verdammt worden. Verdammt wurde Arius, für den der Mann aus Nazaret kein Gott, sondern ein Mensch war: »Der Sohn hat nichts Eigentümliches mit Gott, ist ihm nicht gleich und auch nicht gleichen Wesens mit ihm. Der Vater ist seinem Wesen nach dem Sohn fremd, denn er ist ohne Anfang.«[49]

Noch spürt man bei Arius den urchristlichen Hauch der Evangelisten, die vom »Menschensohn« reden, wenn sie Rabbi J. meinen, den »ben-adam«, denn die ersten Menschen der Bibel haben keine Namen: »Adam« heißt hebräisch »Mensch«, »Eva« bedeutet die »Gebärende«.

Aber auch Arius ist nicht mehr ganz frei von der Idee einer Vergöttlichung, denn auch er rückt Rabbi J. näher

an Gott als an den Menschen. Aber so viel spürt er doch, daß jener Christus ein Geschöpf Gottes ist und nicht Gott selbst: »Christus ist in seinem Wissen beschränkt und seiner Natur nach veränderlich, dem Wechsel unterworfen«, sagt Arius. Das heißt, der Christus ist weder allwissend wie Gott noch unveränderlich – und damit ist er eben kein Gott, sondern ein Mensch. Arius besteht darauf nicht nur aus Gründen der Philosophie, der Logik, oder weil er die Bibel anders gelesen hat als seine Zeitgenossen. Er kommt auf die Menschlichkeit Christi, weil ihm aufgegangen ist, daß für den Menschen nur ein Mensch Vorbild sein kann, nicht ein abstrakter Gott; nicht Gott führt zu Gott, sondern der gottbegnadete Mensch, der die eine Welt ahnt und die andere durchlebt.
Ich meine, Arius hätte die Wende sein können zurück zum Ursprünglichen, das man dann vielleicht wiedergefunden hätte unter der Last von dreihundert Jahren Kampf und Geschichte. Noch ahnte er etwas von der nachvollziehbaren Menschlichkeit des Glaubens gegen die Unerbittlichkeit fordernder Theologie, die entgegen den biblischen Texten aus einem Propheten einen Gott machte, weil es die heidnische Umgebung so wollte.
Arius war der letzte Versuch in einer Kette von frommen Ketzern, das Christentum vor seiner endgültigen Verfälschung zu bewahren. In seinem Glaubensbekenntnis sagt er – und Rabbi J. hätte wahrscheinlich jedem Wort zugestimmt: »Wir bekennen einen Gott, der allein ungezeugt ist, allein ewig, allein ohne Anfang, allein unsterblich, allein weise, allein gut, allein Herr, allein Richter aller.« Da ist nicht die Rede von Christus dem Weltenrichter, der heute noch in den Ostkirchen in den Kuppeln der Kirchen als »Pantokrator«, als »Allherrscher«, abgebildet ist, da ist keine Rede von einem unsterblichen Christus, »sitzend zur Rechten Gottes«, da ist keine Rede von einem sündenlosen Heiland, denn nur Gott allein ist gut und hat die Weisheit, das Böse zu vermeiden – da ist vielmehr die Rede von einem einzigen Gott, wie ihn

Moses verkündet und Rabbi J. gekannt hatte. Und nichts, auch nicht Rabbi J., kommt diesem Gott nahe und ist ihm schon gar nicht gleich. Von einem »Christus« ist gar nicht erst die Rede.
Man hat Arius – so in einem Brief des Konstantin – damals einen »Galgenstrick«, eine »Jammergestalt«, ein »Lügenmaul«, einen »schamlosen und nichtsnützigen Menschen«, einen »Narren« und ein »Halbtier« genannt. Man hätte auch den Mann aus Nazaret so nennen können.
Wegen Arius und seiner nicht wenigen Gesinnungsgenossen, die zu Rabbi J. zurück wollten, wurde das Nizäische Glaubensbekenntnis formuliert, das heute noch benutzt wird. Es nützt wenig, daß spätere Bischofsversammlungen ihn wieder in sein Pfarramt einsetzten und anerkannten. Arius starb vorher irgendwo in einer Straße von Konstantinopel, der Stadt jenes Mannes, der ihn ohne jeden Sachverstand auf dem Konzil von Nizäa verurteilt hatte, nur um seinem Weltreich die Ruhe zu sichern und es vor »theologischen Lappalien« zu bewahren.

Das Konzil von Nizäa

Das Konzil von Nizäa (in der heutigen Türkei, südwestlich von Konstantinopel auf der asiatischen Seite) begann am 20. Mai 325, kaum ein halbes Jahr nachdem Kaiser Konstantin vergeblich versucht hatte, die streitenden Parteien in Alexandria zu beruhigen. Es war die größte Versammlung dieser Art, die das Christentum bis dahin gekannt hatte. Über dreihundert Bischöfe waren aus dem ganzen Reich auf Einladung des Kaisers zusammengekommen, um den Streit zu beenden.
Der Kaiser erschien in byzantinischem Pomp, und die bezahlten Lobredner haben seinen Auftritt überliefert: »Wie ein Engel Gottes strahlte er in der feurigen Glut sei-

nes Purpurs und dem Glanz von Gold und kostbaren Gesteinen ... Alle seine Begleiter überragte er an Größe, Schönheit und Würde ... Er schritt bis zur vordersten Reihe der Plätze, wo mitten in der Versammlung ein Goldsessel für ihn bereitgestellt war.«[50]
Konstantin hielt eine Rede und mahnte zu Frieden und Eintracht. Seine Methode, Frieden zu stiften, war einfach: Beschwerde- und Streitschriften ließ er ungeöffnet verbrennen, »damit keinem Menschen der Streit der Priester bekannt würde«. Auch sonst griff der Kaiser, der gar nicht den Vorsitz führte, ständig in die Verhandlungen ein.[51]

Der Streit um ein »i«

Der Streit ging um einen einzigen Buchstaben: um ein »i«. Eusebius von Cäsarea hatte dem Konzil das Taufbekenntnis seiner Gemeinde vorgelesen, in dem Christus als der Erstgeborene und Einziggeborene bezeichnet wird, der vor aller Zeit vom Vater »gezeugt« worden sei. Man bekannte da »einen Herrn Jesus Christus, das Wort Gottes, Gott aus Gott, Licht aus Licht, Leben aus Leben, den einziggeborenen Sohn, den Erstgeborenen der ganzen Schöpfung, vom Vater gezeugt vor allen Äonen ...«
Auf diese Formulierungen konnten sich die Bischöfe mehr oder weniger einigen. Da griff der Kaiser ein und verlangte zur Überraschung des Konzils eine völlig neue Definition. Er hatte dafür ein Wort, das auf dem Konzil noch nicht gefallen war, und man weiß nicht, wer es ihm suggeriert hat: Es heißt »homousios« (sprich homoùsios)[52] und bedeutet, Christus sei »wesenseins« mit Gott, sei also selbst ein Gott.
Genau aber das bestritt Arius. Für ihn war Rabbi J. nur das vornehmste aller Geschöpfe. Für ihn war Rabbi J. eben nicht wesensgleich mit Gott (»homousios«), sondernd als Geschöpf Gottes nur ähnlich = »homoìusios« (sprich homoi-usios).
An diesem »i« zwischen »homousios« und »homoiusios«

hing es, ob das Christentum – bei aller Verwandlung, die es inzwischen erfahren hatte – an den Aussagen des Apostels Paulus und der Evangelisten über die Menschlichkeit des Messias festhalten oder ob man den Prozeß der Entfremdung und Verfälschung vom Ursprünglichen konsequent fortsetzen und einen Menschen zum Gott machen würde, der nichts weiter gewollt hatte, als Menschen zu Gott zu führen.
Von diesem »i« hing es ab, ob sich die Kirche endgültig von dem einen Gott, an den Rabbi J. geglaubt hatte, und vom Judentum, dem er angehört hatte, trennen würde, um mit den gleichen Worten fortan etwas ganz anderes zu sagen und zu glauben. Das Konzil von Nizäa entschied sich, wie Konstantin es von ihm verlangte, und machte – dreihundert Jahre nach dem Tod des Rabbi J. – aus dem Wanderprediger aus Galiläa einen Gott, der »homousios«, wesensgleich mit Gott, war.
Am 19. Juni 325 – kaum vier Wochen nach Beginn des Konzils – bestand Kaiser Konstantin darauf, daß alle anwesenden Bischöfe das neue Glaubensbekenntnis, das Christus zu Gott machte und den Arius verdammte, unterschrieben. Wer nicht unterschrieb, sollte exkommuniziert und verbannt werden.
So unterschrieben alle, auch die, die eben noch bei den Christenverfolgungen gefoltert worden waren und deren Narben Konstantin zu Beginn des Konzils geküßt hatte. 17 Bischöfe hielten zu Arius, aber nur fünf von ihnen wollten nicht unterschreiben. Der Kaiser gab ihnen Bedenkzeit, und noch einmal unterschrieben drei: Einer von ihnen war Eusebius von Cäsarea, dessen Glaubensbekenntnis, entscheidend verändert, die Grundlage des Nizänums war. Er unterschrieb nicht, weil er an das neue Bekenntnis glaubte, sondern er unterschrieb »dem Kaiser zuliebe«, wie er später zugab: Kaum greift die Kirche nach Macht und Einfluß, kommt die Unehrlichkeit ins Spiel, und der Zweck beginnt die Mittel zu heiligen.
Nur zwei der mehr als dreihundert Bischöfe hatten den Mut, dem Kaiser zu widerstehen und ihrer Überzeugung

treu zu bleiben, und ich meine, es ist wert, ihre Namen zu nennen: Es waren Bischof Sekundus von Ptolemais und Theonas von Marmarika.
Sie wurden exkommuniziert und mit sofortiger Wirkung aus Ägypten verbannt. Arius wurde abgesetzt, exkommuniziert, verbannt und verflucht. Seine Schriften wurden verbrannt; wer sie heimlich aufhob, wurde bestraft. Kaiser Konstantin hatte Frieden gestiftet, indem er kirchliche und weltliche Strafe zum erstenmal zusammenfallen ließ. Der Sieger von Nizäa war nicht die Kirche, sondern der Kaiser, der an den Sonnengott als einen von mehreren Göttern glaubte und dem es infolgedessen nichts ausmachte, das Christentum nach seinen Vorstellungen zu verändern. Das Tragische ist nur, daß die Kirche sofort mitmachte, weil es der Kaiser befahl. Denn in Wirklichkeit war der Streit mit dem Konzil von Nizäa überhaupt nicht zu Ende.
Zwar schrieb Kaiser Konstantin nach dem Konzil an die Gemeinde in Alexandria: »Die Übereinstimmung der dreihundert Bischöfe ist nichts anderes als das Urteil Gottes.« Aber es war eben ein vom Kaiser manipuliertes Urteil Gottes: Von den tausend Bischöfen seines Reiches hatte er überhaupt nur dreihundert eingeladen, vermutlich diejenigen, die am wenigsten Widerstand leisten würden. Er ließ sie in seiner Staatspost abholen, und es ergab sich, daß sie fast alle aus dem eben eroberten Ostreich stammten und Orientalen waren. Aus ganz Westeuropa waren nur sieben Bischöfe gekommen. Papst Silvester war gar nicht selbst in Nizäa, sondern hatte aus Rom zwei Vertreter geschickt.

Widerstand und Ergebung

Mit dieser manipulierten Synode, dem vom Kaiser verordneten Text und den erzwungenen Unterschriften kam selbst Konstantin nicht durch. Der innerkirchliche Kampf ging trotz der Verbannung des Arius unvermindert weiter.

Bischöfe des Ostens, die sich in Nizäa nur schwer zur Annahme der Formel von der Wesenseinheit hatten entschließen können, begannen nun das Wort »homousios« so umzudeuten, daß ihm Arius möglicherweise zustimmen konnte. Es war der Versuch, das »i« schließlich doch wieder hineinzubringen.
Im übrigen hatte Arius auch Anhänger am Kaiserhof: Die Schwester Konstantins trat für den Verbannten ein, ebenso seine Schwägerin (deren Sohn zum ersten heidnischen Kaiser des christlichen Reiches werden sollte: Julian Apostata, der Abtrünnige, der das Christentum ziemlich lächerlich fand und den Sonnenkult wiedereinführen wollte). So kam es, daß Kaiser Konstantin einen Brief an den verbannten Arius schrieb, ihn noch einmal beschimpfte und bedrohte, um dann diesen »Mann mit dem eisernen Herzen« zu bitten, er solle ihn besuchen, um sich mit ihm, »dem Manne Gottes«, auszusprechen.
Überraschend wie der Brief des Kaisers ist auch die Antwort: Arius reichte ein neues Glaubensbekenntnis ein, der Kaiser akzeptierte es gnädig, und zwei Jahre nach seiner Verfluchung rief Kaiser Konstantin ein zweites Konzil nach Nizäa ein, um Arius und seine beiden Mitstreiter wieder in die Kirche aufzunehmen. Dieselbe Synode, die eben noch Arius verfluchte, nahm ihn und die beiden Bischöfe wieder auf. Aber diesmal weigerte sich Athanasius, der Nachfolger des Bischofs Alexander von Alexandria, die Wiedereinsetzung des Arius anzuerkennen. Auch als der Kaiser ihn persönlich aufsuchte, blieb Athanasius bockig.
Der Kaiser, der inzwischen begriffen hatte, wie leicht man mit Synoden umgehen konnte, berief 334 eine neue nach Cäsarea ein, diesmal, um Athanasius zur Rechenschaft zu ziehen. Aber Athanasius kam nicht. Die nächste Synode wurde einberufen und Athanasius mit sanfter Gewalt herbeigeschafft. Der wurde verurteilt und verlor seinen Bischofsstuhl, schließlich wurde der Ägypter verbannt – ins nordische Augusta Treverorum, dem späteren Trier. Und jetzt endlich, mehr als zehn Jahre nach

dem Konzil von Nizäa, hob eine neue Synode in Jerusalem den Bannfluch über Arius endgültig auf und setzte diesen wieder in sein Amt ein. Der Ketzer, gegen den man ein Glaubensbekenntnis formuliert hatte, war in die Kirche zurückgekehrt, vielleicht, weil er nachgab, vielleicht, weil er einen Kompromiß schloß wie die anderen auch, vielleicht, weil er inzwischen ein gebrochener Mann war, zu müde, um noch zu kämpfen; vielleicht auch, weil er und seine Anhänger noch immer glaubten, die Menschlichkeit des Christus lehren zu können – ich weiß es nicht.

Arius starb, bevor er nach Ägypten zurückkehren konnte. Seine Lehre wurde von der Kirche hartnäckig verfolgt und unterdrückt. Doch sie ist nie ganz untergegangen, denn, so schreibt der Hamburger Kirchengeschichtler Bernhard Lohse, »Arius kann uns daran erinnern, daß Jesus, wie ihn die Evangelien schildern, nicht ein auf Erden wandelnder Gott, sondern wirklich Mensch war. Freilich, gerade in dieser Menschheit bewährte Jesus die volle Gemeinschaft mit Gott.«[53]

Nichts anderes wollte Arius, aber die Kirche ist andere Wege gegangen; sie hat, wie sooft, das Richtige verdammt und das Falsche postuliert. Sie hat, wie sooft, nicht gefragt: Was soll sein? Sie hat, wie sooft, nicht gefragt: Was ist wahr? Sondern: Was nützt es? Sie hat, wie sooft, vergessen, was Rabbi J. eigentlich geglaubt und gewollt hatte.

Und so verdammte sie Arius und formulierte auf Befehl eines Kaisers, der noch an den Gott des Lichtes glaubte, ein Bekenntnis, das sich ebenso gegen den Gnostizismus abgrenzte wie es ihn berücksichtigte und das bis heute in der Kirche gilt, auch wenn Jungfrauengeburt und Kreuzestod unter Pontius Pilatus noch fehlen: »Wir glauben an *einen* Gott, den allmächtigen Vater, den Schöpfer alles Sichtbaren und Unsichtbaren; und an *einen* Herrn Jesus Christus, den Sohn Gottes, der als Erstgeborener aus dem Vater gezeugt ist, d. h. aus dem Wesen des Vaters, Gott aus Gott, Licht aus Licht [!], wirklicher Gott aus wirklichem Gott, gezeugt, nicht geschaffen, wesenseins [homousios] mit dem Vater. Durch den alles geworden ist, was im Himmel und auf Erden ist, der wegen uns Menschen und wegen unseres Heils herabgestiegen und Fleisch geworden ist, Mensch geworden ist, gelitten hat und am dritten Tage auferstanden ist, aufgestiegen zum Himmel, kommen wird, um Lebende und Tote zu richten; und an den Heiligen Geist.«[54]

Das Nizäische Glaubensbekenntnis hat noch einen Zusatz. Er lautet: »Die aber, welche sagen: ›Es gab eine Zeit, da er nicht war‹ und: ›Bevor er erzeugt wurde, war er nicht‹ und: ›Aus Nichtseiendem wurde er geschaffen‹, und die behaupten, entweder aus einer anderen Wesenheit oder geschaffen oder wandelbar oder veränderlich sei der Sohn Gottes – die verdammt die katholische Kirche.«

Sicher, die Kirche hat es sich nicht leicht gemacht; erst nach langen Auseinandersetzungen dogmatisierte sie die göttliche Natur des Christus und nahm im Glaubensbekenntnis die Lehre von der Trinität, der Dreieinigkeit, auf. Eine solche Entscheidung war jedoch die Folge theologischen Denkens und Spekulierens, nicht aber eine Wiedergabe dessen, was im Neuen Testament stand.

Die Theologie begann sich zu verselbständigen. Zwar behauptet sie, sie orientiere sich nur an der Bibel, aber in Wirklichkeit begann schon in den ersten Jahrhunderten ein Prozeß, der bis heute angehalten hat, nämlich der Prozeß der Ideologisierung des Glaubens, der mit festem Schema an die Quellen herangeht und herausliest, was man hineinzulesen wünscht. Was Schonfield scharf formuliert: »Die Trinitätsformel ›Gott, Vater, Sohn und Heiliger Geist‹ ist eine nicht zu rechtfertigende Verballhornung der Paulinischen Glaubenslehre«[55] (die noch keine Trinität im Sinne eines Glaubensbekenntnisses kannte), sagt Goethe im West-östlichen Divan etwas vornehmer:

»Jesus fühlte rein und dachte
nur den einen Gott im stillen;
wer ihn selbst zum Gotte machte,
kränkte seinen heil'gen Willen.«

VON DER MACHT ZUR IDEOLOGIE

Kirche und Macht

Ideologie als Bezeichnung dafür, daß Denkformen mit der gesellschaftlichen Wirklichkeit nicht übereinstimmen, steht meist im Dienst eines politischen Herrschaftsanspruchs. Auch das Christentum ist der Ideologisierung nicht entgangen – sowenig wie jede andere Religion, die sich mit der politischen Macht verbunden hat.

Seit Konstantin hat sich die Kirche daran gewöhnt, die Bibel mit den Augen der Herrschenden zu lesen. Aber das Urchristentum hatte sich weder um die Gesetze der Macht noch um die Gesetze der Produktion gekümmert, sondern ein ganz neues Gesetz verkündet: »Das Christentum der jüdischen Urgemeinde«, schreibt der marxistische Philosoph Gardavsky in seinem Buch *Hoffnung aus der Skepsis*, »tritt mit einer Kritik der *ganzen* bisherigen praktischen Orientierung und mit einem phantastischen Programm an: Nicht das Gesetz der Macht, sondern das Gesetz der Liebe.« Als sich das Christentum von der Macht verlocken ließ, begann der Umschwung: »Man kann historisch verfolgen«, schreibt Gardavsky weiter, »wie das Christentum nach der konstantinischen Wende im Kampf mit dem Heidentum allmählich unterliegt und sich der antiken Philosophie öffnet: Platon, Plotin, den Stoikern, den Skeptikern, Aristoteles.

Die Beteiligung an der Macht oder sogar der historische Kampf der Kirche um die Alleinherrschaft ist von der praktischen Idee her gesehen, mit der die urchristlichen Gemeinden zu leben und zu wirken begannen, ein tragischer Irrtum. Er verdarb diese Idee und verdirbt sie bis heute.«[1]

Es wäre eine lange und wechselvolle Geschichte, die im Vordergrund das Verhältnis von Staat und Kirche beschreibt, während das Bild immer mehr an Tiefe verliert und der Hintergrund immer dunkler wird. Bald war nicht mehr zu erkennen, daß jener Rabbi J., auf den man sich berief, gerade nicht mit der Obrigkeit seiner Zeit übereingestimmt hatte, daß er gerade nicht mit den Wohletablierten zusammengegangen war, sondern mit den Ausgestoßenen und Nichtprivilegierten; daß er von Unfrieden und Schwert gesprochen und daß er sich mit der Obrigkeit angelegt hatte, als er den Tempel reinigte. Bald war auch die Erinnerung verschwunden, daß der Anspruch, der Messias, der Christos zu sein, zu Lebezeiten des Rabbi J. notwendigerweise Veränderung und Umsturz der bestehenden Verhältnisse gemeint hatte; und bald war auch der Gedanke ausgelöscht, daß jener Christos, nach dem sie sich nannten, als politischer Verbrecher und Aufrührer hingerichtet worden war. Je politischer die Kirche wurde, desto unpolitischer wurde ihr Heiland.

Die Kirche schuf sich ihre eigenen Maßstäbe. Sie empfand das als Gottes Willen, was in die Denkvorstellungen der mit ihr verbundenen Gesellschaftsschichten hineinpaßte. Oder genauer: Die führende Gesellschaftsschicht steckte den Rahmen ab, und die Kirche füllte ihn mit christlichem Gedankengut. Alles, was in diesen Rahmen nicht hineinpaßte, wurde weggelassen, umgedeutet oder verdrängt, gleichgültig, ob das nun ein bewußter oder ein unbewußter Vorgang war.

Die Voraussetzungen waren gegeben: Paulus hatte im Gegensatz zu Rabbi J. das Herr-Knecht-Schema eingeführt und die neue Sekte gesellschaftlich gegliedert. Mit Konstantin erhielt die Kirche die Macht, ihre Ansprüche durchzusetzen; und indem sie sich an den weltlichen Herrn hielt, setzte sie die Werte und Normen der Gesellschaft. Die Obrigkeit regierte von Gottes Gnaden, und die

Kirche, die bis heute behauptet, für alle dazusein, ließ entscheidende Gelegenheiten aus, das Schicksal der »Mühseligen und Beladenen« zu ändern – ganz gleich, ob es sich um die Fronbauern des Mittelalters oder um das Industrieproletariat handelte. Das Christentum, einstmals als Anwalt der Unterdrückten und Verachteten angetreten, hielt es immer wieder mit den Besitzenden und mit dem Establishment: Die Kirche selbst war das Establishment, das die Andersdenkenden auf den Scheiterhaufen brachte.
Man vergaß die Armen und Ausgestoßenen nicht, aber man sah sie aus der Sicht der Herren und half ihnen mit dem, was von der reichen Herren Tische fiel; doch man änderte nicht ihr Schicksal von Grund auf. Man betete um Frieden, aber man segnete die Waffen derjenigen, die den Status quo sicherten. Man stellte nicht in Frage, sondern man bestätigte. Man predigte gegen die Gewalttätigkeit der aufständischen Fronbauern und des Industrieproletariats, aber man vergaß, daß dem die Gewalt der Herrschenden vorausgegangenen war: Es gibt nur eine Gewalt, die gut ist, das ist die auf der eigenen Seite. Daran hat sich bis heute nicht viel geändert, obwohl die Kirchen inzwischen an Macht und Einfluß verloren haben; doch so schnell lösen sich uralte Denkklischees nicht. Nach wie vor heißen die Kirchen meist Gewalt gut, wenn sie von der Herrschaftsschicht ausgeht, und verurteilen sie, wenn sie von den »Untertanen« kommt.

Doppelte Moral

Ein geradezu klassisches Beispiel, wie die Kirchen diese doppelte Moral praktizieren und zur gleichen Zeit den einen helfen und die anderen verurteilen, konnte man Ende der sechziger Jahre beobachten.
Als sich die christliche Provinz Biafra unter einer selbsternannten Regierung vom nichtchristlichen Nigeria abspaltete, taten die Kirchen alles – auch Illegales –, um Biafra zu unterstützen. Mit moralischen Appellen und

humanitärer Hilfe trugen sie zur Verlängerung von Krieg und Not bei, bis der Aufstand politisch zusammenbrach. Als aber der Weltkirchenrat in Genf um humanitäre Spenden für Widerstandsgruppen in Afrika bat, die gegen autoritäre Regierungen kämpften und die Ungerechtigkeiten der Rassendiskriminierung beseitigen wollten, da waren die Kirchen plötzlich wieder für die Macht des Gebetes und für die politische Enthaltsamkeit, die sie auch bei der Vernichtung von sechs Millionen Juden so vollendet geübt hatten.

Aber in Biafra gab es eben eine Regierung, und sogar noch eine christliche, wenn auch nicht anerkannt; die Gruppen, die in Afrika gegen die rassische Unterdrükkung kämpfen, sind illegal, gehen also gegen die »von Gott verordnete Regierung« vor. So war es verständlich, daß diejenigen Kirchen, die Geld für diese »Revolutionäre« bereitstellten, bald bei den konservativeren Nachbarkirchen in Schwierigkeiten gerieten.[2] Der Präsident des Kirchenamtes der Vereinigten Lutherischen Kirche in Deutschland, die eben noch in Biafra geholfen hatte, schrieb an den Weltkirchenrat: »Der Kirche ist das Amt der Versöhnung aufgetragen. Sie hat mit ihrer Botschaft und ihrem Handeln die schwere Aufgabe des Zusammenführens und des Brückenbauens. Sie kann sich weder mit der Macht der Mächtigen noch mit den Gewaltmethoden der Machtlosen identifizieren.«[3] Auf einmal nicht. Da gilt plötzlich wieder der Satz des Bischof Dibelius: »Die Ordnung der gesellschaftlichen Verhältnisse ist nicht Sache der christlichen Kirche. Sie hat sich hier nur zu Wort zu melden, soweit dabei das innere Leben der Menschen in Mitleidenschaft gezogen wird«[4]; und vergessen ist die Erklärung des Bruderrates der Evangelischen Kirche in Deutschland vom August 1947, in der es hieß: »Das Bündnis der Kirche mit den das Alte und Herkömmliche konservierenden Mächten hat sich schwer an uns gerächt. Wir haben die christliche Freiheit verraten, die uns erlaubt und gebietet, Lebensformen abzuändern, wo das Zusammenleben der Menschen solche

Wandlung erfordert. Wir haben das Recht auf Revolution verneint, aber die Entwicklung zur absoluten Diktatur geduldet und gutgeheißen.«[5]

Dabei ist schon die Unterscheidung zwischen Mächtigen und Machtlosen ein historisches Relikt, denn in einer Demokratie gibt es keine von Gott eingesetzte Obrigkeit. Die eben noch von Gott eingesetzte »Obrigkeit« kann nach den nächsten Wahlen durch das Volk in die Opposition gehen und statt dessen die bisherige Sammlung der »Machtlosen« regieren. Aber Kirchen denken noch in monarchischen Strukturen ihrer Vergangenheit; und so stimmt das ganze System nicht mehr.

Was die Kirchen damals wie heute schreckt, ist der Begriff der Revolution, und dabei vergessen sie ganz, daß sie selbst einmal ganze Imperien revolutioniert haben, als das Abendland christlich wurde. Sie haben es seitdem immer verstanden, auf der falschen Seite zu stehen, weil sie auf der Seite der Macht standen.

Zumindest gilt das für die hierarchische Spitze, die zum Beispiel die Entwicklung der katholischen Kirche in Südamerika mit tiefem Mißtrauen beobachtet und als marxistisch beeinfluß hinstellt wie im Herbst 1984 die römische Kongregation für Glaubenslehre unter dem deutschen Kardinal Ratzinger.

Dabei tun die südamerikanischen Kirchen mit Unterstützung ihrer Bischöfe genau das, was Rabbi J. getan und gefordert hat, nämlich für die Armen und Ärmsten einzutreten. Oder wie es der Franziskanerpater Leonardo Boff formulierte: »Für die Reichen verlangen wir Bekehrung, für die Armen Befreiung.«[6] So formulierte es auch Kardinal Höffner, der Vorsitzende der Deutschen Bischofskonferenz: »Heute erwarten viele vom Christentum nicht die Errettung aus der Gottverlorenheit der Sünde, sondern die Befreiung von gesellschaftlichen Zwängen und Mißständen«, nur um dann festzustellen: »Jesus war kein Politiker, Revolutionär oder Umstürzler.« Nach christlicher Auffassung bedeute Freiheit vor allem »die gnadenhafte Befreiung des Menschen von

Sünde und Tod durch Gott«. Eine solch erbarmungslose »Seelsorge« hat freilich Tradition.
Ich kann mich an kein Beispiel erinnern, daß die Kirchen durch Boykott ihrer Gläubigen – und das wäre manchmal nicht unmöglich gewesen – einen Krieg verhindert oder geächtet hätten. Sie haben bestenfalls geschwiegen, wie in der Hitlerzeit. Sie haben, als sie die Macht hatten, die Nachfolge Christi nur in der hierarchischen Macht, nicht aber im Leben angetreten; und sie haben sich, seit sie die Macht verloren haben, immer noch nicht vorbehaltlos mit denen identifiziert, um die sich Rabbi J. bereits vor zweitausend Jahren gekümmert hat.

Vorliebe für Gewalt

Noch immer hat die Kirche, die die Botschaft der Liebe predigt, eine Vorliebe für Herrschaft und Gewalt. Zwar sind die Friedensaufrufe der christlichen Kirchen »von der Überzeugung diktiert, der Dienst für den Frieden sei zentraler Bestandteil der christlichen Existenz«, schreibt der Theologe Hans Bosse[7], aber er muß zugeben: »Die nüchternen Feststellungen des kanadischen Institutes für Friedensforschung stehen dem diametral entgegen. Danach befürworten gerade die kirchentreuen Christen bestimmter Kirchen den harten Kurs der Abschreckungspolitik, der die Vernichtung des Gegners – als Drohmittel – mit einkalkuliert. Gerade die Kirchentreuen entwickeln demnach keine eigene Initiative der Versöhnung.«
In dieser kanadischen Studie von Eckardt und Alcock[8] geht es um die Frage, wie ein Christ mit Hilfe seiner Religion innere Konflikte löst; sie versucht also, den Kern der Christlichkeit unabhängig von Kirchgang und Konfession festzustellen. Eckardt und Alcock kommen dabei zu dem Ergebnis, daß Religiosität als deutlich erkennbare Lebenseinstellung die eigene Lebensführung etwa genauso regelt wie eine politische Ideologie, wie vergleichende Befragungen ergaben. Das Ergebnis faßt Hans

Bosse so zusammen: »Die Pointe der Studie von Eckardt und Alcock ist: Religiosität hat eins gemeinsam mit dem Nationalismus, Militarismus und Konservatismus: Sie ist vertraut mit der Gewalt ... So verschieden jeweils die Konflikte sein mögen, so einheitlich ist die Bereitschaft des konservativ, nationalistisch, militaristisch oder religiös eingestellten Individuums, auf die Mittel von Zwang und Gewalt zurückzugreifen ... Beunruhigend ist dabei, daß hier das Christentum – die Religion der Liebe und Barmherzigkeit – der Gewalt verhaftet zu sein scheint, während nach der kanadischen Studie Verständnis und Mitleid für den anderen gerade den Nichtchristen auszeichnen, wie auch den Typ, der für internationale Verständigung und soziale Gerechtigkeit eintritt.«[9]

Nicht der Friedenswille, sondern die Friedensfähigkeit der Christen wird hier durch ideologische Bindungen an vergangene und überholte Strukturen deutlich in Frage gestellt.

Allerdings: »Die Kirchen haben die Gewalt nicht erfunden. Sie haben sie vorgefunden und sich an der langwierigen Aufgabe beteiligt, sie zu zähmen. Dennoch haben sie zu einer unkritischen und vorschnellen Rechtfertigung von Gewalt beigetragen ... Solange das Christentum Vater-Religion bleibt und nicht zur Religion der Brüderlichkeit wird, wird es diesen autoritären Zug nicht verlieren.«[10]

Das Herr-Knecht-Schema des Paulus, das den Menschen ebenso von Gott trennte, wie es den politischen Machthaber zur von Gott eingesetzten Autorität machte, diese Verdrehung des ursprünglich Gemeinten wirkt über die Jahrtausende bis heute nach.

Es ist leicht, die Kirche in der ohnehin kritisch gewordenen Öffentlichkeit durch Äußerungen von konservativen Christen – wie den einstmals revolutionären Lutheranern – in Mißkredit zu bringen, von Christen, die bis heute in vergangenen Strukturen denken und nur mit anderen Worten wiederholen, was noch 1929 in einem Religionslehrbuch im »Freistaat Bayern diesseits des

Rheins« unter Berücksichtigung des »Privilegiums der Allgemeinen Pfarrwitwenkasse« gelehrt wurde: »Die Liebe zum Vaterhaus und zur Vaterstadt, zur Heimat, zum Vaterland, zum Volk und Reich ist ein von Gott ins Herz gelegter Naturtrieb.«[11]
Man kann beliebig viele solcher Beispiele »christlichen Patriotismus« zitieren, wie hier aus einem *Buch für Jungfrauen*, das 1904 in neunter Auflage erschien: »Darum ist es für einen Christenmenschen selbstverständlich, daß er seine Heimat, sein Vaterland lieb habe ... Gott hat dich dem Vaterland und das Vaterland dir zugewiesen, und es gilt auch hier: ›Was Gott zusammengefügt hat, soll der Mensch nicht scheiden.‹ Darum tritt uns auch in den besten und edelsten Gestalten der deutschen Geschichte Christentum und Vaterlandsliebe in inniger Vereinigung vor die Seele ... Und sehen wir auf Jesus und seine Apostel – waren Jesu Tränen, die er auf dem Ölberg weinte über Jerusalem, nicht auch Tränen eines Vaterlandsfreundes?«[12]
So auf einen patriotischen Rabbi J. eingestimmt, konnte man den deutschen Jungfrauen am Beispiel des Deutsch-Französischen Krieges von 1870/71 dann auch die unerforschlichen Wege Gottes erklären, »um der Menschheitsgeschichte neue Bahnen zu erschließen«: »Damals war es die deutsche Nation, welche Gott hierzu ausersah und die er zur Trägerin einer neuen, auf dem echten apostolischen Urchristentum ruhenden Entwicklung machte.«[13]

Der erfundene Glaube

Allerdings kann die Kirche mit einigem Recht behaupten, daß sie heute nicht mehr so ist oder zumindest nicht mehr so sein will wie noch vor hundert Jahren. Sie ist in den meisten Ländern keine Staatsreligion mehr, sie muß sich in der pluralistischen Gesellschaft behaupten wie

andere Gruppen auch (obwohl sie noch Sonderprivilegien hat), sie hat nicht mehr so unmittelbar an der Macht teil wie früher.
Aber das alles ist kein Beweis dafür, daß die Kirche das ideologische Denken gänzlich überwunden hätte, das sie anderthalb Jahrtausende lang geprägt hat. »Seit die Kirche Weltkirche geworden ist, hat sie mehr und mehr ideologische Züge angenommen«, stellte der Psychotherapeut Paul Matussek in einem Streitgespräch über das Thema »Ideologie, Glaube und Gewissen« fest, ohne daß ihm sein Gesprächspartner, der Moraltheologe Richard Egenter, widersprochen hätte, und er führte weiter aus: »Damit soll nicht gesagt sein, daß jeder einzelne Gläubige ideologisiert wäre, wohl aber finden wir bei der Verbreitung des Glaubens und bei der Verkündigungspraxis häufig solche Momente, die charakteristisch für eine Ideologie, nicht aber für den Glauben sind: Die Missionierung unter Gewaltandrohung (›Taufe‹ oder ›Tod‹), die Verurteilung von ›Abweichlern‹, die Überwachung der Rechtgläubigkeit durch die oft grausame Inquisition, die Bestimmung des Glaubens durch die Machthaber (›cuius regio, eius religio‹) oder auch die Bestechung zum Glauben (›Paris ist eine Messe wert‹) . . . die kirchliche Hierarchie – und je höher hinauf es geht, desto eher – ist zu sehr daran gewöhnt, zu beurteilen und zu verurteilen; das Durch-die-anderen-beurteilt-Werden tritt an Gewicht zurück, das Bewußtsein, die Wahrheit zu besitzen, führt sie psychologisch in eine Position, in der sie leicht den Angriff gegen sich als Angriff gegen die Wahrheit empfindet.«[14]
Hier kann man einwenden, daß nur ideologische Methoden beschrieben werden, gewisse intolerante Praktiken, die menschliche Schwäche verraten. Das Wesen des Christentums, der Glaube, werde dadurch nicht berührt. Zumindest könne man aus autoritären und ideologischen Verhaltensformen nicht den Schluß ziehen, daß auch der angebliche Glaube nichts anderes sei als Ideologie.

Aber Paul Matussek unterscheidet hier verschiedene Motive des Glaubens und schreibt: »Unter Ideologie versteht der Psychoanalytiker eine Haltung, bei der der geglaubte Inhalt, sei es der eines Christen, eines Atheisten oder eines Zeugen Jehovas, nicht wegen seiner Wahrheit, sondern wegen seiner Bedeutung für bestimmte intrapsychische Prozesse fixiert wird«, und er gibt dafür ein Beispiel: »Jemand, der beispielsweise grundsätzlich Fleischgenuß für ein Übel und etwas Schädliches hält, vermeidet diese Speise nicht wegen der objektiven Beschaffenheit des Fleisches. Es sind vielmehr aus dem Innern kommende subjektive Qualitäten, die dem Fleisch zugeschrieben werden und ihn veranlassen, ein radikaler Vegetarier zu werden.«[15]

Nun wird ein Theologe zugeben, daß sicherlich jeder Christ auch Motive in den Glauben einbringt, die nicht dazugehören, daß ein Christ aber doch immer wieder bemüht sei, sich an der Wahrheit der Bibel zu orientieren; daß er also einen Maßstab habe, daß er sich »an der Schrift« messe und nichts hineinzulesen versuche.

Die Schwierigkeit ist dabei nur, daß die meisten die Unechtheit ihres Glaubens von vornherein gar nicht bemerken, weil, wie Matussek schreibt, »die ideologische Haltung eine innere Notwendigkeit und dadurch letztlich eine Unfähigkeit zur Glaubensentscheidung darstellt«[16].

Das kann man an ein paar einfachen Beispielen zeigen, wo auch die Kirche die sogenannte »Wirklichkeit« ihres Glaubens nach ideologischen vorgefaßten Gesichtspunkten zurechtgebogen hat, statt den Glauben nach der Wirklichkeit biblischer Aussagen zu korrigieren.

Brüder und Neffen

Das einfachste Beispiel ist, daß die katholische Kirche bis in die Gegenwart hinein schlichtweg behauptet, Rabbi J. habe keine Geschwister gehabt, obwohl im Neuen Testament mit eindeutigen Worten von seinen

Brüdern und Schwestern die Rede ist.[17] Statt dessen vertritt sie die etwas abenteuerliche philologische und sonst nirgendwo belegbare These, das Wort »Bruder« bedeute hier »Neffe«.

Weil nicht sein kann, was nicht sein darf, wird die Wirklichkeit der Bibel einfach nach dem Glauben korrigiert statt umgekehrt: Das ist Ideologie.

Nun ist diese Korrektur sogar verständlich: Da nach dem Glaubensbekenntnis – allerdings noch nicht in Nizäa, dreihundert Jahre nach dem Tod des Rabbi J. – der Erlöser von einer Jungfrau geboren wurde, leuchtet es dem Gläubigen ein, daß die »Gottesmutter« Maria ihr ganzes Leben lang nichts mit einem Mann zu tun hatte. Wer ohne Hilfe eines Mannes einen Gott geboren hat, wird auch in langer »Josefsehe« Jungfrau bleiben, so daß die Evangelisten »Neffen« gemeint hätten, als sie »Brüder« schrieben, auch wenn sie, wie Markus, noch gar nichts von einer Jungfrauengeburt wußten.

Kirchenvater Epiphanios von Salamis, der im 4. Jahrhundert lebte und schrieb, wußte die Geschichte sogar noch genauer als die Evangelisten. Sein Josef war, obwohl davon kein Wort in der Bibel steht, ein achtzigjähriger Witwer, der von seiner ersten Frau vier Söhne und zwei Töchter hatte, die Epiphanios sogar dem Namen nach kennt: »Jakobus, genannt der Bruder des Herrn, weil er mit ihm aufgezogen worden war, den Simon, den Judas und Joses, und zwei Töchter: Anna und Salome.«[18]

Epiphanios rettet also die Bezeichnung »Brüder und Schwestern«, indem er sie zu leiblich nichtverwandten Halbgeschwistern macht, denn, so der Kirchenvater, Maria »pflog mit ihm keine Leibesgemeinschaft«[19]. Das genaue Gegenteil steht bei Matthäus. Nachdem dort Josef seine Verlobte heimlich wegschicken wollte, weil sie ein Kind erwartete, das nicht von ihm war, heißt es weiter, daß er sie doch zu sich nahm. Er »erkannte sie« – die biblische Umschreibung für Geschlechtsverkehr – »aber nicht, bis sie einen Sohn geboren hatte«[20]. Die Bibel redet daher ganz unbefangen von Brüdern und Schwestern im eigentlichen Sinne. Aber noch 1960 liest das katholische Lexikon für Theologie und Kirche heraus, daß Josef nur der »Nährvater Jesu« war, denn er »führte Maria heim, ohne aber die eheliche Gemeinschaft aufzunehmen«[21]. Die dogmatische Entwicklung hat hier unabhängig vom Bibeltext und sogar gegen ihn Glaubensaussagen geschaffen, indem sie den Gedanken der jungfräulich gebärenden »Gottesmutter« weiterentwickelte.

Alma und Betula

Das Dogma von der Jungfrauengeburt wiederum kann sich auf eine eindeutige Bibelstelle bei Matthäus berufen: »Siehe, eine Jungfrau ist schwanger und wird einen Sohn gebären...«[22] Im griechischen Urtext steht an dieser Stelle das griechische Wort für »Jungfrau«: »parthenos«, und niemand hat bisher vorgeschlagen, das Wort Jungfrau bedeute hier – analog zu den Brüdern Jesu – vielleicht gar nicht Jungfrau. Das Ganze ist ja auch keine eigene Formulierung des Matthäus, sondern er zitiert hier wörtlich das Alte Testament und den Propheten Jesaja[23]. Auch die Septuaginta, die griechische Übersetzung des Alten Testaments, hat an dieser Stelle »Jungfrau«. Geht man also davon aus, daß die »Heilige Schrift« Norm und Wirklichkeit des Glaubens ist, so kommt man als Christ nicht um den Glauben an die Jungfrauengeburt herum, die auch Lukas sehr plastisch beschreibt.
Nun ist aber interessant, daß es im hebräischen Urtext bei Jesaja keineswegs »Jungfrau« heißt, sondern »junge Frau«. Ausdrücklich steht nicht das Wort für »Jungfrau« »betula« da, sondern »alma«, was junge Frau bedeutet. (Es sind also im Gegensatz zum Deutschen zwei auch im Klang völlig verschiedene Wörter, so daß die Möglichkeit, es handle sich um eine Verwechslung von »junge Frau« und »Jungfrau«, ausscheidet.) Die »Jungfrau« kommt erst durch eine falsche Übersetzung in die Septuaginta. Daß dieser Übersetzungsfehler zum

Dogma wurde, mag noch hingehen: Niemand hat damals textkritisch geprüft, was denn nun im Original steht, und unter dem Einfluß griechischen Denkens fand man es sicher auch ganz normal, daß in der allgemein benutzten Septuaginta etwas von »Jungfrau« stand: Dem griechischen Götterglauben war das nicht fremd.
Aber man weiß nicht erst seit gestern, daß hier eine falsche Übersetzung vorliegt, doch jahrhundertelang hat nicht eine einzige Bibel diese Stelle mit »junge Frau« übersetzt, weil eben nicht sein kann, was nicht sein darf. Erst jetzt hat es die neue autorisierte englische Bibel gewagt, das zu tun, wozu ein Übersetzer verpflichtet ist: nämlich korrekt zu übersetzen. Alle anderen beweisen, daß sich die Kirche ideologisch verhält, indem sie die Tatsachen einer in sich stimmigen Theorie zuliebe verdreht, statt ihre Glaubensaussagen nach den historischen Tatsachen auszurichten.

Nazaret und Nazoräer

Es gibt noch ein drittes Beispiel für Falschübersetzungen, die wie eine ideologische Brille wirken, die das Leben des Rabbi J. verdunkelt hat.
Es ist allgemein bekannt, daß Rabbi J. aus Nazaret stammt. Das steht oft genug in der Bibel, und das haben die Römer als Spott über das Kreuz geschrieben. In der überkonfessionellen Übersetzung der Deutschen Bibelgesellschaft von 1982 kann man den Text zur Erinnerung nachlesen: »Jesus von Nazaret, der König der Juden«[24]. Im griechischen Original steht an dieser Stelle weit und breit nichts von Nazaret, auch wenn es so ähnlich klingt. In der korrekt und genau übersetzten *Jerusalemer Bibel* liest man nämlich: »Jesus, der Nazoräer, der König der Juden«. Philologische Haarspalterei? Wer aus Dresden stammt, ist ein Dresdner, so wie ein Nazoräer eben aus Nazaret stammt. So kleinlich darf man bei Übersetzungen nicht sein, schließlich wird auch niemand bezweifeln, daß ein Venezolaner aus Venezuela kommt.

Doch hier liegt der Fall anders, und das Lexikon *Religion in Geschichte und Gegenwart* warnt denn auch zu Recht beim Stichwort »Nazoräer«: »Philologisch macht die Form Schwierigkeiten, weil sie sich schwer von dem Wort ›Nazareth‹ ableiten läßt.«[25]

Die Wahrheit ist, daß Nazaret und Nazoräer ursprünglich überhaupt nichts miteinander zu tun hatten. Albert Schweitzer referiert in seiner *Geschichte der Leben-Jesu-Forschung*: »Die Entstehung der Bezeichnung (Nazoräer) läßt sich noch verfolgen. In der Zeit nach Paulus kam nämlich unter den Christen der Streit für oder gegen die asketische Lebensweise auf. Die Anhänger der Enthaltsamkeit wurden nach den altjüdischen Naziräern ... Amos 2, 11–12 benannt. Bei der Wahl dieser Bezeichnung kann auch die Beziehung auf die messianische Stelle Jes. 11, 1, die vom Sproß (Nezer) redet, mitgewirkt haben. Mit ›Naziräer‹ sind etymologisch identisch ›Nazoräer‹ und ›Nazaräer‹. In keinem Falle haben die beiden letzten Ausdrücke ursprünglich irgend etwas mit einem Ort Nazareth zu tun, da sonst die Bezeichnung ›Nazarethäer‹ oder ähnlich gelautet hätte.«[26]

Das leuchtet schon deswegen ein, weil die Nasiräer im Alten Testament schon zu einer Zeit erwähnt werden, als es den Ort Nazaret wohl noch gar nicht gab: Er wird zuerst von den Evangelisten im Neuen Testament erwähnt. So liest man im 4. Buch Mose in der Übersetzung der *Jerusalemer Bibel*: »Wenn jemand, Mann oder Weib, das besondere Gelübde der Nasiräats ablegen will, um sich Jahwe zu weihen ...«[27], so muß er als »Geweihter« auf Weingenuß und Haarschnitt verzichten. Und bei Amos heißt es: »Aus euren Söhnen habe ich Propheten erweckt, aus euren Jünglingen Nasiräer.«

Auch wenn die Bedeutung des Wortes »Nasir« unsicher ist – die einen meinen, es bedeute »von Gott beschützt«, während es andere von »Nezer« (Sproß) oder dem Verbum für »beobachten, bewahren« ableiten –, steht doch außer Zweifel, daß die Nasiräer/Nazoräer etwas Besonderes waren oder eine Art Sekte bildeten, die sich Jahwe

geweiht hatte: Epiphanios nennt die Nasiräer eine häretische Sekte, die schon vor Rabbi J. existiert und später Rabbi J. als Sohn Gottes anerkannt habe.[28]
Nachdem der hl. Hieronymus die Nazoräer mit den Ebioniten gleichgesetzt hat[29], die wiederum mit den »Armen« der Essener verwandt sein dürften, taucht spätestens an dieser Stelle die Vermutung auf, daß »Jesus der Nazoräer« vielleicht nur eine andere Bezeichnung für Essener sein könnte, eine Art alttestamentarischer Deckbezeichnung für die Essener also, die wegen ihres zelotischen Widerstandes den Römern höchst suspekt waren und daher in der Bibel offen nicht genannt werden.
Aber so lieb mir eine Bestätigung dafür wäre, weil sie meine Essenerthese noch mehr abstützen würde – sie ist nicht zu erbringen. Jedenfalls gibt es keinerlei schriftliche Quellen, die Essener und Nazoräer/Nazarener gleichsetzen würde.
Und doch, der Gedanke hakt fest. Warum bezeichnen sämtliche Evangelisten Rabbi J. als »Nazoräer« oder »Nazarener«? Matthäus und Johannes verwenden dabei »Nazoräer«, Markus nennt ihn »Nazarener«, Lukas benutzt beide Formen. Und in der Apostelgeschichte wird Paulus als ein »Hauptführer der Sekte der Nazoräer« und als »Aufruhrstifter« vor den römischen Statthalter Felix gebracht.[30]
Diese Bezeichnung als »Nazoräer/Nazarener« war offenbar so charakteristisch für die Anhänger des Rabbi J., daß sie sich bis heute in der syrischen Kirche und von da aus bei den Persern, Armeniern, Äthiopiern und Arabern erhalten hat. Auch im Hebräischen wird ein Christ noch heute »Nozri« genannt.
Nur die Christen selbst ließen später den »Nazaräer« ebenso weg wie den »Essener«. Noch einmal Albert Schweitzer: »Da die asketische Richtung Jesu selbstverständlich zum Naziräer machte, wurde er dementsprechend benannt. Dieses Stadium ist in der Apostelgeschichte fixiert. Sie redet von den Christen als von den

Nazoräern (Ap. 24, 5) und bezeichnet auch Jesum als Nazoräer (Ap. 2, 22; 3, 6; 4, 10; 6, 14; 22, 8; 26, 9). Später bemühten sich die ›antiasketischen Gruppen‹, den Naziräismus innerhalb des Christentums ›lahmzulegen‹. Zu diesem Behufe schufen sie für den Ausdruck eine ›neue, quasi-historische Grundlage‹ und ließen Jesum aus einem Ort Nazareth stammen. Das Dokument dieses Unternehmens liegt im Evangelium des Markus vor, das konsequent vom ›Nazarener‹ berichtet ... und die Bezeichnung ›Nazoräer‹ vermeidet.«[31]
So wurde allmählich aus dem »Rabbi dem Nazoräer« ein »Rabbi aus Nazareth«. Das hat dogmatisch keine Folgen gehabt, aber es hat die historischen Bezüge geändert. Seine Zugehörigkeit zu einer besonderen Gruppe wurde unterschlagen, wie dies auch noch heute die meisten Bibelübersetzungen tun. Der geistige Ursprung ging verloren und wurde durch einen Wohnort ersetzt, der – auffällig genug – nicht einmal sein Geburtsort ist. Die Verwurzelung im Alten Testament ging unter, weil sie das neue Christentum nicht brauchen konnte. Der Wortlaut der Bibel wurde unwichtig, wo sich die historische Wirklichkeit neuen Ideen unterordnen mußte.

Kreuz und Nächstenliebe

Mit der »Botschaft« des Neuen Testaments war es nicht anders. Vor allem konservative Theologen haben festgestellt: »Im ganzen Neuen Testament und in allen seinen Schichten findet sich, wenn auch immer in neuen Bildern, so doch sachlich gleichbleibend, die Aussage: Das Sterben Jesu am Kreuz ist Gottes Handeln ›für uns‹, die Stellvertretung des Sündlosen für die Sünden.«[32]
Die Wahrheit ist aber, daß sich diese Behauptung nicht beweisen läßt. Im Gegenteil: Gerade die ältesten Stellen im Neuen Testament, die noch am ehesten auf wirkliche Aussprüche des Rabbi J. zurückgehen, erwähnen Opfertod und Auferstehung überhaupt nicht: Es sind die sogenannten Logien, wie wir sie etwa in der Bergpredigt als

Lehranweisungen wiederfinden. Ihr Hauptmotiv ist vielmehr die Ankündigung der Gottesherrschaft und der Ruf zur Buße. Bergpredigt und Gleichnisse reden nicht vom Opfer und Tod, sondern beschreiben den »vollkommenen Wandel« als *den* Weg zum Reich Gottes, und in dem Gebet, das er seine Jünger lehrt, kommt nichts vom Opfer am Kreuz vor, wohl aber ist in allen Schichten des Neuen Testaments von einer anderen Erlösung die Rede, nämlich von der »Taufe zur Vergebung der Sünden«.[33]
Als ihn einer fragte: »Herr, wie verdiene ich mir das ewige Leben?«, hat Rabbi J. deutlich genug geantwortet: »Du mußt Gott deinen Herrn von ganzem Herzen lieben, mit der ganzen Seele, mit allen Kräften und mit allen Gedanken« und: »Liebe deinen Mitmenschen wie dich selbst ... Mach es so, dann wirst du leben.«[34] Ein Opfertod war also gar nicht notwendig und war auch gar nicht vorgesehen.
Es wäre also denkbar, daß unsere Theologen das Wesen des Christlichen an ganz etwas anderem erkennen könnten, beispielsweise an der Unbedingtheit der Nächstenliebe und der Mitmenschlichkeit oder an dem Satz, daß man den Glauben an seinen Früchten erkennen soll – und keinem dieser Sätze hätte Rabbi J. widersprochen. Aber sie haben nicht den Mut zuzugeben, daß ihr Christus möglicherweise etwas ganz anderes ist als der Rabbi J. und daß sich der historische Rabbi J. grundlegend vom geglaubten unterscheidet. Manchmal drehen sie sogar die Reihenfolge um und argumentieren vom Ende her statt vom Anfang, der die Maßstäbe setzt. So ist nach Bonhoeffer der Versuch, »einen synoptischen Jesus von einem paulinischen Christus zu scheiden, historisch und dogmatisch zum Scheitern verurteilt. Dogmatisch: wäre diese Zertrennung des Jesus vom Christus möglich, würde die Verkündigung der Kirche zur Illusion.«[35] Und wenn? Wo steht denn, daß die Verkündigung der Kirche richtig ist und daß sie erhalten bleiben muß?
Bonhoeffer, der sonst viel Nachdenkenswertes über ein »religionsloses Christentum« gesagt hat, ist hier noch

vollkommen im ideologischen Raster gefangen, nach dem nicht sein kann, was nicht sein darf. Wäre der historische J. nicht auch der Verkündigte, dann wäre, so schreibt er, der Kirche »die Substanz entzogen«. Infolgedessen behauptet er, »der gegenwärtige Christus ... ist der geschichtliche Christus«[36]. Das ist eine reine Glaubensaussage, mit der man aufgeregte Gemüter beruhigen und die Institution sichern kann. Mit der Realität hat das nichts zu tun. Wenn Kirche und Theologie von ihm reden, dann tun sie es entweder wie Luther vor 450 Jahren und sagen: »Ich glaube, daß Jesus Christus, wahrhaftiger Gott vom Vater in Ewigkeit geboren und auch wahrhaftiger Mensch, von der Jungfrau Maria geboren, sei mein Herr, der mich verlornen und verdammten Menschen erlöst hat ...«[37], oder sie reden sich mit »zwar – aber« von dem gefährlichen Vergleich mit der Wirklichkeit fort und nehmen die glaubende Gemeinde als historischen Beweis: »Wenn das Neue Testament von Jesus Christus spricht, meint es den Jesus des Glaubens, zwar Jesus selbst, aber so, wie uns das Neue Testament mit ihm bekannt macht: Jesus als Herr und ›Gegenstand‹ des christlichen Glaubens.«[38] Oder das gleiche noch einmal von einem fortschrittlichen Katholiken formuliert: »Wenn man heute etwas religiös und theologisch Sinnvolles von Jesus Christus aussagen will, kann man es nicht tun, ohne auch das Wesen des Glaubens selbst als Akt zu beschreiben, der Jesus als den Christus erblickt.«[39]

Zwar stützen sich solche Aussagen, wie »der Heilstod Jesu« ist die »zentrale christliche Heilstat«[40] oder »will der Mensch gerettet werden, so wird er allein auf Jesus Christus verwiesen, der am Kreuz für alle Menschen starb und den Gott von den Toten auferweckt hat«[41], alle auf die im christlichen Abendland als selbstverständlich empfundene »Theologie des Kreuzes«, wie sie Paulus formuliert hat: »Ist aber Christus nicht auferweckt worden, so ist damit auch unsere Predigt nichtig, und nichtig ist euer Glaube ... dann ist euer Glaube unsinnig, dann seid ihr noch in euren Sünden.«[42] Aber auf Paulus trifft ja doch eben der Verdacht zu, daß er an der Wahrheit des Rabbi J. gar nicht interessiert war, sondern daß er aus »intrapsychischen Prozessen« heraus die Tatsache des Todes Jesu umdeutete, um seine Glaubensschwierigkeiten zu beseitigen. »Die Tragik des Paulus liegt .. darin«, schreibt der jüdische Religionswissenschaftler Schalom Ben-Chorin, »daß dieser vertikale Christus auch Jesus von Nazareth ausgelöscht hat, so daß eigentlich nur noch eine theologische Abstraktion übrigblieb, die etwas Gespenstisches an sich hat: Der Schatten einer Vision.«[43] Denn sowenig Paulus aus der Realität die Erlösung fand (er fand sie statt dessen in einer Vision), sowenig hat er sich um die Realität gekümmert. Er paßte die Welt seiner Vision an, nicht seinen Glauben der historischen Wirklichkeit. Paulus, der erste Theologe, war auch der erste Ideologe der Kirche.[44]

Die Antworten des Rabbi J.

Institutionen haben die Tendenz, zu Monopolen zu werden. Auch die Institution Kirche ist dieser Monopolisierung nicht entgangen. Was einmal Gnade Gottes war, jedem zugänglich, der sie begehrte, wurde zum Gnadenmittel der Kirche, nur noch dem zugänglich, der der Institution angehört und nach ihren Regeln lebt.
Wie jede Institution hat auch die Kirche eine Eigengesetzlichkeit entwickelt, die ihre Funktionstüchtigkeit sichert, auch wenn die ursprüngliche Aufgabe verlorengegangen ist. Auch sie bedarf daher von Zeit zu Zeit einer Kontrolle, um nachzuprüfen, ob die »Funktionäre« wirklich auch das tun, was sie sollen, und nicht, was sie wollen. So hat sie im Lauf der Jahrtausende immer wieder Korrekturen hinnehmen oder ablehnen müssen, ob sie dazu bereit war oder nicht. Jede dieser Korrekturen ging davon aus, daß die Kirche nicht mehr den Auftrag erfülle, der ihr im Neuen Testament aufgetragen worden sei.

Immer wieder maß man die Gegenwart am Auftrag der ersten Stunde, und es ist nichts weiter als der Zufall einer historischen Konstellation und des – oft politischen – Kräftespiels gewesen, ob die Kirche ihre Kritiker als Reformatoren anerkannte oder als Ketzer verdammte. Denn was wirklich der Auftrag der ersten Stunde war, stand nicht fest, solange man das Neue Testament als eine Ganzheit ansah und nicht wußte, welche Schriften oder welche Teile ihres Inhalts der Lehre des Rabbi J. am nächsten kamen. Seit den Schriftfunden vom Toten Meer haben wir zum erstenmal seit fast zweitausend Jahren eine Vergleichsmöglichkeit, die außerhalb des kirchlichen Systems und außerhalb der Bibel selbst liegt und die historisch älter ist als die 27 kanonischen Schriften des Neuen Testaments. Wir sind nicht mehr auf Vermutungen angewiesen, was der geistige und geistliche Ursprung des Rabbi J. ist. Wir können heute Ursprung und Wirklichkeit mit Tatsachen vergleichen.
Seit der Entdeckung der gnostischen Bibliothek von Nag Hammadi haben wir auch ein Indiz mehr, daß kurz nach dem Tod des Rabbi J. fremde Gedanken die Lehre des Rabbi zu überlagern begannen und daß Paulus eine Lehre verbreitete, von der Rabbi J. nichts wußte.

Die Mücke im Bernstein

Es kann nicht schaden, wenn wir die Wirkungsweise jener beiden Filter noch einmal mit einem Blick überschauen; denn seit Qumran ist alles anders.
Ganz gleich, wie nahe wir Rabbi J. an die Gemeinschaft der Essener von Qumran heranrücken: Die Tatsache, daß er von ihnen bis in seine Handlungen und bis in einzelne Worte hinein beeinflußt war, läßt sich nicht mehr abstreiten, wenn man nicht sämtliche Prinzipien wissenschaftlicher Vergleiche, Analysen und Methoden leugnet.
Sicher hat Rabbi J. die verschiedensten Gedanken seiner Zeit durchdacht; er war wie Paulus ein Mensch, der die Wahrheit suchte, wo er sie fand, und Wahrheit ist für

einen Menschen nicht nur an einer einzigen Stelle zu finden, auch nicht, wenn diese Quelle Qumran heißt. Aber er hat nun einmal den Angelpunkt seiner Wahrheit und Lehre bei den Essenern gefunden. Sie waren seine geistige und geistliche Heimat.
Hier jedenfalls finde ich jenen Rabbi J. wieder, den ich immer dann aus den Augen verlor, wenn ich seine Gestalt aus der Sicht der Kirche und in ihrer Überlieferung genau zu fixieren versuchte. Hier finde ich den Menschen wieder, über den nachzudenken sich lohnt, weil er kein unerreichbarer Säulenheiliger ist, zu dem ihn die Verehrung gemacht hat.
Ich habe zu zeigen versucht, daß es Gründe gab, diese Beziehungen zu verschleiern. Verantwortlich dafür ist der Kreis seiner Anhänger, die noch unmittelbare Augenzeugen und Mitstreiter gewesen sind. Sie dunkelten das Leben jenes Mannes ab, bis nur noch beziehungslose Reflexe seines Lebens und seiner Lehre übrigblieben.
Unerklärt und für seine Anhänger unverständlich blieb sein Tod. In dieser Situation kam Paulus und gab den Verzweifelten ihre Hoffnung zurück. Nicht das ohnehin verdunkelte Leben des Rabbi J. war wichtig, sondern der Tod. Es war nicht mehr das Ende *eines* Lebens, sondern der Beginn *des* Lebens.
Wie mit einem Vergrößerungsglas, das alles rundherum verschwimmen läßt, fand Paulus in ihm den Erlöser von Sünde und Tod. Seit den Schriften von Nag Hammadi können wir mit Originaltexten belegen, daß das eine ausgeborgte, dem Jüdischen fremde Denkungsart war.
Vom historischen Rabbi J. ist bei Paulus kaum noch die Rede, und was die Kirchen für ein lebendiges Erbe ausgeben, ist nicht das Ursprüngliche. Was sie für wahres Christentum halten, ist alles andere als das: »Der Triumph des Paulus bedeutet die endgültige Auslöschung des historischen Jesus; der historische Jesus ist auf uns gekommen eingeschlossen im Christentum wie eine Mücke im Bernstein.«[45] Oder: »... würde der historischen Forschung der Nachweis gelingen, daß zwischen

dem historischen Jesus und dem gepredigten Christus ein unüberbrückbarer Gegensatz besteht und also der Glaube an Jesus keinen Anhalt an Jesus selbst hat, dann... würde dies das Ende aller Christologie überhaupt bedeuten. Ich bin zwar überzeugt, daß wir Theologen auch dann noch einen Ausweg wüßten – aber entweder lügen wir jetzt oder dann.«[46]
Zu diesem Zitat von Heinz Zahrnt lag mir schon eine Antwort auf der Zunge. Nach meiner Überzeugung muß die Antwort heißen: Zwischen dem historischen Rabbi J. und dem gepredigten Christus besteht tatsächlich ein unüberbrückbarer Gegensatz. Der Christus, den die Kirche »verkündet«, hat bis auf den Namen nichts mehr mit dem historischen Rabbi J. gemein.
Wenn Kirche und Theologie wirklich den historischen Rabbi J. meinten, dann müßten sie nüchtern und ohne heidnische Wundergeschichten von einem Mann sprechen, den seine Suche nach Gott zu einer streng orthodoxen und asketischen Wüstensekte führte, der in Erwartung der Wirksamkeit Gottes seine Gesinnung änderte und sich taufen ließ; der dann durch das Land zog und diesen Bußruf an seine Landsleute – und an niemanden sonst – weitergab; dessen Anhänger ihn für den von Gott ausersehenen Befreier von den Römern und den kommenden König von Israel, den Messias, hielten und die selbst als Zeloten verfolgt wurden.
Sie müßten berichten, daß dieser religiös verstandene Auftrag einer politischen Befreiung, die nur kommen konnte, wenn das Volk die Gebote Gottes befolgte, mit der Gefangennahme und Hinrichtung des Rabbi J. durch die Römer scheiterte und daß seine Anhänger flohen und verzweifelt waren.
Wenn Kirche und Theologie wirklich den historischen Rabbi J. meinten, dann müßten sie von einem Mann sprechen, der radikale Besitzlosigkeit forderte, um dadurch um so strenger das Gesetz des Moses halten zu können; sie müßten ihn als einen Mann schildern, der ganz Jude war und unter dem Kommen des Reiches Got-

tes kein geistiges Ereignis, sondern die durch Frömmigkeit herbeigezwungene Selbständigkeit des auserwählten jüdischen Volkes verstand; der Jahwe als Vater anredete, weil Gott sich nach den Berichten der Bibel selbst als Vater der Kinder Israel bezeichnet hatte, dem es aber als Juden nie eingefallen wäre, sich selbst als leiblichen Sohn Gottes anzusehen und als Mittler zwischen Mensch und Gott aufzutreten.
Wenn Kirche und Theologie wirklich den historischen Juden J. meinten, dann hätten sie von einem außergewöhnlichen Menschen sprechen müssen, der andere faszinierte und der sicherlich außergewöhnliche Fähigkeiten besaß und – wie die Essener – etwas von Heilkunst verstand. Sie hätten von einem Menschen berichten können, der anders und überzeugender von Jahwe, dem unsichtbaren und einzigen Gott, und seinem Verhältnis zu den Menschen sprach als andere. Wenn Kirche und Theologie wirklich den historischen J. meinten, dann müßten sie mehr von Gott und weniger von Rabbi J. reden. Dann müßten sie erst lernen, jüdisch zu denken und zu empfinden, bevor sie christlich reden.
Statt dessen »verkünden« sie einen verdunkelten und verzerrten, durch Geschichte und Tradition entstandenen »Christus«, in dem sich Rabbi J., wenn überhaupt, nur mit Erstaunen oder mit Entsetzen wiedererkennen würde. Sie sprechen vom Erlöser und vom Auferstandenen, sie nennen ihn Sohn Gottes, der unsere Sünden trägt, den Vermittler, Versöhner und Herrn; sie bekennen noch heute im Glaubensbekenntnis, er sei von einer Jungfrau geboren und in den Himmel aufgefahren, sitzend zur Rechten Gottes – und nicht bei einem einzigen Wort würde Rabbi J. sich wiedererkennen und sagen: Ja, das bin ich.
Sie reden von Abendmahl und Neuem Bund, von Liebe und Versöhnung, vom Vaterunser und der Bergpredigt – und Rabbi J. müßte antworten: Ja – aber doch nicht so. Sie reden von Gott in Christus, von seiner Einmaligkeit und dem exemplarischen, sündenlosen Leben, das er ge-

führt hat – und jedesmal müßte Rabbi J. fragen: Von wem redet ihr?
Ich bin freilich fest davon überzeugt, daß Kirche und Theologie, die sich als berechtigte Erben und Nachlaßverwalter des Rabbi J. betrachten, kein einziges Argument anerkennen werden, das ihren Bestand und ihre Überzeugungen in Frage stellen könnte, denn hier setzt jene von Zahrnt erwähnte wunderbare Funktion der immerwährenden Ausrede ein, die stets mit Argumenten operiert, die auf der falschen Ebene liegen.
Vermutlich werden die Kirchen und ihre Theologen auch jetzt mit ihrem Trauma der Aufklärung kommen und sagen, solche Vorwürfe und Argumente seien sämtlich bereits im letzten Jahrhundert entkräftet worden. Aber mit dieser Argumentation schieben sie auch diesmal eine Entscheidung von sich, die die Mehrzahl der »Christen« längst getroffen hat, indem sie Kirche und Christentum für unglaubwürdig und unredlich halten.
Doch den Theologen geht es nicht um die historische »Wahrheit«, sondern um Prestige und Existenz. Denn die Suche nach der historischen Wahrheit hört dort auf, wo der Bestand einer Institution gefährdet ist.
Niemand wird annehmen, daß sich die Kirchen jemals »aus gegebenem Anlaß« auflösen. Aber ich meine, sie sollten ehrlich sein und entweder zugeben, daß sie umzudenken haben oder daß sie sich mit einem neuen »Glaubensbekenntnis« von der irreführenden Vorstellung lösen, sie verträten noch die wahren und ursprünglichen Ziele und Absichten des Mannes, nach dem sie sich nennen. Das wäre ein ehrlicher Entschluß, und es müßte keineswegs unredlich sein, was die Kirchen dann noch als Religion bezeichnen. Auch dann würden sich die Kirchen noch »christlich« nennen können, denn sie kommen genausowenig von zweitausend Jahren Geschichte los wie der einzelne. Aber ihr Religionsstifter wäre dann Paulus von Tarsus und nicht mehr Rabbi J., dem man nicht einmal seinen jüdischen Namen gelassen hat. Denn Rabbi Josua[47] wußte von alledem nichts.

Qumran und Rabbi J. – zwei Jahrzehnte später

Erstarrung und Schweigen

Als dies Buch 1970 nach einer Hörfunksendereihe zum erstenmal in mehreren Auflagen unter dem Titel »Jesus Report« erschien und das Thema in einer STERN-Serie aufgegriffen wurde, löste es in kirchlichen Kreisen einen Skandal aus. Kirchenleitungen, Ordinariate und Pfarrer sahen die Kirche bedroht und den Glauben wanken, denn seit der Entdeckung der Schriftrollen vom Toten Meer stand es schlecht um die Originalität Jesu und die Einmaligkeit seiner Lehre.

Es kam zu regelrechten Gegenpredigten, Kirchenleitungen veröffentlichten Entgegnungen, die kirchliche Gemeindepresse hatte für längere Zeit ein Thema zum Entrüsten. In einer aufgeregten, mit einem Imprimatur abgesegneten »Auseinandersetzung mit Johannes Lehmanns Jesus Report«[1] war freilich dann auch zu lesen: »Lehmann sät ja nicht erst das Mißtrauen gegen Kirche und Theologie, er nutzt ein bereits in breiten christlichen Schichten vorhandenes Mißtrauen aus.« Als Gegenmittel wird empfohlen: »... um der Beseitigung dieses Mißtrauens willen ist es nötig, daß die Kirchen dafür sorgen, daß in ihrer Mitte eine Atmosphäre entsteht, die das Austragen von Meinungsverschiedenheiten und offene Diskussionen über Glaubensfragen unter weitestgehender Beteiligung der Gemeinden ermöglicht.«[2]

Wer nun erwartet hatte, das Thema Qumran werde mit den Gläubigen zumindest erörtert, sah sich getäuscht. Noch 23 Jahre später stellte der Heidelberger Neutestamentler Klaus Berger in seinem 1993 erschienenen Buch »Jesus und Qumran«[3] fest: »... in kirchlicher Verkündigung oder Gemeindearbeit, so scheint es, hört man nie auch nur von der Existenz dieser Texte.«[4]

Er sieht dafür zwei Gründe. Einmal: »Daß es kein theologisches Interesse gab, liegt freilich nicht an der mangelnden Aktivität der Pastoren, sondern an der in den vergangenen Jahrzehnten insbesondere in Deutschland herrschenden Mentalität, nach der man die frühchristliche Botschaft immer irgendwie von ›jüdischer Selbstgerechtigkeit und Leistungsfrömmigkeit‹ meint absetzen zu müssen. Man wußte immer schon vorher, was das Ergebnis sein würde, und betonte aufgrund der Nöte einer tiefen Identitätskrise stets die Besonderheit des Neuen Testaments (besonders von Jesus und Paulus) auf Kosten des Judentums. Wann wird die christliche Verkündigung endlich lernen, daß Christsein nicht vom Unterschied zum Judentum lebt? Daß das Alte Testament wirklich ganz zum Kanon der Bibel gehört und daß frühes Christentum eine Intensivierung bestimmter jüdischer Ansätze ist, aber nicht deren Zerstörung oder generöse Überwindung? Daß Jesus etwas anderes im Sinn hatte, als sich gegen Moses abzugrenzen? Und daß daher das Judentum zur Zeit Jesu nicht der dunkle Hintergrund für die helle Botschaft, sondern die Rahmen gebende Großfamilie der frühen Christen war?«[5]

Der andere Grund, daß es bisher kaum und innerhalb der christlichen Gemeinden schon gar nicht zu einer Diskussion der Qumrantexte und deren Beziehungen zum Neuen Testament gekommen ist, liegt nach Berger bei den Fachgelehrten: »Der Skandal ist, daß diese einzigartigen Dokumente in keiner einzigen Darstellung durchgehend und systematisch mit dem Neuen Testament verglichen worden sind.«[6]

Demgegenüber ist erstaunlich, was in den ersten Jahren nach dem Fund von den Fachgelehrten an zusammenfassenden und vergleichenden, wenn natürlich auch noch unvollständigen Arbeiten geleistet worden ist. Aber dabei ist es geblieben, die Bücher erscheinen zum Teil in Neuauflagen, erhalten aber keine Gesellschaft oder gar Ersatz, obwohl zum Beispiel in den 15 Jahren zwischen 1974 und 1988 weltweit deutlich mehr als 400 Aufsätze, Artikel und Bücher zum Thema Qumran veröffentlicht wurden – zu Detailproblemen versteht sich.[7] Der interessierte Laie und betroffene Christ hat nichts davon.

Es konnte nicht ausbleiben, daß hier eine Art Literatur in die Lücke stieß, die sich das ungebrochene, aber unbefriedigte Interesse an Qumran und den Essenern zunutze machte und mit dem lockenden Siegel des Geheimnisvollen versah: die Esoterik.
So teilt ein Dr. Edmond Bordeaux Székely im Vorwort zu seinem 1979 erschienenen Buch »Die Lehren der Essener – Essener Meditationen«[8] zwar mit, die einzelnen Kapitel seines Buches seien aus »Materialien zusammengestellt, die von den Entdeckungen der Schriftrollen am Toten Meer im Jahre 1947 stammen«, um dann in vollkommen freier Phantasie zum Beispiel von einem »Lebensbaum der Essener«[9] zu reden, der 14 positive Kräfte darstelle, mit sieben Wurzeln gemalt(!) werde, die Beziehung des Menschen zwischen Erde und Kosmos darstelle und dem buddhistischen Baum der Erleuchtung entspreche.
Er versichert: »In den fernen Zeiten des Altertums gab es eine bemerkenswerte Lehre, die in ihrer Bedeutung umfassend und in ihrer Weisheit zeitlos ist. ... ihre grundlegenden Ideen wurden im alten Persien, Ägypten, Indien, Tibet, China, Palästina, Griechenland und vielen anderen Ländern gelehrt. Aber in ihrer reinsten Form wurde sie von den Essenern übermittelt.«[10] Und da war es dann natürlich Jesus, der diese Lehre in den sieben Seligpreisungen in »höchster Feinheit und Schönheit« auslegte. Nur daß der »Gedankenkörper« dieser »Lehren der Essener« Székelys damit nichts zu tun hat, sondern nur mit dem Begriff Essener spekuliert – und Erfolg hat.
Das vorerst Neueste auf diesem Gebiet der religiös-versponnenen Esoterik sind die »Essener Erinnerungen« des französischen Paares Anne und Daniel Meurois-Givaudin, die die »spirituellen Lehren Jesu« schildern, ein Band, der immerhin in drei Jahren drei Auflagen erlebte.[11] Die Autoren bedauern im Vorwort: »Man wird dieses Buch vielleicht für einen Roman halten oder einen mystischen Rausch«, denn »die folgenden Kapitel sind

nicht die Arbeit eines Historikers; sie sind ein Bericht, ein erlebtes Zeugnis. Kein wie auch immer geartetes Dokument wurde zu ihrer Abfassung herangezogen.« Aber sie versichern: »Unsere Arbeitstechnik ist indes nicht revolutionär; sie basiert auf einer Methode, deren Ursprung sich im Dunkel der Zeit verliert und von den alten Ägyptern und den Mystikern des Himalaja ererbt wurde. Das vorliegende Buch ist die Frucht einer langen Lektüre der Ashaka Chronik.«

In dem Folgeband der beiden Autoren mit dem Titel »Im Lande Kal – Der Weg der Essener«[12] wird dann verraten, wie man diese Ashaka Chronik lesen kann, nämlich indem man »in dem großen Buch der Zeiten« liest, »zu dem wir durch Zurücklassung des physischen Leibes Zugang finden«. Mit dieser Methode lebten sie in der Bruderschaft der Essener. Was sie in Romanform schildern, hat aber dann mit den Essenern nicht das entfernteste zu tun. Erstaunlich ist lediglich die lapidare Mitteilung am Schluß des ersten Bandes: »Der Meister Jesus lehrte bis zum hohen Alter im Karmel«, verließ dann den Körper aus eigenem Willen und »ruhte noch einige hundert Jahre ohne Anzeichen der Verwesung im Kloster und wurde dann mit Hilfe der Brüder von den Sternen an einen anderen Ort gebracht . . . weiter im Osten.«

Das ist genau die Richtung, die rein spekulative Bücher ähnlicher Art ohnehin bevorzugen, die dann regelmäßig von Illustrierten sensationell ausgeschlachtet werden und gar noch das Grabmal Jesu in Srinagar zeigen. »Jesus lebte in Indien« heißt da zum Beispiel ein »Sachbuch« von Holger Kersten[13] aus dem Jahre 1983 und ein anderes »Starb Jesus in Kaschmir? Das Geheimnis seines Lebens und Wirkens in Indien«[14] von Siegfried Obermeier.

Sie alle gehen auf die wundersame Entdeckung eines gewissen Mirza Ghulam Ahmad zurück, der 1839 im Pandschab (heute Pakistan) geboren wurde und im Alter von 52 Jahren erklärte, er sei der Messias und Mahdi (der letzte von Moses erwartete Prophet) in einer Person. Später ernannte er sich noch zum wiedergekehrten Jesus

und zur Inkarnation des hinduistischen Krischna. Dieser vielseitige Mann teilte 1899 in einem auf urdu geschriebenen und 1944 auf englisch erschienenen Buch »Jesus in India« mit, daß er das Grab Jesu – also sozusagen sein eigenes – in der Khanyar Straße in Srinagar entdeckt habe. 1962 erschien das Buch erneut[15] und bildet seitdem die Grundlage aller Bücher diesen Typs.
Mirza Ghulam Ahmad wiederum bezog die Idee, Jesus sei in Indien gewesen, aus den »Thomasakten«, einem romanhaften Bericht christlich-gnostischer Kreise aus dem 2. Jahrhundert. Diese Thomasakten erzählen nach dem Schema antiker Unterhaltungsliteratur von der Missionsreise des erst so ungläubigen Apostels nach Indien und seinen phantastischen Wundertaten. Auf ihn führen sich noch heute die sogenannten Thomaschristen in Indien zurück. Warum sollte dann nicht auch Jesus in Indien gewesen sein?
Daß nun auch Jesus nach seiner Kreuzigung in Indien war, setzt allerdings voraus, daß er die Kreuzigung lebend überstand und nicht gen Himmel gefahren ist. Hier erwiesen sich die Essener als überaus hilfreich. Schon bei Josephus konnte man ja nachlesen, daß die Essener sich auf Heilkunst verstanden und weiße Gewänder trugen. Und wenn die moderne Jesus-in-Indien-Literatur nicht mit sonstigen Wundertränken und Tricks aufwartet, bietet sie als Lösung an, daß die Essener den nur ohnmächtigen Jesus nach der Kreuzabnahme mit ihrer Heilkunst wieder zum Leben erweckten und gesund pflegten. Als am Ostermorgen die beiden Frauen zum Grab kamen, war es denn auch ein Essener, der ihnen mitteilte, der Herr sei auferstanden und nicht hier. Steht doch zum Beispiel bei Markus[16], der Jüngling im Grabe habe ein langes weißes Gewand angehabt.
Tatsächlich gibt es nicht den geringsten Hinweis darauf, daß Jesus je in Indien war, und mit sichtlichem Vergnügen hat Günter Grönbold in seinem instruktiven Gegenbuch »Jesus in Indien – Das Ende einer Legende«[17] alles gesammelt, was dieser rein spekulativen These widerspricht.

Die Aussage, daß der weißgekleidete Jüngling am Grabe ein Essener gewesen sei, ist unabhängig von esoterischen Gedankengängen öfter als naheliegender Beweis dafür angeführt worden, daß Jesus ein Essener war. So auch in einem kleinen Buch mit dem umständlichen Titel »Wer war Jesus? – Der Essäerbrief aus dem Jahre 40 n. Chr. Authentische Mitteilung eines Zeitgenossen Jesu über Geburt, Jugend, Leben und Todesart sowie über die Mutter des Nazareners, nach einem alten zu Alexandrien aufgefundenen Manuskript aus einer lateinischen Abschrift des Originals übersetzt«, das 1993 bereits in elfter Auflage erschien.[18]

Dieser Brief, geschrieben im kargen Stil eines Evangelienberichtes, geht davon aus, daß Jesus am Kreuz nicht gestorben ist, sondern in der Nacht danach von Essenern weggetragen, betreut und gesund gepflegt wurde. Auferstehung und Himmelfahrt seien dann Versuche der Gläubigen gewesen, das Verschwinden des Herrn zu erklären. In Wirklichkeit sei er ein halbes Jahr später wirklich an Entkräftung gestorben und von den Essenern begraben worden, »am Toten Meer, wie es Gesetz ist, in der Brüderschaft. Nikodemus aber befahl Stillschweigen über seines Freundes Tod gegen alle, die nicht im obersten Grade der Brüderschaft arbeiten. So habt ihr, lieben Brüder, die einzig wahre Geschichte unseres Freundes, den Gott berufen hatte, die Weisheit und Tugend in das Volk zu tragen durch Gleichnisse und edle Taten.«[19]

Angeblich ist dieser Essäerbrief im Jahre 1847 zum erstenmal veröffentlicht worden, wie ein Vorwort der Ausgabe von 1906 behauptet. Immer wieder mußte er danach vor »orthodoxen Finsterlingen« gerettet werden, bis es den »Dunkelmännern« angeblich gelang, das Original des Essäerbriefes »der vatikanischen Bibliothek in Rom« einzuverleiben und die bereits verkauften Exemplare den Gläubigen zur Rettung des bedrohten Glaubens wieder abzunehmen. In Wirklichkeit ist dieser durchaus authen-

tisch und glaubwürdig wirkende Brief mit seinen zahlreichen erklärenden Vor- und Nachworten eine geschickte Fälschung, die ihren Erfolg aus dem Mißtrauen gegen die katholische Kirche und deren Vertuschungen ableitet.
Mit der gleichen Masche ist 1991 ein Buch zum Bestseller geworden und hat die Christenheit schon wieder unvorbereitet getroffen, nur weil es den Reiztitel »Verschlußsache Jesus – Die Qumranrollen und die Wahrheit über das frühe Christentum«[20] trägt und damit das alte Mißtrauen gegen Kirche und Theologie bestätigt.
Der Neutestamentler Berger formuliert es noch einmal deutlich: »Die Kirchen genießen kein Vertrauen mehr. Daher traut man ihnen jederzeit Betrug und Manipulationen auch von Quellen zu, die den Anfang des Christentums betreffen.«[21]
Dieses Buch zweier amerikanischer Autoren, die sich schon an Büchern wie »Der Heilige Gral und seine Erben« und »Der Tempel und die Loge« versucht haben, geht davon aus, daß eine von höchsten Kreisen eingesetzte sogenannte »internationale Gruppe« von katholischen Wissenschaftlern die Veröffentlichung zahlreicher Texte vom Toten Meer seit Jahrzehnten verhindert. Es sei bewiesen, daß die »Kongregation für die Glaubenslehre« mit Kardinal Ratzinger an der Spitze in dieser »internationalen Gruppe« das Sagen habe und dafür sorge, daß die revolutionären Inhalte der Rollen unter Verschluß bleiben.
Tatsächlich waren eine ganze Reihe von Qumrantexten bis vor kurzem noch nicht veröffentlicht.
Das Autorenduo Baigent/Leigh, das selbst treuherzig mitteilt, daß es Ende der siebziger Jahre von den Schriftrollen »noch kaum etwas wußte«, hat dabei offensichtlich übersehen, daß man in Qumran zwei vollkommen verschiedene Textarten gefunden hat. Das eine sind bekanntlich Texte, die mit der Lehre und der Organisation der Essenersekte zu tun haben, wie der sogenannte »Sektenkanon«, die »Damaskusschrift«, die »Hymnenrolle«, die »Kriegsrolle« oder die erst später edierte »Tempelrolle«. Das andere sind meist Abschriften von Texten des Alten

Testaments – insgesamt 375 Dokumente – die man im Lauf der Jahre in den umliegenden Höhlen gefunden hatte.
Wenn jetzt zur Stützung der Verschwörungsthese behauptet wird, daß bis heute 75 Prozent der Texte noch nicht herausgegeben seien, dann ist das halb so schrecklich, wie es klingt: Alle wichtigen Dokumente, die mit der Qumransekte, also möglicherweise mit Jesus, zu tun haben, sind längst veröffentlicht.

Ungeduld mit den Gelehrten

Daß noch nicht alle aufgefundenen Texte veröffentlicht sind, hat andere Gründe. Ein großer Teil der Schriftrollen wurde gleich in zerkrümeltem Zustand geborgen, zerfiel beim Öffnen in Stücke oder wurde von den Händlern von vornherein in unzusammenhängenden Fragmenten angeboten. Das Ergebnis war, daß die (tatsächlich ausschließlich katholischen) Gelehrten bald an langen Tischen vor einem Puzzle von 75 000 Einzelteilen saßen, viele davon kaum handtellergroß, Hunderte kaum größer als ein Markstück, oft nur mit Wortfetzen bestückt.
Ob nun Gelehrte gleich dreißig Jahre und mehr brauchen, um dieses gigantische Puzzle möglichst richtig zusammenzusetzen, oder ob es nicht vielleicht sinnvoller gewesen wäre, mit Faksimiledrucken Fachleute in aller Welt einzubeziehen, ist eine andere Frage. Aber mit der Herausgabe der gnostischen Bibliothek von Nag Hammadi war es ja nicht anders. Gelehrtenehrgeiz und Eifersüchteleien oder auch nur ein anderes Zeitgefühl haben nicht erst heute zu Verzögerungen geführt. Das war vor hundert Jahren nicht anders. Die 16seitige Damaskusschrift wurde 1896/97 von Salomon Schechter in Kairo – allerdings in einem Wust von hunderttausend Manuskripten in 164 Kisten – gefunden und von ihm erst dreizehn Jahre später veröffentlicht, die Fotografien dieser Schrift erschienen zum erstenmal 1952.[22]

Was das Autorenteam Baigent/Leigh dann über die Beziehungen zwischen Qumran und dem frühen Christentum schreibt, ist längst bekannt und beschrieben und erscheint bei der ausführlichen Darstellung ihrer verfehlten Verschwörertheorie geradezu nebensächlich.
Auch sie haben freilich die Befürchtung, daß die Kirchen sich durch keinerlei neue Erkenntnisse irritieren lassen: »Die Kirche ist heutzutage ohnehin weniger eine religiöse als vielmehr eine soziale, kulturelle, politische und ökonomische Institution. Ihre Stabilität und Sicherheit gründet sich auf ganz andere Fundamente als den Glauben, die Lehre und das Dogma, das sie propagiert.« Die Autoren fügen aber hinzu »Dennoch dürfte es auf jeden Fall manchen Leuten Anlaß geben, sich zu fragen, ob man der Kirche – eine Institution, die so lau, manipulativ und unzuverlässig ist, wenn es um die Erforschung und Auslegung ihrer Geschichte und ihres Ursprungs geht – noch trauen und ihre Autorität bei so drängenden zeitgenössischen Problemen wie der Überbevölkerung, der Geburtenkontrolle, der Stellung der Frau und dem Zölibat noch respektieren kann?«[23]
Ihre späten und nicht gerade üppigen Erkenntnisse verdanken die beiden Autoren der »Verschlußsache Jesus«, vor allem dem kalifornischen Orientalisten und Spezialisten für die Geschichte Palästinas und des islamischen Rechts Robert Eisenman, der im Klappentext der deutschen Ausgabe seines Buches gleich zum Direktor der Theologischen Fakultät der California State University in Long Beach ernannt wird, obwohl er alles mögliche, nur keine Theologie studiert hat.
Das Buch Eisenmans »Jesus und die Urchristen – die Qumran-Rollen entschlüsselt«[24] ist ein Phänomen. Obwohl es in weiten Teilen nichts weiter bietet als einen für den Normalbürger unlesbaren Originaltext in hebräischen Buchstaben und eine selbst für Interessierte recht mühsame und langweilige Lektüre der Übersetzung (»... so daß der Leser diese Texte mit den Originalfotografien vergleichen oder die Übersetzung überprüfen kann«(!))[25], ist

das Buch auf dem deutschen Markt ein Renner geworden wie ein spannender Unterhaltungsroman.
Das liegt wahrscheinlich an dem irreführenden Titel »Jesus und die Urchristen«: Weder Jesus noch die Urchristen spielen in dem Buch eine nennenswerte Rolle. Der Untertitel – entsprechend dem Titel des englischen Originals – »Die Qumran-Rollen entschlüsselt« stimmt ebensowenig: als wenn der Autor auf einen Streich sämtliche Texte übersetzt hätte. Eisenman hat nur einen Bruchteil aus dem Fundus der noch nicht veröffentlichten Texte der Öffentlichkeit vorgestellt.
Immerhin ist Eisenman ein flotter Arbeiter vor dem Herrn. Fünfzig fragmentarische Texte aus rund 150 unzusammenhängenden Fragmenten hat er zusammen mit dem Aramäischkenner Michael Wise in gerade eben 16 Monaten, vom Januar 1991 bis Mai 1992, angeblich richtig zusammengesetzt, möglichst genau übersetzt und dazu noch kommentiert.

Paulus und Qumran

Dabei legt Eisenman besonderen Wert darauf, in einem Text »die Grundlage für Paulus' theologischen Ansatz zum Tode Jesu ... als umgekehrtes Spiegelbild« gefunden zu haben[26], was auch immer man sich darunter vorstellen soll. Jedenfalls ist wohl nicht für jedermann erkennbar, daß der Satz »du verfluchst ihre Übertreter, während wir (das Gesetz) aufrichten«[27] Paulus zu der Erkenntnis führte, »Christus aber hat uns erlöst von dem Fluch des Gesetzes, da er ward ein Fluch für uns, denn es steht geschrieben: ›Verflucht ist jedermann, der am Holz hanget . . .‹«[28]
Interessant ist dabei lediglich, daß auch Eisenman versucht, Paulus in die Nähe der Essener zu rücken oder ihn zu einem Essener zu machen, indem er bei ihm die Kenntnis der Sektentexte voraussetzt.
Seine beiden Jünger Baigent und Leigh haben in der »Verschlußsache Jesus« diese Beziehung zwischen Paulus und Qumran ausführlicher dargestellt.

Sie gehen davon aus, daß das Gebiet des heutigen Syrien mit Damaskus eine eigenständige römische Provinz war, »die von einem römischen Legaten regiert wurde und verwaltungsmäßig und politisch keinerlei Verbindung zu Palästina unterhielt«.[29] Wie hätte dann aber, so fragen sie, Paulus im Namen der Hohenpriester nach Damaskus reisen können, um dort Christen zu verhaften und nach Jerusalem zurückzubringen?
Sie suchen daher Damaskus in einem Gebiet, das eindeutig dem Einfluß der Hohenpriester unterstand, und finden ihr Damaskus in – Qumran, kaum 35 km von Jerusalem entfernt. Als Quelle führen sie die Damaskusrolle an, die vollständig »Schrift des Neuen Bundes im Lande Damaskus« heißt und in der berichtet wird, daß der Lehrer der Gerechtigkeit und seine Anhänger »in das Land Damaskus in die Verbannung gegangen sind«.[30] Auffällig ist jedenfalls, daß zahlreiche Abschriften und Fragmente dieser ursprünglich in Kairo entdeckten Rolle auch in Qumran gefunden wurden.
»Warum der Name von Qumran auf diese Weise getarnt wurde, ist nicht ersichtlich«[31], geben die Autoren freilich zu, führen dann aber als Erklärung an: »... aus reinem Selbstschutz aufgrund der Wirren im Gefolge des Aufstandes von 66 n. Chr. wäre (dies) als Erklärung durchaus zu akzeptieren, zumal Qumran zur damaligen Zeit keinen eigenen Namen hatte.«
Diese These wird durch den jüdischen Theologen und Religionswissenschaftler Pinchas Lapide unterstützt. In seinem 1993 erschienenen Buch »Paulus zwischen Damaskus und Qumran« schreibt er mit Hinweis auf die Damaskusschrift: »Man höre und staune: Nicht nach Syrien ging Paulus, sondern nach Qumran! (Dieser Ort, unweit vom Toten Meer, lag innerhalb der Jurisdiktion von Jerusalem und war unter dem Code-Namen Damaskus in apokalyptischen Kreisen bekannt.) So manche jüdische Quelle liefert Beweise für diese Annahme. So wird z. B. vom Propheten Elia, der als dereinstiger Wegbereiter des Messias gilt, berichtet, daß er in zeichenhafter Vorwegnahme der

Endzeit einen Ort ›Damaskus in der Wüste‹ (1. Kön 19,15 ff.) aufgesucht habe. Dies läßt uns aufhorchen angesichts der Tatsache, daß Syriens Hauptstadt alles andere als Wüste, vielmehr ein blühender Garten war und ist.«[32]

Als weiteren Beweis für die Identität von Damaskus und Qumran führt er den Satz des Paulus an »Ich ging auch nicht hinauf nach Jerusalem zu denen, die vor mir Apostel waren, sondern zog hin nach Arabien und kam wiederum nach Damaskus«.[33] Nun war es bisher noch immer rätselhaft, warum Paulus nach seiner Bekehrung ausgerechnet nach Arabien gezogen sein soll. Nach Lapide ist Arabien aber eine falsche Übersetzung: »Mit an Sicherheit grenzender Wahrscheinlichkeit ging er in die *Araba,* was er zu ›Arabia‹ gräzisierte. (Derartige sprachliche Adaptionen finden wir des öfteren in seinen Briefen.) ›Araba‹ ist bis heute der Name der Steppe westlich vom Toten Meer, wo auch Qumran liegt.«[34]

Als weitere Begründung führt Lapide an: »Diese Araba war seit den Zeiten des Propheten Jesaja (achtes Jahrhundert vor unserer Zeitrechnung) als heilsträchtiger Ort bekannt. Paulus berichtet in seinem Brief an die Galater weiterhin, daß er von besagtem ›Arabien‹ aus dann ›wieder nach Damaskus‹ ging, wegen der geographischen Nähe der beiden Orte – was nochmals auf die Identität von ›Damaskus‹ und Qumran hinweist.«[35]

Wo auch immer Paulus sein Damaskus erlebte und wie er später die Lehre des Rabbi J. umdeutete und veränderte: Daß er von Qumran beeinflußt sei, wird von den Kirchen weiterhin bestritten, wie es schon Gerhard Dautzenberg 1970 in der Gegenschrift »RABBI J. – Eine Auseinandersetzung mit Johannes Lehmanns Jesus-Report« getan hat: »Man lese und staune: nicht nur Jesus, sondern auch Paulus war einmal Essener. Es ist wohl überflüssig nachzuweisen, daß Lehmann sich für diese Vermutung auf keinen neutestamentlichen Text berufen kann und den ganzen Paulus gegen sich hat.«[36]

Dem ist nicht so. Unter Berufung auf eine grundlegende Arbeit von Bertil Gärtner aus dem Jahre 1965[37] schrieb Georg Klinzing dann 1971 in seiner Arbeit »Die Umdeutung des Kultus in der Qumrangemeinde und im NT«[38]: »Wenn die christliche Gemeinde von sich selbst als dem Tempel spricht, kann kein Zweifel darüber bestehen, daß diese Vorstellung aus der Qumrangemeinde stammt.« Tatsächlich lassen sich enge Zusammenhänge zwischen paulinischen Gedanken, die Gemeinde sei der Tempel und die Leiber seien das Opfer (z. B. Römer 12,1; 2. Korinther 6,12) und der Haltung der Qumrangemeinde zum Jerusalemer Tempel nachweisen. Da nach der Überzeugung der Essener der Jerusalemer Tempel verderbt war, wurde die Gemeinde selbst in den Tempel umgedeutet. Den gleichen Zusammenhang wies dann 1985 Michael Newton am Begriff der Reinheit in Qumran und den Paulusbriefen nach.[39]
In einer Arbeit über »Heils- und Sündenbegriffe in den Qumrantexten und im Neuen Testament«[40] stellte Jürgen Becker schließlich fest, es sei nun möglich, »den Nachweis zu führen, daß Paulus auch essenische Begrifflichkeit und Vorstellungen aufgegriffen hat«. Dies sei vor allem bei dem Begriff der Sünde und der Gerechtigkeit als Lebensmacht der Fall, die Paulus »strukturgleich mit dem essenischen Schrifttum verwendet«[41].

Jesus und Qumran

Demgegenüber fand eine allgemein interessierende Beschäftigung mit dem Thema Jesus und Qumran nach »Jesus-Report« und »Geheimnis des Rabbi J.« in den letzten Dezennien nicht statt. Von theologischen und nicht für die Allgemeinheit verständlich dargestellten und meist einschränkenden Einzelaspekten abgesehen, erschienen erst 1993 neben Klaus Bergers »Qumran und Jesus« zwei neue Publikationen höchst unterschiedlicher Qualität zum Thema Jesus und Qumran.
Das eine stammt von der australischen Autorin Barbara Thiering, trägt auf deutsch den Titel »Jesus von Qumran.

Sein Leben neu geschrieben«[42] und hat einen sellerverdächtigen Kuriositätswert. Die phantasiebegabte Barbara Thiering behauptet nämlich, die Qumrantexte hätten eine verschlüsselte Darstellungsmethode, mit der anderes gemeint als geschrieben worden sei. Daher seien die ins Neue Testament geratenen »Wundergeschichten« nichts anderes als symbolisch ausgedrückte historische Sachverhalte.

So soll sich das »Wandeln auf dem Wasser« aus der vollkommen unbewiesenen und nirgendwo belegten Tatsache erklären, daß die essenischen Priester mit ihren angeblich schweren Gewändern nicht mit den Täuflingen ins Wasser hinabstiegen, sondern auf einem Steg zwischen Kaimauer und Boot hin und her schritten – was dann aus der Ferne so aussah, als wenn sie über dem Wasser wandelten.

Die Jungfrauengeburt erklärt sich nach Barbara Thiering ganz simpel aus den Bräuchen der Essener, vor einer Heirat drei Monate zu warten. In dieser Zeit sollen die Essener nun – aber das ist reine Vermutung – ausprobiert haben, ob die Verlobte auch schwanger werde. Das Ergebnis habe dann – auch das ist reine Vermutung – »Jungfrauengeburt« geheißen, wobei offensichtlich Ursache mit Wirkung verwechselt wird.

Die Autorin weiß auch, daß Jesus zwar gekreuzigt, aber rechtzeitig ohnmächtig vom Kreuz genommen und wiederbelebt wurde, daß Jesus selbstverständlich verheiratet war, zwei Kinder hatte und bis ins Alter von etwa 70 Jahren in mönchischer Abgeschiedenheit lebte.

Das andere neue Buch setzt sich auf verständliche Weise und ohne sensationelle Thesen mit dem Thema auseinander. Es stammt nicht von einem Theologen, sondern von Paul F. Rudolf, einem Professor für rechtswissenschaftliche Fächer, der sich mit Religionsgeschichte und Qumranforschung beschäftigt hat. Unter dem Titel »Jesus und Qumran – War der Nazarener ein Essener?«[43] führt er die Fakten im Für und Wider in einem fingierten Gespräch vor, was freilich ein wenig gekünstelt wirkt.

»Zwei junge Menschen unserer Zeit richten alle ihre bohrenden Fragen direkt an Jesus, und Jesus antwortet ihnen«, kündigt der Autor im Vorwort an und läßt dann eine Judith die Auffassung vertreten, daß der Jude Jesus in Qumran war, während der Gesprächspartner mit dem ebenfalls symbolischen Namen Christoph die skeptische Meinung eines Christen äußert. Dritter im Bunde ist dann Jesus selbst, den die beiden zwar zu allem möglichen direkt befragen, aber nie die entscheidende Frage stellen, ob er denn nun in Qumran war oder nicht.
So hat der Autor Gelegenheit, alle Argumente für und wider darzustellen und damit sein Wissen anzubringen. Das Ergebnis faßt der Klappentext dann in den Worten zusammen, daß Jesus »zwar Gemeinsamkeiten sowohl mit dem Judentum als auch mit Qumran hat, aber trotzdem in einer einmaligen, unübertrefflichen Originalität mitten zwischen Qumran, dem damaligen Judentum und sogar dem späteren Christentum steht«.
Immerhin. Aber es fehlt noch immer die Antwort der Kirchen, was für Auswirkungen es auf ein redliches Christentum und einen ehrlichen Glauben von heute haben müßte, wenn man das Leben und die Lehre des Rabbi J. wirklich ernst nimmt. Die Kirchen lassen ihre Gläubigen auch vierzig Jahre nach der Entdeckung der Handschriften von Qumran allein.

ANHANG

Anmerkungen

Abkürzungen der zitierten biblischen Bücher

Am	Amos	1/2 Makk	1/2 Makkabäer
Apg	Apostelgeschichte	Mal	Maleachi
Dan	Daniel	Mk	Markus
Eph	Epheser	Mt	Matthäus
Ex	Exodus = 2 Mose	Num	Numeri = 4 Mose
Gal	Galater	1/2 Petr	1/2 Petrus
Gen	Genesis = 1 Mose	Phil	Philipper
Jes	Jesaja	Ps	Psalmen
Joh	Johannes	Röm	Römer
Jud	Judas	1/2 Sam	1/2 Samuel
Kol	Kolosser	1/2 Thess	1/2 Thessalonicher
1/2 Kor	1/2 Korinther	1/2 Tim	1/2 Timotheus
Lk	Lukas	Tit	Titus

Die verlorene Spur

1 Brief des Luntulus. Nach antiken Quellen angeblich ein dem Pilatus übergeordneter Beamter. Zitiert nach *Geist und Leben der Ostkirche",* rororo Hamburg 1957, Seite 16 (so auch die folgenden beiden Zitate)
2 Johannes 2.1
3 *Das neue Testament für Menschen unserer Zeit,* übersetzt von H. Riethmüller, Quell Verlag Stuttgart 1964
4 *NT 68,* Württembergische Bibelanstalt Stuttgart, 1967
5 *Shalom Ben-Chorin Jesus-Bruder, Jesus – Der Nazarener in jüdischer Sicht,* List Verlag, München 1967, Seite 84/85
6 Mt, Vers 10–16, Nach *NT 68*
7 Mt 13, 18 und 19 (folgendes Zitat Mt 7, Vers 28 und 25)
8 Josephus *Antiquitates Judaicae* XVIII, 3, 3. Das sogenannte »Testimonium Flavianum« lautet in der Übersetzung von Heinrich Clementz in Josephus' *Jüdische Altertümer,* Berlin 1923: »Um diese Zeit lebte Jesus, ein weiser Mensch, wenn man ihn überhaupt einen Menschen nennen darf. Er war nämlich der Vollbringer ganz unglaublicher Thaten und der Lehrer aller Menschen, die mit Freuden die Wahrheit aufnahmen. So zog er viele Juden und auch viele Heiden an sich. Er war der Christus. Und

obgleich ihn Pilatus auf Betreiben der Vornehmsten unseres Volkes zum Kreuzestod verurteilte, wurden doch seine früheren Anhänger ihm nicht untreu. Denn er erschien ihnen am dritten Tage wieder lebend, wie gottgesandte Propheten dies und tausend andere wunderbare Dinge von ihm vorher angekündigt hatten. Und noch bis auf den heutigen Tag besteht das Volk der Christen, die sich nach ihm nennen, fort.«
Diese Stelle findet sich nahezu gleichlautend in der Kirchengeschichte des Eusebius um 320 zitiert: *Historia ecclesiastica* I, 11,7 und *Demonstratio evangelica* III, 5, 124. Die älteste erhaltene Handschrift der Bücher XVIII–XX der *Antiquitates* des Josephus stammt dagegen aus dem 11. Jahrhundert.
Aus dem 10. Jahrhundert stammt eine arabische Fassung des Testimonium Flavianum, das der Jerusalemer Professor Shlomo Pinès 1971 entdeckte: »Zu dieser Zeit gab es einen weisen Mann namens Aisu. Der führte einen guten Lebenswandel. Und er war als tugendsam bekannt. Und viele Juden und Angehörige anderer Völker wurden seine Jünger. Pilatus hatte ihn zum Tode am Kreuz verurteilt. Seine Jünger gaben aber seine Lehren nicht auf. Sie erwähnten, daß er ihnen drei Tage nach der Abnahme vom Kreuz erschien, und daß er lebte. Vielleicht ist es der Messias, über den die Propheten Wunderdinge berichteten.« (Shlomo Pinès *An Arabic Version of the Testimonium Flavianum and Its Implications.* Jerusalem 1971, S. 14. Deutsche Übersetzung: Martin Abel)

9 Tacitus *Annales* XV, 44. (Geschrieben zwischen 115 und 117. Eine andere profane Quelle, die über eine »messianische Bewegung« in Rom berichtet, ist Sueton, der aber mit keinem Wort Christen oder Jesus erwähnt, obwohl er sich auf jene bezieht.)

10 Mt 10, 34

11 Joel Carmichael *Leben und Tod des Jesus von Nazareth.* München 1965, hier zitiert nach der Taschenbuchausgabe: Frankfurt a. M. 1968

12 Lk 22, 35 u. 36 nach *NT 68*

13 Mk 11, 9 u. 10

14 Carmichael, a. a. O., S. 155

15 Ebd. S. 160

16 Ebd. S. 91

17 Ebd. S. 91 f.

18 Flavius Josephus *Geschichte des Jüdischen Krieges.* 2. Buch, Kap. 8 (hier zitiert nach der Übersetzung von Heinrich Clementz. Köln 1900, S. 205–214)
Josephus wurde im Jahr 37 in Jerusalem geboren, war bei dem Aufstand der Juden gegen die Römer 66–70 jüdischer Feldherr in Galiläa, ging zu den Römern über und starb ums Jahr 100 in Rom.
Seine Berichte sind im allgemeinen zuverlässig. Daß er Gedankengänge und Bezeichnungen der griechischen Umwelt angeglichen hat, ist unbestritten, obwohl man kaum annehmen muß, daß er ihren Sinngehalt ins Gegenteil verkehrte. Die Tatsache, daß Josephus nach eigenen Angaben drei Jahre lang mit den Essenern verbunden war und über sie ohne Ressentiment berichtet, spricht für die Richtigkeit seiner Angaben, auch wenn sie nicht in jedem Fall in den Qumrantexten belegt sind, aber nicht alle Qumrantexte sind erhalten.

19 Einzelheiten und Quellenangaben zu den verschiedenen Ableitungen u. a. in: Siegfried Wagner *Die Essener in der wissenschaftlichen Diskussion. Vom Ausgang des 18. Jahrhunderts bis zum Beginn des 20. Jahrhunderts.* Berlin 1960, S. 7, 36, 101, 224, 226

20 Philo in: Eusebius *Praeparatio evangelica* 8, 11

21 Josephus, a. a. O.

22 Lk 9, 3–6 nach Luther

23 Joh 12, 6

24 Joh 3, 25. Der von manchen Theologen konstruierte Unterschied zwischen der einmaligen »Taufe« am Jordan und den wiederkehrenden »Waschungen« in Qumran ist daher nicht überzeugend. Beide dienten symbolisch der Reinigung und waren ein Zeichen der Abkehr vom Bösen, wie es im Sektenkanon heißt: »Er komme nicht ins Wasser, die Reinheit der heiligen Männer anzutasten, denn man wird nicht rein, außer man kehrt um von seiner Bosheit... (Sektenkanon V, 13 u. 14).« Der einzige Unterschied ist der, daß die Qumranleute diese »Reinigung« täglich vollzogen, während nach dem NT die Taufe ein einmaliger Akt zum Zeichen der Umkehr war. Das eine schließt das andere nicht aus.

25 MT 5, 37

26 Philo *Quod omnis probus liber sit,* Kap. 12. Philo von

Alexandrien, jüdisch-hellenistischer Philosoph, wurde etwa 30/20 v. Chr. in Alexandria geboren.

27 Ausführlich bei Albert Schweitzer *Geschichte der Leben-Jesu-Forschung.* München 1966, Bd. 1, S. 79 f.

28 So neuerdings auch Hugh J. Schonfield *Der lange Weg nach Golgatha.* Bergisch-Gladbach 1978, zuerst deutsch unter dem Titel: *Planziel Golgatha.* Aldingen 1969
Die Theorie, daß Jesus gar nicht am Kreuz gestorben sei, bildet die Grundlage für die meisten anderen Schilderungen, er sei danach nach Indien gegangen, habe dort gelehrt und sei in Srinagar beerdigt. Die »Beweisführung« für diese Srinagarthese ist dabei dermaßen schwach und zum Teil dümmlich, daß man sie eher unter Spekulation einordnen sollte. Bücher, die diese These vertreten: Holger Kersten *Jesus lebte in Indien.* München 1983; Aziz Kashmiri *Christ in Kashmir.* Srinagar 1973; Al-Haj Khwaja Nazir Ahmad *Jesus in Heaven on Earth.* Lahore 1952; 1972^5

29 Schweitzer, a. a. O., Bd. 1, S. 191

30 Ebd. S. 195

31 Plinius *Naturalis Historia* V, XV, 73
Plinius der Ältere, geboren um 23, umgekommen 79 beim Ausbruch des Vesuvs, als Pompeji unterging

32 Für die Schreibweise der arabischen und hebräischen bzw. neuhebräischen Namen und Begriffe gibt es keine einheitliche Regel. Es ist also genauso richtig, »Muhamed al dib« zu schreiben. Keine der Transkriptionen erreicht die tatsächliche Aussprache. Für »Ain Feschkha« kann »Ein Feschka«, für »Qumran« »Kumran« stehen, so wie nicht einmal die Schreibweise des Wortes »Sabbat« feststeht: »Sabbath« ist so richtig wie »Schabbath«.

33 Ausführliche, wenn auch widersprüchliche Darstellungen der Fundgeschichte finden sich bei:
John M. Allegro *Die Botschaft vom Toten Meer.* Frankfurt a. M. 1957, S. 7–64
Kurt Schubert *Die Gemeinde vom Toten Meer – Ihre Entstehung und ihre Lehren,* München/Basel 1958, S. 22–30
Edmund Wilson *Die Schriftrollen vom Toten Meer.* München 1956, S. 5–59 u. 124–133
Millar Burrows *Die Schriftrollen vom Toten Meer.* München 1956^2, Bd. 1, S. 1–83
Frank Moore Cross J. *The Ancient Library of Oumran and*

Modern Biblical Study. New York 1961, S. 1–48
Johann Maier *Die Tempelrolle vom Toten Meer.* Übersetzt und erläutert. München 1978

34 *The Shrine of the Book and its Scrolls*, herausgegeben vom Israel Museum Jerusalem, 1966, S. 1
35 1 Makk 1, 11
36 1 Makk 1, 53; 2, 27–31
37 So Schubert, a. a. O., S. 22; so auch David Flusser in: Karl Erich Grözinger *Qumran.* Darmstadt 1981, S. 142 f. J. T. Milik in seinem 1959 veröffentlichten Aufsatz »Die Geschichte der Essener« (ebenfalls in Grözinger, a. a. O., S. 104 ff.) meint dagegen, eine erste Welle von Mönchen habe sich unter Jonathan (160–142) nach Qumran zurückgezogen. Er folgt damit G. Vermes in: *Cahiers Sioniens* 7 (1953), S. 71–74 und *Discovery in the Judean Desert.* New York 1956, S. 90–97. Eine zweite Welle sei dann unter Hyrkanus (134–104) in die Wüste gezogen. Um diese Zeit hätten sich einige Mönche auch in Damaskus niedergelassen. Von ihnen stamme die sogenannte »Damaskusrolle«.
38 Schubert, a. a. O., S. 20 ff.
39 Kriegsrolle I, 1–5
40 Sektenkanon I, 9–11
41 Sektenkanon III, 19
42 Sektenkanon III, 15
43 Joh 1, 1–5
44 Mt 3, 5 u. 6; Mk 1, 5
45 Joh 1, 28
46 Joh 1, 35–39 nach *NT 68*
47 Mal 3, 23
48 Mt 3, 1–3 nach *NT 68*
49 Eine Kantilene bezeichnet eine gesangsmäßig gebundene, meist getragene Melodie; unter dem masoretischen Text versteht man die von jüdischen Schriftgelehrten des 7.–10. Jahrhunderts, den »Masoreten«, verfaßten textkritischen Bemerkungen zum hebräischen Text des Alten Testaments.
50 Ben-Chorin, a. a. O., S. 45
51 Lk 3, 4
52 *Bibel im heutigen Deutsch.* Stuttgart 1982: Mt 3, 3; Lk 3, 4
53 Zur Frage der zwei Messiasse, die die Essener erwarteten, s. Anm. 118. In den Schriftrollen ist die Rede von einem

priesterlichen Messias aus dem Hause Aaron und einem königlichen aus Israel.
54 Sektenkanon VIII, 13 u. 14
55 Burrows, a. a. O., Bd. 1, S. 271
56 Ebd. S. 272
57 Schubert, a. a. O., S. 110
58 Lk 1, 80
59 Josephus *Jüdischer Krieg*, 2, 8, 2
60 Allegro, a. a. O., S. 103
61 Die Damaskusrolle, die ebenfalls zur Essenerbibliothek gehört, weicht in verschiedenen Punkten von der Strenge der Qumranregeln ab, so beim Verbot des Eides, der Eheschließung und bei den Sabbatregeln. In Kapitel X, 15 ff., werden, im Gegensatz zu Qumran, nur die allgemein üblichen Sabbatregeln betont. Man wird also verschiedene Entwicklungsstadien und Ausgangspunkte bei der Abfassung der Essenerschriften ebenso annehmen müssen wie die Möglichkeit einer verschiedenen Auslegung durch die Sektenmitglieder.
62 Sektenkanon 1, 14 f.
63 Buch der Jubiläen 6, 36–38 und Buch Henoch
64 Die Zahl 364 ergibt sich aus der Multiplikation der Wochentage mit den Wochen eines Jahres (7 mal 52). Wenn diese Rechnung auch nicht mit dem genauen Sonnenjahr von 365,25 Tagen übereinstimmt, garantiert sie immerhin die regelmäßige Wiederkehr des Wochentages und damit des Sabbats und kann leicht durch Schaltjahre korrigiert werden.
Das aus zwölf Mondumläufen bestehende Mondjahr ist dagegen mit 354 Tagen um elf Tage kürzer als das Sonnenjahr. Ohne Korrektur durchliefe das jüdische Neujahr somit im Laufe von 33 Jahren alle Jahreszeiten. Da aber das Passahfest, vom Frühjahrsmond abhängig, stets am 15. Tag des Monats Nisan gefeiert wird, kann die Konstanz dieses Festes nur durch ein kompliziertes System von Schalttagen und ganzen Schaltmonaten gewährleistet werden, wodurch sich die Feiertage ständig verschieben. So fällt nach dem Mondkalender der 15. Nisan z. B. nicht immer auf den gleichen Wochentag. Beim Sonnenkalender, wie ihn die Essener benutzten, lag das Passahfest dagegen stets auf Dienstag-Mittwoch. Vgl. auch Leo Trepp *Das Judentum*. Reinbek bei Hamburg 1970, S. 191 ff.

Trepp gibt einen verständlichen Überblick über das Kalender- und Feiertagsproblem.

65 Kriegsrolle 2, 1 ff.

66 Schubert, a. a. O., S. 53
Ausführlich zum Kalenderproblem: Allegro, a. a. O., S. 98–103; Johann Maier *Die Texte vom Toten Meer.* München 1982, Bd. 2, S. 115 ff.; A. Jaubert »Le calendrier des Jubilées et de la Secte de Qumrân: ses origines bibliques«, in: *Vetus Testamentum* 3 (1953), S. 250–264

67 Habakukkommentar (pHab) XI, 4–8

68 Millar Burrows *Mehr Klarheit über die Schriftrollen.* München 1968, S. 71

69 Ben-Chorin, a. a. O., S. 160/161
Zur Kalenderfrage vgl. auch Thierry Maertens *Heidnisch-jüdische Wurzeln der Christlichen Feste.* Mainz 1965, S. 86–95
Zur Frage des Abendmahltermins schreibt Maertens: »Im Jahr des Abendmahls Jesu fiel das Passahfest des 14. Nisan nach dem ewigen Kalender« – dem Sonnenkalender – »wie vorgesehen auf einen Dienstag; aber das Passahfest nach dem Mondkalender, wie es am Tempel beobachtet wurde, fiel auf den folgenden Freitag. Christus feierte das Passahmahl mit seinen Aposteln am Dienstagabend . . .« (S. 91)
Daß die verschiedenen Autoren das Datum des Passahfestes einmal mit dem 14. Nisan und einmal mit dem 15. Nisan angeben und den Wochenbeginn des Sonnenkalenders manchmal mit Dienstag und manchmal mit Mittwoch verbinden, dürfte damit zusammenhängen, daß nach unserem Kalendersystem die im Orient von Abend zu Abend gezählten Tage kalendermäßig zwei Daten haben. Vgl. auch Marcello Craveri *Das Leben des Jesus von Nazareth.* Stuttgart 1970, S. 363 ff.
Einzelheiten über die verschiedenen Kalendersysteme sowie Umrechnungsformel in: Walter F. Wislicenus *Der Kalender.* Leipzig 1905.

70 Mk 14, 13–15 nach *NT 68*

71 Ben-Chorin, a. a. O., S. 161

72 Sektenkanon 6, 3–13

73 Sektenkanon 6, 8 u. 9

74 Lk 22, 24 nach *NT 68*

75 Joh 13, 14–16 nach *NT 68*

76 Dazu ausführlich bei Ben-Chorin, a. a. O., S. 162–166
77 Mt 5, 13
78 Mk 9, 49. Der jüdische Autor Robert Aron schreibt in seinem Buch *Die verborgenen Jahre Jesu.* München 1973, S. 182 f., dazu: »Das Salz ist für den Juden ein häufig gebrauchter und sehr bedeutender Vergleichsbegriff. Es ist das Bild der Unvergänglichkeit und symbolisiert so den Fortbestand des Gottesbundes mit Israel: Ein unauflöslicher Bund heißt im Hebräischen ein ›gesalzener Bund‹ ... Der Talmud gibt zum gleichen Gedanken einen praktischen Kommentar in der Abhandlung Ketubot: ›Jede Speise muß gesalzen werden, um haltbar zu bleiben. Auch das Geld muß gesalzen werden, damit es erhalten bleibt. Womit muß das Geld gesalzen werden? Mit der Liebe.‹«
79 Mt 5, 3 nach Luther. Die Parallelstelle bei Lukas (6, 20) heißt nach Luther: »Selig seid ihr Armen, denn das Reich Gottes ist euer«, hat also nicht die Erweiterung »im Geiste«. Nach dem Prinzip, daß die einfachere Fassung auch die ältere sei, wird meist die Ansicht vertreten, die lukanische Fassung sei die ursprünglichere. Der Gedankengang ist nicht zwingend. Ebensogut kann auch nachträglich eine nicht mehr verstandene Stelle geglättet werden. Da Matthäus früher liegt als Lukas, wäre diese Möglichkeit gegeben. Im übrigen ist die Frage der Priorität in diesem Zusammenhang ohne Belang. Der Begriff der »Armen im Geiste« bedarf so oder so einer Erklärung.
80 *Das Neue Testament.* Übersetzt von Franz Sigge. Frankfurt a. M. 1958
81 *The New English Bible.* Oxford/Cambridge 1961: »How blest are those, who know that they are poor ...«
82 *Gute Nachricht für Sie – NT 68. Die Berichte, Briefe und Zeugnisse des Neuen Testaments in heutigem Deutsch.* Stuttgart 1967 (Abk.: *NT 68*): Mt 5, 3
83 *Das Neue Testament für Menschen unserer Zeit.* Übersetzt von Helmut Riethmüller. Stuttgart 1964
84 *Das Neue Testament.* Übersetzt von Jörg Zink. Stuttgart 1965
85 Schalom Ben-Chorin, a. a. O., S. 70 f.
86 Schubert, a. a. O., S. 120
87 Burrows *Mehr Klarheit über die Schriftrollen,* a. a. O., S. 82
88 Mt 6, 9–13

89 Mt 24, 15 u. 16
90 Dan 11, 31
91 1 Makk 1 ff.
92 Cross, a. a. O., S. 159
93 Ebd. S. 200
94 Ebd. S. 204
95 Lk 2, 14
96 Friedrich II. am 18. 10. 1770 an d'Alembert
97 Wagner, a. a. O., S. 210
98 Gerhard Ebeling *Wort und Glaube.* Tübingen 1962, S. 348
99 Wilfried Joest (Hg.) *Was heißt Auslegung der Heiligen Schrift.* Regensburg 1966. Zitat Mußner: S. 16
100 Ebd. S. 18
101 Ebd. S. 23
102 Anton Vögtle in: ebd. S. 38
103 Ebd. S. 40
104 Ebd. S. 33 f.
105 Gerd Theißen *Studien zur Soziologie des Urchristentums.* Tübingen 1983², S. 92
106 Sektenkanon (= QS) I, 5
107 QS I, 7
108 QS IV, 2
109 QS IV, 6
110 QS IX, 16 + 18
111 QS VII, 3 + 4
112 QS VI, 13
113 QS VI, 3, vgl. auch Damaskusrolle XIII, 2
114 QS VI, 19
115 Lk 14, 26 nach *Jerusalemer Bibel*
116 QS X, 17 u. 18, vgl. auch X, 23 und XI, 1–3
117 Damaskusrolle VI, 21
118 Dazu schreibt Allegro, a. a. O., S. 132, unter Bezug auf den davidischen weltlichen Messias: »Wie von dem Messias von Qumran wurde von Jesus erwartet, daß er ›die Bösen töte mit dem Hauch seiner Lippen‹ (2. Thess. 2, 8), und die Inschrift, die die Soldaten über sein Kreuz nagelten, hätte vielleicht besser ›Fürst Israel‹ lauten müssen, als ›König der Juden‹, denn das erstere ist der Titel des Messias von Qumran wie später der des Fürsten im Zweiten Jüdischen Aufstand, bar Kochba. Auf beide – den Qumran-Messias und Jesus – wurde die Prophezeiung Jesaja 11 bezogen, das ›Ausschlagen der Wurzel Isais‹ und die

›Propheten-Prophezeiung‹ aus Deuteronomium 18, 18 ist in den messianischen Belegstellen ›Dokument von Qumran‹ ebenso zu finden wie im Neuen Testament. Die Angehörigen des Bundes von Qumran sahen die Ankunft ihres ›Schößlings aus der Wurzel Davids‹ als von Gott zur Rettung Israels verordnet, und wir erinnern uns, daß Jesus aus eben diesem Grunde seinen Namen empfing (Matth. 1, 21).«

Vgl. auch die Ausführungen von Schubert, a. a. O., S. 121, zur Kontroverse mit den pharisäischen Schriftgelehrten in Mt 22, 41–45 und Parallelstellen, die durch die Qumrantexte verständlich wird. Auch hier wird der davidsche Messiasbegriff von Qumran im NT wiedergefunden.

J. T. Milik (»Die Geschichte der Essener«, in: Grözinger, a. a. O., S. 118) weist darauf hin, daß nach den Testen von Qumran, z. B. Kriegsrolle I, 2 f, der davidische Messias von größerer Bedeutung war.

119 Mt 22, 21

120 Apg 5, 35. Der Aufruhr des Theudas fand im Jahr 44 n. Chr. statt.

121 Vgl. auch Martin Hengel *Die Zeloten. Eine Untersuchung zur jüdischen Freiheitsbewegung in der Zeit von Herodes I. bis 70 n. Chr.* Leiden/Köln 1961, S. 318 ff., und Theißen, a. a. O., S. 124

122 Carmichael, a. a. O., S. 127

123 1 Makk 2, 27–31

124 Yigael Yadin *Masada. Der letzte Kampf um die Festung des Herodes.* Hamburg 1967, S. 173

125 Ebd. S. 173–174

126 Hippolytos *Refutatio omnium haeresium* IX, 26, zitiert nach S. G. F. Brandon *Jesus and the Zealots. A Study of the Political Factor in the Primitive Christianity.* Manchester 1967, S. 45 f.

127 Yadin, a. a. O., S. 174. Im gleichen Sinne: H. H. Rowley »Die Geschichte der Qumransekte« in: Grözinger, a. a. O., S. 36 ff. u. 56. Er schließt sich der »weithin anerkannten Sicht« an, daß die Essener auf Masada mitkämpften, denn es hätte, wie Josephus *(Jüdischer Krieg* 2, 8, 10) berichtet, wenig Grund gegeben, die Essener zu foltern, »wenn sie Pazifisten waren, ungefährlich für Rom, sondern das wäre eher verständlich, wenn die Essener Leute waren, die ... nun dachten, der Tag ihrer Träume sei gekommen, und

sich deshalb den fanatischen Zeloten anschlossen. Das würde erklären, warum die Römer den Gebäudekomplex von Qumran zerstörten.« (S. 38) – So u. a. auch Joseph Klausner *Jesus von Nazareth.* Berlin 1930. Er bezeichnet die Essener als »nationale Juden«, die an den Problemen ihres Volkes Anteil nahmen und so auch Soldaten im Jüdischen Krieg wurden.

128 Yadin, a. a. O., S. 174

129 Lk 6, 12–16; Mt 10, 1–4; Mk 3, 13–19

130 Friedrich Samuel Rothenberg (Hg.) *Männer und Frauen des Neuen Testaments.* Wuppertal 1966, S. 55. Daß Ischkarioth auf Sicarii zurückzuführen sei, ist zuerst 1917 von F. Schultheß in: *Das Problem der Sprache Jesu,* S. 41 u. 54 f. vorgeschlagen worden.
Oscar Cullmann hat den Gedanken in seinem Buch *The State in the New Testament* (London 1957) fortgeführt. Hengel äußert in seinem Band *Die Zeloten* (a. a. O., S. 49) Bedenken, da der Begriff nach Josephus erst in den Jahren 52 bis 60 verwendet wird: »Ein früheres Auftreten des Begriffs läßt sich nicht nachweisen.« Das schließt aber nach Ansicht von Brandon (a. a. O., S. 204) eine frühere Verwendung nicht aus.

131 Mt 16, 17

132 Carmichael, a. a. O., S. 131

133 Mt 27, 37. Die Fassung INRI (Jesus Nazarenus Rex Judaeorum) geht auf Joh 19, 19 zurück.

134 Heinz Zahrnt *Es begann mit Jesus von Nazareth.* Stuttgart 1960^2, S. 84

135 *Praktisches Bibellexikon.* Freiburg 1969, Sp. 389

136 Lk 1, 1–3 nach Luther

137 Mt 10, 34

138 Lk 22, 36

139 Daß Simon von Kana (Mk 3, 18) im Sinne von Zelot steht, geht aus den Parallelstellen Mt 10, 4, Lk 6, 15, Apg 1, 13, aber auch aus der Tatsache hervor, daß im jüdischen Traktat Sanhedrin 9, 6 »kanaanit« deutlich als »Zelot« gemeint ist. – Noch im modernen Hebräisch heißt das Verbum mit dem Stamm »k-n-h«: einen Erkennungs- oder Ehrennamen haben oder bekommen. – C. Daniel meint in »Esséniens. zélotes et sicaires et leur mention par paranymie dans le N. N.«, in: *Numen* XIII, Leiden 1966, S. 97, auch der Ysopstab in der Leidensgeschichte weise ver-

steckt auf die Zeloten hin: Der gleiche, aber bedeutungsverschiedene Konsonantenstamm »k-n-h« heißt auch »Schößling, Nachwuchs« und wird für den Ysopstab gebraucht.

140 Zahrnt, a. a. O., S. 112

Vom Glauben zur Lehre

1 Mk 16, 8. Die Verse 9–20 sind ein späterer Zusatz.

2 *Praktisches Bibellexikon,* a. a. O., Sp. 854

3 Die einzigen biographischen Angaben des Paulus über Jesus:
- a) Jesus war ein Jude, »von einem Weibe geboren, dem Gesetz unterworfen« (!): Gal 3, 16; 4, 4
- b) er stammte von David ab: Röm 1, 3
- c) er predigte nur zu Israel (!), »um die Verheißung an die Väter zu bestätigen«: Röm 15, 8
- d) er war Gott gehorsam bis zum Tode am Kreuz: Phil 2, 8
- e) er berief Apostel: Gal 1, 17 u. 19
- f) er wurde geschmäht und gekreuzigt: Röm 15, 3; Kor 15, 3; Gal 2, 19–20, 3, 13 f.
- g) durch jüdische Verworfenheit: 1. Thess 2, 15
- h) ist am dritten Tage auferstanden: 1 Kor 15, 4
- i) erschien dem Petrus, den Aposteln und den anderen und in einer Vision – dem Paulus: 1 Kor 15, 5–8
- k) hat das Abendmahl eingesetzt: 1 Kor 11, 23
- l) und sitzt zur Rechten Gottes: Röm 8, 34

4 Carmichael, a. a. O., S. 219

5 Zahrnt, a. a. O., S. 64

6 Apg 28, 22 nach Luther

7 Apg 28, 24–25 nach *NT* 68

8 Apg 9, 1–6 u. 18 nach Luther

9 Luther am 5. 3. 1545. Weimarer Ausgabe 54, S. 183 f.

10 Apg 22, 3–5 nach Luther

11 Apg 22, 27–28

12 Hanns Lilje *Luther.* Reinbek bei Hamburg 1965, S. 54

13 Apg 5, 34–40

14 Apg 8, 1–4

15 Apg 26, 12–14 nach Luther. Ein anderer, abweichender Bericht: Apg 22, 6 f.

16 Apg 26, 16–18 nach *NT 68*

17 2 Kor 12, 7 nennt Paulus seine Krankheit einen »Pfahl im Fleisch«. Das Lichterlebnis vor Damaskus wird in diesem Zusammenhang gern als die »Aura« bezeichnet, die einem epileptischen Anfall meist vorausgeht. Vgl. dazu auch Erik H. Erikson *Der junge Mann Luther.* Reinbek bei Hamburg 1970, S. 101, 226. Erikson deutet als Psychoanalytiker Bekehrungserlebnisse.

18 1 Kor 15, 7. Der einzige andere Parallelhinweis 1 Kor 9, 1. Andere Übersetzungen der schwierigen Stelle 1 Kor 15, 7: »Auch mir erschienen, gleichsam der Fehlgeburt« (nach *Jerusalemer Bibel*).
NT 68: »Zum Schluß ist er auch mir erschienen. Ich bin eigentlich eine Mißgeburt«; – Riethmüller/Kuhn *Das Neue Testament für Menschen unserer Zeit,* a. a. O.: »Zuletzt sah auch ich ihn, sozusagen die Mißgeburt unter den Aposteln«; und ganz frei bei Zink, a. a. O.: »Zuletzt erschien er auch mir, der viel zu spät zum Glauben und zum Leben kam.« Interessant *The New English Bible* von 1961: »In the end he appeared even to me; though this birth of mine was monstrous, for I had persecuted the church and I am therefore inferior to all apostles.«

19 *Praktisches Bibellexikon,* a. a. O., Stichwort: »Paulus«, Sp. 853

20 Röm 3, 28 nach *NT 68*

21 Röm 7, 4 nach *NT 68*

22 Röm 7, 6 nach *NT 68*

23 Schalom Ben-Chorin *Paulus. Der Völkerapostel in jüdischer Sicht.* München 1970, S. 65

24 Mt 5, 7–18 nach *NT 68*

25 Im 3. Jahrhundert v. Chr. angeblich von siebzig (das lateinische Wort »Septuaginta« heißt »siebzig«) Gelehrten in Alexandria übersetzt, weil die griechischsprechenden Diasporajuden den hebräischen Text des Alten Testaments nicht mehr verstanden.

26 Das Wort »Tora« kann ebenso »Torah« oder »Thora« geschrieben werden. Eine eindeutig richtige Transkription existiert nicht. Der Leipziger Duden der DDR hat »Thora«, der Mannheimer Duden ebenfalls. Bei Zitaten wird nach dem Original zitiert.

27 Leo Trepp *Das Judentum.* Reinbek bei Hamburg 1970, S. 10

28 Ben-Chorin *Paulus*, a. a. O., S. 61
29 Ebd. S. 62
30 Röm 7, 12 nach *NT 68*
31 Röm 7, 9
32 In den apokryphen Paulusakten, die von einem asiatischen Presbyter stammen (erhalten sind Fragmente aus der Zeit um 300), heißt es: »Ein Mann, klein von Statur, kahlköpfig und krummbeinig, gewandt in seinen Bewegungen, er hat zusammengewachsene Augenbrauen und eine etwas vorspringende Nase, er strahlt von Freundlichkeit, denn bald erscheint er wie ein Mensch, bald hat er das Aussehen eines Engels.«
33 Ben-Chorin *Paulus*, a. a. O., S. 66
34 Die Zahl 613 setzt sich zusammen aus der symbolischen Addition der 365 Tage eines Jahres (365 Verbote) und den angeblich 248 Knochen eines menschlichen Skeletts (248 Gebote), die zusammen die Einheit von Gott und Welt repräsentieren (Makkoth 23b).
35 Röm 7, 7–13 nach *NT 68*
36 Luther am 5. 3. 1545. Weimarer Ausgabe 54, 183 f.
37 Richard Friedenthal *Luther, sein Leben und seine Zeit.* München 1967, S. 17
38 Röm 3, 28 nach Luther
39 Luther am 5. 3. 1545. Weimarer Ausgabe 54, 183 f.
40 Röm 7, 18–24 nach *NT 68*
41 Röm 3, 23 nach *NT 68*
42 Gen 32, 27
43 Lk 7, 48
44 Beispielsweise Ernst Benz *Die Vision. Erfahrungsformen und Bildwelt.* Stuttgart 1969. Dort auch ausführliche Bibliographie
45 Das Wort »Gnade« kommt bei Matthäus und Markus überhaupt nicht vor, bei Lukas nur dreimal (1, 30; 2, 40; 2, 52) und bei Johannes dreimal (1, 14; 1, 16–17), dagegen allein im Römerbrief des Paulus gleich elfmal. Das Adjektiv »gnädig« lediglich bei Lukas (18, 13 u. 22, 25) und da zum Teil noch in völlig profaner Bedeutung.
46 Mt 6, 12
47 In der Forschung wurde bis in die sechziger Jahre für »Gnostizismus« meist der Begriff »Gnosis« verwendet.
48 Zitiert bei Hans Leisegang *Die Gnosis.* Stuttgart 1955[4], S. 350

49 Walter Till *Koptisch-gnostische Schriften.* Berlin 1954², S. 23 (= Pistis Sophia, Kap. 27)

50 Thomasevangelium, Spruch 70 (Ergänzungen in eckigen Klammern). Deutsche Übersetzungen:
Johannes Leipoldt »Ein neues Evangelium? Das koptische Thomasevangelium übersetzt und besprochen«, in: *Theologische Literaturzeitung (ThLZ)* 83 (1958), Sp. 481–496
Johannes Leipoldt, Hans-Martin Schenke »Koptisch-gnostische Schriften aus den Papyrus-Codices von Nag Hammadi«, in: *Theologische Folge 20* (1960)
Johannes Leipoldt »Das Evangelium nach Thomas«, in: *Texte und Untersuchungen zur Geschichte der altchristlichen Literatur* 101 (1967)
Das Evangelium nach Thomas. Koptisch und deutsch von Johannes Leipoldt. Berlin 1967
Hans Quecke S J in: Willem Cornelis van Unnik *Evangelien im Nilsand.* Frankfurt a. M. 1960, S. 161–173
Edgar Hennecke, Wilhelm Schneemelcher *Neutestamentliche Apokryphen.* Tübingen 1959, 1979⁵, S. 199–228

51 Philippusevangelium. Übersetzungen:
Hans-Martin Schenke »Das Evangelium nach Philippus. Ein Evangelium der Valentianer aus dem Funde von Nag Hammadi«, in: *ThLZ* 84 (1959), Nr. 1, Sp. 1–26
Martin Krause, Kurt Rudolph, »Das Philippusevangelium«, in: *Die Gnosis.* Hg. von Carl Andresen, Zürich/Stuttgart 1971, Bd. 2, S. 95–124

52 Evangelium der Wahrheit (= Codex Jung). Übersetzungen:
Michel Malinine u. a. *Evangelium Veritatis.* Zürich 1956
Johannes Leipoldt »Das Evangelium der Wahrheit«, in: *ThLZ* 82 (1957), Sp. 825–834
Hans-Martin Schenke »Das Evangelium der Wahrheit«, in: Unnik, a. a. O., S. 174–185
»Evangelium der Wahrheit« in: *Die Gnosis*, a. a. O., Bd. 2, S. 67–84

53 »Die drei Stelen des Seth«. Deutsch in: *ThLZ* 100 (1975), Nr. 8, Sp. 571–580

54 Nebront (= Der Donner: Vollkommener Verstand) Übersetzung:
»Nebront« in: *ThLZ* 98 (1973), Nr. 2, Sp. 97–104
Martin Krause, Pahor Labib *Gnostische und hermetische*

Schriften aus Codex II und Codex VI. Glückstadt 1971, S. 122–131

55 Hermetisch: ohne Zugang oder Ausgang, benannt nach dem magischen Siegel des Hermes Trismegistos (griechisch für den ägyptischen Thot), mit dem er eine Glasröhre so dicht verschließen konnte, daß nichts aus- und nichts eindringen konnte. Hermetische Texte sind gekennzeichnet durch eine vieldeutige, magisch-rätselhafte Ausdrucksweise.

56 »Die sechste und siebte Schrift aus Nag-Hammadi-Codex VI«, »Über die Achtheit und Neunheit«. Übersetzungen:
Krause/Labib, a. a. O., S. 170–184: »Hermetische Schrift, deren Titel nicht erhalten ist«
»Über die Achtheit und Neunheit«, in: *ThLZ* 98 (1973), Nr. 7, Sp. 498–503

57 »Die Taten des Petrus und der zwölf Apostel«. Übersetzungen:
Krause/Labib, a. a. O., S. 107–121: »Die Akten des ...«
»Die Taten des Petrus und der zwölf Apostel« in: *ThLZ* 98 (1973), Nr. 1, Sp. 13–19

58 Vgl. Anm. 56

59 Elaine Pagels *Versuchung durch Erkenntnis. Die gnostischen Evangelien.* Frankfurt a. M. 1981, S. 21

60 Mehr oder weniger differierende Fundgeschichten bei:
Pagels, ebd.
Unnik, a. a. O.
John Dart *The Laughing Savior.* New York 1976
J. M. Robinson in der Einleitung zu *The Nag Hammadi Library.* New York 1977

61 Dart, ebd. S. 6

62 J. M. Robinson, a. a. O., S. 22

63 Nach Pagels, a. a. O., S. 22

64 Unnik, a. a. O., S. 20

65 Ebd.

66 Ebd. S. 21

67 Pagels, a. a. O., S. 23

68 Ebd.

69 Zitiert nach Dart, a. a. O., S. 30

70 Nach anfänglichem Durcheinander wurden die Texte von Nag Hammadi nach der Ordnung der New Yorker *Nag Hammadi Library* (NHL) aufgelistet. Die römischen Ziffern bezeichnen die einzelnen Codices, die arabischen Zif-

fern die darin enthaltenen Schriften. Die deutschen Übersetzungen der Titel lauten oft verschieden.

I	1	Apokryphon des Jakobus
	2	Evangelium der Wahrheit (= Evangelium Veritatis)
	3	Abhandlung über die Auferstehung
	4	(Tripartite tractae)
	5	Gebet des Apostels Paulus
II	1	Apokryphon des Johannes
	2	Das Evangelium des Thomas
	3	Das Evangelium nach Philippus
	4	Das Wesen der Archonten
	5	Vom Ursprung der Welt
	6	Die Exegese über die Seele
	7	Das Buch des Thomas
III	1	Apokryphon des Johannes (Kurzfassung von II, 1)
	2	Ägypterevangelium
	3	Eugnostos, der Gesegnete
	4	Die Sophia des Jesus Christus
	5	Der Dialog des Erlösers
IV	1	Das Apokryphon des Johannes (Vgl. II, 1)
	2	Ägypterevangelium (Duplikat von III, 2)
V	1	Eugnostos, der Gesegnete (sehr ähnlich III, 3)
	2	Apokalypse des Paulus
	3	Die erste Apokalypse des Jakobus
	4	Die zweite Apokalypse des Jakobus
	5	Die Apokalypse des Adam
VI	1	Die Taten des Petrus und der zwölf Apostel
	2	Der Donner: Vollkommener Verstand (= Nebront)
	3	Die ursprüngliche Lehre (= Zuverlässige Rede)
	4	Der Gedanke unserer großen Kraft
	5	(Titellos, über Platos Politeia)
	6	Über die Achtheit und Neunheit
	7	Das Gebet, das sie sprachen
	8	Asklepius
VII	1	Die Paraphrase des Schem
	2	Der zweite Logos des großen Seth
	3	Die Apokalypse des Petrus
	4	Die Lehren des Sylvanus
	5	Die drei Stelen des Seth

VIII 1 Zostrianus
2 Brief des Petrus an Philipp
IX 1 Melchisedek
2 Ode über Norea
3 Testimonium der Wahrheit
X 1 Marsanes/Die Schau des Wesens
XI 1 Die Interpretation der Gnosis
2 (Eine valentinianische Darstellung)
3 Allogenes
4 Hypsiphrone
XII 1 Sentenzen des Sextus
2 Das Evangelium der Wahrheit (Kurzfassung von I, 2)
3 (Nichtidentifizierte Fragmente)
XIII 1 Die dreigestaltige Protonia
2 Vom Ursprung der Welt (in II, 5 ein Teil des Anfangs)

Im bereits früher gefundenen Codex Berolinensis befinden sich:

BG 1 Evangelium der Maria
2 Apokryphon des Johannes (vgl. NHC II, 1)
3 Die Sophia Jesu Christi (vgl. NHC III, 4)
4 Petrusakten

71 Apokryphon des Johannes, Codexblatt 76; deutsch in: Unnik, a. a. O., S. 185–213
Martin Krause, Pahor Labib »Die drei Versionen des Apokryphon des Johannes im Koptischen Museum zu Alt-Kairo«, in: *Abhandlungen des Deutschen Archäologischen Instituts in Kairo.* Wiesbaden 1962 (Koptische Reihe, Bd. 1).
72 Hans Leisegang *Die Gnosis.* Stuttgart 1955[4]
73 Hippolytus *Refutationes omnium Haeresium (Wiederlegung aller Ketzereien).* V, 6, 6
74 Leisegang, a. a. O., S. 6
75 Ebd. S. 15
76 Ebd. S. 18
77 Endre v. Ivánka *Plato Christianus. Übernahme und Umgestaltung des Platonismus durch die Väter.* Einsiedeln 1964, S. 31
78 Zahme Xenien 3
79 Evangelium der Wahrheit, Codex Jung, S. 24
80 Thomasevangelium, Spruch 70

81 *Theologische Literaturzeitung* 100 (1975), Sp. 7–24: »Lehren des Silvanus«
82 Ebd.
83 Evangelium der Wahrheit
84 Thomasevangelium, Spruch 2
85 S. Anm. 81
86 Dialog des Erlösers 125, 18–19
87 Evangelium der Wahrheit, Codex Jung, S. 22
88 Leisegang, a. a. O., S. 27
89 Joh 1, 1 f.
90 Evangelium der Wahrheit, Codex Jung, S. 16
91 Joh 14, 6
92 Joh 8, 12 u. 14
93 John G. Gager »Das Ende der Zeit und die Entstehung von Gemeinschaften«, in: Wayne A. Meeks *Zur Soziologie des Urchristentums.* München 1979, S. 100
94 Evangelium der Wahrheit, Codex Jung, S. 18
95 Ebd. S. 20
96 Apokalypse des Petrus 81, 5 ff.
97 Zweiter Logos des großen Seth 55, 15. – Vgl. auch Karl-Wolfgang Tröger *Gnosis und Neues Testament. Studien zur Religionswissenschaft und Theologie.* Berlin 1973, S. 388 ff.
98 Zitiert in: *Die Gnosis.* Zürich 1969–1980, Bd. 3, S. 298
99 *Commonitorium* des Augustin, ed. J. Zycha, in: *Corpus Scriptorum ecclesiasticorum Latinorum* 25, 980, 4–982, 3
100 *Die Gnosis*, a. a. O., Bd. 1, S. 24
101 Mt 11, 27
102 Hans-Martin Schenke »Die neutestamentliche Christologie und der gnostische Erlöser«, in: Tröger, a. a. O., S. 211
103 1 Kor 2, 8 u. 15, 21 f. u. 45–49; Röm 5, 12–21; Kol 1, 15–20 u. 2, 13–15; Eph 2, 14–18; Phil 2, 6–11
104a Phil 2, 7 nach Luther
104b Erich Fascher »Die Korintherbriefe und die Gnosis«, in: Tröger, a. a. O., S. 281
105 Carl Schneider *Geistesgeschichte der christlichen Antike.* München 1970, S. 124
106 Mt 22, 37–40
107 Mt 10, 5 f. Vgl. Mt 15, 24 und Mk 7, 27. Dagegen: Mt 28, 19–20
108 Apg 17, 22–34 nach Luther
109 1 Kor 9, 20–22 nach Luther
110 Albert Schweitzer *Die Mystik des Apostels Paulus.* Tübin-

gen 1954 (1. Auflage 1929), S. 370

111 William Wrede *Paulus.* Tübingen 1904

112 Zahrnt, a. a. O., S. 64 f.

113 Wrede, a. a. O., S. 86

114 Friedrich Samuel Rothenberg (Hg.) *Männer und Frauen des Neuen Testaments Biblisches Taschenlexikon.* Wuppertal 1966, S. 72

115 Hugh J. Schonfield *Unerhört, diese Christen. Geburt und Verwandlung der Urkirche.* Wien 1969, S. 81

116 Das »Schavuoth« ist das »Fest der Wochen« und heißt so, weil es sieben Wochen nach Passah gefeiert wird. Ursprünglich ein Bauernfest, wurde es später ein Erinnerungsfest an die Stiftung der Zehn Gebote. Im Talmud wird Schavuoth das »Abschlußfest« genannt, weil der Auszug aus Ägypten (das Erinnerungsfest dazu ist Passah) erst durch die Gesetzgebung des Moses abgeschlossen wird. Das Christentum übernahm, wie auch beim Osterfest, den jüdischen Festtagstermin, gab ihm aber eine neue Bedeutung.

117 Apg 2, 38

118 Apg 2, 44 nach *Jerusalemer Bibel*

119 Apg 4, 32 nach *Jerusalemer Bibel*

120 Hans-Joachim Schoeps *Theologie und Geschichte des Judenchristentums.* Tübingen 1949, S. 351

121 Ebd.

122 Leider haben wir nur wenige Quellen über die Ebioniten. Man weiß allerdings, daß sie ein eigenes Evangelium hatten, das Ähnlichkeiten mit dem Matthäusevangelium hatte. Es ist als Ganzes verloren, wir kennen nur Auszüge in den Schriften des Epiphanios von Salamis, der im 4. Jahrhundert lebte. Sie scheinen auch eine Art Apostelgeschichte gehabt zu haben, von denen man Überreste aus dem sogenannten pseudoklementinischen Roman herausschälen kann. Dieser Roman ist ursprünglich ein heidnisches Rührstück in Romanform, das von christlicher Seite mehrfach überarbeitet wurde. Das textkritische Problem besteht darin, die originären Stellen zu definieren. Ausführlich bei Hans Joachim Schoeps *Das Judenchristentum. Eine Untersuchung über Gruppenbildung und Parteikämpfe in der frühen Christenheit.* Bern 1964, S. 19 f.

123 Ebd. S. 85 f.

124 So bei Tertullian *De carne Christi,* 14 zitiert

125 Schoeps *Das Judenchristentum*, a. a. O., S. 87. Dort weitere Hinweise auf Ebioniten und Essener. Vgl. auch Schonfield *Unerhört, diese Christen*, a. a. O., S. 188–197

126 Apg 2, 46

127 Apg 4, 18. Lukas versucht, den Konflikt zwischen der Eigenständigkeit der Sekte gegenüber dem Tempel herunterzuspielen und die Ursache herumzudrehen. Nach Apg. 4 sieht es so aus, als wenn es die Tempelpriester gewesen sind, die die Sekte ausstießen, in Wirklichkeit dürfte die aus den Essenern hervorgegangene Urgemeinde von sich aus ein distanziertes Verhältnis zum Tempel gehabt haben. (Vgl. Apg 7, 48. Eine Haltung, die nach Schoeps [*Judenchristentum*, a. a. O., S. 71] durchgehend auch den Essenern und den Ebioniten eigen war.) Vgl. auch Schonfield *Unerhört, diese Christen*, a. a. O., S. 188 f.

Wie sehr Lukas daran lag, das Wachsen der Gemeinde aus dem Judentum heraus darzustellen, geht auch aus seinen Angaben hervor, es seien innerhalb der ersten Wochen mehr als 8000 Menschen Christen geworden (Apg 2, 41; 4, 4), eine Zahl, die bei weitem das übersteigt, was Jesus selbst erreicht hat: Diese Zahlen sind nicht absolut zu nehmen.

128 Vgl. die Aussendung der Siebzig durch Jesus, die im Kontrast zum Zwölferkreis steht

129 Schonfield *Unerhört, diese Christen*, a. a. O., S. 144 ff.

130 Apg 9, 26 u. 27. Der Arabienaufenthalt ist Gal 2, 17 erwähnt.

131 Apg 9, 28

132 Apg 9, 31

133 Gal 1, 18 u. 19 nach *Jerusalemer Bibel*

134 *Cognitiones* 1, 58. Texte in: *Die griechischen christlichen Schriftsteller der ersten drei Jahrhunderte* 42 (1953). Literatur zum Thema:

G. Strecker »Das Judenchristentum in den Pseudoclementinen«, in: *Texte und Untersuchungen zur Geschichte der altchristlichen Literatur* 70 (1958)

O. Cullmann »Die neuentdeckten Qumrantexte und das Judenchristentum in den Pseudoclementinen«, in: *Beihefte zur Zeitschrift für alttestamentliche Wissenschaft* 21 (1954)

135 *Pseudoklementinen, Homilien*, Kap. 17–19

136 Apg 22, 18 u. 21

137 Apokalypse des Petrus 74, 5
138 1 Kor 1, 12
139 Gal 1, 6–9
140 Gal 2, 2
141 Apg 15, 1–2 nach Luther
142 Gal 2, 9 nach Luther
143 Apg 15, 36–41
144 Apg 21, 28 nach Luther
145 Apg 24, 23
146 Apg 23, 16
147 Gal 2, 5
148 Gert Otto *Grundwissen zur Theologie.* Hamburg 1968, S. 147 zur Apg
149 Epiphanios, zitiert bei Yigael Yadin *Bar Kochba.* Hamburg 1971, S. 260
150 So bei Irenäus
151 Vgl. Hans Joachim Schoeps *Theologie und Geschichte des Judentums.* Tübingen 1949. Diese wissenschaftliche Ausgabe hat Schoeps 1964 als allgemeinverständliches Taschenbuch in einer Überarbeitung herausgebracht unter dem Titel: *Das Judenchristentum. Untersuchungen über Gruppenbildungen und Parteikämpfe in der frühen Christenheit.*

Von der Lehre zur Kirche

1 Die Jerusalemer Urgemeinde wandte sich mit ihren Bekehrungspredigten zunächst nur an die Juden. Bald bildete sich aber innerhalb oder neben der judenchristlichen Urgemeinde eine besondere Gruppe von griechischsprechenden hellenistischen Judenchristen, die meist aus der Diaspora stammten und dem Gesetz gegenüber liberaler fühlten. Wie die pharisäischen Juden, die unter den Heiden missionierten, fanden auch die hellenistischen Judenchristen nichts dabei, unter den Heiden zu predigen. Man ließ aber nur solche Heiden zur Taufe zu, die vorher Jude geworden waren. Eine eigentliche Heidenmission im späteren Sinne gab es nicht.

Die palästinensische Urgemeinde bestand darauf, daß sich alle Bekehrten (Proselyten) vorher beschneiden ließen und damit verpflichtet wurden, als Jude zu leben und das gesamte Gesetz zu achten. Heiden, die den Schritt ins Judentum nicht wagen wollten, wurden als »Gottesfürchtige« immerhin auf die sogenannten »Noachischen Gebote« verpflichtet, die den Götzendienst, Raub, Mord, Unzucht verboten und einige Speisegesetze vorschrieben. Auf diese Formel wurden auch die Gemeinden des Paulus verpflichtet (Apg 15, 28; Gaalyahu Cornfield, G. Johannes Botterweck [Hg.] *Die Bibel und ihre Welt.* Bergisch-Gladbach 1969, Bd. 2, Sp. 1155).

2 1 Thess 4, 15 f.

3 L. Festinger, H. W. Riecken, S. Schachter *When Prophecy fails. A Social and Psychological Study of a Modern Group that Predicted the Destruction of the World.* New York 1956, zitiert bei John G. Gager »Das Ende der Zeit und die Entstehung von Gemeinschaften«, in: Wayne A. Meeks (Hg.) *Zur Soziologie des Urchristentums.* München 1979, S. 116 f. – Vgl. auch L. Festinger *A Theory of Cognitive Dissonance.* Stanford, Calif. 1957

4 Ebd. bei Gager, S. 117; Festinger, Riecken, Schachter, S. 4

5 2 Petr 3, 3 f.

6 1 Klemens 23, 3 f., zitiert nach Joseph A. Fischer *Die apostolischen Väter. Schriften des Urchristentums.* Darmstadt 1966, 1. Teil

7 Erich Fromm *Psychoanalyse und Religion.* Konstanz 1966, S. 76 u. 64

8 Gerd Theißen *Soziologie der Jesusbewegung. Ein Beitrag zur Entstehungsgeschichte des Urchristentums.* München 1981[3], S. 88 f.

9 Ebd. S. 88

10 Ebd. S. 88

11 Ebd. S. 106
Die »Pax Romana« wird verschieden beurteilt. Tacitus (*Agricola* 30) schreibt: »Die Römer schaffen eine Wüste und nennen sie Frieden« (»atque ubi solitudinem faciunt, pacem appellant«). Andere antike Schriftsteller reden von Stabilität und Sicherheit. Theißen führt in seinen *Studien zur Soziologie des Urchristentums* (Tübingen 1983[2], S. 71 ff.) dagegen an, daß es zwar keine Sklavenaufstände und öffentlichen Proteste gab, daß aber durch Armut der

Bauern und durch allgemeinen Mangel an sozialer Gerechtigkeit eine subtile Unruhe herrschte.

12 Theißen *Jesusbewegung*, a. a. O., S. 106
Theißen unterscheidet den »Wanderradikalismus« der Jesusbewegung und den später in der Kirche entstehenden »Liebespatriarchalismus« der Anstaltskirche. Kirche und Gemeinschaft wurden zum Ersatz für das »auserwählte Volk«; dabei bestand der Kern der ersten Christen aus der unteren Mittelschicht. Die Armen werden vor allem geheilt, nicht herangeholt (Theißen *Urchristentum*, a. a. O., S. 28 f.). Zur Lage der Christen in den Städten s. Theißen *Urchristentum*, a. a. O., S. 82 ff.

13 Röm 13, 1

14 Anton Mayer *Der zensierte Jesus. Soziologie des Neuen Testaments.* Olten 1983, S. 101

15 Mk 14, 36

16 Während die Tiefenpsychologie bei Luther das Gottesverhältnis vom leiblichen Vater-Sohn-Verhältnis ableitet, fehlt erstaunlicherweise in der Literatur eine ähnliche Arbeit, die sich vom Psychologischen her mit dem Gottesbild Jesu beschäftigte. Gerade weil das Verhältnis Jesu zu Josef umstritten ist (er taucht nur zu Beginn der Evangelien, und dort nicht einmal eindeutig, als Vater auf), könnte die Psychologie vielleicht einige interessante Hinweise bringen, die freilich spekulativ bleiben müßten, da wir Einzelheiten aus dem Leben Jesu nicht kennen.

17 Über die Begriffsverschiebung von Menschensohn – Herr = Gott, die sich immer deutlicher von Jesus entfernt, vgl. Ernst Bloch *Atheismus im Christentum.* Frankfurt a. M. 1968, S. 207–212

18 Röm 8, 15. Die Gegenstelle: »Ihr Knechte, seid gehorsam euren leiblichen Herren mit Furcht und Zittern . . .« (Eph 6, 5) stammt ebensowenig wie der Epheserbrief von Paulus selbst.

19 Parallelen zwischen Christus- und Kaiserkult bei Ernst Bloch, a. a. O., S. 211 f. Vgl. auch Karlheinz Deschner *Abermals krähte der Hahn. Eine kritische Kirchengeschichte.* Stuttgart 1962, S. 82 ff.

20 1 Kor 1, 23

21 Mk 6, 3: Der Zimmermann Jesus. Nach Mt 13, 55 Sohn des Zimmermanns. Die Stellen sind textkritisch strittig. Seltsamerweise ist nirgendwo der Beruf Jesu eindeutig er-

wähnt. Nach dem Schema, daß das Selbstverständliche nicht erwähnt zu werden braucht, nimmt man an, auch Jesus sei, wie sein Vater, Zimmermann gewesen, wie spätere Textvarianten der Matthäusstelle suggerieren. Nach dem gleichen Schema könnte man übrigens annehmen, daß Jesus verheiratet gewesen sein müsse, weil es üblich gewesen sei (vgl. Ben-Chorin, *Bruder Jesus*, a. a. O., S. 127 ff.). Als Spekulation bietet sich allerdings der Gedanke an, daß Jesus als Mitglied des Essenerordens weder verheiratet war noch einen Beruf im eigentlichen Sinne hatte, obwohl die Essenermönche einer geregelten Tätigkeit nachgingen. Da die Essenerregeln nicht eindeutig sind (Sektenkanon [1 QS] VII, 17 f. und Ein Entwurf für das Israel der Endzeit [1 QSa – 1 Q 28a – 8]), soweit die Lösung vom Orden betroffen ist, kann die Frage nur offenbleiben.

22 Lk 19, 42–44; Mt 20, 17–19; Dan 11, 2–39 und bei den alttestamentarischen Propheten wie bei der Offenbarung des NT. Daß die »Redakteure« nur interpretieren wollten, also zumeist subjektiv keine »Fälscher« waren, ist eine andere Sache.

23 Lk 22, 24–26 nach Luther

24 Mt 16, 18 nach *Jerusalemer Bibel.* Luther übersetzt »Gemeinde«. Die Parallelstelle Mt 18, 17 übersetzt auch die bei Herder herausgekommene *Jerusalemer Bibel* mit »Gemeinde«. In der Apg wie in den Briefen kommt das Wort »ekklesía« über dreißigmal vor.

25 Die Stelle »auf dich will ich bauen meine Gemeinde« wird traditionellerweise so verstanden, daß der erhöhte Christus später dafür sorgen wird, daß die von Petrus oder seinem Nachfolger geleitete Kirche den Segen Jesu hat. Das aber setzt die paulinische Theologie von Kreuz und Auferstehung als Heilstat Gottes voraus.
Geht man aber davon aus, daß Jesus nicht durch seinen Tod, sondern durch sein Handeln zu Lebzeiten das Kommen des Reiches Gottes herbeizwingen wollte, so kann man diese Stelle nicht als das Versprechen eines später Auferstandenen und nicht als Zukunftsauftrag verstehen. Der Textzusammenhang macht das deutlich: Gerade hat Petrus in Jesus den Messias, den Retter des Volkes Israel, erkannt (Mt 16, 16), und im damaligen Sinne galt der Messias als der politische »Erlöser« von der Knechtschaft

fremder Völker. Als Folge des Petrusausspruches wird er sofort von Jesus zum »Felsen der Gemeinschaft« gemacht. Der Gedanke liegt also viel näher, daß das »Petrusamt« keine Zukunftsaufgabe war, denn Jesus verstand seinen messianischen Auftrag in einem realen, nicht in einem übertragenen (heutigen) Sinne.

26 Katholische Aussagen wie: »Die rechtlich verfaßte Ordnung wurde in ihren wesentlichen Zügen – Papsttum, Bischofsamt, Weihepriestertum – von Christus im Apostelamt eingesetzt und ist darum unveränderlich. Es gab niemals eine reine ›Liebeskirche‹, der erst später gegen ihr Wesen eine rechtliche Ordnung zugewachsen wäre« (Oskar Simmel, Rudolf Stählin [Hg.] *Christliche Religion.* Frankfurt a. M. 1961 [Das Fischerlexikon Bd. 3], S. 161 f.) entbehren jeder nachweislichen Grundlage und sind reine Behauptungen und Zweckinterpretationen, auch wenn man andere Stellen wie Mt 28 etc. hinzuzieht: Gerade eben eine kirchliche Hierarchie ist aus den Evangelien nicht abzulesen.

27 1 Kor 12, 28. Vgl. auch Röm 12, 3–8. Paulus bezieht sich hier auf die gottgegebenen, unterschiedlichen Fähigkeiten der Menschen, das Charisma. Trotzdem ist eine Rangordnung nicht zu übersehen. Die von den Theologen oft behauptete ursprüngliche Gleichheit hat Paulus bestenfalls im geistlichen Sinne gemeint, d. h., daß vor Gott alle gleich sind. Dem widerspricht aber wieder die Prädestinationslehre von Röm 9.

28 Carl Schneider *Geistesgeschichte der christlichen Antike.* München 1970, S. 566 ff.

29 Unter »Pastoralbriefen« (Pastor = Hirte) bzw. Hirtenbriefen werden zusammengefaßt: 1 Tim 2 Tim Tit 2 Thess 2 Petr. Sie wurden alle zwischen 70 und 125 geschrieben, also nach dem Tod des Paulus und Petrus, obwohl immer einem der beiden zugeschrieben.
So auch die um 95 entstandene »Didache«, die eine erste Gemeindeordnung darstellt und sich als »Lehre der zwölf Apostel« bezeichnet.

30 1 Petr 2, 13

31 1 Petr 2, 18

32 1 Petr 5, 5

33 1 Tim 3, 1

34 1 Tim 6, 1

35 Ignatius *An die Smyrnaer* 8 f
36 Ebd.
37 Ebd.
38 Cyprian, um 210 geboren: *De unitate ecclesiae* 6; *Briefe* 55, 24; 73, 21
39 Schneider, a. a. O., S. 571
40 Mt 16, 19
41 Schneider, a. a. O., S. 569
42 A. Loisy *L'Evangile et l'Eglise.* Bellevue 1904^3, S. 155
43 *Reclams Bibellexikon.* Stuttgart 1978, 1982^3, S. 271: Stichwort »Kirche«
44 Adolf von Harnack *Das Wesen des Christentums.* 1900, Tb: München 1964, S. 92
45 Z. B. Mt 9, 1–7 und Parallelstellen Mk 2, 1–12, Lk 5, 17–26
46 Harnack, a. a. O., S. 92
47 Ebd. S. 93
48 Ebd. S. 92. In einer späteren Auflage bemerkt Harnack zu diesem Satz, daß er zwar »von vielen Seiten auf das schärfste bekämpft, aber nie widerlegt worden« sei. (Anm. zur 8. Vorlesung, S. 188)
49 Schneider, a. a. O., S. 217
50 Ebd. S. 91–94. Darin die Zitate: Jesus als Besessener Joh 10, 20; Fleisch des Menschensohnes Joh 6, 53
51 Johannes Gaitanides *Inseln der Ägäis. Schwestern der Aphrodite.* München 1962, S. 143 f.
52 Karl-Wolfgang Tröger *Gnosis und Neues Testament. Studien zur Religionswissenschaft und Theologie.* Berlin 1973, S. 17
53 »Eschatologie« (gesprochen Es-chatologíe) kommt vom griechischen »eschaton« = »das Letzte« und beschäftigt sich mit den Ereignissen, die mit dem in naher Zukunft erwarteten Kommen der Gottesherrschaft zu tun haben.
54 Erwin Jaeckle *Die Osterkirche.* Stuttgart 1970, S. 146. So auch bei Schneider, a. a. O., S. 85
55 Schneider, a. a. O., S. 69 ff.
Plato, 427 v. Chr. in Athen geboren, wurde als Zwanzigjähriger Schüler des Sokrates, gründete 387 eine eigene Akademie, die über neunhundert Jahre lang bis 529 n. Chr. bestand. Plato starb 347 v. Chr.
Plato geht davon aus, daß nur die Ideen, die unanschaulichen Urbilder der Dinge, wirklich und unveränderlich

sind. Die Realität und die sinnliche Erfahrung unserer Welt bestehen nur, weil sie an den Ideen »teilhaben« oder, um das berühmte Bild zu gebrauchen, weil sie nur Abbilder, »Schatten« der Ideen, sind. Vgl. auch S. 153: Endre v. Ivánka *Plato Christianus. Übernahme und Umgestaltung des Platonismus durch die Väter.* Einsiedeln 1964, S. 31)

56 1 Kor 13, 12

57 Gal 4, 9 nach Luther

58 Schneider, a. a. O., S. 77 f

59 Kol 2, 12 (der Brief stammt allerdings nicht von Paulus). Die Auferstehung wird hier, wie an anderen Stellen, übrigens als Geschehen vorausgesetzt. »Auferstehung« bedeutet hier also nicht die im christlichen Glaubensbekenntnis fixierte, nach dem Weltende erwartete »leibliche Auferstehung«, die als Parallele zur Auferstehung Christi gedacht wird, sondern im gnostischen Sinne die geistliche Auferstehung.

60 Rudolf Schnackenburg »Der frühe Gnostizismus«, in: Hans Jürgen Schulz (Hg.) *Kontexte.* Bd. 3: »Die Zeit Jesu«. Stuttgart 1966. S. 117

61 Adolf von Harnack *Marcion: Das Evangelium vom fremden Gott.* Nachdruck der zweiten und vermehrten Aufl. von 1924: Darmstadt 1960, S. 250

62 Irenäus *Adversus haereses,* Vorrede

63 Hippolytos *Refutationes omnium haeresium*

64 Tertullian *De prescriptione haereticorum* 37

65 Irenäus, a. a. O., I, 13, 6

66 Ebd. III, 3, 2

67 Tertullian, a. a. O., 42

68 Irenäus, a. a. O., 10, 2

69 Apg 8, 14 f.

70 1 Kor 15, 50

71 Pagels, a. a. O., S. 48 f.

72 Apokalypse des Petrus 83, 8–10

73 Abhandlung über die Auferstehung 48, 10 f.

74 Ebd. 48, 34–38

75 Evangelium des Philippus 73, 1–3

76 Joh 3, 8

77 Justinian *Apologie* I, 26 u. 58

78 Tertullian *Adversus Marcionem* 5, 19

79 Walther v. Loewenich *Die Geschichte der Kirche.* Tb: München 1946, Bd. 1, S. 44 f.

80 Kanon = Richtschnur. Kanonische Schriften heißen die von der Kirche anerkannten Schriften der Bibel.
81 Loewenich, a. a. O., S. 45
82 Eine doketistische Richtung wird bereits im NT im 1. und 2. Johannesbrief bekämpft.
83 Henry Daniel-Rops *Die Kirche zur Zeit der Apostel und Märtyrer.* München 1951, S. 378
84 Deschner, a. a. O., S. 328. So auch der Kirchenhistoriker Heinrich Kraft *Die Kirchenväter.* Bremen 1966, S. 310: »Der Montanismus – so nennen wir die Bewegung; sie selbst nannten sich die ›Propheten‹ ... stellt den Versuch dar, die Formen des Urchristentums am Leben zu erhalten oder neu zu erwecken.«
85 Paraklét (Betonung auf der letzten Silbe) = der Herbeigerufene. Der Begriff bezeichnet jemanden, der zugunsten eines anderen im Sinne eines Fürsprechers auftritt. In diesem Sinne wird Christus in 1 Joh 2, 1 »Paraklét« genannt, der für die Sünden Fürbitte tut. Joh 16 ist dagegen ein anderer Paraklét gemeint, der auch als »Geist der Wahrheit« bezeichnet wird. In beiden Fällen gilt er als von Gott gesandt.
86 Joh 16, 8 u. 12–13 nach Luther
87 Deschner, a. a. O., S. 327. Dort auch weitere Quellenbelege
88 Ebd. Weitere Belege dort
89 Lk 22, 24
90 Louis Bouyer *L'Ascèse chrétienne et le Monde contemporain.* Paris 1951, hier zitiert nach Jacques Lacarrière *Die Gott-Trunkenen.* Wiesbaden 1967, S. 105
91 Athanasius »Antoniusleben«, in: Migne *Patrologia Graeca* 26, S. 835–976; hier zitiert nach Suso Frank *Mönche im frühchristlichen Ägypten.* Düsseldorf 1967
92 Jean Coppin *Voyage d'Egypte.* Paris 1686, hier zitiert nach Lacarrière, a. a. O., S. 78 f.
93 Bouyer, a. a. O., S. 137
94 Tertullian *Apologie* 50, 13; seit Tertullian berichtet die Kirchengeschichte immer von »Strömen von Blut«, die bei den Christenverfolgungen geflossen seien. Historisch zuverlässige Belege gibt es dafür nur wenige. Ein großer Teil der Angaben über das Ausmaß der Verfolgungen dürfte legendäre Ausschmückung sein. – Vgl. Deschner, a. a. O., S. 334 ff.

95 Ebd.
96 Wilhelm Pressel *Die Kriegspredigt 1914–1918 in der evangelischen Kirche Deutschlands.* Göttingen 1967, S. 235
97 Röm 5, 15 u. 18 nach Luther
98 Mt 22, 37–39 nach Luther
99 *Glaubensverkündigung für Erwachsene. Deutsche Ausgabe des Holländischen Katechismus.* Freiburg 1969, S. 313
100 Erich Fromm *Die Furcht vor der Freiheit.* Stuttgart 1983 (Originalausgabe 1941 in New York), hier zitiert nach der Taschenbuchausgabe, Berlin 1983, S. 124
101 Ebd.
102 Ebd. S. 139
103 Ebd. S. 121, 124. Fromm fährt fort (S. 124 f.):
»Damit ist gesagt, daß das masochistische Individuum von einem nicht mehr tragbaren Gefühl des Alleinseins und Unbedeutendseins getrieben ist. Es sucht es daher zu überwinden, indem es sich seines psychischen Selbst entäußert. Sein Weg hierzu ist Selbsterniedrigung, Leiden und Sichverkriechen. Aber Schmerz und Leiden ist gar nicht das, was es sich wünscht, sondern vielmehr der Preis, welchen es für sein Ziel entrichtet, das es mit aller Gewalt zu erreichen trachtet. Der Preis ist hoch. Wie das Opfer einer Erpressung muß der Masochist immer mehr und mehr dafür zahlen, gerät immer tiefer in Schulden und bekommt doch nie das, wofür er gezahlt hat: Inneren Frieden und Ruhe.
Allein, die Vernichtung des Individuellen selbst und der Versuch, dadurch das unerträgliche Ohnmachtsempfinden zu überwinden, zeigt uns erst eine Seite masochistischen Strebens. Die andere ist der Versuch, Teil eines größeren, mächtigeren Ganzen außerhalb des eigenen Ichs zu werden, in ihm unterzutauchen und einzugehen. Diese Macht kann ein Mensch, eine Institution, Gott, Volk, Gewissen oder eine Zwangsidee sein. Durch das Eingehen in eine als unerschütterlich stark, ewig, ruhmreich empfundene Macht wird man zum Teilhaber ihrer Gewalt und Glorie ... So tauscht man marternde Zweifel gegen Sicherheit ein ... Sein Lebenszweck und -sinn, die Identität seines Selbst sind festgelegt durch das Große, das Ganze, in dem er untergetaucht ist.«

Von der Kirche zur Macht

1 So Jacob Burckhardt *Die Zeit Konstantins des Großen.* Hg. von Felix Stähelin. Stuttgart 1929
2 So als extreme Gegenposition zu Burckhardt: Otto Seeck *Geschichte des Untergangs der alten Welt.* Stuttgart 1921[4]
3 Burckhardt, a. a. O., S. 293
4 Alois Dempf *Geistesgeschichte der altchristlichen Kultur.* Stuttgart 1964, S. 91
5 Walther v. Loewenich, a. a. O., Bd. 1, S. 73
6 Joseph Vogt schreibt in seinem Buch *Constantin der Große und sein Jahrhundert.* München 1949, S. 141: »Bei der Mangelhaftigkeit der antiken Angaben ist das Geburtsjahr Constantins in der neueren Forschung sehr umstritten. Es gibt Gelehrte, die das Jahr 270 annehmen; danach wäre der Feldherr, der die Schlacht an der milvischen Brücke schlug, 42 Jahre alt gewesen, gleichaltrig mit Julius Cäsar, als dieser an die Eroberung Galliens ging. Aber nach anderem Ansatz fällt die Geburt in das Jahr 288, dann hätten wir zur Zeit der großen Wende einen 24jährigen Constantin vor uns, einen jugendlichen Revolutionär, wie Alexander der Große es zu Beginn seiner Laufbahn war. Aus den Andeutungen der panegyrischen Reden auf Constantin und aus dem Zeugnis seiner frühesten Münzen scheint sich mir das Jahr 285 als das wahrscheinlichste Jahr seiner Geburt zu ergeben.«
7 Ambrosius *Corpus Scriptorum ecclesiasticorum Latinorum* 32; 62; 64; 73
8 Vogt (a. a. O., S. 140): »Wir wissen aber durch Ambrosius, einem in diesem Betracht unverdächtigen Gewährsmann, daß Helena ursprünglich Stabularia, Inhaberin einer Herberge, gewesen ist. Ihre Verbindung mit Constantius bezeichnet Euseb als Konkubinat, während andere Autoren von einer rechtmäßigen Ehe sprechen ... die Angabe des Euseb, der über Constantin lieber Günstiges als Abträgliches berichtet, ist unanfechtbar.«
9 Die Schwäger des Konstantin, Bassianus und Licinius, wurden als Rebellen hingerichtet. Warum er seinen Sohn Crispus und seine Frau Fausta umbrachte, ist unklar, da auch die Überlieferung zwiespältig ist. Möglich und wahrscheinlich ist die Angabe, daß die damals etwa dreißigjährige Fausta den zwanzigjährigen Stiefsohn Crispus be-

schuldigt hat, ihr unerlaubt nahegetreten zu sein. Jedenfalls wurde Crispus im Jahre 326 in Pola vergiftet, die Frau nach den Berichten im Bad erstickt.
Der heidnische Geschichtsschreiber Zosimus bringt die Morde in einer boshaften Geschichte mit der Zuwendung des Konstantin zum Christentum in Beziehung, die immerhin für die Einschätzung des Christentums als einer »leichten« Gnadenreligion typisch sein mag. Zosimus erzählt, Konstantin habe für seine Morde bei den heidnischen Göttern Entsühnung gesucht, aber die Antwort erhalten, dafür gebe es keine Sühne. Ein Christ dagegen habe Konstantin versichert, in der christlichen Religion finde man Vergebung für alle Sünden. Darauf habe Konstantin sich dem Christentum zugewandt.

10 Altgriechisch »eis ten polin«, Koiné (griechische Umgangssprache im Hellenismus) und neugriechisch »is tin polin« = »in die Stadt«

11 Maxentius hatte die eigentliche Brücke abtragen lassen und eine Schiffsbrücke errichtet, die im Notfall versenkt werden konnte. Auf dieser Ersatzbrücke kam er ums Leben.

12 Laktanz um 314 in *De mortibus persecutorum*

13 Vgl. H. Dörries *Konstantin der Große.* Stuttgart 1967^2, S. 37–42; M. V. Anastos »The Edict of Milan«, in: *Revue des études byzantines* 25 (1967)

14 315 berichtet Eusebius von Cäsarea in der Neuausgabe seiner Kirchengeschichte in einem Extrakapitel, daß Konstantin vor der Schlacht »den Gott des Himmels und dessen Logos, den Erlöser aller Menschen, Jesum Christum«, im Gebet um Beistand angerufen habe, und bringt die Parallele von Pharao und Maxentius, die beide im Wasser umkamen.

15 So bei Dempf, a. a. O., S. 90, wo er kommentarlos schreibt: »Ähnliche Bedeutung hat auch die höchst geheimnisvolle Erscheinung des Kreuzes vor der entscheidenden Schlacht am Pons Milvius, die dann durch die ganze Kirchengeschichte als die große Wende zum christlichen Reich gefeiert wurde. Konstantin hat dem Eusebios selber versichert, daß er die Stimme gehört habe: In hoc signo vinces. Dieses charismatische Erlebnis ist auch in der späteren christlichen Kunst immer wieder dargestellt worden.«

16 Burckhardt, a. a. O., S. 253 u. 276
17 So Wilamowitz
18 Nach Karl Hönn *Konstantin der Große. Leben einer Zeitenwende.* Leipzig 1940, S. 113
19 Ausführlich und detailreich zur Sonnenverehrung im Römischen Reich und unter Konstantin: Michael Grant *Das Römische Reich am Wendepunkt. Die Zeit von Marc Aurel bis Konstantin.* München 1972, hier zitiert nach der Taschenbuchausgabe, München 1984, S. 209–222
20 Ebd. S. 219
21 Origines *Homilienkommentare* 8, 1, 2
22 Grant, a. a. O., S. 219
23 Schneider, a. a. O., S. 156 ff.: »Mit Inthronisations- und Himmelfahrtsmythos verbinden sich Züge aus der Sonnenfrömmigkeit. Sie wird zunächst durch Mithras vermittelt. Auf den Denkmälern erscheint er neben Helios, auf den Inschriften verschmilzt er mit ihm zu Helios Mithras oder Sol Mithras oder bleibt der alte Socius Solis. Syrische und kleinasiatische Kulte folgen. Attis und Adonis werden als Helios dargestellt. Ägypten, das alte Land der Sonnenfrömmigkeit, setzt Helios mit Sarapis gleich, Helios Sarapis oder Zeus Helios Sarapis bezeugen die Inschriften. Geschickt griff der Kaiserkult diese Vorstellungen und Mythen auf, und vom 3. Jahrhundert an schien es zuweilen, als ob die Sonnenreligion zur einheitlichen Reichsreligion würde. Commodus ernannte Helios zum höchsten Jupiter ... Aurelian verfügte seine Verehrung als Reichsgott, Friedensbringer der Welt (Pacator orbis), als Wiederhersteller des Erdkreises (Restitutor orbis), Herr des Reiches ... Im Jahre 310 ernannte ihn Konstantin zu seinem Privatgott ... Was am Sonnenmythos schön und erhaben war, hat das Christentum übernommen; Helios wird zu Christus, seit Justin wird Psalm 18, ein Sonnenpsalm, auf Christus bezogen, Hermogenes verwendet den persischen Mythos, Christus habe bei der Himmelfahrt seinen Leib in der Sonne zurückgelassen, Origines bezeichnet Christus als den ›wahren Helios‹. Allmählich sammeln sich alle Heliosbezeichnungen auf Christus, er wird der ›alles Sehende‹, der ›Unbesiegte‹, die ›Sonne der Gerechtigkeit‹.«
24 Ernst Kornemann *Weltgeschichte des Mittelmeerraumes.* München 1967, S. 809. Die späte Taufe ist übrigens kein

Grund zum Argwohn; sie war damals üblich, und Tertullian (um 200) fordert sogar zur möglichst späten Taufe auf. Der Grund dafür liegt in dem Gedanken, daß die Taufe alle Sünden tilgt. Da sie aber ein einmaliger Akt ist, ist der Getaufte in Gefahr, danach wieder zu sündigen und die Wirkung der Taufe aufzuheben. Deshalb war es keine Seltenheit, daß der längst Bekehrte sich erst auf dem Sterbebett taufen ließ, um sündenlos zu sterben. Die Kirche hat sich später aus diesem Dilemma geholfen, indem sie der einmaligen Vergebung der Sünden durch die Taufe die Wiederholbarkeit des Bußsakraments hinzufügte. Ausführlich darüber bei Deschner, a. a. O., S. 324 ff.

25 Kornemann, a. a. O., S. 812

26 Joseph Vogt in: *Morgenland* 30 (1939), S. 25

27 Kornemann, a. a. O., S. 813

28 Burckhardt, a. a. O., S. 296

29 Nach anderen Schätzungen, so Schoeps, 25 Prozent Christen bei achtzig Millionen Einwohnern, wobei die meisten Christen im Osten wohnten. Michael Grant rechnet um 325 mit 70 000–80 000 Christen in Rom.

30 Eduard Schwartz über Konstantin in: Erick Marcks, K. A. v. Müller (Hg.) *Meister der Politik.* Stuttgart 1923², S. 303

31 Kornemann, a. a. O., S. 806. – Vgl. auch Burckhardt, a. a. O., S. 265 ff.

32 Burckhardt, a. a. O., S. 293

33 Absetzung des Arius auf der Synode von Alexandria (318). Arius wandte sich an Licinius. Um 320 kommt es zur Synode in oder bei Nicomedia in Bithynien, die Arius recht gab. Eine dritte, palästinensische Synode bestätigte diese Entscheidung und setzte ihn wieder in seine Pfarrstelle ein.

34 Joh 10, 30

35 Joh 14, 9

36 Zitiert nach Otto Seeck *Entwicklungsgeschichte des Christentums.* 1921, S. 306

37 Martial 5, 14

38 Origines *Contra Celsum* 8, 15. Die Bibelstelle ist Joh 14, 28. Weitere Quellenhinweise bei Schneider, a. a. O., Bd. 1, S. 351, Anm. 2

39 Als Schüler des Lucian, der wiederum ein Schüler des Paulus von Samosata in Antiochia war, war Arius (um 260–336) im Jahr 311 als Diakon des Erzbischofs Petrus

nach Alexandria übergesiedelt. 313 wurde er Pfarrer von Baukalis. Um 318 kam es zum Streit mit Bischof Alexander, der zunächst wegen hierarchischer Machtansprüche entbrannte und erst später ins Theologische überging.

40 Philostorgios in seiner Kirchengeschichte II, 2

41 Schneider, a. a. O., Bd. 1, S. 400

42 Siehe im einzelnen bei: H. G. Opitz *Urkunden zur Geschichte des arianischen Streites.* Berlin 1934; H. Karpp *Textbuch zur altkirchlichen Christologie.* Neukirchen 1972; *Conciliorum Oecumenicorum Decreta.* Bearbeitet von J. Alberigo u. a. Freiburg 1973[3]

43 Ps 2, 6 u. 7

44 2 Sam 7, 12 u. 14

45 Ps 89, 21, 27, 28

46 Ex 4, 22

47 Jer 31, 7 u. 9

48 Carmichael, a. a. O., S. 206. – Ähnlich auch bei Hugh J. Schonfield *Unerhört, diese Christen,* a. a. O., S. 72: »... können wir doch feststellen, daß die Lehre von der göttlichen Natur Christi a priori unglaubwürdig erscheint, wenn die Tatsache erwiesen ist, daß das Christentum als jüdische Bewegung begann. Diese Lehre widerspricht vollkommen dem Gottesbegriff der Juden zu der Zeit, als Jesus lebte, und kein Jude, der sich auf die Heiligen Schriften berief und um die Anerkennung durch die Juden warb, würde ihnen mit einem Anspruch gegenübergetreten sein, der so zum Widerspruch herausforderte.«

49 Hier und zu den folgenden Zitaten vgl. Anm. 42

50 Eusebius von Cäserea (um 265–339), Verfasser der ersten Kirchengeschichte des Christentums und einer Lebensgeschichte Kaiser Konstantins

51 Formulierungen wie »der Kaiser nahm selber teil, beschränkte sich aber auf die Mahnung zum Frieden und zur Einigung«, wie sie katholische Autoren (so Dempf, a. a. O., S. 91) vertreten, sind historisch unrichtig.

52 Lateinisch: »consubstantialis.« Das Wort »homousios« findet sich übrigens zuerst in der Gnosis von Alexandria, wie aus einem Streit vor dem Jahr 265 hervorgeht.

53 Bernhard Lohse in: Johannes Lehmann (Hg.) *Motive des Glaubens.* Hamburg 1970[2], S. 63

54 Das Nizänum wurde später ergänzt und erweitert. Siehe Hans Steubing (Hg.), *Bekenntnisse der Kirche. Bekennt-*

nisse aus zwanzig Jahrhunderten. Wuppertal 1970, S. 21 ff. Interessanterweise kommt die Jungfrauengeburt im Nizänum nicht vor, was wohl in späteren Zusätzen ebenso korrigiert wurde wie der im Nizänum fehlende Hinweis auf die Kreuzigung unter Pontius Pilatus, die man dem Kaiser zuliebe oder auf sein Drängen hin weggelassen hat, denn sonst wäre die Schuld am Tod Jesu eindeutig zu Lasten eben jener Römer gegangen, deren Kaiser Konstantin war.

55 Schonfield *Unerhört, diese Christen,* a. a. O., S. 286

Von der Macht zur Ideologie

1 Vitezslav Gardavsky *Hoffnung aus der Skepsis.* München 1970, S. 61 ff. Vgl. auch Gardavsky *Gott ist nicht ganz tot. Betrachtungen eines Marxisten über Bibel, Religion und Atheismus.* Mit einer Einleitung von Jürgen Moltmann, Stuttgart 1970. Zu diesem Buch schrieb der Hamburger Theologieprofessor Hans Thielicke: »Ich frage mich jetzt oft, was es bedeutet, daß ein Marxist kommen muß, der von einer ganz anderen Ecke, aus einem durch säkulare Ingredienzien desinfizierten Raum kommt und nun die Bibel neu entdeckt. Gardavskys Buch ist ein Zeichen der Hoffnung.«

2 So mußte die Kirche von Hessen-Nassau einen Betrag von DM 100 000 stornieren. Einzelheiten und Geschichte dieses »Rassismus-Streites« in: Klaus-Martin Beckmann *Anti-Rassismus-Programm der Ökumene. Dokumentation einer Auseinandersetzung.* Witten 1971

3 Schreiben von Präsident H. Schnell an den Generalsekretär des Weltkirchenrates, Blake, vom Oktober 1970

4 Otto Dibelius *Obrigkeit.* Stuttgart 1963, S. 123

5 »Wort des Bruderrates der EKD zum politischen Weg unseres Volkes« (sogenannte »Darmstädter Erklärung«), in: *Kirchliches Jahrbuch 1945–48.* Gütersloh 1950

6 Zum Thema »Theologie der Befreiung«, die sich früher direkter »Theologie der Revolution« nannte, vgl. Literaturauswahl S. 349

7 Hans Bosse, Theologe und Soziologe, seinerzeit wissenschaftl. Assistent der Kammer für öffentliche Verantwortung der Evangelischen Kirche in Deutschland, in: Jörg

Bopp, Hans Bosse und Wolfgang Huber (Hg.) *Die Angst vor dem Frieden.* Stuttgart 1970, S. 14 ff.

8 W. Eckardt, N. Z. Alcock *Ideology and Personality in* War/ *Peace Attitudes.* Oaksville, Ontario 1967. Ähnliche Studien hat das norwegische Institut für Friedensforschung 1964 durchgeführt: *Public Opinion and the Consequences of Disarmement.* Oslo

9 Bopp, Bosse, a. a. O., S. 19–22

10 Ebd. S. 20 u. 43

11 Wilhelm Engelhardt *Heilslehre. Christliche Glaubens- und Sittenlehre für die obersten Klassen humanistischer Gymnasien.* Leipzig 1923[3], S. 91

12 G. Weitbrecht *Maria und Martha. Ein Buch für Jungfrauen.* Stuttgart 1890, 1904[9], hier Kap. 17: »Vaterland und Kirche«, S. 414–440

13 Ebd.

14 Richard Egenter, Paul Matussek *Ideologie, Glaube und Gewissen. Diskussion an der Grenze zwischen Moraltheologie und Psychotherapie.* München 1965, S. 209

15 Ebd. S. 172 f.

16 Ebd. S. 174

17 Mt 13, 55 u. a. Genannt werden Jakobus, Simon, Joseph und Judas, dazu eine ungenannte Zahl von Schwestern.

18 Epiphanios von Salamis *Der Verankerte* 60

19 Epiphanios von Salamis *Gegen die Antidikomarianiten* 7

20 Mt 1, 25

21 *Lexikon für Theologie und Kirche.* Freiburg 1960, Stichwort »Joseph«. Stellen, in denen Josef als Vater Jesus bezeugt wird: Mk 6, 3; Mt 13, 55; Lk 2, 27, 33, 41, 48; Joh 1, 45; 6, 42; Apg 2, 22; Röm 1, 3

22 Mt 1, 23

23 Jes 7, 14

24 Joh 19, 19

25 Zitiert nach der Ausgabe von 1930

26 Albert Schweitzer *Geschichte der Leben-Jesu-Forschung.* München 1966, Bd. 2, S. 470 bei der Darstellung von John Mackinnon Robertson *Christianity and Mythology.* London 1900

27 Num 6, 2. *Die Bibel im heutigen Deutsch,* a. a. O., der Deutschen Bibelgesellschaft läßt bei Amos und Num 6, 2 das Wort »Nasir« einfach aus.

28 Epiphanios von Salamis *Panarion* 18 u. 29

29 Hieronymus *Briefe* 112, 13
30 Apg 24, 5
31 Schweitzer, a. a. O., S. 470
32 B. Klappert *Diskussion um Kreuz und Auferstehung. Zur gegenwärtigen Auseinandersetzung in Theologie und Gemeinde.* Wuppertal 1967, S. 171
33 Mk 1, 4
34 Lk 10, 25–28 nach *NT 68;* dazu Mt 25, 34–40
35 Dietrich Bonhoeffer *Wer ist und wer war Christus? Seine Geschichte und sein Geheimnis.* Hamburg 1962, S. 60
36 Ebd. S. 60
37 Martin Luther, Erklärung zum 2. Artikel des Glaubensbekenntnisses
38 Ernst Fuchs in: H. J. Schultz (Hg.) *Theologie für Nichttheologen. ABC protestantischen Denkens.* Stuttgart 1964, Stichwort »Jesus Christus«
39 Karl Rahner in: Gerhard Rein (Hg.) *Das Glaubensbekenntnis. Aspekte für ein neues Verständnis.* Stuttgart 1967, S. 20
40 Paul Neuenzeit *Das Herrenmahl.* München 1960
41 Gerhard Gloege in: Rein, a. a. O., S. 24
42 1 Kor 15, 14 u. 17
43 Schalom Ben-Chorin *Paulus. Der Völkerapostel in jüdischer Sicht.* München 1970, S. 58
44 Zur Frage der kirchengeschichtlichen Tradition auf diesem Gebiet und vor allem zu den von mir hier kurz skizzierten Ausführungen hat Hans Keßler in seinem sehr lesenswerten und lesbaren Buch *Die theologische Bedeutung des Todes Jesu* (Düsseldorf 1970) Wichtiges gesagt, vor allem im 4. Kapitel. Daß diese Arbeit eine theologische Dissertation ist, wird angesichts der Tatsache interessant, daß Keßler nachweist, daß der angebliche Heilstod Jesu eine Fiktion der Theologie ist.
45 Carmichael, a. a. O., S. 219
46 Zahrnt, a. a. O., S. 112
47 »Jesus« ist die gräzisierte Form des Namens »Josua«, der um die Zeitenwende wie »Jehóschua« oder »Jeschúa« ausgesprochen wurde. Josua bedeutet »Jahwe hilft« und wird in Matthäus 1, 21 mit den Worten erklärt: »Des Namen sollst du Jesus heißen, denn er wird sein Volk selig machen von ihren Sünden.« Er gehörte damals zu den üblichen Namen der Juden.

Qumran und Rabbi J. – Zwei Jahrzehnte später

1 Schnackenburg, Rudolf / Müller, Karlheinz / Dautzenberg, Gerhard *Rabbi J. – Eine Auseinandersetzung mit Johannes Lehmanns Jesus-Report,* Echter/NZN/Styria, Würzburg 1970

2 Ebd. Dautzenberg, S. 93 f.

3 Berger, Klaus *Qumran und Jesus – Wahrheit unter Verschluß?* Quell, Stuttgart 1993

4 Ebd. S. 16

5 Ebd. S. 17 f.

6 Ebd. S. 16

7 Auflistung bei Woude, Adam S. van der, in: *Theologische Rundschau,* Jahrgänge 54 und 55 für die Jahre 1989 und 1990.

8 Verlag Bruno Martin, Frankfurt/M. 1979

9 Ebd. S. 26

10 Ebd. S. 11

11 Anne und Daniel Meurois-Givaudin, *Essener Erinnerungen – die spirituellen Lehren Jesu,* (Original [De Mémoire d'Essénien], Editions Arista, Paris 1984). Deutsche Ausgabe bei Hugendubel, München 1987, 3. Auflage 1990

12 Anne und Daniel Meurois-Givaudan *Im Lande Kal – Der Weg der Essener* (Original [Chemins de ce temps-lá], Arista, Paris 1989). Deutsche Ausgabe bei Hugendubel, München 1991

13 Holger Kersten *Jesus lebte in Indien,* Knaur-TB, München 1983

14 Siegfried Obermeier *Starb Jesus in Kaschmir? Das Geheimnis seines Lebens und Wirkens in Indien,* Econ Verlag, Düsseldorf, 2. Aufl. 1983

15 Ahmad (= Ahmad, Mirza Ghulam) *Jesus in India. Being an account of Jesus' escape from death on the cross and of his journey to India,* Rabwah 1962

16 Mk 16,5; Mt 28,3; Lk 24,4

17 Grönbold, Günter *Jesus in Indien – Das Ende einer Legende,* Kösel, München 1985

18 Kissener, Hermann *Wer war Jesus? – Der Essäerbrief* Drei Eichen Verlag, Ergolding, elfte Auflage 1993 (Erste Auflage bei Drei Eichen 1968)

19 Ebd. S. 86

20 Baigent, Michael / Leigh, Richard *Verschlußsache Jesus* Droemer Knaur, München 1991

Droemer Knaur, München 1991
21 Berger, a. a. O., S. 19
22 Zeitlin, S. *The Zadokite Fragments. Facsimile of the Manuscripts in the Cairo Genizah Collection in the possession of the University Library, Cambridge, England; with an Introduction,* Philadelphia 1952
23 Baigent/Leigh, a. a. O., S. 292
24 Eisenman, Robert, Prof./Wise, Michael, Prof. *Jesus und die Urchristen – Die Qumran-Rollen entschlüsselt,* C. Bertelsmann, München 1993, (Original [The Dead Sea Scrolls Uncovered], Element Book Ltd. Dorset, England, 1992)
25 Ebd. S. 13
26 Ebd. SS. 16 und 222
27 Ebd. S. 224. (Zitat aus dem Text 4Q266)
28 Gal 3,13
29 Baigent/Leigh, a. a. O., S. 188
30 Damaskusschrift, VI,5
31 Baigent/Leigh, a. a. O., S. 186
32 Lapide, a. a. O., S. 111
33 Gal 1,17
34 Lapide, a. a. O., S. 112
35 Ebd. S. 112
36 siehe Anm. 1, S. 88
37 Gärtner, B[ertil] *The Temple and the Community in Qumran and the New Testament,* Society for New Testament Studies, Monograph Series 1, Cambridge 1965
38 Klinzing, Georg *Die Umdeutung des Kultus in der Qumrangemeinde und im Neuen Testament* in: *Studien zur Umwelt des Neuen Testaments,* Bd. 7, Vandenhoeck & Ruprecht, Göttingen 1971
39 Newton, Michael *The concept of purity at Qumran an the letters of Paul,* Cambridge University Press 1985
40 Becker, Jürgen *Das Heil Gottes – Heils- und Sündenbegriffe in den Qumrantexten und im Neuen Testament* in: *Studien zur Umwelt des Neuen Testaments,* Bd. 3, Vandenhoeck & Ruprecht, Göttingen 1964
41 Ebd. SS. 238 und 276
42 Gütersloher Verlagshaus, Gütersloh 1993. Originaltitel *Jesus the Man.*
43 Walter-Verlag, Solothurn und Düsseldorf 1993

HINWEISE ZUR LITERATUR

Aus der nahezu unübersehbaren Zahl von Artikeln und Büchern zum Thema habe ich in der folgenden Literaturauswahl vor allem solche Werke angeführt, die auch für den interessierten Laien verständlich sind.

Einen guten Überblick über den Stand der Qumran- und Essenerforschung bietet der Band von Karl Erich Grözinger *Qumran* aus dem Jahr 1981, der Aufsätze verschiedener Wissenschaftler in guter Auswahl enthält. Dabei geht es weniger um das Verhältnis Qumran – Christentum, sondern um die Einordnung der Funde in das jüdische religiöse und politische Denken jener Zeit.

Die Beziehungen zwischen Qumran und Christentum, die Fundgeschichte der Rollen vom Toten Meer und die Texte der Schriftrollen finden sich in dem Band von Johann Maier und Kurt Schubert *Die Qumran-Essener* aus dem Jahr 1982. Wie bei dem zuvor genannten Buch handelt es sich allerdings um Nachdrucke aus den sechziger Jahren. Die Qumranforschung hat seitdem keine neuen Gesichtspunkte erbracht, so daß das Für und Wider der verschiedenen Standpunkte weiterbesteht. Den jüdischen Standpunkt vertritt Schalom Ben-Chorin mit seinem Buch *Bruder Jesus. Der Nazarener in jüdischer Sicht* (1967).

Die wohl beste Einführung in den Gnostizismus ist immer noch Hans Leisegangs *Die Gnosis* (4. Auflage 1955). Er berücksichtigt allerdings noch nicht die Funde von Nag Hammadi. Umfassender ist die dreibändige Ausgabe *Die Gnosis*, die zwischen 1969 und 1980 erschienen ist und Texte von Nag Hammadi enthält.

Die wissenschaftliche Literatur über die Funde von Nag Hammadi ist eigentlich noch verwirrender als die gnostischen Texte selbst. Die Gelehrten haben es zum Beispiel im Laufe von Jahren noch nicht einmal geschafft, die Schriften nur so zu kennzeichnen, so daß man sich bei einer Vielzahl verschieden lautender Titel für dieselbe Schrift zurechtfindet. Manche Titel sind mehrfach übersetzt, andere dafür gar nicht. Versteht sich, daß bisher auch kein deutscher Gelehrter imstande war, ein verständliches Buch über die Funde von Nag Hammadi und ihre Bedeutung zu schreiben. Man ist daher auf das 1960 erschienene und inzwischen vergriffene Buch des Holländers

Willem Cornelis van Unnik *Evangelien aus dem Nilsand*, auf das 1976 auf englisch erschienene Buch *The Laughing Savior* von John Dart und auf Elaine Pagels, *Versuchung durch Erkenntnis* (deutsch 1981) angewiesen.
Wen die soziologischen Aspekte interessieren, sollte sich zuerst die beiden Bücher von Gerd Theißen *Soziologie der Jesusbewegung* (3. Auflage 1981) und *Studien zur Soziologie des Urchristentums* (2. Auflage 1983) ansehen.
An kritischen Jesusbiographien empfehle ich die Bücher von Herbert Braun, Joel Carmichael, Marcello Craveri, Harald von Mendelssohn, Hugh J. Schonfield, Ernest Renan und David Friedrich Strauß.

LITERATURAUSWAHL

Die Literaturauswahl wurde nach Themen zusammengestellt und folgt im wesentlichen dem Aufbau des Buches.
Tb = Taschenbuchausgabe.

Verwendete Bibelübersetzungen

Die Bibel. Nach der Übersetzung Martin Luthers. Revidierter Text. Stuttgart 1964
Gute Nachricht für Sie – NT 68. Die Berichte, Briefe und Zeugnisse des Neuen Testaments in heutigem Deutsch. Stuttgart 1967
Die Bibel. Deutsche Ausgabe mit den Erläuterungen der *Jerusalemer Bibel.* Herausgegeben von Diego Arenhoevel, Alfons Deißler, Anton Vögtle. Freiburg 1968
Die Bibel – in heutigem Deutsch. Die Gute Nachricht des Alten und Neuen Testaments. Stuttgart 1982 (Gemeinsame Bibelübersetzung im Auftrag protestantischer und katholischer Bibelwerke der Bundesrepublik Deutschland, der DDR, der Schweiz und Österreichs)

Jesusbiographien

Aron, Robert *Die verborgenen Jahre Jesu.* München 1973
Augstein, Rudolf *Jesus Menschensohn.* München 1972
Ben-Chorin, Schalom *Bruder Jesus. Der Nazarener in jüdischer Sicht.* München 1967 (hiernach zitiert), Tb: München 1983
Braun, Herbert *Jesus – der Mann aus Nazareth und seine Zeit.* Stuttgart 1972^3, Gütersloh 1988
Bultmann, Rudolf *Jesus.* Tübingen 1926, Tb: UTB 1983^4

Carmichael, Joel *Leben und Tod des Jesus von Nazareth.* München 1965, Tb: Frankfurt a. M. 1968 (hiernach zitiert)
Craveri, Marcello *Das Leben des Jesus von Nazareth.* Stuttgart 1970
Deschner, Karlheinz *Jesusbilder in theologischer Sicht.* München 1966
Flusser, David *Jesus.* Tb: Reinbek bei Hamburg 1968
Holl, Adolf *Jesus in schlechter Gesellschaft.* Stuttgart 1971, Tb: München 1974
Klausner, Joseph *Jesus von Nazareth. Seine Zeit, sein Leben und seine Lehre.* Königstein/Ts. 1952[3]
Lapide, Pinchas *Der Jude Jesus: Thesen eines Juden, Antworten eines Christen.* Zürich/Köln 1979[2]
– *Ist das nicht Josephs Sohn?. Jesus im heutigen Judentum.* Stuttgart/München 1978[2]
Leroy, Herbert *Jesus. Überlieferung und Deutung.* Darmstadt 1978: *(Erträge der Forschung.* 95)
Maccoby, Hyam *König Jesus. Die Geschichte eines jüdischen Rebellen.* Tübingen 1982
Mackey, James P. *Jesus. Der Mensch und der Mythos. Eine zeitgemäße Christologie.* München 1981
Mendelssohn, Harald von *Jesus. Rebell oder Erlöser. Die Geschichte des frühen Christentums.* Hamburg 1981
Renan, Ernest *Das Leben Jesu.* Zürich 1981 (Originalausgabe: *Vie de Jesus.* Paris 1863)
Schonfield, Hugh J. *Der lange Weg nach Golgatha. Jesus von Nazareth, Mensch und Messias.* Tb: Bergisch Gladbach 1978 (= *Planziel Golgatha. Neue Erkenntnisse der Leben-Jesu-Forschung.* Aldingen 1969)
Schweitzer, Albert *Geschichte der Leben-Jesu-Forschung.* 1913[2]. Tb: 2 Bde., München 1966 (hiernach zitiert) und UTB 1984[9]
Smith, Morton *Jesus der Magier.* München 1981
Stauffer, Ethelbert *Jesus. Gestalt und Geschichte.* Bern 1957
– *Jesus war ganz anders.* Hamburg 1967
Strauß, David Friedrich *Das Leben Jesu, kritisch bearbeitet.* 2 Bde. Tübingen 1984 (Nachdruck der Ausgabe von 1835/36)
Strube, Gerhard (Hg.) *Wer war Jesus von Nazareth. Die Erforschung einer historischen Gestalt.* München 1972
Wolff, Hanna *Jesus der Mann. Die Gestalt Jesu in tiefenpsychologischer Sicht.* Stuttgart 1980[5], 1983[6]
Zahrnt, Heinz *Es begann mit Jesus von Nazareth. Die Frage nach dem historischen Jesus.* Stuttgart 1960[2]

Essener und Qumran

Quellen

Beyer, Klaus *Die aramäischen Texte vom Toten Meer.* Göttingen 1984

Dupont-Sommer, André *Die essenischen Schriften vom Toten Meer.* Unter Zugrundelegung der Originaltexte übersetzt von Walter W. Müller, Tübingen 1960

Flavius Josephus *Der jüdische Krieg.* Unter Verwendung der Übersetzung von Heinrich Clementz (1900), Wiesbaden 1988[8]

– *Jüdische Altertümer.* Übersetzt und mit Einleitung und Anmerkungen versehen von Heinrich Clementz, Wiesbaden 1987[7]

Lohse, Eduard *Die Texte aus Qumran hebräisch und deutsch.* Mit masoretischer Punktation, Übersetzung, Einführung und Anmerkungen, Darmstadt 1986[4].

Maier, Johann (Hg.) *Die Texte vom Toten Meer,* München 1960. Bd. 1: Übersetzung, Bd. 2: Anmerkungen. Unveränderter Nachdruck der Übersetzung in: Johann Maier/Kurt Schubert *Die Qumran-Essener, Texte der Schriftrollen und Lebensbild der Gemeinde.* München 1992[3]

Maier, Johann *Die Tempelrolle vom Toten Meer.* (UTB 829) München-Basel, 1992[2]

Rost, Leonhard *Einleitung in die alttestamentlichen Apokryphen und Pseudoepigraphen einschließlich der großen Qumran-Handschriften.* Heidelberg 1979[2] (jeweils mit Fundgeschichte, Beschreibung der Handschrift und weiterführender Literatur)

Bibliographien

Burchard, Christoph »Bibliographie zu den Handschriften vom Toten Meer I« (Titel 1–1556), in: *Zeitschrift für die alttestamentliche Wissenschaft.* Beiheft 76 (1957)

– »Bibliographie zu den Handschriften vom Toten Meer II« (Titel 1557–4459), in: *Zeitschrift für die alttestamentliche Wissenschaft.* Beiheft 89 (1965)

Jongeling, B. »A Classified Bibliography of the Finds in the Desert of Judah, 1958–1969«, in: J. van der Ploeg (Hg.) *Studies on the Texts of the Desert of Judah.* Vol. VII, Leiden 1971

Woude, Adam S. van der *Fünfzehn Jahre Qumranforschung (1974–1988),* in: Theologische Rundschau, 54. Jahrgang

1989, Seiten 221–261, und Theologische Rundschau, 55. Jahrgang 1990, Seiten 245–307
Yizhar, Michael »Bibliography of Hebrew Publications on the Dead Sea Scrolls 1948–1964«, in: *Harvard Theological Studies XXIII*. Cambridge 1967 (Text in Hebräisch!)

Sekundärliteratur

Adam, Alfred (Hg.) *Antike Berichte über die Essener.* Berlin 1961 *(Kleine Texte für Vorlesungen und Übungen.* Begründet von Hans Lietzmann, herausgegeben von Kurt Aland, 182) (nur griechisch und lateinisch!)
Allegro, John M. *Die Botschaft vom Toten Meer. Das Geheimnis der Schriftrollen.* Tb: Frankfurt a. M. 1957
Baigent, Michael/Leigh, Richard *Verschlußsache Jesus – Die Qumranrollen und die Wahrheit über das frühe Christentum.* München 1991
Baumbach, Günther *Qumran und das Johannes-Evangelium. Eine vergleichende Untersuchung der dualistischen Aussagen der Ordensregeln von Qumran und des Johannes-Evangeliums mit Berücksichtigung der spätjüdischen Apokalypsen.* Berlin (Ost) 1958 *(Aufsätze und Vorträge zur Theologie und Religionswissenschaft* 6)
Berger, Klaus *Qumran und Jesus – Wahrheit unter Verschluß?* Stuttgart 1993
Becker, Joachim *Das Heil Gottes. Heils- und Sündenbegriffe in den Qumrantexten und im Neuen Testament.* Göttingen 1964 (Heidelberger Dissertation 1961)
Betz, Otto »Die Proselytentaufe der Qumransekte und die Taufe im Neuen Testament«, in: *Revue de Qumrân* 1 (Paris, S. 213–234)
Blinzler, Josef »Qumran-Kalender und Passionschronologie«, in: *Zeitschrift für neutestamentliche Wissenschaft und die Kunde der älteren Kirche* 49 (1958), S. 238–251
Brant, Walter *Wer war Jesus Christus. Verändern die Schriftrollenfunde vom Toten Meer unser Christusbild.* Stuttgart 1957
Braun, Herbert *Qumran und das Neue Testament.* 2 Bde, Tübingen 1966
Burrows, Millar *Die Schriftrollen vom Toten Meer.* München 1960[3]
– *Mehr Klarheit über die Schriftrollen.* München 1968
Daniélou, Jean *Qumran und der Ursprung des Christentums.* Mainz 1959

Eisenmann, Robert/Wise, Michael *Jesus und die Urchristen – Die Qumranrollen entschlüsselt.* München 1992

Eiss, Werner *Qumran und die Anfänge der christlichen Gemeinde.* Stuttgart 1959 *(Calwer Hefte* 23)

Flusser, David *Das Christentum – eine jüdische Religion.* München 1990

– *Entdeckungen im Neuen Testament.* Bd. 2: *Jesus – Qumran – Urchristentum.* Neukirchen 1992

– *Qumran und die Zwölf.* Leiden 1965

Gaechter, Paul »Eine neue Chronologie der Leidenswoche?«, in: *Zeitschrift für katholische Theologie* 80 (1985), S. 555 bis 561

Gnilka, Joachim »Die essenischen Tauchbäder und die Johannestaufe«, in: *Revue de Qumrán* 3 (1961/62), S. 185–207

– »Die Erwartung des messianischen Hohenpriesters in den Schriften von Qumran und im Neuen Testament«, in: *Revue de Qumrân* 2 (1959/60). S. 395–426

Grözinger, Karl Erich *Qumran.* Darmstadt 1981 *(Wege der Forschung* 410)

Klinzing, Georg *Die Umdeutung des Kultus in der Qumrangemeinde und im Neuen Testament,* Göttingen 1971

Maier, Johann/Kurt Schubert *Die Qumran-Essener. Texte der Schriftrollen und Lebensbild der Gemeinde.* München 1982 (Nachdruck in einem Band von: Johann Maier *Die Texte vom Toten Meer.* München 1958 und: Kurt Schubert *Die Gemeinde vom Toten Meer.* München 1960)

Mertens, Alfred *Das Buch Daniel im Lichte der Texte vom Toten Meer.* Würzburg 1971 *(Stuttgarter Biblische Monographien* 12) (Mainzer Dissertation 1968)

Mußner, Franz »Beiträge aus Qumran zum Verständnis des Epheserbriefes«, in: *Neutestamentliche Aufsätze. Festschrift J. Schmid.* Regensburg 1963, S. 185–198

Rudolf Paul F. *Jesus und Qumran – War Jesus ein Essener?* Solothurn-Düsseldorf 1993

Ruckstuhl, Eugen *Die Chronologie des letzten Mahles und des Leidens Jesu.* Einsiedeln/Zürich/Köln 1963

Schelkle, Karl Hermann *Die Gemeinde von Qumran und die Kirche des Neuen Testaments.* Düsseldorf 1960

Schnackenburg, Rudolf *Die Erwartung des ›Propheten‹ nach dem Neuen Testament und den Qumran-Texten.* Berlin 1959, S. 622–639 *(Studia Evangelica)*

Schonfield, Hugh J. *Die Essener.* Südgellersen 1985

Schubert, Kurt *Die Gemeinde vom Toten Meer:* siehe unter Maier, Johann
Schulz, Siegfried »Zur Rechtfertigung aus Gnaden in Qumran und bei Paulus. Zugleich ein Beitrag zur Form- und Überlieferungsgeschichte der Qumrantexte«, in: *Zeitschrift für Theologie und Kirche* 56 (1959), S. 155–185
Segert, S. »Die Gemeinschaft von Qumran und das Urchristentum«, in: *Communio Viatorum* 1 (1958), S. 275–285
Stauffer, Ethelbert *Jesus und die Wüstengemeinde am Toten Meer.* Stuttgart 1957, 1960² *(Calwer Hefte* 31)
– »Das Evangelium vom barmherzigen Gott in Qumran und der Botschaft Jesu«, in: *Deutsches Pfarrerblatt* 60 (1960), S. 73–77; 103–107; 126–130; 150–153
Stegemann, Hartmut *Die Essener, Qumran, Johannes der Täufer und Jesus.* Ein Sachbuch. Freiburg 1992
Steinbeck, Johannes »Das Abendmahl Jesu unter Berücksichtigung moderner Forschung«, in: *Novum Testamentum* 3 (1959), S. 70–79
Strobel, August »Der Termin des Todes Jesu. Überschau und Lösungsvorschlag unter Einschluß des Qumrankalenders«, in: *Zeitschrift für neutestamentliche Wissenschaft* 51 (1960) S. 69–101
Vögtle, Anton *Das öffentliche Wirken Jesu auf dem Hintergrund der Qumranbewegung.* Freiburg 1958
Wagner, Siegfried »Die Essener in der wissenschaftlichen Diskussion. Vom Ausgang des 18. bis zum Beginn des 20. Jahrhunderts. Eine wissenschaftliche Studie«, in: *Zeitschrift für die alttestamentliche Wissenschaft.* Beiheft 79 (1960) (Leipziger Dissertation unter dem Titel: »Die Essenerforschung im 19. Jahrhundert«, für den Druck gekürzt, verändert und mit vollständiger Bibliographie versehen)
Wilson, Edmund *Die Schriftrollen vom Toten Meer.* München 1956

Jesus und die Zeloten

Brandon, S. (Samuel) G. (George) F. (Frederick) *Jesus and the Zealots. A Study of the Political Factor in the Primitive Christianity.* Manchester 1967
Hengel, Martin *War Jesus Revolutionär?* Stuttgart 1970 *(Calwer Hefte* 110)
– *Die Zeloten. Eine Untersuchung zur jüdischen Freiheitsbewegung in der Zeit von Herodes I. bis 70 n. Chr.* Leiden/Köln

1961 *(Arbeiten zur Geschichte des Spätjudentums und Urchristentums)*
Yadin, Yigael *Masada. Der letzte Kampf um die Festung des Herodes.* Hamburg 1969[3]
– *Die Tempelrolle – Die verborgene Thora vom Toten Meer.* München/Hamburg, 1985

Paulus

Barth, Markus *Jesus, Paulus und die Juden.* Zürich 1967 *(Theologische Studien* 91)
Ellis, E. Earle (Hg.) *Jesus und Paulus. Festschrift für Werner Georg Kümmel zum 70. Geburtstag.* Göttingen 1978[2]
Ben-Chorin, Schalom *Paulus. Der Völkerapostel in jüdischer Sicht.* München 1970 (hiernach zitiert), Tb.: München 1983
Bornkamm, Günther *Paulus.* Stuttgart 1983[5]
Carmichael, Joel *Steh auf und rufe seinen Namen. Paulus, Erwecker der Christen und Prophet der Heiden.* München 1980
Dassmann, Ernst *Paulus in der frühchristlichen Literatur bis Irenäus.* Münster 1979
Eckstein, Hans-Joachim *Der Begriff Syneidesis bei Paulus. Eine neutestamentlich-exegetische Untersuchung zum »Gewissensbegriff«.* Tübingen 1983 *(Wissenschaftliche Untersuchungen zum Neuen Testament* 2, Reihe 10)
Grant, Michael *Paulus, Apostel der Völker.* Bergisch Gladbach 1978
Grässer, Erich »Die Apostelgeschichte in der Forschung der Gegenwart«, in: *Theologische Rundschau* 26 (1960), S. 93 bis 167
Hübner, Hans *Das Gesetz bei Paulus. Ein Beitrag zum Werden der paulinischen Theologie.* Göttingen 1982[3] *(Forschungen zur Religion und Literatur des Alten und Neuen Testaments* 119)
Jüngel, Eberhard *Paulus und Jesus. Eine Untersuchung zur Präzisierung der Frage nach dem Ursprung der Christologie.* Tübingen 1979[5] *(Hermeneutische Untersuchungen zur Theologie* 2)
Kaufmann, Rolf *Die Krise des Tüchtigen. Paulus und wir im Verständnis der Tiefenpsychologie.* Olten 1983
Kehl, Robert *Der größte Betrogene aller Zeiten?. Eine Übersicht über die Kontroverse Jesus oder Paulus?* Zürich 1978
Klausner, Joseph *Von Jesus zu Paulus.* Königstein/Ts. 1980 (Nachdruck der 1. Aufl. Jerusalem 1950)
Lapide, Pinchas *Paulus, Rabbi und Apostel. Ein jüdisch-christlicher Dialog.* Stuttgart/München 1981

– *Paulus zwischen Damaskus und Qumran – Fehldeutungen und Übersetzungsfehler.* Gütersloh 1993

Leisegang, Hans »Untersuchung und Darstellung des Denkens und der Weltanschauung des Paulus«, in: Leisegang, Hans *Denkformen.* Berlin 1928, S. 87–127

Lindemann, Andreas *Paulus im ältesten Christentum. Das Bild und die Rezeption der paulinischen Theologie in der frühchristlichen Literatur bis Marcion.* Tübingen 1979 *(Beiträge zur historischen Theologie* 58)

Lüdemann, Gerd *Paulus und das Judentum.* München 1983 *(Theologische Existenz heute* 215)

Paulus – Apostat oder Apostel?. Jüdische und christliche Antworten. Mit Beiträgen von: Markus Barth, Jochanan Bloch, Josef Blank, Franz Mußner, Zwi Werblowsky. Regensburg 1977

Regner, Friedemann *»Paulus und Jesus« im Neunzehnten Jahrhundert. Beiträge zur Geschichte des Themas »Paulus und Jesus« in der neutestamentlichen Theologie.* Göttingen 1977 *(Studien zur Theologie und Geisteswissenschaft des 19. Jahrhunderts* 30)

Rengstorf, Karl H. (Hg.) *Das Paulusbild in der neueren deutschen Forschung.* Darmstadt 1982[3] *(Wege der Forschung* 24)

Schelkle, Karl H. *Paulus.* Darmstadt 1981 *(Erträge der Forschung* 152)

Schoeps, Hans Joachim *Paulus. Die Theologie des Apostels im Lichte der jüdischen Religionsgeschichte.* Tübingen 1959

Schweitzer, Albert *Die Mystik des Apostels Paulus.* Tübingen 1930 (Neuauflage Tübingen 1981)

– *Die Geschichte der paulinischen Forschung.* Tübingen 1911

Stuhlmacher, Peter *Gerechtigkeit Gottes bei Paulus.* Göttingen 1965 *(Forschungen zur Religion und Literatur des Alten und Neuen Testaments.* 87) (Tübinger Dissertation 1962)

Tresmonant, Claude *Paulus.* Tb: Hamburg 1959

Gnosis

Allgemeine Einführungen

Die Gnosis. 3 Bde. Zürich 1969–80, im einzelnen:

Bd. 1: *Zeugnisse der Kirchenväter.* Unter Mitwirkung von Ernst Haenchen und Martin Krause. Eingeleitet, übersetzt und erläutert von Werner Foerster. Zürich 1969

Bd. 2: *Koptische und mandäische Quellen.* Eingeleitet, übersetzt und erläutert von Martin Krause und Kurt Rudolph, mit Registern zu Bd. 1 u. 2 versehen und herausgegeben von Werner Foerster. Zürich 1971

Bd. 3: *Der Manichäismus.* Unter Mitwirkung von Jens Peter Asmussen. Eingeleitet, übersetzt und erläutert von Alexander Böhlig. Zürich 1980

Aland, Barbara (Hg.) *Gnosis. Festschrift für Hans Jonas.* Göttingen 1978

Bousset, Wilhelm *Hauptprobleme der Gnosis.* Göttingen 1973 (*Forschungen zur Religion und Literatur des Alten und Neuen Testaments* 10) (= Nachdruck der Auflage von 1907)

Leisegang, Hans *Die Gnosis.* Stuttgart 1955[4]

Quispel, Gilles *Gnosis als Weltreligion.* Leiden 1951

Rudolph, Kurt *Die Gnosis. Wesen und Geschichte einer spätantiken Religion.* Göttingen 1980[2]

– (Hg.) *Gnosis und Gnostizismus.* Darmstadt 1975 (*Wege der Forschung* 262)

Einzeldarstellungen

Beyschlag, Karlmann *Simon Magus und die christliche Gnosis.* Tübingen 1974 (*Wissenschaftliche Untersuchungen zum Neuen Testament* 16)

Böhlig, Alexander, Wisse, Frederik *Zum Hellenismus in den Schriften von Nag Hammadi.* Wiesbaden 1975 (*Göttingen Orientforschungen* VI 6)

Conze, Edward »Buddhism and Gnosis«, in: *Le Origini dello Gnosticismo.* Leiden 1967 (Tagungsbericht einer Konferenz in Messina vom 13. bis 18. April 1966), S. 665

Eltester, Walther v. »Christentum und Gnosis. Aufsätze«, in: *Zeitschrift für die neutestamentliche Wissenschaft,* Beiheft 37 (1969)

Friedländer, Moritz *Der vorchristliche Gnostizismus.* Farnborough 1972 (Nachdruck der Ausgabe Göttingen 1898)

Hengel, Martin *Judentum und Hellenismus.* Tübingen 1973[2]

Ivánka, Endre v. *Plato Christianus. Übernahme und Umgestaltung des Platonismus durch die Väter.* Einsiedeln 1964

Koepgen, Georg *Die Gnosis des Christentums.* Trier 1978[3]
Koschorke, Klaus *Die Polemik der Gnostiker gegen das kirchliche Christentum.* Leiden 1978
– *Hippolyt's Ketzerbekämpfung und Polemik gegen die Gnostiker. Eine tendenzkritische Untersuchung seiner Refutatio omnium haeresium.* Wiesbaden 1975 (*Göttinger Orientforschung* VI)
Peterson, Erik *Frühkirche, Judentum und Gnosis. Studien und Untersuchungen.* Darmstadt 1982 (Nachdruck der Ausgabe Freiburg 1959)
Schmithals, Walter *Neues Testament und Gnosis.* Darmstadt 1984 (*Erträge der Forschung* 208)
Schoeps, Hans Joachim *Urgemeinde, Judenchristentum, Gnosis.* Tübingen 1956
Tröger, Karl W. (Hg.) *Altes Testament – Frühjudentum – Gnosis. Neue Studien zu »Gnosis und Bibel«.* Gütersloh 1980
– *Gnosis und Neues Testament. Studien zur Religionswissenschaft und Theologie.* Berlin 1973
Wagner, Reinhard *Die Gnosis von Alexandria. Eine Frage des frühen Christentums an die Gegenwart.* Stuttgart 1968
Wendland, Paul *Die hellenistisch-römische Kultur in ihren Beziehungen zum Judentum und Christentum.* Tübingen 1972[4]

Die gnostische Bibliothek von Nag Hammadi

Quellen

The Facsimile Edition of the Nag Hammadi Codices. Codices I–XIII published under the Auspices of the Department of Antiquities of the Arab Republic of Egypt in Conjunction with the United Nations. Leiden 1972
The Nag Hammadi Library. New York 1977

Deutsche Übersetzungen (Auswahl)

Abkürzungen:

Altheim/Stiehl	Franz Altheim, Ruth Stiehl *Christentum am Roten Meer.* Berlin/New York 1973
Böhlig/Labib	Alexander Böhlig, Pahor Labib *Koptisch-Gnostische Apokalypsen aus Codex V von Nag Hammadi.* Halle/Wittenberg 1963
Gnosis 2	*Die Gnosis.* 3 Bde. Zürich 1969–80, Bd. 2: *Koptische und mandäische Quellen.* Eingeleitet, übersetzt und erläutert von Martin Krause und Kurt Rudolph, mit Registern zu Bd. 1 u. 2 versehen und herausgegeben von Werner Foerster. Zürich 1971
Krause/Labib	Martin Krause, Pahor Labib *Gnostische und*

	Hermetische Schriften aus Codex II und VI. Glückstadt 1971 (*Abhandlungen des Deutschen Archäologischen Instituts in Kairo. Koptische Reihe* 2)
ThLZ	*Theologische Literaturzeitung*
Unnik	Willem Cornelis van Unnik *Evangelien aus dem Nilsand.* Frankfurt a. M. 1960

Die Literaturangaben sind chronologisch nach Erscheinungsjahren geordnet.

Das Evangelium der Wahrheit
Michel Malinine u. a. *Evangelium Veritatis.* Zürich 1956
ThLZ 82 (1957), Nr. 11, Sp. 825–834
Unnik, S. 174 ff.
Gnosis 2, S. 67 ff.

Die Abhandlung über die Auferstehung
Gnosis 2, S. 87–91

Das Apokryphon des Johannes
Unnik, S. 185 ff.
Martin Krause, Pahor Labib *Abhandlungen des Deutschen Archäologischen Instituts in Kairo. Koptische Reihe* 1. Wiesbaden 1962

Das Thomasevangelium
ThLZ 83 (1958), Nr. 7, Sp. 481–496
Unnik, S. 161 ff.
Johannes Leipoldt *Das Evangelium nach Thomas.* Berlin 1967

Das Philippusevangelium
ThLZ 84 (1959), Nr. 1, Sp. 1–26
Gnosis 2, S. 95–124

Das Wesen der Archonten
ThLZ 83 (1958), Nr. 10, Sp. 661–670
Gnosis 2, S. 53–62
Krause/Labib

Vom Ursprung der Welt
ThLZ 84 (1959), Nr. 3, Sp. 243–254
Alexander Böhlig, Pahor Labib *Die koptisch-gnostische Schrift ohne Titel.* Berlin 1962

Die Exegese über die Seele
Krause/Labib, S. 68–87

Das Buch des Thomas des Athleten
Gnosis 2, S. 139–148
Krause/Labib

ThLZ 102 (1977), Nr. 11, Sp. 793–804
Das Ägypterevangelium
New Testament Studies 16 (1970), S. 196–208
Göttinger Orientforschungen VI. *Reihe Hellenistica* 1 (1974)
Die Apokalypse des Paulus
Die erste Apokalypse des Jakobus
Die zweite Apokalypse des Jakobus
Böhlig/Labib
Die Apokalypse des Adam
Böhlig/Labib
Gnosis 2, S. 21–31
Die Taten des Petrus und der zwölf Apostel
Krause/Labib, S. 107–121
ThLZ 98 (1973), Nr. 1, Sp. 13–19
Der Donner: Vollkommener Verstand (= Nebront...)
Krause/Labib, S. 122–131
ThLZ 98 (1973), Nr. 2, Sp. 97–104
Authentikos Logos
Krause/Labib, S. 133–149
ThLZ 98 (1973), Nr. 4, Sp. 251–259
Der Gedanke unserer großen Kraft (= Noêma)
Krause/Labib, S. 150–165
ThLZ 98 (1973), Nr. 3, S. 169–175
Titellose Schrift (über Platons *Politeia*)
Krause/Labib, S. 166–169
Über die Achtheit und Neunheit
Krause/Labib, S. 170–184
ThLZ 98 (1973), Nr. 7, Sp. 498–503
Das Gebet, das sie sprachen
Krause/Labib, S. 185 f.
ThLZ 98 (1973), Nr. 7, Sp. 495–503
Asklepius
Krause/Labib, S. 187–206
Zweiter Logos des großen Seth
Martin Krause in: Altheim/Stiehl
ThLZ 99 (1975), Nr. 2, Sp. 97–100
Petrusapokalypse
Altheim/Stiehl, S. 152–179
ThLZ 99 (1974), Nr. 8, Sp. 575–584
Die Lehren des Silvanus
ThLZ 100 (1975), Nr. 1, Sp. 7–24
Die Stelen des Seth

ThLZ 100 (1975), Nr. 8, Sp. 571–580
Testimonium der Wahrheit
Klaus Koschorke »Der gnostische Traktat ›Testimonium Veritatis‹ aus dem Nag Hammadi-Codex IX. Eine Übersetzung«, in: *Zeitschrift für Neutestamentliche Wissenschaft* 69 (1978), S. 91–117
Die dreigestaltige Protennoia
ThLZ 99 (1974), Nr. 10, Sp. 731–746
Vom Ursprung der Welt
ThLZ 84 (1959), Nr. 4, Sp. 243–256
Texte vor dem Fund von Nag Hammadi
Die Pistis Sophia
Die beiden Bücher des Jesû
Carl Schmidt *Koptisch-gnostische Schriften.* 1905; 3. Aufl. bearbeitet von Walter Till. Berlin 1962
Das Evangelium nach Maria
Das Apokryphon des Johannes
Die Sophia Jesu Christi
Walter Till »Die gnostischen Schriften des koptischen Papyrus Berolinensis 8502«, in: *Texte und Untersuchungen zur Geschichte der altchristlichen Literatur.* 60. Bd. V. Reihe. Bd. 5 (1955). 2. erw. Aufl. herausgegeben und bearbeitet von Hans-Martin Schenke. Berlin 1972
Bibliographie
Scholer, D. M. »Nag Hammadi Bibliography«, in: *Nag Hammadi Studies 1* (1971) (die Bibliographie umfaßt 4000 Titel von 1948–69)
Allgemeine Darstellungen zu Nag Hammadi
Dart, John *The Laughing Savior. The Discovery and Significance of the Nag Hammadi Gnostic Library.* New York 1976
Pagels, Elaine *Versuchung durch Erkenntnis. Die gnostischen Evangelien.* Frankfurt a. M. 1981
Unnik, Willem Cornelis van *Evangelien aus dem Nilsand.* Frankfurt a. M. 1960

Askese und Mönche im Urchristentum

Campenhausen, Hans v. *Die Askese im Urchristentum.* Tübingen 1950 (*Sammlung gemeinverständlicher Vorträge und Schriften aus dem Gebiet der Theologie* 192)
– *Die Idee des Martyriums in der alten Kirche.* Göttingen 1964²
Frank, Karl Suso (Hg.) *Askese und Mönchtum in der Alten Kirche.* Darmstadt 1975 (*Wege der Forschung* 409)

– *Frühes Mönchtum im Abendland.* Zürich 1975 *(Bibliothek der Alten Welt).* Bd. 1: *Lebensformen.* Bd. 2: *Lebensgeschichten*
– *Mönche im frühchristlichen Ägypten (Historia Monachorum in Ägypto).* Aus dem Griechischen übersetzt, eingeleitet und erklärt. Düsseldorf 1967
Lacarrière, Jacques *Die Gott-Trunkenen.* Wiesbaden 1967
Lohse, Bernhard *Askese und Mönchtum in der Antike und in der alten Kirche.* München 1969 (*Religion und Kultur der alten Mittelmeerwelt in Parallelforschungen* 1)
Nagel, Peter *Die Motivierung der Askese in der alten Kirche und der Ursprung des Mönchtums.* Berlin 1966 (*Texte und Untersuchungen zur Geschichte der altchristlichen Literatur* 95) (zahlreiche Literaturangaben)

Die Kirche bis Konstantin

Allgemein

Bauer, Bruno *Der Ursprung des Christentums aus dem Römischen Griechentum. Christus und die Caesaren.* Frankfurt a. M. 1981 (Nachdruck der Ausgabe Berlin 1877)
Bultmann, Rudolf *Das Urchristentum im Rahmen der antiken Religionen.* Zürich 1949, 1976[4]
Campenhausen, Hans v. *Aus der Frühzeit des Christentums. Studien zur Kirchengeschichte des ersten und zweiten Jahrhunderts.* Tübingen 1963
Conzelmann, Hans *Geschichte des Urchristentums.* Göttingen 1983[5]
Klein, Richard (Hg.) *Das frühe Christentum im Römischen Staat.* Darmstadt 1971
Köster, Helmut, Robinson, James M. *Entwicklungslinien durch die Welt des frühen Christentums.* Tübingen 1971
Müller, Karlheinz (Hg.) *Zur Geschichte des Urchristentums.* Freiburg 1979 (*Quaestiones disputatae*)
Schneemelcher, Wilhelm *Das Urchristentum.* Stuttgart 1981
Schonfield, Hugh J. *Unerhört, diese Christen. Geburt und Verwandlung der Urkirche.* Wien 1969
Stöver, Hans Dietrich *Christenverfolgung im Römischen Reich. Ihre Hintergründe und Folgen.* Düsseldorf 1982. Tb: München 1984

Entwicklung der Amtskirche

Bauer, Walter »Rechtgläubigkeit und Ketzerei im ältesten Christentum«, in: *Beiträge zur Historischen Theologie* 10 (1934)
Blank, Josef *Vom Urchristentum zur Kirche. Kirchenstrukturen*

im Rückblick auf den biblischen Ursprung. München 1982
Eiss, Werner »Das Amt des Gemeindeleiters bei den Essenern und der christliche Episkopat«, in: *Die Welt des Orients* II. Göttingen 1954–59, S. 514–519
Harnack, Adolf von *Entstehung und Entwicklung der Kirchenverfassung in den zwei ersten Jahrhunderten und Urchristentum und Katholizismus.* Darmstadt 1980 (Reprographischer Nachdruck von 1910)
Kertelge, Karl (Hg.) *Das kirchliche Amt im Neuen Testament.* Darmstadt 1977 (*Wege der Forschung* 439)

Soziologie des Urchristentums

Dautzenberg, Gerhard (Hg.) *Die Frau im Urchristentum.* Freiburg 1983 (*Quaestiones disputae* 95)
Funk, Aloys »Status und Rollen in den Paulusbriefen. Eine inhaltsanalytische Untersuchung zur Religionssoziologie«, in: *Innsbrucker theologische Studien* 7 (1981)
Kautsky, Karl *Der Ursprung des Christentums. Eine historische Untersuchung.* Stuttgart 1977[16] (Nachdruck der 10. Aufl. 1920)
Kee, Howard C. *Das Frühe Christentum in soziologischer Sicht. Methoden und Anstöße.* Göttingen 1982
Kippenberg, Hans G. *Religion und Klassenbildung im antiken Judäa. Eine religionssoziologische Studie zum Verhältnis von Tradition und gesellschaftlicher Entwicklung.* Göttingen 1978 (*Studien zur Umwelt des NT* 14) (mit zahlreichen Literaturangaben)
Kraft, Heinrich *Die Entstehung des Christentums.* Darmstadt 1981
Mayer, Anton *Der zensierte Jesus. Soziologie des Neuen Testaments.* Olten 1983
Meeks, Wayne A. (Hg.) *Zur Soziologie des Urchristentums.* München 1979 (*Theologische Bücherei Historische Theologie* 62)
Schoeps, Hans Joachim *Das Judenchristentum. Untersuchungen über Gruppenbildungen und Parteikämpfe in der frühen Christenheit.* Tb: Bern 1964
– *Theologie und Geschichte des Judenchristentums.* Tübingen 1949
Theißen, Gerd *Soziologie der Jesusbewegung. Ein Beitrag zur Entstehungsgeschichte des Urchristentums.* München 1981[3] (*Theologische Existenz heute* 194)
– *Studien zur Soziologie des Urchristentums.* Tübingen 1983[2]

(*Wissenschaftliche Untersuchungen zum Neuen Testament* 19)

Konstantin und seine Zeit

Burckhardt, Jacob *Die Zeit Constantin's des Großen.* 1852, seitdem zahlreiche Ausgaben. Hier zitiert nach Stuttgart 1929

Grant, Michael *Das Römische Reich am Wendepunkt. Die Zeit von Marc Aurel bis Konstantin.* München 1972, Tb: München 1984

Hönn, Karl *Konstantin der Große. Leben einer Zeitenwende.* Leipzig 1940

Horst, Eberhard *Konstantin der Große. Eine Biographie.* Düsseldorf 1984

Kraft, Heinrich *Konstantin der Große.* Darmstadt 1974

Vogt, Joseph *Constantin der Große und sein Jahrhundert.* München 1960²

Glaube, Dogma, Ideologie

Egenter, Richard/Paul Matussek *Ideologie, Glaube und Gewissen.* München 1965, Tb: München 1968

Fromm, Erich *Das Christusdogma und andere Essays.* Stuttgart 1981, Tb: München 1984

– *Psychoanalyse und Religion.* Stuttgart 1983

Gardavsky, Vitêzslav *Hoffnung aus Skepsis.* München 1970

Hengel, Martin *Der Sohn Gottes. Die Entstehung der Christologie und die jüdisch-hellenistische Religionsgeschichte.* Tübingen 1977²

Jones, Ernest *Zur Psychoanalyse der christlichen Religion.* Frankfurt a. M. 1971

Kessler, Hans *Die theologische Bedeutung des Todes Jesu. Eine traditionsgeschichtliche Untersuchung.* Düsseldorf 1970

Koester, Martin *Stirbt Jesus am Christentum?. Ideologie und Glaube.* Schaffhausen 1983²

Lapide, Pinchas *Jüdischer Monotheismus und christliche Trinitätslehre. Ein Gespräch* (zusammen mit Jürgen Moltmann). München 1979

Lehmann, Johannes *Ist der Glaube krank? Glaubwürdigkeit und Unglaubwürdigkeit der Gläubigen.* Stuttgart 1966

Reik, Theodor *Dogma und Zwangsidee. Eine psychoanalytische Studie zur Entwicklung der Religion.* Tb: Stuttgart 1973

Werner, Martin *Die Entstehung des christlichen Dogmas problemgeschichtlich dargestellt.* Tübingen 1953²

Macht, Gewalt und ›Theologie der Befreiung‹

Boff, Clodovis *Theologie und Praxis. Die erkenntnistheoretischen*

Grundlagen der Theologie der Befreiung. München 1983 (*Gesellschaft und Theologie: Fundamentaltheologische Studien* 7)

Bussmann, Klaus *Befreiung durch Jesus? Die Christologie der lateinamerikanischen Befreiungstheologie.* München 1980

Cone, James H. *Gott der Befreier. Eine Kritik der weißen Theologie.* Stuttgart 1982

Goldstein, Horst (Hg.) *Befreiungstheologie als Herausforderung. Anstöße, Anfragen, Anklagen der lateinamerikanischen Theologie der Befreiung an Kirche und Gesellschaft hierzulande.* Düsseldorf 1981

Gutiérrez, Gustavo *Theologie der Befreiung.* München 1982[6]

Hartmann, Günter *Christliche Basisgruppen und ihre befreiende Praxis. Erfahrungen im Nordosten Brasiliens.* München 1981[2]

Prien, Hans J. (Hg.) *Lateinamerika: Gesellschaft — Kirche — Theologie.* Bd. 2: *Der Streit um die Theologie der Befreiung.* Göttingen 1981

Rahner, Karl (Hg.) *Befreiende Theologie. Der Beitrag Lateinamerikas zur Theologie der Gegenwart.* Stuttgart 1977

Reiser, Antonio/Paul G. Schoenborn (Hg.) *Basisgemeinden und Befreiung. Ein Lesebuch zur Theologie und christlichen Praxis in Lateinamerika.* Wuppertal 1981

Rendtorff, Trutz *Politische Ethik und Christentum.* München 1978 (*Theologische Existenz heute* 200)

Schirmer, Dietrich v. (Hg.) *Die Bibel als politisches Buch. Beiträge zu einer befreienden Christologie.* Stuttgart 1982

Schmitt, Carl *Politische Theologie. Vier Kapitel zur Lehre von der Souveränität.* Berlin 1979[3]

Seifart, Arnulf *Der Gott der politischen Theologie. Die Entwicklung der Gottesdiskussion vom kämpfenden Nationalgott bis zur christlich motivierten Strategie des Guerillakrieges.* Köln 1978

Shaull, Richard *Befreiung durch Veränderung. Herausforderung an Kirche, Theologie und Gesellschaft.* München 1970

Sölle, Dorothee *Politische Theologie.* Erweiterte Neuauflage Stuttgart 1982

Spülbeck, Volker *Neomarxismus und Theologie. Gesellschaftskritik in kritischer Theorie und politischer Theologie.* Freiburg 1977 (*Freiburger Theologische Studien* 107)

Torres, Sergio (Hg.) *Dem Evangelium auf der Spur. Theologie in der dritten Welt.* Frankfurt a. M. 1980 (*Texte zum kirchlichen Entwicklungsdienst* 22)